高等职业教育精品教材·旅游酒店餐饮类

餐饮服务与管理

（第2版）

主　编　何丽萍
副主编　刘　苗　钟　瑶

北京理工大学出版社
BEIJING INSTITUTE OF TECHNOLOGY PRESS

内 容 提 要

本书根据高职高专院校人才培养目标以及专业教学改革的需要，坚持以培养职业技能为重点进行编写。全书共分为9章，主要内容包括餐饮概述，餐饮服务基本技能，餐饮服务，菜点、酒水服务，菜单设计，厨房管理，餐饮市场营销，餐饮服务质量管理，餐厅服务中常见的问题等。

本书可作为高职高专院校旅游类专业和餐饮类专业的教学用书，也可作为企事业单位相关高级从业人员业务提高素质的拓展培训教材。

图书在版编目（CIP）数据

餐饮服务与管理 / 何丽萍主编 .—2 版 .—北京：北京理工大学出版社，2023.8 重印

ISBN 978—7—5682—3747—5

Ⅰ. ①餐… Ⅱ. ①何… Ⅲ. ①饮食业－商业服务－高等学校－教材 ②饮食业－商业管理－高等学校－教材 Ⅳ. ① F719.3

中国版本图书馆 CIP 数据核字（2017）第 038259 号

出版发行 / 北京理工大学出版社有限责任公司
社　　址 / 北京市丰台区四合庄路6号
邮　　编 / 100070
电　　话 / （010）68914775（总编室）
（010）82562903（教材售后服务热线）
（010）68944723（其他图书服务热线）
网　　址 / http://www.bitpress.com.cn
经　　销 / 全国各地新华书店
印　　刷 / 北京紫瑞利印刷有限公司
开　　本 / 787毫米×1092毫米　1/16
印　　张 / 17
字　　数 / 372千字
版　　次 / 2023年8月第2版第10次印刷
定　　价 / 48.00元

责任编辑 / 周　磊
文案编辑 / 周　磊
责任校对 / 周瑞红
责任印制 / 边心超

第2版前言

Preface

餐饮业是一个重要的生活环境和投资环境产业，是带动内需扩大的支柱产业，也是旅游业的重要组成部分。

“餐饮服务与管理”是旅游管理专业的一门核心课程，其主要任务是使学生全面熟练地掌握饭店餐厅高级服务员应具备的知识和技能，具备一定的餐饮管理知识，并成为餐饮业所需要的高技术人才，为我国的旅游饭店队伍发展提供有力的人才支持。

本书第1版自出版发行以来，经有关院校教学使用，深受广大专业任课老师及学生的欢迎及好评，同时，他们对书中内容提出了很多宝贵的意见和建议，在此表示衷心的感谢。为使内容能更好地满足当前高职高专院校“餐饮服务与管理”课程的需要，我们组织有关专家学者结合近年来高职高专院校教学改革动态，依据最新餐饮服务与管理的相关规定对本书进行了修订。

本书以第1版为基础进行修订。修订时，坚持以理论知识够用为度，遵循“立足实用、打好基础、强化能力”的原则，以培养面向生产第一线的应用型人才为目的，注重提高学生的实践能力和动手能力，力求做到内容精简、由浅入深、通俗易懂。通过本书的学习，学生能熟悉饭店餐饮部运转的基本程序与方法，掌握餐饮部的清洁保养和对客服务技能，为将来胜任餐饮服务及基层管理工作打下扎实的理论基础。

为方便教师的教学和学生的学习，本次修订主要对第三章、第五章和第六章的内容进行了更新：第三章增加了客房送餐服务内容，主要包括客房送餐服务的种类、形式、程序和流程；第五章改为菜单设计，主要包括菜单的基本知识、菜单的设计程序和设计方法以及菜单定价与制作；第六章改为厨房管理，主要包括厨房设计、厨房生产管理和厨房卫生与安全管理。同时，为了使学生更好地理解和掌握本书的内容，此次修订在各章节的重点与难点部分以二维码的形式设置了“知识链接”，教师和学生可以通过“扫一扫”功能，扫描书中的二维码即可阅读到相关知识。

本书由湖南科技职业学院何丽萍担任主编，由运城职业技术学院刘苗、江西环境工程职业学院钟瑶担任副主编。具体编写分工如下：第一章、第二章、第三章由何丽萍编写，第四章、第五章、第六章由刘苗编写，第七章、第八章、第九章由钟瑶编写。

本书虽经反复讨论修改，但限于编者的学识及专业水平和实践经验，书中仍难免有疏漏和不妥之处，恳请广大读者批评指正。

编　者

第1版前言

Preface

餐饮业作为我国第三产业的一个传统服务性行业，经历了改革开放起步、数量型扩张、规模连锁发展和品牌提升战略四个阶段，取得了突飞猛进的发展。目前全国已有餐饮网点400多万个，与此同时，超大规模的企业开始涌现，行业集中度进一步加强。餐饮业在拉动消费需求、构建和谐社会、增加税收、促进就业等方面发挥了重要作用。

本书可作为高职高专学校旅游服务管理、酒店管理及相关专业的教学用书，也可作为旅游服务行业的在职培训教材。通过本课程的中餐基础理论和实际操作技能的学习，能使学生掌握中级以上餐饮服务员及餐饮部基层管理人员所必需的基本知识和基本技能，熟悉饭店餐饮部运转的基本程序与方法，基本胜任餐饮服务及餐饮部基层管理工作。

本书从中国现代餐饮业的实际需要和高职高专学校学生的实际水平出发，以强化应用为教学重点，以大量图表为辅助，以模块形式进行编写，突出专业技能的操作训练，具有“实用”和“实践”两大特点，有利于学生学以致用。

本书共九章，主要内容包括餐饮概述，餐饮服务基本技能，中、西餐服务，菜点、酒水知识，菜单管理，餐饮业务管理，餐饮市场营销，餐饮服务质量管理以及餐厅服务中常见问题的处理。

本书由湖南科技职业学院经贸系何丽萍担任主编、主审，并承担第五章、第八章的编写工作；成都纺织高等专科学校余宜娴担任副主编，并承担第一章、第三章的编写工作；湖南大众传媒职业技术学院国际传媒系刘孝利担任副主编，并承担第四章的编写工作；第二章由湖南华天之星酒店管理有限公司人力资源总监李安安编写；第六章由湖南科技职业学院刘艳芳编写；第七章由湖南生物机电学院廖丽华编写；第九章由长沙民政职业技术学院应用外语系姚行正编写。

本书的编写过程中得到了武汉华天大酒店总经理张新国先生、湖南华天之星酒店管理有限公司人力资源总监李安安女士、武汉华天大酒店前厅部经理袁慧明女士、长沙留芳宾馆房务部经理易敏女士、长沙天龙大酒店餐饮部经理何莉女士等知名酒店行业专家的指导和帮助，编者所在学校的领导和同事也给予了热情的帮助，在此一并表示感谢。

编　者

目 录

Contents

第一章　餐饮概述

本章导读

本章着重介绍餐饮业的基本知识，从餐饮业的角度，分析餐饮业组织结构的职能及主要岗位职责，还介绍了餐饮产品的含义、特点等内容，并提出了餐饮服务人员应具备的思想、业务技能和身体素质要求等。

学习目标

- 明确餐饮业的发展趋势与表现形式。
- 熟悉餐饮部的组织机构及主要岗位职责。
- 了解餐饮产品生产、销售及服务的特点。
- 熟悉餐饮服务人员的素质要求。

章前案例

>> 被遗忘的客人

唐先生一家三口周末慕名到一家餐厅就餐，迎宾员把唐先生一行人引领到一个靠窗的位置坐下后就匆忙地离开。接下来的时间，既没有服务人员给唐先生一家斟茶，也没有人过来打招呼、点菜。20多分钟后，看着在眼前穿梭不停的服务人员，唐先生一家愤然离开了。

问题

唐先生一家为何要离开餐厅？餐厅服务在哪方面出了问题？应如何解决此类问题？

案例分析

唐先生一家离开是因为餐厅服务人员的服务意识太差，怠慢了客人。该餐厅员工服务意识、人员分工、岗位协调与沟通以及基层管理等方面都出现了问题。这样的情况主要解决办法是：加强员工培训，增强服务意识；明确工作职责，强调分工合作；加强现场督导，提高服务质量。

第一节　餐饮业的基本知识

一、餐饮业的含义

餐饮业是通过即时加工制作、商业销售和服务性劳动于一体，向消费者专门提供各种酒水、食品，消费场所和设施的食品生产经营行业。按西方国家《标准行业分类法》的定义，餐饮业是指以商业营利为目的的餐饮服务机构。在我国，根据《国民经济行业分类注释》的定义，餐饮业是指在一定场所，对食物进行现场烹饪、调制并出售，主要供顾客现场消费的服务机构。

知识链接

餐饮业

二、餐饮业的分类

餐饮业主要分为旅游饭店、餐厅、自助餐和盒饭业、冷饮业和摊贩五大类，具体又分为三种类型，即便利型大众餐饮市场、高档型餐饮市场、气氛型餐饮市场。便利型大众餐饮市场都是大众消费；高档型餐饮市场在一级、二级城市非常多，尤其是一级城市；气氛型餐饮市场是位于高档和低档之间的餐厅，主要是一些主题餐厅、气氛餐厅。

三、餐饮业的特点

1. 一次性

餐饮服务只能一次使用，当场享受。这就是说，只有当客人进入餐厅后服务才能进行，当客人离开餐厅时，服务也就自然终止。

2. 无形性

餐饮业在服务效用上有无形性，它不同于水果、蔬菜等有形产品，从色泽、大小、形状等就能判别其质量好坏。餐饮服务只能通过就餐的客人购买、消费、享受服务之后所得到的亲身感受来评价其好坏。

3. 差异性

餐饮服务的差异性，一方面是指餐饮服务是由餐饮部门工作人员通过手工劳动来完成的，而每位工作人员由于年龄、性别、性格、素质和文化程度等的不同，他们为客人提供的餐饮服务也不尽相同；另一方面，同一服务人员在不同的场合、不同的时间或面对不同的客人，其服务态度和服务方式也会有一定的差异。

4. 直接性

一般的工农业产品生产出来，大都要经过多个流通环节才能到达消费者手中。如果产品在出厂前质量检验不合格，可以返工，在商店里客人认为不满意的商品往往无人问津。而餐饮产品则不同，它的生产、销售、消费几乎是同步进行的，因而生产者与消费者之间是当面服务，当面消费。

四、餐饮业的发展概况

1. 我国餐饮业的发展概况

（1）萌芽阶段。餐饮业的产生最早可以追溯到烹饪的出现，因为烹饪实为餐饮业之最重要的活动。可以这样说：没有烹饪就没有餐饮业，而火种的发现、盛器的发明以及稳定的原料来源是烹饪活动得以开展的三个基本条件。

①火种的发现。1973年冬，考古学者在发掘元谋人化石产地的地层中找到大量炭屑，证实我国人类的用火历史最早可以追溯到170万年前的元谋人，生活在这片土地上的人类祖先已经有意识地运用火来加工、烧烤食物并用来取暖和驱赶猛兽。

②盛器的发明。人类最早是用烧烤的方式烹制食物，后来也用石器为锅来烹制食物，但石器的局限性非常大，除烹饪温度不够外，烹饪方式也受到诸多限制，尤其是营养价值极高的汤类食物无法通过石器烹制。直到一万年前的新石器时代，陶器的发明与广泛运用才克服了石器的这些局限，并推进烹饪技术迅速发展。

③稳定的原料来源。大约六七千年前，生活在浙江余姚的河姆渡人已经大面积地种植水稻并饲养牲畜，原始农业开始产生，人类的食物原料逐渐有了稳定的来源。这为烹饪活动的开展提供了重要的物质基础。

（2）产生阶段。在原始社会末期奴隶社会形成的过程中，人类发生了第三次社会大分工，即商业和物质生产领域的分离，导致了特殊商人阶层的形成和商品经济的产生。随着商品经济的不断发展，专门为商人和其他人提供饮食产品的餐饮行业应运而生。

随着奴隶制的建立和逐渐成熟，进入夏、商、周时期，餐饮业逐渐形成了一个独立的行业，主要有以下表现：菜谱出现，食品已十分丰富；就餐礼仪和程序规范；宫廷中管理饮食的专门机构和人员出现。

（3）发展阶段。在人类迅速发展的两千多年的时间里，餐饮业得到了巨大的发展，逐渐发展成现代餐饮中西共存、异彩纷呈、欣欣向荣的局面。为便于理解，我们把这段时期分为三个大的阶段，即古代封建社会阶段、近代半殖民地半封建社会阶段、现代社会主义阶段。

①古代封建社会阶段。这一阶段，随着封建社会经济的不断发展，我国的餐饮业得以迅速发展，原料的选择日益丰富，烹饪的手段不断创新，烹饪的技术不断精进。由于地理环境的差异逐渐形成了以川、鲁、苏、粤为代表的四大烹饪流派。虽然这一阶段也有西方饮食文化传入，但是基本没有形成独立影响，最多是为中餐的发展提供了条件。因此，这

一阶段的主要特点是中餐独霸天下，派系逐渐形成。

②近代半殖民地半封建社会阶段。鸦片战争以后，我国逐渐进入半殖民地半封建社会，随着主权的沦丧和西方殖民者的进入，其文化也逐渐对我国产生了冲击和影响。“西学东渐”对中国知识界产生了重大影响，主要是对西方科学技术和政治体制的学习，同时，伴随着西方饮食文化的传入，在沿海一带和各通商口岸出现了西餐厅。但由于中国人的饮食习惯和文化抵触，西餐业并没有发展起来，而中餐业却在艰难中不断发展，菜系更加细化。这一阶段的主要特点是以中餐为主，西餐为辅，烹饪手段精细，经营手段落后。

③现代社会主义阶段。新中国成立后，特别是改革开放之后，随着商品经济的迅速发展，餐饮业作为我国第三产业的一个传统性服务行业取得了迅猛的发展。多年来，通过社会化投入和市场化竞争，我国餐饮业规模不断扩大，增长势头强劲，是对社会经济和人民生活有较强影响的行业，为国民经济的发展做出了突出贡献。这一阶段，随着经济全球化，外来文化不断冲击传统文化，西餐在我国得到了迅速的发展，特别是快餐行业，更是西餐一统天下。这一阶段我国餐饮业的特点是中餐、西餐，各有千秋，竞争激烈。

2. 外国餐饮业的发展概况

（1）古埃及餐饮概况。古埃及人崇尚节制和俭朴，吃得较简单，但十分好客。如遇男客在家中用餐，则由妇女陪伴进餐。

古埃及的等级观念在餐厅的装修和家具上可以得到充分的反映。农夫与普通手工艺人只使用简单的陶器，坐在未经修饰的长条凳上，在低矮的泥屋中进餐；而富人的餐厅如同宫殿，有水池和花园环绕，室内富丽堂皇，餐桌上使用绣花织物，软垫扶手椅镶嵌着黄金或大理石，储存室内有精美的雕花木勺或象牙勺，盛器中有玻璃杯和用金、银或最珍贵的铜做的碗。

（2）古希腊餐饮概况。古希腊人对餐饮业的主要贡献体现在两个方面：为了使食用的鹅足够肥硕，喂养时用浸湿的谷物进行填食，与北京的填鸭极其相似；约在公元前3世纪，雅典人发明了冷盘手推车，厨师将大蒜、海胆、用甜葡萄酒浸过的面包片、海扇贝和鲟鱼装在盘子里，放在车上推入餐厅，供人们选择、享用。这些对现在的餐饮业仍有影响。

（3）古罗马餐饮概况。古罗马人对当今餐饮文明的最大贡献就是创造了西餐的雏形，最早的西餐起源于今日的意大利。从专业的角度分析，就餐时人们使用餐巾也是由古罗马人引入餐厅的。除此之外，在餐厅的餐桌上放置玫瑰花、举行重大宴会时叫报每道菜名等做法，均由古罗马人最早在餐厅中采用。

（4）中世纪时期及之后的法国餐饮概况。中世纪时期及之后的法国对世界餐饮业发展的贡献主要表现在以下两个方面：

①法国人使得西餐的发展达到顶级程度，当今法式西餐的选料、烹饪乃至法式西餐的服务在全世界都是举世无双的。

②由于历史上路易王朝中好几位国王对西餐烹饪、服务极其重视和讲究，法式西餐带有王宫华贵、高雅的气度与风格。

一个国家餐饮业的发展，除了受传统文化的影响外，也受到社会的科学技术、经济发展的影响。20世纪以来，随着交通工具的发展，人们越来越多地往返于世界各地，各种不同的餐饮习惯相互交融。目前，中餐的烹饪、调味、服务中不少行之有效的方法就是从西方社会引进的，这极大地促进了中餐烹饪及服务的发展。因此，了解并熟悉各国的餐饮历史和习惯，对餐饮从业人员无疑是十分有益的。

五、餐饮业的发展趋势

20世纪末以来，我国的餐饮业进入了史无前例的大发展时期，2006年全国的餐饮销售额突破一万亿元。一方面，随着东西方饮食文化的交汇，餐饮市场异彩纷呈，美食节的兴起，菜肴的创新，经营模式的变异，餐饮市场的进一步细化，使得人们能随时、随地、随心、随意地享受美食带来的快乐；另一方面，经济实力的增长，传播媒介的积极引导，营销的合理组合，使人们可支配的收入有了大幅度增加，也使我国餐饮市场的消费潜力不断壮大。总之，我国的餐饮业今后将走向多元化、地方化和国际化，出现百花齐放、百舸争流的局面。

1. 全新格局，模式新颖

（1）饭店餐饮。高档饭店的餐饮经营突出精品战略，如燕鲍翅和高档海鲜层出不穷，在餐厅装修、菜肴出品、服务水平、营销方式等方面精益求精。低档饭店和经济型酒店则纷纷弱化餐饮功能，只提供有限的餐饮服务，如只提供早餐或只有一个餐厅，突出客房这一核心产品以降低管理费用。

（2）社会餐饮。社会餐饮蓬勃发展，各种主题餐厅争奇斗艳，满足不同年龄层、不同消费心理、不同消费目的的消费者需求。其中，以各类高档餐饮会所最为瞩目；休闲餐饮以酒吧、咖啡厅、茶餐厅和农家乐等形式适应假日消费和休闲消费的需要，越来越受到各类消费者的喜爱；而随着生活节奏的日益加快，中、西式快餐业蓬勃发展，可满足大众快节奏生活的需要。

2. 餐厅选址，成败关键

饭店的先驱埃尔斯沃思·密尔顿·斯塔特勒曾经说过：“对任何饭店来说，取得成功的三个根本要素是地点、地点、地点。”

现代餐饮企业在投资前应进行全方位、深入、细致的市场调研。根据地区经济、区域规划、文化环境、竞争状况、消费时尚、地点特征、经济成本、旅游资源、社区服务、能源供应、形象特征和当地人可用性等诸多因素来综合分析及预测本餐饮企业未来可能占领的市场份额，制订可行性经营方案，确定目标市场，进行餐饮定位，对投资前景做定量分析，并付诸实施。其中，餐厅选址至关重要。

选择餐饮场所的地点和确定营业区域要考虑以下因素和趋势：

（1）餐厅选址应考虑地区规划、能源供应、竞争状况等。

（2）快餐店尽量选在商业繁华区或居民集中地带，以确保客源流量。

（3）尽量不要选在餐厅成群的区域，但著名的饮食一条街因能吸引大量的游客，也可以选择，如香港的兰桂坊、广州的市东路一带、北京凯宾斯基饭店对面的美食街、南京的山西路狮子桥美食街等。

（4）独具特色的餐厅地理位置可以稍偏，但应有足够多的停车位。

3. 中西快餐，深得民心

作为餐饮业发展中的一支主力军，我国快餐业的年增长率高达20%以上。全社会快餐连锁网点已达近百万家，营业额占整个餐饮业营业额的40%。行业规模日趋扩大，经营领域不断拓宽。以肯德基（KFC）、麦当劳（McDonald's）、必胜客（PizzaHut）为代表的西方快餐连锁企业在我国市场迅速扩张。如肯德基自1987年在北京前门商业街开设第一家中国店至今，现连锁分店遍布我国200多个城市，超过1 000家。上海人民公园的肯德基分店曾以39万元的日营业额刷新了当时肯德基全球日营业额记录。中式快餐在学习“洋快餐”先进管理模式的基础上，探索和确定自己的发展模式，涌现出如常州的“大娘水饺”、兰州的“马兰拉面”等一批品牌企业。

西式快餐值得学习的地方有很多，尤其是它的经营管理信条、店景文化和严格的产品质量监控。如麦当劳把Q.S.C.V.（即品质、服务、清洁和价值）作为神圣不可侵犯的信条。对于产品质量控制，麦当劳规定：“巨无霸汉堡包”肉饼的直径为98.5毫米，厚度为5.56毫米，重47.32克；“炸薯条”炸出7分钟后，即不允许出售。中式快餐也在变革中求生存，不断改进产品质量、卫生状况、服务态度以塑造品牌。

4. 经营管理，方式多样

餐饮企业经营方式有独立经营、连锁经营、租赁经营或特许经营。

（1）独立经营。独立经营的单位餐饮企业特点：

①虽然有自己的品牌，但企业影响力受到地域的限制。

②营运费用相对于连锁餐饮企业来说要高，如不能享受到集团大规模采购和广告的优惠，人力资源也无法共享等。

③独立经营的餐饮企业竞争力较差，但经营灵活、调整方便，资本投入相对较小。

（2）连锁经营。餐饮企业连锁经营的特点：

①管理模式统一。连锁店以主店为大本营，在中央管理系统严格的管理下进行投资、采购、出品、服务、销售、业务推广等一系列经营活动，在成本投入方面能够有效地加以控制。

②连锁企业经营的产品可以说是主店产品的“克隆品”，其餐饮产品和餐饮服务能够保持主店的水准，遇到问题又能及时得到主店管理系统的帮助并解决。

③连锁经营可不断增强本餐饮系统集团在市场上的竞争能力。由于其分布地点大多位于新城旺地和繁华的商业地带，加之企业品牌鲜明，传播速度极快，能迅速拓展业务，形成规模经营。

④营销计划和促销活动同步展开。各连锁经营店分摊广告宣传费用，能在进一步挖掘潜在客源市场的同时，有效调节各店之间的需求平衡，使连锁餐饮企业在市场的调节和引导下良性发展。

（3）租赁经营。通过出让特许经营权或租赁经营权，一些知名的餐饮公司得以在全球范围内推广它们的产品，并统一规格、统一市场形象、统一服务方式。大多数特许经营店是各地区当地企业或私人投资者向知名品牌餐饮母公司购得商标使用权。母公司有责任对投资者在可行性研究、建筑设计、设施配备、人员培训、广告宣传、原料采购、管理制度、操作规程和质量控制等方面给予咨询和支持。其特点是：投资者走捷径，共享品牌和市场，有强大的支持系统；要支付昂贵的品牌使用费。

目前，我国肯德基、麦当劳等除了由外资自主经营外，各城市的投资者还可以申请加盟特许经营。

5. 主题餐饮，彰显文化

（1）地域文化，如北京的全聚德、杭州的楼外楼等餐厅，通过特色菜肴和就餐环境等体现了独特的地域文化。

（2）时空文化，如模仿知青生活的龙江餐厅遍布各地，使宾客仿佛置身于当时的生活场景。

（3）历史文化，如宫廷餐厅从餐厅装饰、就餐用具、员工服饰、菜肴点心等方面展现某一时期的历史文化。

（4）乡土文化，如在全国各地盛行的农家乐，体现了当地的各种乡土文化。

（5）都市文化，如以摇滚乐为主题，被誉为“主题餐厅之父”的硬石餐厅（Hard Rock Cafe）于1971年6月14日在英国伦敦海德公园旁开张，随即在全球掀起了主题餐饮的热潮。

6. 错位经营，全面发展

高档饭店的餐饮经营，其规模和经营水准代表了我国目前餐饮界的最高水平，在当地发挥着领导美食潮流、影响餐饮时尚的巨大作用。注重追求文化品位、体现个性魅力、升华美食理念，是它们的共同特点。它们的菜肴制作赋特色创新于传统经典，款客服务赋超常超值于标准规范，营造气氛赋主题概念于典雅装潢，宣传促销赋承诺回报于消费者。高档餐饮企业设备设施先进，技术力量雄厚，信息来源广泛，形象设计完美，这些明显的行业优势有利于加强地区之间和国家之间的餐饮企业合作。美食节的成功策划与举办，一方面为餐饮市场注入了“新鲜血液”，扩大了客源市场；另一方面有效地推动了餐饮文化多元化的发展进程。高档饭店餐饮客源市场以社会名流、专家学者、高档商务客人为主。他们在消费的同时也潜移默化地带动了其他领域的经济增长。因此，高档餐厅在社区的政治、经济、文化活动中扮演着重要的角色。

大众化消费比较稳定，并且具备极其丰富的消费潜力。目前，许多中、低档餐饮场所已占据了较大比例的市场份额，它们凭借着充足的客源市场、合理的定价策略、整洁宽松的就餐环境、可口卫生的菜肴、优良快捷的服务、诚实可靠的信誉，走上了良性发展的轨道。中、低档餐饮企业在获得最大经济效益的同时，还扮演着向大众传播餐饮文化的角色，让人们了解美食、钟情美食、享受美食。因此，从现在和长远的观念来分析，大众消费永远是餐饮市场的主旋律。

在目前及今后的餐饮市场中，高、中、低档餐饮企业将各具特色、错位经营、和平共处、共同发展。

六、餐饮业的表现形式

以我国餐饮业为例，自夏商周时期开始逐渐成为一门独立的行业，经数千年的发展，餐饮企业的经营形式丰富多彩、各具特色，不同形式的餐饮企业的经营档次、目标市场、提供的餐饮产品等不尽相同。

1. 我国餐饮企业的表现形式

（1）高档酒楼。高档酒楼是以高端消费者为主要客户群体的就餐场所。商务宴请、私人盛宴往往在这类酒楼里进行。高档酒楼通常具有一流的硬设施，提供的餐饮产品和服务极富特色，消费标准较高。

（2）酒店餐厅。酒店餐厅是设在酒店内的用餐场所。酒店餐饮经营点的表现形式复杂，通常有咖啡厅、中西餐零点餐厅、中西餐宴会厅。酒店餐厅提供的餐饮产品和服务规范、高档、温馨，消费水准一般较高。

（3）家庭餐馆。家庭餐馆是以家庭或家族为主要经营管理主体，以家庭为主要客户对象的餐饮机构。此类餐饮机构多以中档及中档偏下的消费群体为市场目标，菜肴质量尚可，价格中规中矩，环境基本舒适、整洁。

（4）火锅店。火锅店是使燃料加温锅具内的汤汁沸腾，再放入食品原料涮一下即可食用的餐饮经营场所。火锅店的经营场所的面积从几十平方米至上千平方米不等，火锅的口味也千差万别，但大多数以辣为主旋律，尤以巴蜀风格的火锅店最受欢迎。火锅店经营的产品比较单一，经营管理与服务相对简单，价格也普遍能被大众所接受。火锅店发展扩张时多以连锁形式进行。

（5）快餐店。快餐店是为急于解决吃饭问题的过客提供餐饮服务的餐饮场所，通常位于交通要道，如车站、码头、机场、主要商业街区等。其提供的餐食简洁、方便，价格便宜，餐饮产品基本是预先制作的食品。

（6）食街和小吃经营场所。食街和小吃经营场所一般位于主要商业街区或闹市中心的商业大楼内。其经营特点是将某一地区乃至全国的名优小吃集于一个空间之内，使食客们能够非常方便地挑选自已中意的美食，价格一般比较公道。

（7）团体供餐机构。团体供餐机构也称机构性餐饮企业，是专为团体单位提供餐饮服务的餐饮场所，是由提供此种服务的餐饮企业派出经营管理及生产服务人员，进入被服务单位主持餐饮设施的运行并提供生产服务工作，也可以是提供此种服务的餐饮企业自己的生产场所将餐饮产品加工好，运送到被提供服务的单位进行服务。团体供餐是社会分工专业化在餐饮服务领域里的体现，它最早兴起于美国，发展到今天已能为学校、企业、机关、医院、监狱、军队等提供餐饮服务。这种形式的最大优点是提高了被服务单位的餐饮服务质量，降低了被服务单位的运行成本开支。

（8）西餐馆。西餐馆是主要提供西式菜肴产品的餐饮机构，主要集中于我国的大中型城市。其表现形式分为酒店西餐厅和社会西餐馆两种。一般而言，国内传统西餐馆提供的西餐菜式比较落伍，而酒店西餐厅提供的西餐一般能够反映当今国际西餐的发展潮流。

（9）饮品店。饮品店是以提供咖啡、甜品、商务套餐等为基本特征的餐饮机构。这是近些年兴起的一种餐饮机构形式，多位于商业活动较发达的城市，其主要目标市场是商务客户，产品价格不菲。

（10）茶餐厅。茶餐厅与饮品店类似，也是近些年新出现的餐饮形式，源于中国香港地区。它的主要目标市场以中低档客户为主，比快餐厅层次略高，通常可供选择的餐饮产品有几十种，价格能被一般用餐者所接受，基本做到了现点、现烹、现卖，经营地点多选择在商务办公区及中高档居民住宅区，营业时间较长。

2. 西方国家餐饮业的表现形式

以美国为例，美国的餐饮企业可以被划分成以下五种形式：

（1）社会餐馆。

①全套服务餐馆。此类餐馆的餐位数通常为75～200个。一般位于城市或乡村的交通要道，提供餐桌式服务，并以法式服务居多，菜式类别齐全，消费水平较高。

②主题餐馆。此类餐馆的餐位数通常为100～400个。一般位于商业中心区及次交通繁忙地区，提供餐桌式服务，消费水平略高于平均水平。

③咖啡馆。此类餐馆的餐位数通常为35～300个。一般位于交通繁忙地区，消费及服务方式为餐桌、卡座、吧台等，消费水平中档。

④简餐餐馆。此类餐馆的餐位数通常为100～400个。一般位于购物中心，服务较简单，通常由用餐者自己挑选食物，根据所选食物的量与质收取费用，用餐者一般为家庭及对价格较敏感的购物者。

⑤快餐馆。此类餐馆的餐位数通常少于100个。一般位于交通要道并较易进出，食品有限，提供的服务不多。

（2）酒店餐厅。

①酒店餐厅。酒店餐厅通常位于一流酒店内，提供餐桌式服务，消费水平较高。

②酒店咖啡厅。大部分酒店都有这种餐厅。这种餐厅通常提供宽松、随意的服务，价格适中，营业时间往往是酒店所有餐厅中最长的，通常位于酒店的大堂附近。

③宴会厅。大部分酒店都拥有宴会厅，以进行重要的餐饮活动。

④客房用餐服务。客房用餐服务是为住在酒店中的客人提供的送餐进客房的餐饮服务。这种服务中，菜单上所列的菜式少于餐厅，收费高于餐厅消费。

（3）团体供餐机构。专为团体单位提供餐饮服务的餐饮场所。

（4）俱乐部餐厅。此类餐厅位于各种类型的俱乐部内，提供餐饮服务，但收费较高。

（5）餐饮外卖服务。餐饮外卖服务提供包括宴会在内的餐饮上门服务，收费一般较高。

知识链接　未来餐饮业发展的八个趋势

（1）食品安全成为第一要素。伴随餐饮业数字化、互联网化、社交化进程，食材可溯源，制作可监督，安全可把控，体验可分享，安全不再是靠政府监督、媒体监督，而是全民监督。食品安全才是一个品牌能否走得长远的主要因素。2015年9月，新的《食品安全法》诞生，对于食品卫生引发事故的企业，可以处以三十倍的罚款，甚至经营者将被终身禁止进入餐饮食品行业。所以，对于餐饮企业而言，先解决食品安全问题是第一。

（2）餐饮O2O是趋势，但表现形式多样化，绝不仅仅是做了外卖。一方面只要是为了解决目标人群在餐饮上的各种痛点，创造痒点和爽点，都可以是O2O；另一方面，餐饮人群、需求太复杂，又受制于地理位置、配送半径限制，因此不用担心，只要针对一个细分人群，做好极致产品和极致体验，抢占市场份额完全可能。

（3）标准化、去厨师化、去服务人员化。中餐没做大，不是因为没人喜欢吃，而是无法标准化。没有标准化，又如何批量化？只有标准化，才能去厨师化。只要餐厅的出品受制于厨师，生意永远做不大。

（4）挖掘传统美食、传统小吃，提档升级。我国餐饮业的根基就是那些传承百年的传统小吃、传统名菜。它们能够传承百年，足以见其顽强的生命力，但是因为消费者发生了变化，消费升级带来的市场变革，有些老字号、老品牌，老做法、老经验“失灵”了，“落伍”了。只有重新认知现在的消费者，重新定义产品、重新洞察消费者、重构业态和重建消费场景，才能满足现在以及未来消费者的需求。

（5）亚洲餐厅流行与时尚化。随着每年新增海外游客数据的大幅度增加，可以看到日本菜、韩国菜、印度菜、泰国菜、越南菜等亚洲美食在国内越来越受欢迎，新一代的消费者，他们对这类餐饮的接受度一定很高。但是在这里要提示风险，这类的产品有点类似服装业的快时尚，而且很容易被市场跟风，一夜之间就会看到家家都做韩式年糕火锅、港式甜品，如果没有在食材上做好门槛，在品牌上做好定位，在文化上深度挖掘，很容易导致起的快，倒得快。

（6）娱乐化。随着新生代的孩子年龄的增长，他们的消费观念的改变，烧烤店越来越像酒吧，咖啡馆越来越像公园，火锅店越来越接近夜场，卖海鲜、卖铁板烧的颜值要高，还要会跳舞。可是这恐怕是未来餐饮业的趋势。

（7）社交化。餐厅是线下最密集、最主要的社交场所。只是我国过去的餐饮经营者一方面是受制于技术条件；另一方面是没有真正思考过这个问题，也就是人们常说的缺乏互联网思维。

（8）品牌化、粉丝化、数据化。这三者缺一不可，这三驾马车才是真正餐饮企业长期竞争优势的核心。没有品牌，餐饮企业将沦为房地产商、餐饮O2O平台的血汗工厂；没有粉丝，品牌没有温度、没有情感、没有支持者，就只能靠老板单枪匹马作战；没有数据，一切只能凭经验干活，决策风险巨大。

第二节　餐饮企业的组织结构

一、餐饮企业组织机构的设置原则

餐饮企业的组织机构根据各餐饮企业的具体情况不尽相同，但还是有一定规律可循的。组织结构是为完成经营管理任务而结成集体力量，在人群分工和职能化的基础上，运用不同职位的权力和职责来协调人们的行为，发挥集体优势的一种组织形式。无论机构如何设置，均须体现组织设计的基本原则和要求。

1. 精简与效率相统一的原则

餐饮企业的组织机构中，不应有任何不必要或可有可无的位置，不应因人设事，避免机构臃肿、人浮于事。组织机构要简单，指挥幅度要适当。指挥幅度是指一位管理人员所直接地、有效地指挥控制的下层员工人数。合适的指挥幅度一般以指挥5～12人为宜。

2. 专业化与自动调节相结合的原则

任何酒店餐饮企业的组织机构都必须根据各自的实际情况和需要来决定，使得组织中每一位置的设立都有充分的理由。

3. 权力与责任相适应的原则

餐饮企业组织机构的设置要做到统一指挥、分层负责、职权相当、权责分明。每个人只有一个上司，上级不能越级指挥，只能越级指导；员工不能越级汇报，但能越级申诉。

二、餐饮企业组织机构与职能

1. 餐饮企业组织机构

餐饮业的组织机构是协调各岗位之间的组织网络，是餐饮企业的综合服务系统。餐饮业组织结构与岗位设置直接影响到餐饮企业的运转和效益，因而管理人员在设置组织机构时，既应考虑餐饮企业经营的性质和范围、服务对象及提供产品的特点，又应考虑向客人提供的服务类别、预计餐饮产品的销售数量，据此设计部门机构和岗位才能科学合理，提高效率。

组织机构图是将组织机构以图表的形式表示出来，使组织机构中各岗位与其他岗位相互关系更加直观，使员工明确命令的途径和遵循指示的对象，同时还能让员工明确自己可能升迁的渠道，让员工及早建立自己的职业奋斗目标。

例如，酒店餐饮部规模不同，酒店部门分工不同，餐饮部组织机构也不尽相同。有些饭店餐饮部的原料采购、验收、保管等业务由饭店采购部负责，餐饮部各营业点的收款等财务业务由饭店财务部负责，有些饭店则把上述两项业务纳入餐饮部内负责。现假设将原料采保和财务业务不划入餐饮部，不同规模餐饮部组织结构如图1-1～图1-3所示。

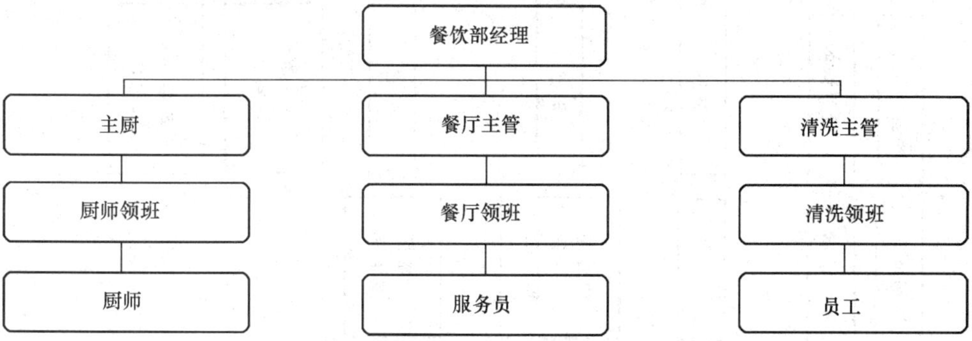

图1-1　小型酒店餐饮部组织结构图

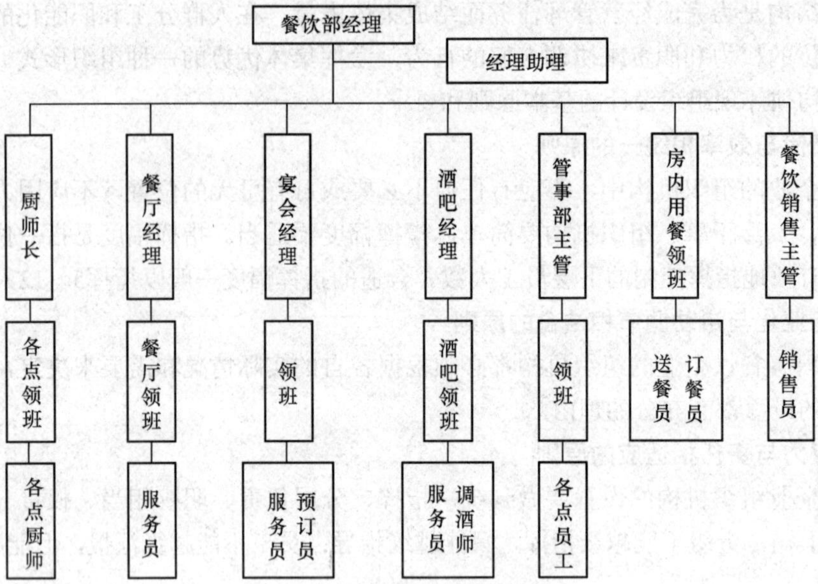

图1-2　中型酒店餐饮部组织结构图

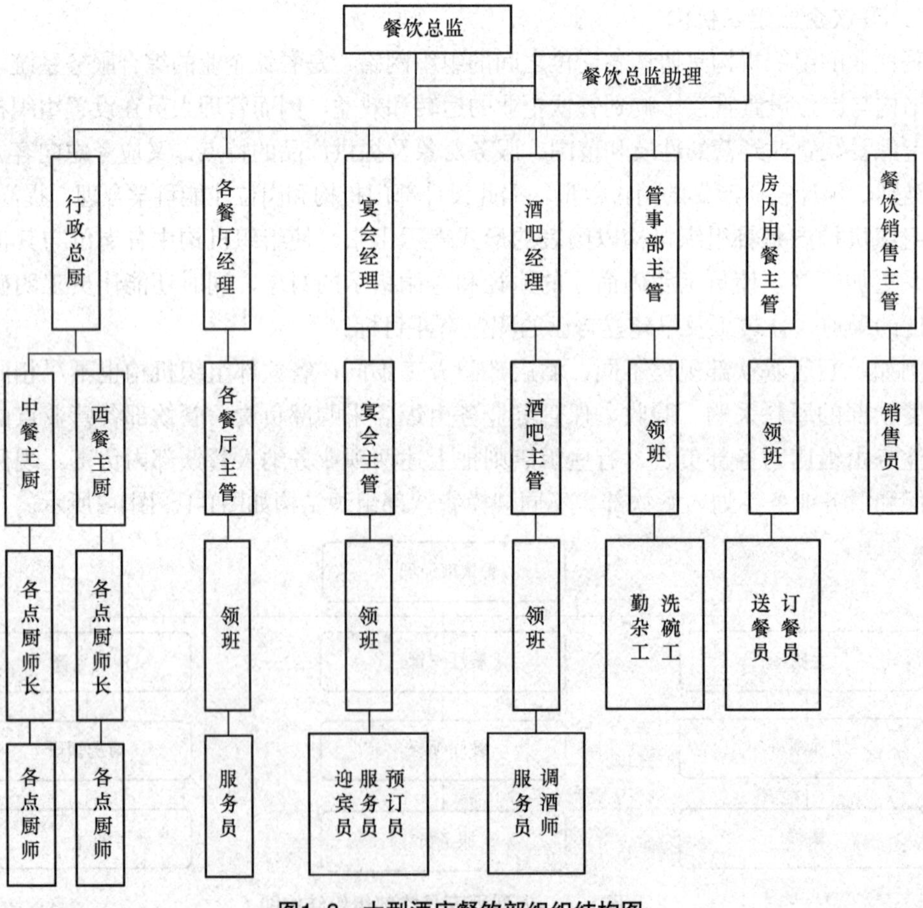

图1-3　大型酒店餐饮部组织结构图

2. 餐饮企业职能

按酒店的规模大小，上面列举了三种餐饮部组织机构图。不管餐饮部的规模大小如何，其基本职能都是相同或相似的，其组织机构模式如图1-4所示。

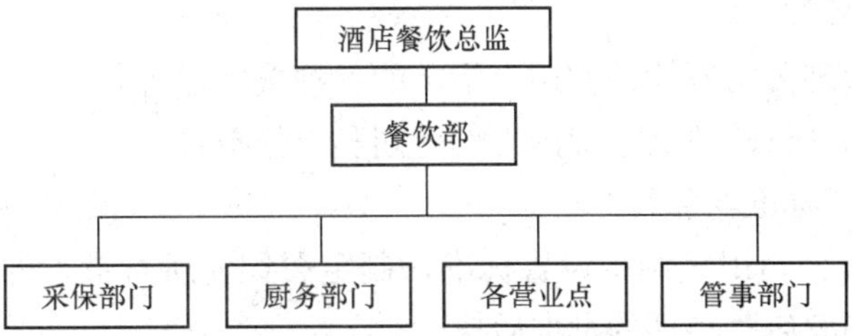

图1-4　餐饮部功能机构图

（1）采保部门。采保部是餐饮业的“龙头”部门，主要负责餐饮业生产原料的采购与保管工作。目前在国内，还有不少酒店的餐饮业采用原料采购与保管一体化的组织机制。

（2）厨务部。厨务部主要负责菜式、点心的制作，并根据市场需求、大众口味的变化而开拓新菜式、特色菜式来吸引宾客，做好本部的日常卫生清理。从过程来看，从原料的初加到菜肴的成品菜出品，都由厨务部完成。从产品质量方面来看，厨务部依据不同的消费档次，制定并执行不同的质量标准。除此之外，厨务部还应加强对生产流程的管理，控制原料成本，减少费用开支。

（3）各营业点。酒店餐饮部的各营业点，包括各类餐厅、宴会厅、酒吧、客房送餐服务部等，是餐饮部直接对客服务部门。这些营业点服务水平的高低、经营管理状况的好坏，直接关系到餐饮产品的质量，直接影响到酒店的声誉。

（4）管事部门。管事部门是餐饮运转的后勤保障部门，担负着为前后台提供物资用品，清洁餐具、厨具，负责后台环境卫生的重任。

各营业部点要对客人提供优质的服务，也就是对餐饮部负责：采保部门要密切与厨务部相互联系，以了解菜肴、点心品种的供应状况；管事部门是餐饮运转的重要保障。各部门既要有明确的分工，也要有密切的合作，特别是一线服务人员要主动与有关岗位协调。

知识链接

餐饮企业的组织结构

三、餐饮企业主要岗位及其职责

（一）餐饮总监及餐饮总监助理

在驻店经理的领导下，全面负责酒店餐饮的一切经营管理，了解餐饮市场的现状及发展趋势，了解对客服务状况以及餐饮产品的创新情况，改进服务及操作程序，确保产品质量标准和卫生要求，合理控制成本及毛利率，提高顾客满意度，增加经济效益。

餐饮总监主要工作职责如下：

（1）计划与报告。

①制订酒店餐饮业年度、月度经营管理计划，并确保相关人员都能对此有充分地了解。

②定期将餐饮业的年度、月度工作计划按要求递交酒店管理公司餐饮总监，并遵从管理公司餐饮总监的协调。

③定期向酒店管理公司餐饮总监递交指定的各种餐饮报告。

④审阅餐厅经理和行政总厨递交的工作计划和工作报告。

（2）制定政策、标准与流程。

①按照酒店管理公司组织结构设置标准，制定餐饮业所有员工的工作说明书。经酒店人力资源部的协调和酒店总经理的批准后执行。

②确保酒店管理公司制定的餐饮制度及产品标准的贯彻执行。

③更新、改良服务流程设计、管理系统，精简运作程序，并递交酒店管理公司餐饮总监核准实施。

（3）绩效评估。

①监察餐厅、厨房有关服务、产品、设施等的一切运作。

②制定餐厅经理、行政总厨的年度绩效评估标准，并实施考核。审批部门基层管理人员的年度绩效考核与检查的标准与方法。

（4）人力资源管理。

①提名餐厅经理和行政总厨的任免，递交驻店经理批准。

②核准除餐厅经理和行政总厨外所有餐饮部管理人员的任免，并递交酒店人力资源部留档。

③遵照集团的人力资源政策和计划，落实餐饮部的培训计划与人力资源开发计划。

④根据人均效率及实际需要制定餐饮部各岗位人员的分配指引，递交驻店经理核准，同时，也递交酒店管理公司餐饮总监做横向统计分析参考。

⑤与员工保持良好的沟通，及时掌握员工的思想状态。

（5）经营管理。

①了解市场信息及竞争对手状况，做好市场定位，及时协同驻店经理及总经理做出决策。

②参加酒店会议，主持部门会议，落实酒店会议相关内容，了解部门工作情况，布置部门工作。

③督导加强防火防盗安全工作和食品卫生工作，控制食品和饮品的标准、规格要求，保证产品质量。

④策划餐饮部各项重要活动，如食品节、节假日活动等。

⑤了解餐饮市场发展状况，掌握酒店的菜肴状况，制订适合目前酒店市场的菜肴创新计划，并督导行政总厨落实执行。

⑥督导管理人员做好服务的创新，保证较高的服务水准。

⑦每日巡视餐厅、厨房及后台各区域，掌握服务及管理动态。

⑧每日阅读经营日报表，了解部门及各区域经营情况，掌握经营趋势，发现问题及时做出调整。

⑨拜访酒店餐饮的重要客户，与酒店宾客保持良好的沟通，掌握宾客的消费心理。

⑩对整个就餐环境及设施设备进行整体协调部署。

⑪控制原料成本，减少浪费，制定合理的定价策略，以便于保证一定的毛利率。

1. 餐饮总监助理

餐饮总监助理协助餐饮总监负责餐饮服务运转与管理，负责完善和提高各营业点的服务工作，确保向宾客提供优良的服务和优质的产品。其主要工作职责如下：

（1）协助餐饮总监督导各营业点的日常工作，保证各营业点高质量的服务水准。

（2）编制餐饮部各种服务规范和工作程序，参与制订各营业点的工作计划、经营预算，并督促和检查员工认真贯彻执行。

（3）协助制订并监督实施餐饮业各项培训计划。

（4）负责对下属进行考核和评估。

（5）协助餐饮总监制订和实施各项餐饮业推销计划。

（6）与餐饮总监、行政总厨共同定期分析营业成本，采取有效措施，加强成本控制。

（7）参加部门例会，提出工作建议，落实餐饮总监布置的相关工作，并向餐饮总监反馈工作结果。当餐饮总监不在时，代行餐饮总监职责。

（8）做好各营业点的内部协调工作及与其他相关部门的沟通合作，尤其是协调好前台服务与厨房生产的关系，确保工作效率，减少不必要的差错。

（9）开餐时，巡视各营业点运转情况，负责督导、检查服务质量，广泛征集宾客意见和建议，并组织落实改进工作。

（10）负责检查员工仪容仪表和执行规章制度的情况。

（11）督导下属对所管辖范围内的设施设备进行维护保养。

2. 行政总厨

（1）在餐饮总监的领导下，全面负责厨房组织和运转的指挥、管理工作，拟定各厨房人员的编制，提出各厨房的管理人选，组织制定厨房管理制度、工作程序，督导下属贯彻实施。通过设计和生产富有特色的菜点产品吸引宾客，并进行食品成本控制。

（2）根据餐饮部的经营目标和下达的生产任务，负责中、西餐市场开发及发展计划的制订。

（3）会同餐厅经理，根据各餐厅预算和档次，研究确定零点、宴会、团队等餐饮毛利率标准，控制成本核算，报餐饮总监审批后，督导各厨房实施。

（4）负责菜单的制订。根据市场需求变化，督导各厨房管理人员及时调整与更换菜单，并审核各厨房管理人员制定的菜单，使之与餐厅的市场定位相适应。

（5）负责签发原料申购单、领货单，督导各厨房每日做好鲜货原料的质量把关，发现问题，及时纠正。

（6）检查厨房物料损耗和使用情况，分析成本，做好成本及费用控制工作。

（7）每天检查各厨房的工作，督导员工按规范操作，发现问题，及时提出改进措施。

（8）协助餐饮总监做好重要接待活动的策划、组织和落实工作，必要时亲自烹制主要产品，保证产品质量，提高餐厅声誉。

（9）及时了解宾客的反馈意见，掌握厨房菜点质量和销售情况。根据宾客反馈和市场变化，经常性推出特色菜，积极创造品牌菜。

（10）组织厨师长进行定期的业务研讨和对外交流活动，拟定培训计划，定期开展厨师技术培训，做好下属的考核和评估工作。

（二）中餐厅主要岗位

1. 中餐厅经理

（1）协助餐饮总监全面负责餐饮部的日常工作，负责餐饮部的食品饮料生产和服务的计划、组织、经营工作，保证餐饮业高质量的服务水准。

（2）负责制订餐饮部营销计划、长短期经营预算，带领全体员工积极完成经营指标。

（3）主持建立和完善餐饮部的各项规章制度及服务规范与标准，并督导实施。

（4）定期深入各部门听取汇报并检查工作情况，控制餐饮部各项收支，制定餐饮价格；加强对膳务管理的领导，做好保障餐饮生产、服务的后勤工作；每周与厨师长、采购员一起巡视市场，检查库存物资，了解存货和市场行情，对餐饮物资和设备的采购、验收和储存进行严格控制；监督采购和盘点工作，进行有效地成本控制。

（5）检查管理人员的工作情况和餐厅服务规范及各项规章制度的执行情况，发现问题及时采取措施。

（6）研究餐饮市场的动态和顾客的需求，计划和组织餐饮的推销活动，有针对性地开发和改善餐饮产品服务，扩大餐饮产品的销售渠道，增加餐饮部的营业额收入。

（7）定期会同厨师长研究新菜品，推出新菜单并有针对性地进行各节日的促销活动。

（8）负责下属部门负责人的任用及其管理工作的日常督导，定期对下属进行绩效评估。

（9）组织和实施餐饮部员工的服务技术和烹饪技术的培训工作，提高员工素质；指挥厨师长对厨房生产做好周密的计划，组织厨房生产，提高菜肴质量，减少生产中的浪费；督导前厅主管组织好餐饮的服务工作，提高餐饮服务质量。

（10）建立良好的对客关系，主动征求客人对餐饮服务的意见和建议，积极认真地处理宾客的投诉，提高餐饮服务质量。

2. 中餐厅领班

（1）在中餐厅经理的领导下，贯彻酒店经营方针和各项规章制度，负责所在班组的日常管理和接待工作。

（2）根据所在餐厅的年度、月度工作计划，带领员工积极完成各项接待任务和经营指标，努力提高餐厅的销售收入，汇报每日经营接待情况。

（3）参加部门例会，提出合理化建议，了解每日接待、预订情况并召开班前例会。

（4）组织带领员工完成每日接待工作，及时检查物品及设施的节能状况、清洁卫生、服务质量，使之达到所要求的规范和标准，并保证高效、安全、可靠。

（5）全面掌握本区域内宾客的用餐状况，及时征询宾客意见、建议，解决出现的问题，处理宾客投诉。

（6）合理安排员工的排班，保证各环节的衔接，使接待工作顺利完成。

（7）每日填写工作日志，做好餐厅销售服务统计和客户档案的建立工作。

（8）定期对本班组员工进行考勤和绩效评估，组织、实施相关的培训活动，及时掌握员工的思想状况、工作表现和业务水平，做好餐厅人才的开发和培养工作。

3. 中餐厅迎宾员

（1）负责对用餐客人的领位和迎送接待工作。

（2）文明用语，敬语、笑脸迎宾，主动询问宾客人数、有无预订，客人离开餐厅要微笑欢送。

（3）征求客人对餐桌、餐位的要求和意见，当餐厅客满时应耐心地向客人解释。

（4）若有电话订座或预订时，应准确填写订座单，并复述给客人听。

（5）尽可能记住常客姓名、习惯、爱好，使客人有宾至如归感。

（6）熟悉了解培训中心及周围各项设施及服务功能，随时解答客人的有关询问。

（7）负责检查保管零点菜单。

（8）参加餐前准备工作和餐后收尾工作。

4. 中餐厅服务人员

（1）在餐厅领班的领导下，直接参与对客服务，必须礼貌、微笑、细致，提供优质服务。

（2）按照规格标准布置餐厅、铺好餐桌，做好开餐前的准备工作。

（3）确保所用餐具、器皿的清洁、卫生、明亮、无缺口以及桌布、口布的干净、挺括、无破损、无污迹。

（4）按照服务程序迎领客人入座就席，协助客人点菜，向客人介绍特色菜、新菜和时令菜，回答客人要求或转达客人要求。客人选定菜单后，开出菜单、酒水单，并通知收银员和传菜员。

（5）客人就餐时按程序提供服务，并注意每道菜上桌后需及时清理餐桌。

（6）做宴会服务时，严格按宴会服务程序进行。

（7）客人用餐结束后，协助客人结账。

（8）开餐结束后及时翻台、撤台，并将所有脏物清点完后交洗衣房，同时做好餐具、用具的补充、替换。

（9）注意保持餐厅环境卫生，搞好餐具卫生，讲究个人卫生。

（10）积极参加培训，不断提高服务技巧和服务意识，提高餐饮服务质量。

（11）遇有突发事件，及时汇报当值领班或经理。

（12）值班服务人员接听电话，接受预订，要认真记录，安排包间，并复述一遍。

（13）服从管理、服从分配，严格遵守店规、店纪。

（14）完成领班交办的其他工作。

5. 中餐厅调酒员

（1）服从领班分配，按工作程序和标准为餐厅服务人员提供宾客所点的酒水饮料。

（2）负责酒水、饮料、香烟的领用和保管工作。每日开餐前领足当餐要用的酒水、饮料，并在每天营业结束后进行清点和整理。

（3）熟悉各种酒水的名称和特性，对提供的酒品进行初步的质量把关。

（4）每天开餐结束后，负责填写酒水销售盘点日报表，做到报表和酒水库存数量相等，销售数和收银台所收金额对应。

（5）定期检查酒水、饮料的保质期，如快到保质期要及时通知领班，以便及时处理。

（6）负责所属区域的卫生工作。

（三）西餐厅主要岗位

西餐厅经理

西餐厅经理负责西餐厅和咖啡厅、酒吧及房内用膳的日常运转与管理工作，组织下属员工向宾客提供优质、高效的餐饮，树立优良的餐厅形象，提高营业收入。西餐厅经理主要工作职责如下：

（1）制订所在餐厅的年度、月度工作计划，带领领班、员工积极完成各项接待任务和经营指标，努力提高餐厅的销售收入。

（2）参加餐饮总监（经理）主持的工作例会，提出合理化建议。全面掌握西餐厅预订和重要的接待活动，主持召开西餐厅的有关会议。

（3）制定西餐厅的各项规章制度并督导实施。

（4）做好西餐厅领班的排班工作，监督领班制定员工排班表，保证餐厅对客服务的正常运转。

（5）组织领班、员工完成每日接待工作，及时检查物品及设施的节能状况、清洁卫生、服务质量，使之达到所要求的规范和标准。

（6）参加迎送重要宾客，主动征求宾客的意见，及时解决出现的问题，处理宾客的投诉。

（7）了解西餐厅厨房的工作程序和相关知识。

（8）负责对下属员工进行考勤、绩效考核和评估。

（9）协调与其他部门的工作联系，使宾客得到满意的餐饮产品和良好的服务。

（10）负责制订员工培训计划，对下属员工进行业务培训，做好餐厅人才的开发和培养工作。

（11）建立物资管理制度，负责对餐厅设备、物资、用具等实行严格管理。督促下属员工做好安全工作。

（12）审核西餐厅的营业收入，做好结账控制工作，杜绝舞弊行为的发生。

（四）宴会部主要岗位

1. 宴会部经理

宴会部经理在餐饮总监助理的领导下，具体负责宴会部的日常运转和管理工作，保证以舒适的就餐环境、优质的食品和良好的服务来吸引客源。通过向宾客提供优质的服务，树立良好的形象，提高营业收入。宴会部经理主要工作职责如下：

（1）制订宴会部的市场推销计划，确保经营预算和目标的实现。

（2）制定宴会部的各项规章制度并督导实施。

（3）负责大型宴会的洽谈、设计、组织与安排工作，并参与大型活动的接待工作。

（4）负责与相关部门的工作协调，处理各种突发事件。

（5）与厨师长保持良好的合作关系，及时将宾客对菜肴的建议和意见转告厨房。

（6）每日检查本区域卫生及设施设备状况，保证接待工作的正常运行。

（7）控制宴会部的经营情况，在宴会期间，负责对整个宴会厅的督导、巡查工作。

（8）督导员工正确使用宴会厅的各项设备和用品，做好清洁保养，控制餐具损耗。

（9）参加餐饮总监（经理）主持的工作例会，提出合理化建议。主持宴会部内部会议，分析宴会业务情况，积极开展各种宴会促销活动。

（10）负责下属员工的考勤、绩效考核和评估，组织开展培训活动。

（11）审核宴会厅的营业收入，做好结账控制工作，杜绝舞弊行为的发生。

2. 宴会部服务人员

（1）负责宴会厅的清洁卫生工作，以满足宾客对就餐环境的需求。

（2）负责宴会的开餐准备工作，按规格布置餐厅和餐台，及时补充各种物品。

（3）礼貌待客，按程序为宾客提供就餐服务。

（4）熟悉各种服务方式，密切注视宾客的各种需求，尽量使宾客满意。

（5）按程序结账并负责宴会结束后的清洁整理工作。

3. 调酒员

（1）精通调酒工作，熟悉各种酒水的特性及饮用方式。

（2）按照酒店标准和宾客要求，向宾客提供各式酒水和饮品。

（3）负责按程序补充大堂吧酒水。

（4）负责饮品的领取、保管和销售工作，每日进行一次清点和整理。

（5）负责未售出酒水的保存和管理。

（6）为宾客调制鸡尾酒，并负责管理大堂吧各种器具。

（7）负责填报酒水销售盘点日报表，做到报表和吧台库存实数相符，销售数和收银台收入金额对应。

（8）负责工作区域的卫生，包括设备、用具的卫生。

（9）必要时，协助服务人员工作。

知识链接　**浅谈西餐在我国的发展前景**

西餐是世界三大菜系之一。世界三大菜系是指以我国烹饪为首的东方菜系，以法国烹饪为首的西方菜系，以土耳其烹饪为首的中东菜系。可见，西餐在世界烹饪中是处于核心和主导地位的，是世界菜系的重要组成部分，是世界烹饪艺术中的一颗璀璨的明珠。

（1）我国西餐业的发展显示出强大的生命力。在我国30多个省市自治区中都有西餐企业，60%以上的地级城市也有西餐，西餐业的网点发展更是到了如云南丽江、西藏拉萨、宁夏银川等偏远地区。与中餐相比，西餐发展速度更快，触角更长，遍及全国各地，表现出强大的生命力。

（2）西餐的多样化丰富了消费者的选择。西餐这种业态一旦出现，即显示出多种多样的特色，从高档到中档到低档，西餐中便餐、茶餐同时出现，多种业态在西餐企业中发展，每种业态都受到相当一部分的消费群体的欢迎，使西餐的消费出现了多层次、多品种的局面，表现出十分活跃的生命力。

（3）西餐消费呈枣核形，高低差距不大。西餐的枣核形消费是指价格低的西餐不太多，特别是昂贵的也不多，都集中在中间的层面，高低差距不大。这个消费特点说明消费群体相对集中和稳定。西餐业定位在对西餐有追求的消费群体上，这种准确的定位给经营者带来了高效益，带来了稳定的客源，也给其管理带来了方便。

西餐在我国的迅速发展，让大多数中国人逐步接受西餐还要归功于肯德基和麦当劳进入中国市场。肯德基和麦当劳用其特有的现代经营方式和理念很快在我国推广了西方饮食文化方式。随着国际化的发展步伐，“地球村”的理念已经走进了世界各国人民的心里，各国生活方式的交融让人们的生活丰富多彩。西餐的快速发展，使得西餐业出现求贤若渴的状态，对于求学于西餐专业的学生更是一个实现自我价值的好机遇。

第三节　餐饮产品与餐饮服务

一、餐饮产品

（一）餐饮产品的含义

1. 从宾客的购买内容看

酒店餐饮产品是由餐饮实物和劳务服务，以及环境、气氛等因素组成的有机整体。它不仅满足宾客物质性、生理性的需求，而且还能满足宾客许多心理上、精神上和感情上的需求。

从宾客的购买内容看，餐饮产品构成按以下等式表达：

餐饮产品=实物产品+劳务服务+就餐环境气氛

2. 从宾客对餐饮产品的需求看

对餐饮实物本身的需求，以解决饥渴、补充营养等生理需求。这类需求是宾客对餐饮产品的直接需求，能明确表达。

对与实物有关的服务内容的需求，如满足宾客对于安全感、支配控制感、身份地位感、自我满足感等的需求。这类需求通常被称为餐饮产品的间接需求。

从宾客对餐饮产品的需求看，餐饮产品构成按以下等式表达：

餐饮产品=直接产品+间接产品

知识链接

餐饮产品

（二）餐饮产品生产的特点

1. 餐饮生产属于个别定制生产，产品规格多，批量小

餐饮部的经营程序是宾客进入餐厅后，接受个人点菜，然后将原料制成个别的菜品。因此，它不能大批量、统一规格的生产，这给餐饮产品质量的稳定和统一带来了很大的困难。

2. 餐饮生产过程时间短，见效快，一次性消费

宾客需要的品种确定后，通过厨师的生产劳动、烹制加工，原则上食品必须在20～40分钟内送到餐桌上。与其他业产品比，其生产时间较短，见效较快，而宾客消费通常是一次性的。它既不像客房的家具可以反复使用，又不比整瓶酒水的销售，宾客付账后一次性消费不完，可暂存留在日后饮用。中餐食品消费不仅是一次性的，而且限时。热菜、冷菜随着时间的延长、空气的浸染，会产生腐化。因此，从食客对餐饮产品质量的感受来说，有很大的时限性。

3. 生产量难以预测

宾客餐饮消费具有较大的随机性，宾客何时来、人数多少、消费什么餐饮产品，都是变量。由于餐饮需求变动因素较多，餐饮生产量很难确定，餐饮生产具有不确定性。这就要求严把餐饮产品质量关，服务好每一位宾客，让宾客的每一次消费都得到最大限度的满意，以此来提高宾客对餐饮品牌的忠诚度。

4. 餐饮产品易变质

餐饮产品具有一次性消费的特点，相当一部分餐饮产品是用鲜活的餐饮原料烹制成的，具有很强的时间性和季节性，若处理不当极易发生腐败变质，从而失去食用价值。因此，必须加强管理，才能保证产品质量并控制餐饮成本。

5. 餐饮产品生产过程环节多，管理难度较大

餐饮产品的生产从餐饮原料的采购、验收、储存、加工、烹制、服务、销售到结收账款，整个过程的业务环节较多，任一环节出现差错都会影响餐饮产品的质量及企业的经济效益。因此，餐饮产品生产过程的管理难度较大。

6. 生产成本的多变性

餐饮生产从原料的加工、切配到烹制、装盘销售，经历了多个环节，每个生产环节的管理和控制都会对生产成本造成影响。因此，在生产过程中必须建立一整套完整的操作规程和生产标准，减少成本，确保应有的经营利润。另外，原料季节性变化较大，市场价格波动也会造成生产成本的变化，从而影响到餐饮生产成本的控制。

7. 产品信息反馈快

随着酒店业市场竞争的需要，服务以优质取胜，烹调技术以特、新争取客源的做法让餐饮业竞相使出奇招，并且加快产品的信息反馈，及时了解宾客需求。为及时、准确掌握宾客意见，有些餐馆产品制作责任到人，厨师编号挂牌上岗。制作后的每一道菜呈上餐桌时都标上厨师的编号，宾客对产品有什么褒贬，通过服务人员的传递即可反馈给厨师；有时宾客和厨师直接见面，对产品质量互相交换意见，起到立竿见影的效果。这一做法也使宾客了解不同厨师烹饪技术的高低，选择适合自己口味的厨师制作产品，并在下次就餐时指定某一厨师为自己做菜，由此无形中提高了宾客的身份，也提高了厨师的责任感。

（三）餐饮产品销售的特点

1. 销售量受场地大小的限制

餐厅面积的大小、餐位的数量，限制了宾客就餐的数量。餐厅小，销售量相对小；

餐厅大，销售量相对大。在用餐高峰时，厨房和餐厅要协调一致，在提高餐位周转率上下功夫，作到领位快，及时为宾客选择好食品，上菜快，服务技术熟练，结账快且准，为宾客提供周到的服务，更好、更有效地提高餐位周转率，从而提高销售量，提高盈利。

2. 销售量受进餐时间的控制

餐饮产品受宾客多少的限制，而销售量既受宾客多少的限制，又受时间早晚的限制。

早、中、晚就餐时间一到，餐厅里宾客来来往往，就餐时间一过则餐厅空空如也，没有销售出去的产品就无法再销售。这就决定了餐饮产品销售的时间集中性。怎样在销售时间内提高销售量是餐厅服务人员需要考虑的，其热情主动、积极推销，以及灵活多变的处事将有利于工作的顺利进行。

3. 餐饮经营毛利率高，资金周转快

餐厅收入减去原料、成本，称为毛利。星级酒店一般至少有45%～65%的毛利，而由于餐饮收入可变性大，经营管理得好，则可扩大销售量，增加收入。饮食产品通过节能降耗、提高原料使用率、降低成本，也可增加毛利。如管理得不好，浪费多，则收入少，毛利少，甚至可能亏损。因此，许多酒店常在饮食部门大动脑筋，降低成本，增加收入，提高经济效益。

4. 餐饮业固定成本高，投资比重大

在餐厅用餐的宾客，除要求可口的餐食及亲切的服务外，也希望在设备豪华的餐厅中感受到舒适的享受。因此，餐厅的布置、桌椅、娱乐设备方面要投入一大笔的资金。

5. 餐饮场所要求优雅

随着消费水平的提高，舒适优雅的就餐环境越来越被宾客所重视，宾客享受美味佳肴的同时，也在享受环境。高雅的就餐环境，给宾客以美的享受并反映在其心理体验上，有时候宾客对环境的印象甚至超过菜肴。因此，现代餐厅装修很注重环境投资，不惜重金进行装修和美化，以吸引更多的宾客。

二、餐饮服务

餐饮服务的特点主要有以下三个方面。

1. 餐厅销售的主要是服务而不是实物

任何商品的销售或购买都伴随着服务的销售或购买，而任何服务的销售或购买也必定伴随着商品的销售或购买。据此，服务性企业以其销售活动而言可分为两种类型：一是借助服务，以销售商品为主的企业。这类企业提供的零售服务被称为“助销服务”，意指它起着帮助销售产品的作用。二是凭借实物产品，以销售服务为目的的企业。这类企业包括酒店、餐馆、理发厅、各种修理店等。在这类企业中，实物产品被视为“助销产品”，这是因为它起着促进销售某种服务、技术、技艺的作用。

酒店业务活动凭借一定的实物产品，以为宾客提供旅居服务为主要内容。酒店出租客房，其主要目的是销售客房服务；提供食品饮料，是为了销售烹调技艺和餐厅服务。其中，劳动服务要通过实物产品才能得到充分发挥并能实现其价值，而实物产品则起着劳务服务销售载体的作用。

餐饮产品是由有形实物和无形服务共同构成的。同时，还必须认识到，餐饮的服务价值和使用价值不仅仅取决于餐饮实物本身，而且还取决于厨师和服务人员的劳务服务。一方面，烹调技艺和服务技巧的价值必须通过餐饮食物的销售、宾客的感受才能得到实现；另一方面，由于宾客在餐厅里主要是购买厨师的烹调技艺和服务人员的服务，实物本身只有通过高超的烹饪技术和优质的餐厅服务才能得到更好的销售。

2. 服务对象的广泛性

餐厅的宾客来自不同的国家和地区，因而其文化背景、风俗习惯、禁忌喜好、个人特征及道德意识和道德规范各不相同，这便使餐饮服务的标准和适用性表现出不同的特征，甚至产生了特殊的行为规范。

3. 餐饮服务的无形性、同步性、差异性、一次性

餐饮服务包括凝结在食品和酒水上的厨师技艺，餐厅的环境以及餐前、餐后的服务工作。

（1）餐饮服务不同于一般的有形产品，仅从其色彩、性能、式样等方面就可判断其质量的高低，而餐饮服务只能在就餐宾客购买并享用餐饮产品后凭生理和心理的满足程度来评估其质量的优劣。餐饮服务的无形性给餐饮部带来了销售上的困难，而且餐饮服务质量的提高是无止境的，所以要想提高服务质量、增加餐饮部的营业额，关键在于提高餐饮工作者，特别是厨师和餐厅服务人员的服务技能和服务态度。

（2）餐饮产品的生产、销售、消费在餐厅是同步进行的。餐饮产品的生产服务过程也是宾客的消费过程，即现生产、现销售。同步性决定了餐饮产品不宜储存，也不宜外运。

（3）餐饮服务的差异性表现在：一方面，餐饮服务是由餐饮部工作人员通过手工劳动来完成的，而每位工作人员由于年龄、性别、性格、所受教育程度及其职业培训程度等方面的不同，他们为宾客提供的服务也不尽相同；另一方面，同一服务人员因在不同的场合、不同的情绪、不同的时间下，其服务方式、服务态度等也会有一定的差异，这就是餐饮服务的差异性。餐饮管理中，要尽量减少这种差异性，使餐厅的服务质量趋于稳定。

（4）餐饮服务的一次性是指餐饮服务只能当次使用、当场享受，过时则不能再享用。这恰似酒店的客房。因此，要注意接待好每一位宾客，给他们留下良好的印象，从而使宾客再次光顾，在巩固原有客源市场的基础上，不断开拓新的客源市场。

知识链接　**餐饮产品和服务组合的基本内容**

餐饮产品和服务组合的内容，包括以下四个方面：

（1）辅助性设备设施。主要包括餐厅里面的桌椅、包间、车位、等候室、休息室、娱乐厅……这些都是产品和服务得以实现的辅助性设施设备。

（2）使服务易于实现的产品。即餐厅的菜肴。客人来酒店的目的无非是吃饭或找一个场所聚一聚，那么餐厅的服务是通过产品来实现的。客人在享受产品的过程中也享受到了一定的服务，两者相辅相成。

（3）明显的服务。即客人在餐厅里享受到实实在在的服务。例如，服务人员的欢迎、介绍、推荐、上菜服务、帮客人解决困难等，都是客人看得见的。

（4）隐含的服务。隐含的服务，是客人看不到、涉及不到的一些环节的服务工作。这些服务客人可能不太关注，或者没有意识到，比如后续服务的内容，客人可能就没有意识到。

这四项内容，既包括辅助性设备设施，也包括一些实实在在的服务内容，都属于餐饮产品和服务组合的内容。

第四节　餐饮服务人员

餐饮服务是由餐饮部的服务人员提供给宾客的，使客人得到以享受为实质内容的特殊服务。随着餐饮业竞争的日趋激烈和消费者自我保护意识的增强，宾客对餐饮服务质量的要求越来越高，而餐饮服务质量的提高有赖于高素质的员工。因此，餐饮从业人员应树立正确的观念与意识，改善服务态度，更新本职工作所需的知识，提高管理与服务能力，从而提高餐饮服务质量。餐饮从业人员的素质要求主要体现在以下三个方面。

知识链接

餐饮服务人员

一、思想素质

思想是客观存在反映在人的意识中，经过思维活动而产生的结果。餐饮服务人员的思想素质是其他素质的根本，对于提高其他素质具有重要的指导意义。餐饮服务人员应具有以下思想素质。

1. 树立牢固的专业思想

餐厅服务人员应该正确认识自己岗位的职责，并充分认识到自己的工作是一个神圣而光荣的职业——为客人创造用餐快乐的职业。因此，餐厅服务人员应具有敬业、乐业的工作态度，助人为乐的精神，并以始终如一地为客人提供最优质的餐饮专业服务为职业使命，不断钻研业务，提高技能，树立牢固的专业思想。

2. 培养高尚的职业道德

为了更好地提供优质服务，每位餐厅服务人员通常应具备的职业道德规范：热情友好，客人至上；真诚公道，信誉第一；文明礼貌，优质服务；团结协作，顾全大局；遵纪守法，廉洁奉公；平等待客，一视同仁。

3. 具备强烈的纪律观念

餐厅服务人员的工作具有较强的自主性，必须依靠服务人员自身良好的纪律观念，才能在自主性服务的过程中，控制自己的行为，使服务既能满足客人需要，又不违背餐厅的规章制度，最大限度地保证客人与饭店的双方利益。

4. 具备良好的心理素质

餐厅服务人员应具备良好的心理素质，才能乐观持久地为客人服务。餐厅服务人员应具备的心理素质有：自尊、自信的服务意识，快速、准确的观察判断能力，良好、持久的注意力，较强的情感控制能力。

知识链接 麦当劳青睐怎样的人才

（1）热情的工作态度。热情、开朗、能主动关注顾客的需求，认可麦当劳的企业文化。目前，麦当劳在中国开设了超过600家的连锁餐厅，有近5万名员工和6 000名餐厅管理人员在辛勤工作。他们是一群充满激情的员工，每天在餐厅和顾客面对面，忙碌着，并快乐着。因为他们热爱这份工作，这种热情给予了他们源源不断的工作动力。有人戏称“麦当劳员工血液中流淌的是番茄酱”。的确，如果没有这种热情的工作态度，是无法适应服务业快节奏、高强度的工作的。

（2）全面的工作能力。麦当劳更注重个人的价值观、对服务理念的理解、实际工作能力等综合能力。在人才的筛选过程中，麦当劳更关注他们以前的工作经历，还会安排他们在餐厅工作3天，考察他们的工作情况，从而全面地了解应聘者。

（3）良好的团队精神。给顾客提供优质服务是麦当劳的追求，要提供好的服务，员工必须具有良好的人际沟通能力。而且，麦当劳员工的年龄跨度很大，从18岁到45岁，员工只有学会互相信任、互相配合、融洽相处并团结一致，才能更好地完成工作任务。

二、业务素质

餐饮服务人员应该具有广阔的知识面和熟练的业务能力，才能为客人提供高质量的服务。

（一）餐厅服务人员应掌握的服务知识

餐厅服务人员应掌握的服务知识包括基础知识、专业知识、其他相关知识。

（1）基础知识，包括员工守则、饭店服务意识、礼貌礼节、职业道德、饭店安全与卫生、服务心理学、外语知识等。

（2）专业知识，包括岗位职责、工作程序、运转表单、相关菜点和酒水的知识、管理制度、设备设施的使用与保养、饭店服务项目与营业时间、沟通技巧等。

（3）其他相关知识，包括哲学、文学、艺术、法律、客源国历史地理、习俗和礼仪、民俗、宗教、饭店所在地区的旅游及交通等知识。

（二）餐厅服务人员应具备的服务态度

服务态度是指餐饮从业人员在对宾客服务过程中体现出来的主观意向和心理状态，其好坏直接影响到宾客的心理感受。服务态度取决于员工的主动性、创造性、积极性、责任感和素质的高低。其具体要求如下。

1. 热情

餐饮服务人员在服务工作中应热爱本职工作，热爱自己的服务对象，像对待亲友一样为宾客服务，做到面带微笑、端庄稳重、语言亲切、精神饱满、诚恳待人，具有助人为乐的精神，热情待客。

2. 主动

餐饮服务人员应树立“宾客至上，服务第一”的专业意识，在服务工作中应时时刻刻为宾客着想，表现出一种主动、积极的情绪，凡是宾客需要，不管分内、分外，发现后即应主动、及时地予以解决，做到眼勤、口勤、手勤、脚勤、心勤，把服务工作做在宾客开口之前。

3. 周到

餐饮服务人员应将服务工作做得细致入微、面面俱到、周密妥帖。在服务前，服务人员应做好充分的准备工作，对服务工作作出细致、周到的计划；在服务时，应仔细观察，及时发现并满足宾客的需求；在服务结束时，应认真征求宾客的意见或建议，并及时反馈，以将服务工作做得更好。

4. 耐心

餐饮从业人员在为各种不同类型的宾客服务时，应有耐性，不急躁、不厌烦，态度和蔼。服务人员应善于揣摩宾客的消费心理，对于他们提出的所有问题，都应耐心解答，做到百问不厌，并能虚心听取宾客的意见和建议，做事情不推诿。与宾客发生矛盾时，应尊重宾客，并有较强的自律能力。

（三）餐厅服务人员应掌握的业务技能

餐饮服务既需要规范化、标准化的操作，又离不开满足不同消费者需求的个性化服务理念。因此，餐饮服务人员应掌握各种不同的业务技能。

1. 语言能力

语言是人与人沟通、交流的工具。餐厅的优质服务需要运用语言来表达。因此，餐饮从业人员应具有较好的语言能力。旅游饭店餐厅服务人员的语言要求有：语言文明、礼貌、简明、清晰；能讲标准普通话；耐心解释客人提出的各种问题。另外，涉外饭店服务人员还应掌握较强的外语交流能力。

2. 服务操作技能

餐饮服务既是一门科学，又是一门艺术。服务操作技能是指餐厅服务人员在提供服务时显现的技巧和能力，它不仅能提高工作效率，保证餐厅服务的规格标准，更能给宾客带来赏心悦目的感受。因此，要想做好餐厅服务工作，就必须掌握娴熟的服务技能，并能灵活自如地加以运用。

3. 应变能力

由于餐厅服务工作大都由员工通过手工劳动完成，而且宾客的需求多变，因此，在服务过程中难免会出现一些突发事件，如宾客投诉、员工操作不当、宾客醉酒闹事、停电等。这就要求餐厅服务人员必须具有灵活的应变能力，遇事冷静，及时应变，妥善处理，充分体现饭店“宾客至上”的服务宗旨，尽量满足宾客的需求。

4. 推销能力

餐饮产品的生产、销售及宾客消费几乎是同步进行的，且具有无形性的特点。因此，要求餐厅服务人员必须根据客人的爱好、习惯及消费能力灵活推销，以尽力提高宾客的消费水平，从而提高餐饮部的经济效益。

5. 观察能力

餐厅服务质量的好坏取决于宾客在享受服务后的生理、心理感受，即宾客需求的满足程度。这就要求服务人员在对宾客服务时，应具备敏锐的观察能力，随时关注宾客的需求并及时给予满足。

6. 记忆能力

餐厅服务人员通过观察了解到的有关宾客需求的信息，除了应及时给予满足之外，还应加以记忆，当宾客下次光临时，服务人员即可提供有针对性的个性化服务，这无疑会提高宾客的满意度。

7. 自律能力

自律能力即餐厅服务人员在工作过程中的自我控制能力。服务人员应遵守饭店的员工守则等管理制度，明确知道在何时、何地能够做什么，不能够做什么。每位服务人员良好的自律能力是餐厅优质服务的保证。

（四）餐厅服务人员应养成的职业习惯

餐厅服务人员必须在工作中养成良好的职业服务习惯，才能保证提供令客人满意的服务。

1. 良好的仪容、仪表、仪态

餐厅服务人员必须养成良好的个人卫生习惯，符合餐厅规定的仪容、仪表要求，注意服务过程中的优美仪态，为客人提供赏心悦目的餐饮服务。

2. 专业的微笑服务

餐厅服务人员应该将微笑作为职业习惯，在服务过程中随时保持专业的微笑表情，才能体现出餐厅优质服务和员工服务水准。

3. 掌握服务语言艺术

餐厅服务人员在对宾客服务的过程中，应注意掌握服务语言艺术，将礼貌用语作为职业语言习惯，并注意与宾客交往过程中语气委婉，对宾客的提问及时应答，服务中语音音量适度，保持良好的餐厅氛围。同时，服务人员还应掌握各种常用的文明礼貌接待用语，如迎接用语、问候用语、征询用语、应答用语、道歉用语和送别用语等。

三、身体素质

餐饮服务人员的身体素质是做好餐饮服务工作的基础。餐饮服务是在满足宾客饮食物质需要同时，还要满足宾客的精神需要，使其感受到美的愉悦。因此，餐饮从业人员应具有的身体素质要求包括以下内容。

（一）健康的身体

餐厅服务人员必须身体健康，无传染疾病，能保持以良好的身体状态投入工作。我国

《食品卫生法》规定，餐饮从业人员必须每年经过卫生防疫部门的体检合格，办理健康证后才能从事餐饮行业。

（二）身体素质要求

1. 强壮的体魄

餐饮服务工作的劳动强度较大，餐厅服务人员的站立、行走及餐厅服务等必须具有一定的腿力、臂力和腰力等，有时遇到大型接待活动，还需经常加班，不时还会有较高强度的体力劳动。因此，餐饮从业人员必须要有健壮的体格才能胜任此项工作。

2. 体态优美，五官端正

餐厅服务人员与客人每天直接见面，基于人们对美的偏爱，服务人员的气质、容貌与体态等自身条件也成了评价服务优劣的一个因素。这是客观存在的事实，所以服务人员应该给客人留下良好的感官印象。因此，服务人员要求体态匀称，五官端正，面容亲切。

3. 无不适应服务工作的疾病

餐厅服务人员工作中要与客人近距离接触交流，因此某些身体病症不适于服务工作的开展，如口臭、体臭、口吃等。服务人员必须通过处理，使自己不适于服务工作的病症得到解决，只有这样才能更好地为客人提供优质的服务。

总之，餐厅服务人员必须具备一定的思想素质、业务素质与身体素质，才能成为一名合格的餐厅服务人员，为客人提供专业而优质的餐饮服务。

知识链接　让顾客喜笑颜开的服务用语技巧

在餐厅服务过程中，要做到让顾客在短时间内认同自己，很多服务人员会认为这比登天还难。如何让顾客一进门就认同服务人员呢？方法很简单，用事实说话，不能反驳的就是事实。

（1）“今儿天气真热！”夏天天气很热的时候，可以对顾客说：“今天的天气真热！”一般来说，顾客都会同意你的观点，因为这是不能反驳的事实。如果是北方，冬天会非常冷，当顾客一进餐厅的门，看到顾客穿着厚厚的羽绒服，服务人员可以这样说：“姐，今天外面真冷，赶紧进来暖和暖和吧！”这时再给顾客端过一杯热水接着说：“喝杯热水暖和一下。”这一连串的行动和语言，顾客是不能反驳的，内心自然也就非常容易认同服务人员了。

（2）“今天您自己一个人逛街？”看到顾客一个人进餐厅，可以这样说：“今天您自己一个人逛街？”如果顾客是自己一个人来的，顾客也会点点头或用其他的方式认同我们所说的话，因为他没有办法反驳。如果顾客是两个人一起进来的，就可以说：“今天您二位一起逛街，两位知心的朋友在一起也是很幸福的事啊！”顾客听了这样话，会有什么反应呢？当然是非常高兴了。

（3）“我来帮您吧！”给顾客一点帮助。当顾客一进店门，看到顾客提了很多东西，可以走上前说“今天您收获了这么多满意的东西，我来帮您提一下吧”，或说

“东西先放在前台，我帮您看着，您就放心吧”。顾客听着这话，即便不让帮她拎东西，但是内心也会非常认可的。

（4）“看您这么开心，是不是今天有什么喜事啊？”看到顾客脸上的笑容，这是描述事实，如果后面再跟上一个快乐的假设，顾客会更加开心。

（5）“你俩一起逛街，一定是感情最好的朋友。”看到两个人进来，根据年龄和两人的对话，可以判断出两者之间的关系，你只用将事实描述出来就可以了。

（6）“您的声音真好听，听起来让人觉得特别舒服，您是专业唱歌的吧？”听到有些顾客声音很好听的时候，可以把这个事实说出来。一般没有人会注意到这样的优点，当赞美别人不为大众所知的优点时，会更有效果。

（7）“您笑起来真和蔼，和我妈妈一样！”当听到这句话的时候，顾客潜意识里的陌生感也会消失，此时就有一种家人般的感觉。当然，这话应该对年纪稍长的女士说。

（8）“您真有气质，真有明星范儿！”赞美漂亮的女孩很漂亮，倒不如称赞女孩有气质，漂亮是外在的，让人感觉比较浮，而气质是内在的，只有知识、修养达到一定程度的女孩才有这种气质，所以很多女孩更愿意别人赞美她有气质。

（9）“您一看就是特有担当的人，有一种做大事的气魄！”我国的传统观念赋予男人更多责任，无论对家庭还是工作，男人要挑起这份重担，就要面对各种挑战。所以，称赞一下男人有做大事的气魄，男人从潜意识里更愿意接受此类赞扬。

在事实基础上的合理推断也容易被顾客认同。

人的大脑有一个特点，会更容易接受通过场景来阐述的观点。过去看到、听到、经历过的事情和场景，再次看到、听到或有相似经历时，会产生共鸣，这是一种非常好的引导和说服方式。

课堂练习

1．现在我国餐饮从业人员素质参差不齐，服务质量和管理水平都有待提高。对照餐厅服务人员的素质要求，你觉得应该如何改进与学习？

2．简述现代餐饮业的发展趋势。

技能操作

1．利用实物、图片、视频演示，让学生初步了解饭店餐饮部的工作环境和各种常用设备、餐具、服务用品。

2．学生分组参观调查当地一家饭店的餐饮部，将该饭店餐饮企业的组织机构与本章第二节的组织结构图进行比较，找出差异，并分析原因。

3．利用课余时间安排学生参加餐饮服务实习，体会餐饮经营的特点在实际工作中的具体表现。

第二章　餐饮服务基本技能

本章导读

- 本章重点介绍了餐饮服务的基本技能，包括托盘、斟酒、折花、摆台、点菜、上菜等各项基本技能，为从事酒店餐饮业的专业技能服务打下坚实的基础。

学习目标

- 掌握斟酒的操作要领。
- 熟悉折花的基本手法并掌握杯花、盘花30种以上的折法。
- 掌握中西餐早、正、宴会摆台的标准及动作规范。
- 了解点菜的基础知识并掌握点菜的技巧。
- 掌握上菜、分菜的标准及方法。

章前案例

>> 扫兴的寿宴

某酒店餐厅的正中间是一张特大的圆桌，从桌上的大红“寿”字和老老小小的宾客可知，这是一次庆祝寿辰的家庭宴会。朝南坐的是位白发苍苍的八旬老翁，众人不断站起对他说些祝贺之类的吉利话，可见他就是今晚的寿星。一道又一道色香味俱全的菜肴送上桌面，客人们对今天的菜感到心满意足。寿星的阵阵笑声为宴席增添了欢乐，融洽和睦的气氛又感染了整个餐厅。又是一道别具一格的点心送到了大桌子的正中央，客人们异口同声喊出“好”来。整个大盘连同点心拼装成象征长寿的仙桃状，引起邻桌食客伸颈远眺。不一会，盘子见底了。客人还是团团坐着，笑声、祝酒声、贺词声，汇成了一首天伦之曲。可是不知怎的，上了这道点心之后，再也不见端菜上来。闹声过后便是一阵沉寂，客人开始面面相觑，热热闹闹的生日宴会慢慢冷却下来。众人怕老人不悦，便开始东拉西扯，分散他的注意力。一刻钟过去，仍不见服务人员上菜。一位看上去是老翁儿子的中年人终于捺不住，站起来朝服务台走去。接待他的是餐厅的领班。他听完客人的询问之后很惊讶："你们的菜不是已经上完了吗？"中年人把这一消息告诉大家，人人都感到扫兴。在一片沉闷中，客人快快离席而去了。

问题

为什么客人会在一片沉闷中快快离席？

案例分析

本来是一场很开心的宴会，服务人员的服务也让客人很满意，但是因为服务人员没有把握好上菜的节奏和时机，让参加寿宴的客人扫兴而归。中餐宴会要根据主桌用餐的速度上菜或根据主宾以及客人的用餐速度上菜，要根据气氛、环境来控制上菜的节奏。要注意的是，当全部菜品都已上完后，应小声提醒主人，并祝客人用餐愉快，以免产生误会，从而影响宾客用餐的愉快情绪。

第一节　托　　盘

一、托盘的种类

按照托盘的制作原料，餐厅中的托盘一般分为金属托盘、木制托盘或塑胶托盘，金属托盘又可分为银托盘、铝托盘、不锈钢托盘等。

按托盘形状可分为圆形托盘、方形托盘及大、中、小数种托盘。

（1）大托盘（直径大于36厘米）：适合托送较重的食物、酒水和盘碟。

（2）中托盘（直径为32～36厘米）：适合摆、换、撤餐具、酒具等。

（3）小托盘（直径为20～30厘米）：适合递送账单、茶、咖啡等。

知识链接

托盘

二、托盘的操作步骤

托盘分轻托、重托两种。

（一）轻托（胸前托）操作方法（适用范围：5千克以下）

1. 理盘

首先要根据所运送的物品选择大小合适的托盘，将盘底擦干净，然后用垫布或湿毛巾垫在托盘上，并用手铺平拉直，使垫布或毛巾的四边与盘底对齐。

2. 装盘

装盘时要根据托送物品的体积、轻重和使用的先后顺序，将所要运送的物品安放于托盘之上。一般轻的和矮的放前面，重的和高的放后面。其重心应在掌心偏内的位置。

3. 起托

餐厅员工不应将托盘从台面直接托起，而应先将托盘从台面轻轻拖出，使托盘保留约15厘米的长度搁在台面上。然后将手放至托盘中心，用右手扶住托盘边，协助左手将托盘托起。如果托盘中物品较重，不宜用臂力将托盘直接用力托起，而应当弯曲双膝，利用腿部直起的力量将托盘托起。

操作要领：轻托一般使用左手。装盘后，将左脚向前一步，上身前倾，先用右手沿桌面拉托盘边缘，左手手掌放在托盘底部，将托盘托起于胸前。手掌与小臂平行，托盘与地面平行。大臂与小臂自然弯曲90°，掌心向上，五指分开，指端到手掌的掌根部位和其余四指托住盘底，手掌自然形成凹型，掌心不与盘底接触，平托于胸前。肘部距离腰部约一拳（5厘米）。待托盘完全离开桌面右手协助左手调整重心方可离开。

4. 行走

（1）员工托起托盘行走时，眼睛要目视前方，身体端正，不要含胸弯腰。脚步要轻快匀称，步态稳健。

（2）行走的时候要注意控制所托物体的运动惯性，如果遇到特殊情况需要突然停下来时，应当顺手向前略伸并减速，另一只手及时伸出扶住托盘，从而使托盘及托盘中的物品均保持相对平稳。

5. 卸盘

（1）如果所托物品较轻，可以用右手将物品从托盘中取下来递给客人，或者托住托盘，让客人自取，取走部分物品之后，餐厅员工应及时用右手对托盘位置或盘中物品进行调整，以使托盘保持平衡。

（2）如果托送物品较重，餐厅员工可以将托盘放在邻近的桌面或菜台上，然后将所托物品依次递给客人。

（二）重托操作方法（适用范围：5千克以上）

重托是对较大且重的物品的端托，需要服务人员有一定的臂力和技巧。

1. 理盘

与轻托基本相同，应选大小适宜的托盘。重托往往端托汤汁较多的物品，这时做好清洁工作是非常重要的。只有及时将盘内的油污清洗干净，才能避免物体滑动。

2. 装盘

托盘内的物品分类码放要分散，使物品的重量在盘中分布均匀，并注重把物品按高矮大小摆放协调，切忌将物品无层次地混合摆放，否则可能会造成餐具破损。装盘时还要使物品之间留有适当的间隔，以免端托行走时发生碰撞而产生噪声。

3. 托盘

重托又称肩上托，重托起托的姿势是双手将盘移至服务台边，使托盘1/2部分悬空。右手扶托盘将托盘托平，双脚分开呈八字形，双腿下蹲，略成骑马蹲裆势，腰部略向前弯曲。左手伸开五指托起盘底。掌握好重心后，用右手协助左手向上用力将盘慢慢托起，在托起的同时，左手和托盘向上向左旋转过程中送至左肩外上方，待左手指尖向后托盘距肩2厘米处，托实、托稳后再将右手撤回呈下垂姿势。托至盘子不靠臂、盘前不靠嘴、盘后不靠发（右手扶住盘前角）。托盘一旦托起，要始终保持均匀用力，将盘一托到底，否则会造成物品歪、撒、掉、滑的现象发生。行走时，上身挺直，两臂平行，注视前方，并随时准备避免他人的碰撞。行走步履稳健平缓，臂不倾斜，身不摆晃，遇障碍物绕而不停，掌握重心，要保持轻松、自然的动作和表情。

三、托盘注意事项

（1）不贴腹，手腕要灵活，身体不僵硬，走路时步履轻快。

（2）托盘不能绕过宾客头顶，随时注意托盘内物品的数量、重量及托盘重心的变化。

知识链接　轻拖的操作要领

（1）左手托盘，左臂弯曲（前臂与后臂成90°）掌心向上，五指稍弯曲分开，掌心呈凹状。

（2）用力托住托盘底部中心位置。重心压在大拇指根部，使重心点和左手五指端成为“六个力点”，利用五指的弹性掌握盘面的平稳。

（3）平托于胸前，低于胸部。基本在第二颗与第三颗衣扣之间，盘面保持平衡，利用左手腕灵活转向。

（4）行走时，头应正，肩应平。上身应直，两眼平视前方，不可眼看盘面，脚步轻捷自如，托盘随着步伐在胸前平稳前进。

（5）在过路和交叉相遇时，应尽可能在右侧行走，以免碰撞，为防止意外发生，可用右手在托盘前迎挡一下。

第二节　斟　　酒

斟酒是餐饮服务工作的重要内容之一。斟酒操作技术动作的正确、迅速、优美、规范，往往会给宾客留下美好印象。服务人员给宾客斟酒时，一定要掌握动作的分寸，不可粗鲁失礼，不要讲话，姿势要优雅端庄，注意礼貌卫生。服务人员娴熟的斟酒技术及热忱周到的服务，会使参加宴会的宾客感到精神上的享受与满足，还可强化热烈友好的宴会气氛。

一、斟酒前的准备工作

知识链接

斟酒

1. 酒品种类的准备

餐厅经营的酒品种类一般有常规品种和特殊品种两大类。常规品种是市场畅销的品种，特殊品种则是根据餐厅经营的风味特点而配用的酒品。餐厅经营的酒品应放在较明显的位置，以方便宾客选用。放酒的货柜要精美，酒品的摆放要讲究造型艺术，并明码标价，方便销售。

2. 酒具的准备

酒具是斟酒服务的必备用品。餐厅应该准备的酒具种类、规格要与其经营的酒品种类相配。由于不同酒品的风味和色泽各不相同，使用一只杯子连饮几种酒，会使酒失去了各自的特色。因此，餐厅应准备多种酒杯，提供方便、周到的酒水服务。

3. 酒水的降温与升温

不同类型酒水的成分各不相同，为使其酒味更浓郁、醇厚，喝起来更有滋味，不同酒水最佳饮用温度会有所区别。一般对酒水温度的处理有以下两类：

（1）降温。许多酒水的最佳饮用温度要求低于室温，如白葡萄酒的饮用温度为8 ℃～12 ℃，香槟酒和起泡葡萄酒的饮用温度为4 ℃～8 ℃，啤酒的饮用温度为8 ℃～10 ℃。因此，在饮用前要求对酒进行降温处理，处理的方法一般为冰镇。冰镇的方法有以下四种：

①冰箱冷藏。提前将酒品放入冷藏柜内，使其缓慢降至饮用温度。一般饮料和啤酒的冰镇采用此种方法。

②冰桶降温。桶中放入冰块，冰块不宜过大，将酒瓶插入放有冰块的桶中，10分钟左右即可达到冰镇的效果。葡萄酒、香槟酒的冰镇采用此种方法。

③冰块降温。将少量食用冰块放入饮用杯内，然后斟酒，使酒液在杯中降温。金酒、威士忌和利口酒等一般采用此种方法降温。

④溜杯降温。在酒杯中放入一块冰块，轻轻旋转杯子，达到对盛酒杯具降温的目的。

（2）升温。某些酒品在饮用前将酒度升高，可以使酒味感浓郁、醇厚。温酒的方法有水烫、烧煮、燃烧、将热饮料冲入酒液或酒液注入热饮料中升温等四种。水烫和燃烧一般是需要现场操作的。

二、斟酒的服务要领

1. 示瓶

服务人员站在点酒宾客的右侧，左手托瓶底，右手扶瓶颈，酒标朝向宾客，让宾客辨认。示瓶是斟酒的第一道程序，它标志着服务操作的开始。

2. 问酒

（1）问酒原因。同桌客人，因为有男有女，有老有少，各人所点酒水不一，所以餐厅服务人员在斟酒前要进行问酒服务。

（2）问酒方法。

①把客人所点酒水装入托盘内。一般重瓶、高瓶高物放在托盘的里档，轻瓶轻物、低瓶低物放在外档。先上桌的酒水在上、在前，后上桌的酒水在下、在后。盘内物品的重量分布要得当，这样装置安全稳妥，重心要安排在盘中或稍偏里档，便于运送和使用。

②从主宾位开始问酒。右脚在前，欠身而下，将托盘与客人眼睛平齐，礼貌地询问客人："先生（小姐），您需要什么酒水？"待客人选好酒水以后，把托盘移到客人身后，再从托盘内拿出客人所点酒水，为客人斟倒。

3. 开瓶

（1）开瓶基本要求。

①正确选用开酒器。开酒器分两大类：一种是专门开启木塞瓶的螺丝拔，称为酒钻；另一种是专门开启瓶盖的扳手，称为酒起子。

②开酒动作。开酒一般都由服务人员在操作台上进行，服务人员要注意站立姿势，握拿开酒器的方法以及开酒时的手法动作都应正确、规范、优美。开酒后，应注意酒品卫生、酒具整洁。

③开酒应备的辅助用品。开酒除了应备有酒钻、酒起子外，还应备有小钳子、小刀、盛装瓶塞瓶盖的盒子以及包或垫酒瓶的巾布等。

（2）不同酒类的开启方法。

①白酒。白酒的酒封一般有三种，即冲压式盖封、螺口金属或塑料旋式盖封、软木或塑料塞封。开启冲压式盖封时，将酒瓶放在操作台上，左手扶酒瓶颈部，右手握酒起子置于盖封处搬启即可。开启螺口盖封时，左手握扶酒瓶中间略上部位，右手用巾布盖于盖封上旋转拧开即可。开启软木或塑料塞封时，应先将塞封外面的包装去掉，用酒钻钻入或挑起塞封即可。开启这类酒封时，酒瓶底部平放于操作台上，使酒瓶呈直立状。

②啤酒。啤酒的包装一般有瓶装和罐装两种。瓶装啤酒均采用冲压式盖封，开启这类酒封时，要尽量减少酒瓶的晃动，左手握酒瓶，瓶颈略呈倾斜状，右手握酒起子一次将酒瓶盖启开；酒封开启后，要用洁净巾布揩擦瓶口。开启葡萄汽酒或其他果类汽酒均可采用此种方法。开启罐装啤酒时，同样在开启前尽量减少晃动，开启时先将盖的拉环轻轻拉开，慢慢扩大直至全部拉开。

③葡萄酒和老酒。各种葡萄酒和老酒启封时，先用小刀将瓶口上的铅封箔切开剥掉，并用洁净的巾布将酒瓶口上的污迹擦净。外封开启后，再用酒钻对准瓶塞的中心，顺时针方向轻轻地钻下去，直至将螺旋部分全部钻入，这时再次用巾布擦净瓶口。如酒开启后，尤其是红葡萄酒中发现有沉淀物时，应用滤酒器过滤一下再斟用。

④香槟酒。香槟酒的开启方法与其他酒的开启方法不同。香槟酒开启时，用左手斜拿瓶颈处呈45°，大拇指压紧塞顶，用右手转动瓶颈上的金属小环使之完全松动。然后去掉金属丝和金属箔，右手拿一块干净的餐巾布紧捏住瓶塞的上段，左手轻轻地转动酒瓶，让瓶内的压力将瓶塞慢慢地顶出来。当瓶塞离开瓶口时会发生清脆的响声。瓶塞拨出后，要继续使酒瓶保持45°角，以防酒从瓶内溢出。开香槟酒时，瓶口始终不能朝向宾客或天花板，以防酒水喷到宾客身上或天花板上。

4. 斟酒站位

服务人员的右腿在前，插站在两位宾客的餐椅中间，脚掌落地；左腿在后，左脚尖着地呈后蹬势，使身体向左呈略斜式；服务人员面向宾客，右手持瓶，瓶口向宾客左侧依次进行斟酒。每斟满一杯酒更换位置时，做到进退有序。退时先使左脚掌落地，右腿再撤回与左腿并齐，使身体恢复原状。再次斟酒时，左脚先向前跨一步，后脚跟上跨半步，形成规律性的进退，使斟酒服务的整体过程潇洒大方。服务人员斟酒时，忌讳将身体贴靠宾客，但也不要离得太远，更不可一次为左右两位宾客斟酒，也就是说不可反手斟酒。

5. 斟酒姿势

斟酒有两种姿势，一种是桌斟，另一种是捧斟。一般采用桌斟。

（1）桌斟。餐厅员工在斟酒时，左手将盘托稳，右手从托盘中取下客人所需要的酒水，将手放在酒瓶中下端的位置，食指略指向瓶口，与拇指约呈60°，中指、无名指、小指基本上排在一起。斟酒时站在客人右后侧，既不可紧贴客人，也不可离客人太远。给每一位客人斟酒时都应站在客人的右后侧，而不能站在同一个地方左右开弓给多个客人同时斟酒。给客人斟酒时，不能将酒瓶正对着客人，或将手臂横越客人。

斟酒过程中，瓶口不能碰到客人的杯口，保持1厘米距离为宜，同时也不能拿起杯子给客人斟酒。每斟完一杯酒后，将握有瓶子的手顺时针旋转一个角度，与此同时收回酒瓶，这样可以使酒滴留在瓶口，不至于落在桌上，也可显得姿势优雅。给下一位客人继续倒酒时，要用干净布在酒瓶口再擦拭一下，然后再倒。

（2）捧斟。服务人员站立于宾客右侧身后，右手握瓶，左手将酒杯捧在手中，向杯中斟满酒后，绕向宾客的左侧将装有酒液的酒杯放回原来的杯位。捧斟方式一般适用于非冰镇酒品。取送酒杯时，动作要轻、稳、准，优雅大方。

6. 斟酒方法

斟酒的方法一般有两种，即托盘端托斟酒和徒手斟酒。

（1）托盘端托斟酒。即将宾客选定的几种酒放于托盘内，左手端托，右手取送，根据宾客的需要依次将所需酒品斟入酒杯中。

（2）徒手斟酒。即左手持餐巾，右手握酒瓶，把宾客所需酒品依次斟进酒杯中。

知识链接 斟酒前服务人员为什么要展示酒的商标给客人？

因为现在酒水的品种太多，很多相同的名字包装是不同的，其价格更不同。展示酒的商标是为了给客人确认的同时，体现人性化服务，这样会相对地减少客诉。

三、斟酒的技巧

1. 斟酒时机

斟酒时机。宴会斟酒主要有两个不同阶段：一个是宴会前的斟酒；另一个是宴会进行中的斟酒。

（1）如果宾客点用白酒、洋酒、红葡萄酒、啤酒时，在宴会开始前5分钟之内将红葡萄酒和白酒斟入每位宾客杯中，斟好以上两种酒后就可以请宾客入座。待宾客入座后，再依次斟啤酒。如用冰镇的酒或加温的酒，则应在宴会开始后上第一道热菜前依次为宾客斟至杯中。

（2）宴会进行中的斟酒，应在宾客干杯前后及时为宾客添斟，每上一道新菜后要添斟，宾客杯中酒液不足一半时也要添斟。宾客互相敬酒时，要随敬酒宾客及时添斟。

2. 斟酒顺序

（1）中餐宴席斟酒的顺序一般是从主宾开始，主宾在先，主人在后，女士在前，男士在后。两名服务人员一同为宾客斟酒时，一个从主宾开始，另一个可以从副主宾倒起，然后依座次按逆时针为宾客斟上酒水或饮料。

（2）西餐宴席中，如果有国家元首（男宾）参加，则应先斟男主宾位，后斟女主宾位。一般宴会斟酒服务，则是先斟女主宾位，后斟男主宾位，再斟主人位，其他宾客则按座位顺时针方向依次斟酒。

3. 斟酒量

（1）传统上，中餐宴会要将酒斟满，表示全心全意。但随着西方文化的影响，传统的斟酒常识也在发生着变化。

（2）西餐中斟白酒时，一般不超过酒杯的3/4，这样可以使宾客在小呷一口之前能有机会端着酒杯欣赏一下酒的醇香。

（3）斟啤酒时，要顺着杯壁将酒缓缓倒下，避免一下子倒满，使白沫溢出酒杯。啤酒斟酒量宜为80%酒、20%泡沫。

（4）斟红葡萄酒时，倒至杯的1/2；斟白葡萄酒时，倒至杯的2/3。

（5）斟香槟酒时，应分两次斟，第一次先斟上1/3杯，至泡沫平息后，再将酒斟至2/3或3/4杯。调鸡尾酒时，使酒液入杯占3/4空间即可，以便于宾客观赏或方便宾客端拿。

（6）斟白兰地酒时，一般只斟到酒杯的1/8处。

（7）如果客人要求啤酒与汽水混合饮用，应先斟啤酒，然后再加入汽水。

（8）国产白酒以八分满为宜。

第三节 折　花

餐巾折花是餐前的准备工作之一，主要工作内容是餐厅服务人员将餐巾折成各式花样，插在酒杯、水杯或放置在盘碟内，供客人在进餐过程中使用。

一、餐巾的作用

餐巾，又名口布，既是餐厅中常备的一种卫生用品，又是一种装饰美化餐台的艺术品。餐巾的主要作用有以下四种：

（1）餐巾是餐饮服务中的一种卫生用品。宾客用餐时，餐厅服务人员将餐巾放在宾客的膝上或胸前。餐巾可用来擦嘴或防止汤汁、酒水弄脏衣物。

（2）餐巾可以装饰美化餐台。不同的餐巾花型蕴含着不同的宴会主题。形状各异的餐巾花摆放在餐台上，既美化了餐台，又增添了庄重、热烈的气氛，给人以美的享受。

（3）餐巾花型可以烘托就餐气氛。如用餐巾折成喜鹊、和平鸽等花型表示欢快、和平、友好，给人以诚悦之感。再如折出比翼齐飞、心心相印的花型送给一对新人，可以表达永结同心、百年好合的美好祝愿。

（4）餐巾花型的摆放可标出主宾的席位。在折餐巾花时，应选择好主宾的花型，主宾花型高度应高于其他花型高度以示尊贵。

二、餐巾的种类

（1）按质地分，餐巾可分为棉织品和化纤织品。棉织品餐巾吸水性较好，去污力强，熨烫后挺括，造型效果好，但折叠一次，效果才最佳。化纤织品色泽艳丽，透明感强，富有弹性，如一次造型不成，可以二次造型，但吸水性差，去污力不如棉织品。

（2）按颜色分，餐巾颜色有白色与彩色两种。白色餐巾给人以清洁卫生、恬静优雅之感。它可以调节人的视觉平衡，可以安定人的情绪。彩色餐巾可以渲染就餐气氛，如大红、粉红餐巾给人以庄重、热烈的感觉；橘黄、鹅黄色餐巾给人以高贵、典雅的感觉；湖蓝在夏天能给人以凉爽、舒适之感。

三、餐巾折花注意事项

（1）操作前要洗手消毒。

（2）在干净的托盘或餐盘中操作。

（3）操作时，不允许用嘴咬。

（4）放花入杯时，要注意卫生，手指不允许接触杯口，杯身不允许留下指纹。

（5）餐巾折花放置在杯中高度的2/3处为宜。

知识链接

餐巾折花

四、餐巾折花发展的新趋势

（1）线条简洁、明快、挺括。因为这类花型折叠所需的时间短，速度快，而且这种花型散开后，餐巾褶皱少，实用方便。

（2）趋向盘花。因为杯花是用手将花插入杯中的，所以折花之前手要严格消毒。用盘花可减少手握杯的环节，满足宾客清洁卫生的心理。因此，应逐渐向盘花方向发展。

五、餐巾花的造型及摆设

1. 餐巾花造型的种类

餐巾折花的品种众多，按折叠方法与摆设工具的不同，可分为杯花和盘花两大类。杯花一般需插入杯中以完成造型，取出杯子即散形；盘花造型完整，成型后不会自行散开，可放于盘中或其他盛器及台面上。

餐巾折花较多地趋向于盘花。其特点是：造型快速简捷，美观大方，技法简单，清洁卫生。

按餐巾花造型的外观分类，可分为植物、动物、实物造型三大类。

（1）植物类造型。植物类花型变化多，造型美观，是餐巾折花品种中的一个大类。有根据植物花的造型折制的，如月季、荷花、梅花、牡丹、水仙花等品种；有根据植物的叶、茎、果实造型折制的，如荷花、竹笋、玉米等品种。

（2）动物类造型。此类包括鱼虫鸟兽，其中以飞禽为主，如孔雀、鸽子、海鸥等。动物类造型有的塑其整体，有的取其特征，形态逼真，生动活泼，也是餐巾折花中重要的一类。

（3）实物造型。此类花型是模仿日常生活中各种实物形态折叠而成的。常见的有花篮、折扇等。这类花型在餐巾花中只占少数，目前品种不多。

2. 花型的选择和运用

餐巾花的选择和运用，一般应根据宴会的性质、规模、规格，冷菜的名称，季节时令，来宾的宗教信仰、风俗习惯，宾主座位的安排，台面的摆设需要等多方面因素来考虑。要用与之相适应的花型，以取得协调、形状美观的效果。

（1）根据宴会的性质来选择花型。一般大型宴会可选用简单、快捷、挺括美观的花型折叠。小型宴会可以在同一桌上使用各种不同的花型，形成既多样又协调的布局。

（2）根据花式冷拼选用与之相配的花型。

（3）根据时令季节选择花型。用台面上的花型反映出季节的特色，使之富有时令感。

（4）根据宾客身份、宗教信仰、风俗习惯和爱好来选择花型。

（5）根据宾主席位的安排选择花型。宴会主人座位上的餐巾花称为主花。主花要选择美观而醒目的花型，其目的是使宴会的主位更加突出。

3. 餐巾花的摆设

（1）插入杯中的餐巾花要恰当掌握深度。插时要保持花型的完整，杯内部分也应线条清楚。插花时，要慢慢顺势插入，不能乱插乱塞或硬性塞入。插入后，要整理一下花型。盘花则要摆正摆稳，挺立不倒。

（2）主花要摆插在主位，一般餐巾花则摆放在其他宾客席上，高低均匀，错落有致。

（3）摆插餐巾花时，要将其观赏面朝向宾客席位。适合正面观赏的餐巾花，如孔雀开屏、和平鸽等，要将头部朝向宾客。适合侧面观赏的花型要选择一个最佳观赏角度摆放。

（4）不同品种的花型同桌摆放时要位置适当，将形状相似的餐巾花错开并对称摆放。一般不宜将相同造型的餐巾花摆放在一起。

（5）各餐巾之间的距离要均匀，整齐一致。餐巾花不能遮挡台上用品，不要影响服务操作。

六、餐巾折花的基本技法和要领

1. 餐巾折花的基本技法

餐巾花的折叠方法众多，但无论哪种花型、哪种方法，都有共同的基本操作技法和要领。这些技法，概括起来可分为叠、推、卷、穿、攥、翻、拉、掰、捏九种。折叠不同类型的花型，须运用不同的折叠方法。折叠时，或单独运用一种手法，或穿插运用多种手法。

（1）叠。叠是将餐巾平行取中一折二、二折四、单层或多层叠，或成正方形、矩形，或斜折成三角形、菱形、梯形、锯齿形等各种几何图形。叠的要领是：要熟悉基本造型，叠时要看准折缝和角度一次叠成，如图2-1所示。

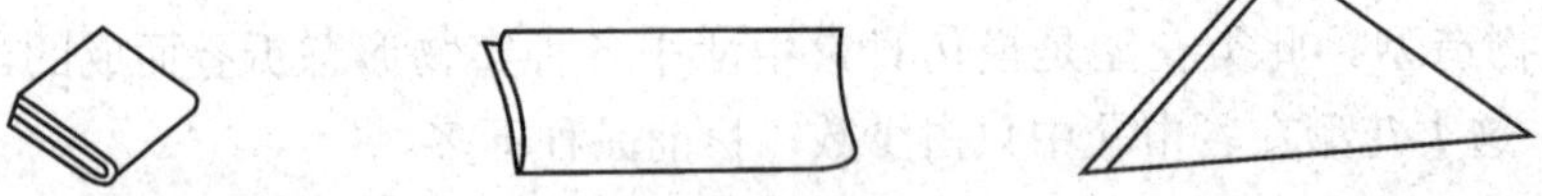

图2-1　叠

（2）推。推是折裥（打折）时运用的一种手法，就是将餐巾叠折成褶裥的形状，使花型层次丰富、紧凑、美观。折裥时，用双手的拇指和食指分别捏住餐巾两头的第一个折裥，两个大拇指相对成一条直线，指面向外；再用两手中指按住餐巾，并控制好下一个折裥的距离，拇指、食指的指面握紧餐巾向前推折至中指外，用食指将推折的裥挡住，用中指控制下一个折裥的距离。三个手指如此互相配合，要求均匀整齐，距离相等，每裥的高低、大小、宽度根据花型的不同需要而定。

折裥可分为直裥（平行推）和斜推两种。其折裥方法因此也有直推（平行推）和斜推两种。直裥的裥间距离相等，用直推法制作；多条斜裥形似扇状，折裥时用斜推法制作。方法是用一手固定所折叠餐巾的中点不动，另一手按直推法围绕中心沿圆弧形推折，其指法基本与直推相同，如图2-2所示。

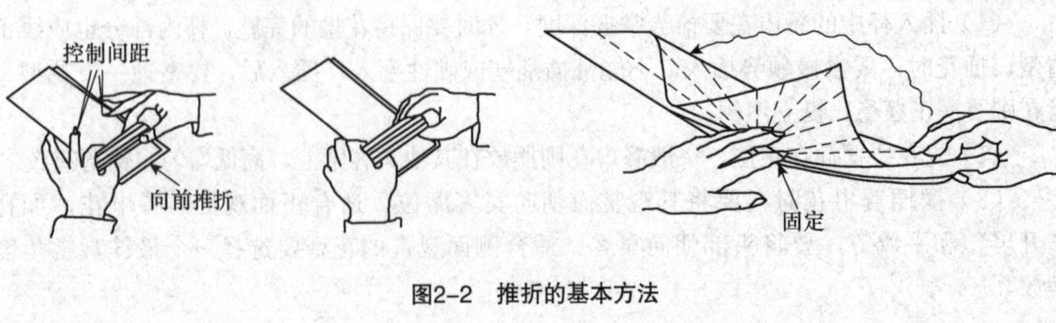

图2-2　推折的基本方法

推的要领：工作的台面要干净光滑，否则推折时发涩，影响效果，还会将餐巾擦毛。折时，拇指、食指要紧紧握裥向前推，用中指控制间距，不能向后拉，否则折裥距离大小不匀。要求对称的折裥，一般应从中间分别向两边推折。

（3）卷。卷是将餐巾卷成圆筒形并制出各种花型的一种手法。卷分为平行卷（直卷）和斜角卷（螺旋卷）两种。平行卷是将餐巾两头一起卷拢，操作时要卷得平直，两头大小一样，如树桩、海鸥等花型即用此法。斜角卷就是将餐巾一头固定，只卷一头，或是一头多卷、一头少卷，形成的卷筒一头大、一头小，如鸟尾、姜芽等花型均用此法，如图2-3所示。

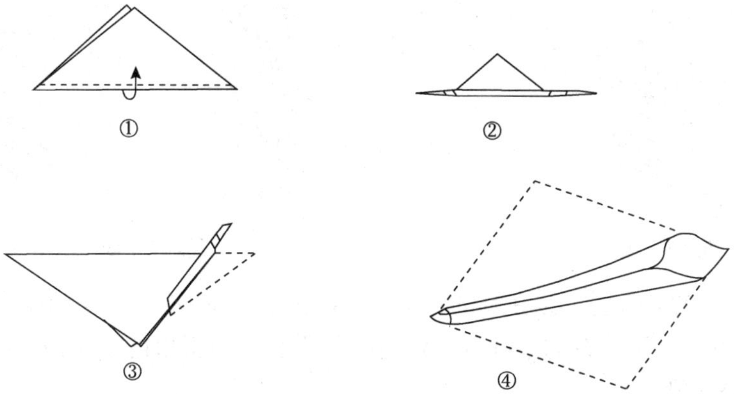

图2-3 卷

卷的要领：平行卷要求两手用力均匀，同时平行卷动，餐巾两头形状一样；斜角卷要求两手能按所卷角度的大小，互相配合。不管用哪种卷法，都要求卷紧，卷得挺括，否则会显得松软无力，容易弯曲变形而影响造型。

（4）穿。穿是指用工具从餐巾的夹层折缝中边穿边收，形成皱折，使造型更加逼真、美观的一种手法。在穿之前，餐巾一般应是打好折裥的，这样容易穿紧，使形成的皱折饱满而富有弹性。穿的工具一般是筷子，根据花型需要确定所需筷子的根数。穿时左手握住折好的餐巾，右手拿筷子，将筷子的一头穿进餐巾的夹层折缝中，另一头顶在自己身上，然后用右手的拇指和食指将筷子上的餐巾一点一点地往里拉，直至把筷子穿过去。穿好后，要求将折花插进杯子，再把筷子抽掉，否则容易产生皱折且易松散，如图2-4所示。

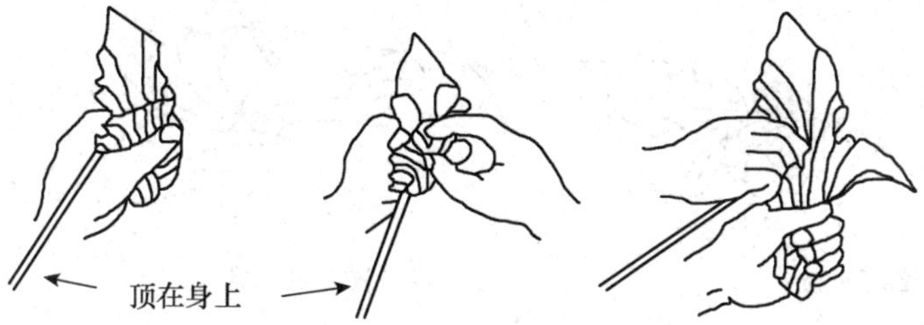

图2-4 穿

穿的要领：使用的工具要光滑、洁净。皱折要均匀，如“孔雀开屏”的花型需双层穿裥时，应先穿下层，再穿上层，这样，两层之间的折裥不易被挑出散开。

（5）攥。攥是为了使叠出的餐巾花半成品不易脱落走样，一般先用左手攥住餐巾的中部或下部，然后再用右手操作其他部位，攥在手中的部分不能松散，如图2-5所示。

（6）翻。翻是在折制过程中，将餐巾折、卷后的部位翻成所需花样。翻是指将餐巾的巾角从下端翻折至上端，两侧向中间翻折，前面向后面翻折，或是将夹层里面翻到外面等，以构成花、叶、芯、翅、头颈等形状，如图2-6所示。

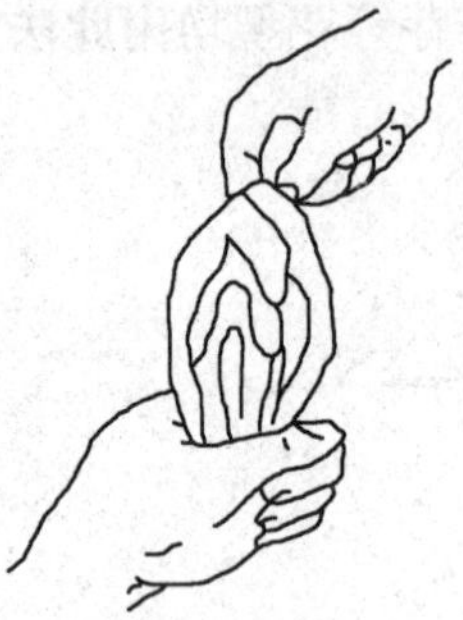

图2-5　攥

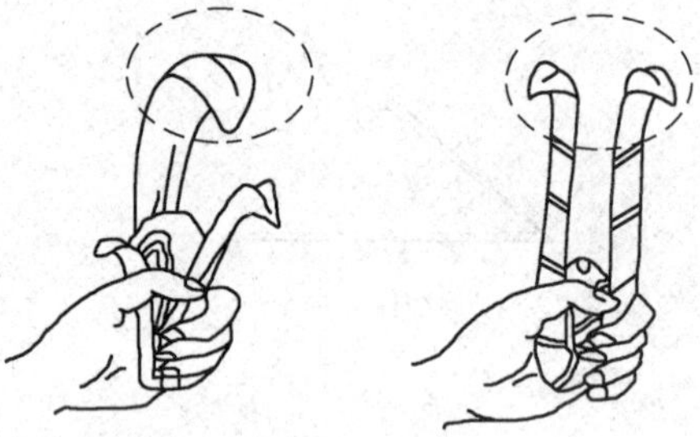

图2-6　翻

（7）拉。拉就是牵引，是在翻的基础上，为使餐巾造型挺直而使用的一种手法，如折鸟的翅膀、尾巴、头颈，花的茎叶等。通过拉的手法可使折巾的线条曲直明显，花型挺括而有生气，如图2-7所示。

翻与拉一般都在手中操作。一手握着已折成初具形状的花型，一手将下垂的巾角翻上，或将夹层翻边，拉折成所需的形状。在翻拉过程中，双手要配合好，根据需要松紧适度。在翻拉花卉的叶子及鸟类的翅膀时，要注意大小一致，距离相等，用力均匀，不要猛拉，否则会损坏花型。

（8）掰。掰是将餐巾叠好的层次，用右手按顺序一层层掰出花瓣，一般用于制作花束如月季花。掰时不要用力过大，掰出的层次或褶的大小距离要均匀，如图2-8所示。

（9）捏。捏主要是做鸟或其他动物的头时所使用的方法。操作时，用一只手的拇指、食指和中指进行。先将餐巾巾角的上端拉挺做头颈，然后用食指将巾角尖端向里压下，用中指与拇指将压下的巾角捏紧，捏成一个尖嘴，作为鸟头。鸟头的大小根据鸟体、鸟翅的大小而定，如图2-9所示。常见的鸟头形状有上翘嘴型、平尖嘴型、向下嘴型、弯角嘴型、先翻后捏而成的嘴型、特殊嘴型等。

图2-7　拉

图2-8　掰

图2-9　捏

2. 餐巾花的基础折叠法

基础折叠法就是将餐巾初步折叠成形的方法。掌握了基础造型方法，通过局部变化，就能折成多种花型。

（1）正方折叠法。正方折叠法如图2-10所示。巾角翻折变化有三种方法：一是先折角，如图2-11所示；二是叠成方形后再折角，如图2-12所示；三是折角错位翻折，再折裥，如图2-13所示。

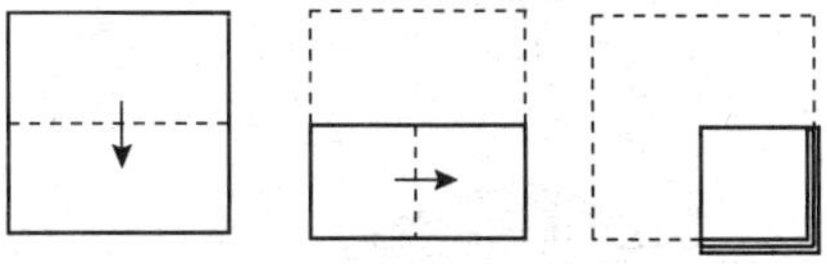

图2-10　正方折叠法

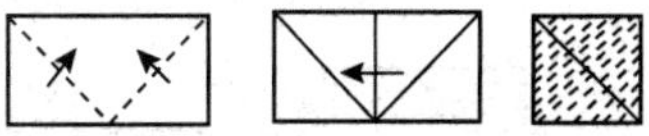

图2-11　正方巾角翻折方法一

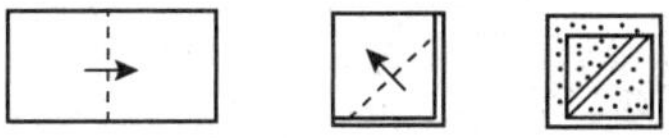

图2-12　正方巾角翻折方法二

图2-13　正方巾角翻折方法三

（2）长方形折叠法。长方形折叠有两种方法：一是多层叠成窄长方形，如图2-14所示；二是双层平摊成宽长方形，如图2-15所示。

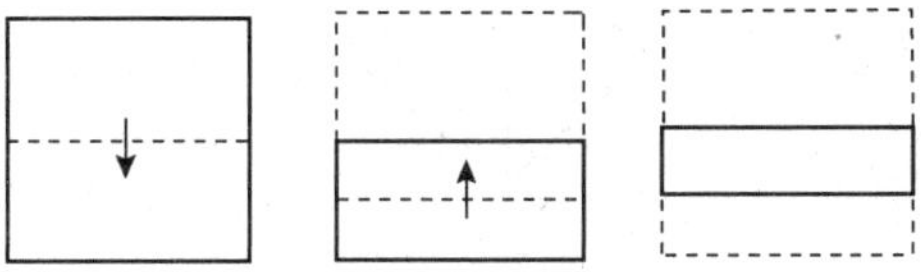

图2-14　长方形折叠法一

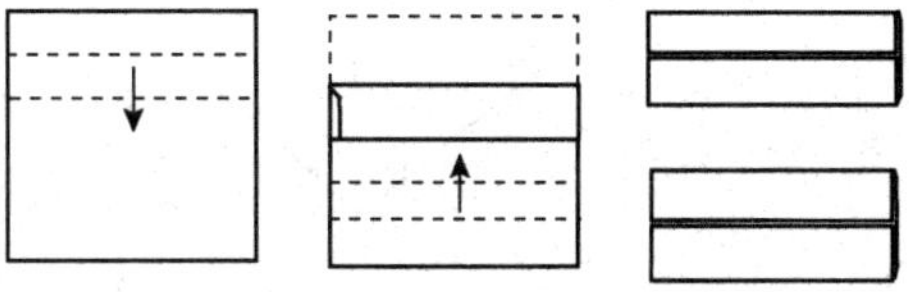

图2-15　长方形折叠法二

（3）长方翻角折叠法。长方翻角折叠如图2-16所示。巾角的翻折有单面翻角折法、两面双翻角折法、两面交叉翻角折法，如图2-17所示。

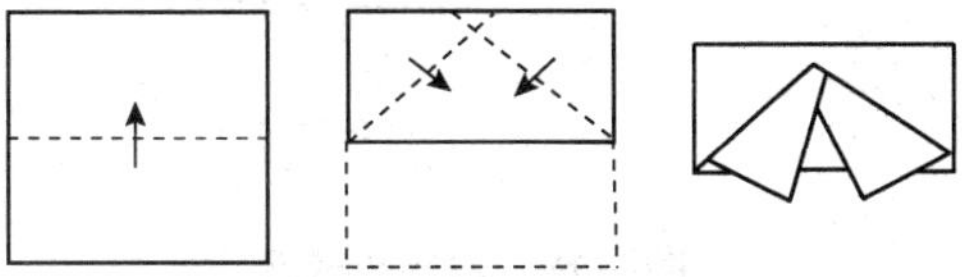

图2-16　长方翻角折叠法

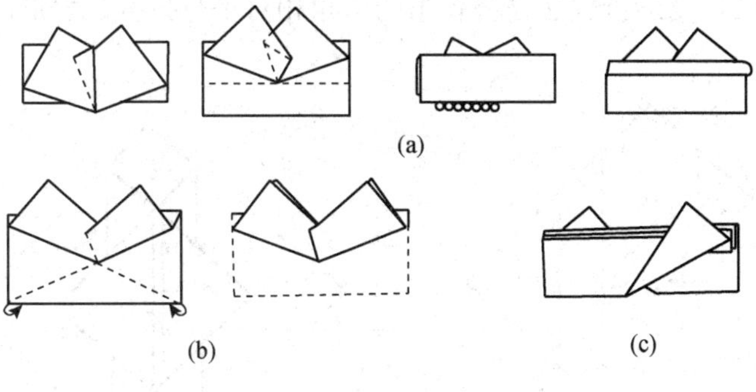

图2-17　长方巾角翻折方法

（a）单面翻角折法；（b）两面双翻角折法；

（c）两面交叉翻角折法

（4）条形折叠法。条形折叠法分平行折裥、对角折裥两种方法，如图2-18所示。

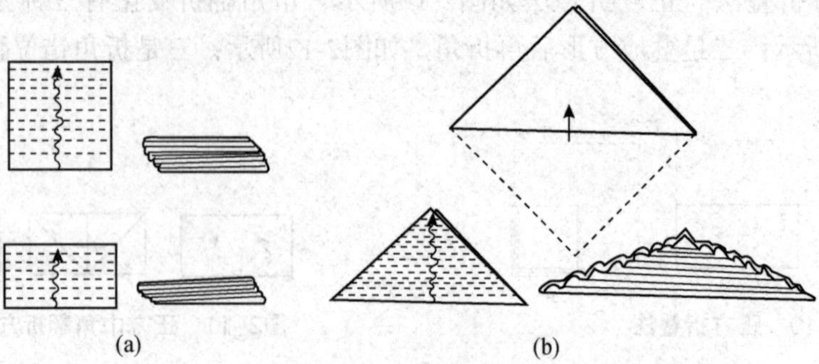

图2-18　条形折叠法

（a）平行折裥法；（b）对角折裥法

（5）对角折叠法。对角折叠法是将餐巾的巾角对叠成三角形，或将其折叠成双层三角形的方法，如图2-19所示。

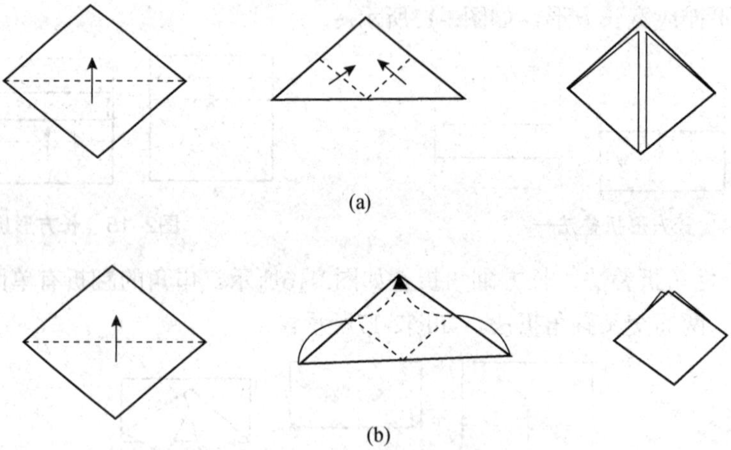

图2-19　对角折叠法

（a）巾角对叠法；（b）双层折叠法

（6）菱形折叠法。菱形折叠法是将餐巾的巾角相对平行折叠成菱形的方法，如图2-20所示。

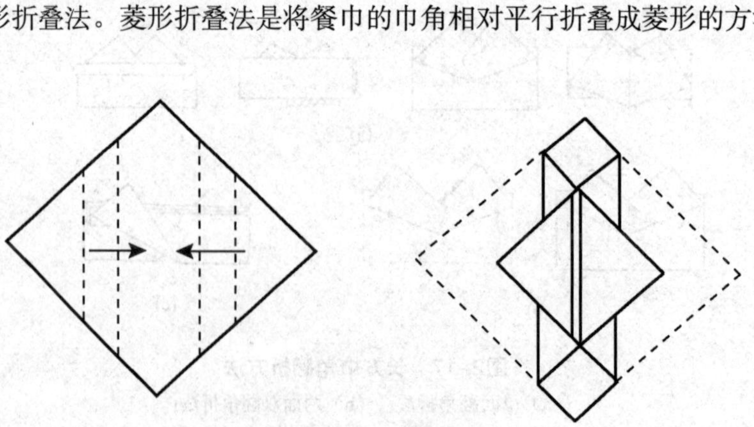

图2-20　菱形折叠法

（7）错位折叠法。错位折叠法是使餐巾形成锯齿状，在原大锯齿的基础上，再错位交叉折叠成小锯齿状，或者将巾角重叠而形成双锯齿状的方法，如图2-21所示。

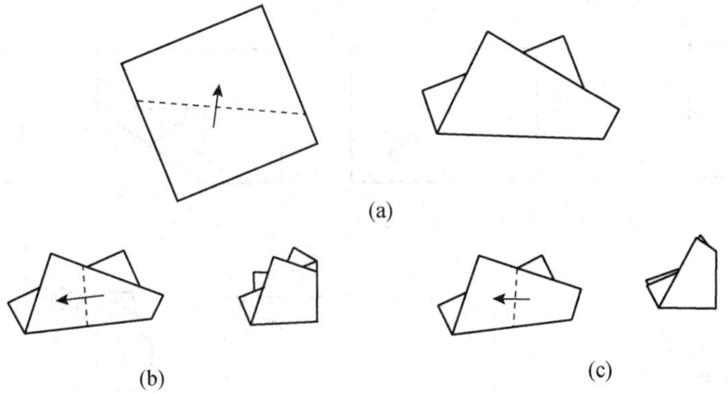

图2-21 错位折叠法

（a）错位折叠法之一；（b）错位折叠法之二；（c）错位折叠法之三

（8）尖角折叠法。尖角折叠法是先将餐巾的一角固定，然后从两边向中间折叠，或向中间卷折成尖角形的方法，如图2-22所示。

（9）提取翻折法。提取翻折法可用食指固定餐巾中心并转动四周巾边，再翻转顶起，如图2-23所示。

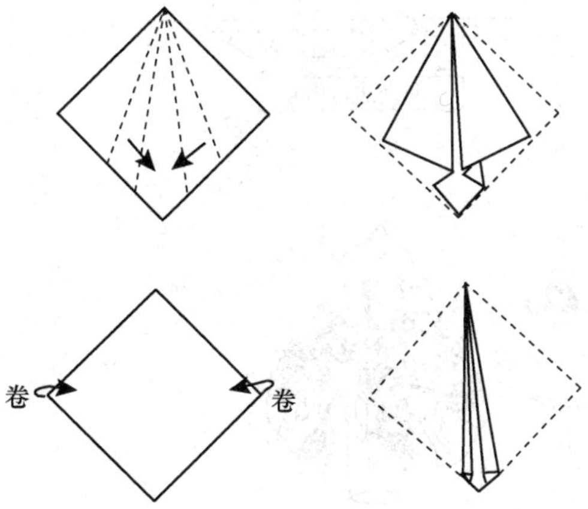

图2-22 尖角折叠法

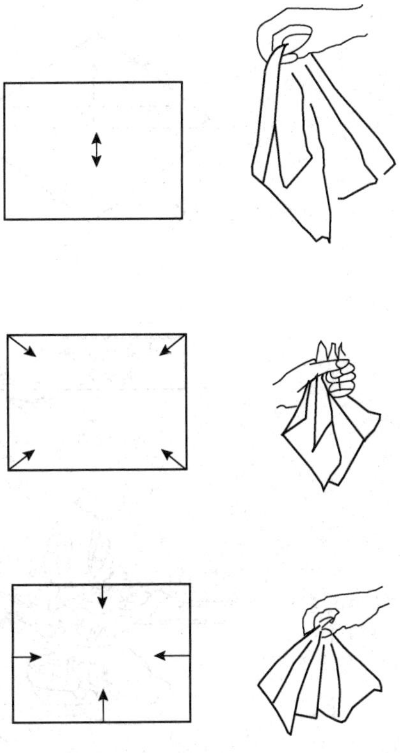

图2-23 提取翻折法

（10）翻折角折叠法。翻折角折叠法是将餐巾的一角或数角通过造型或折裥后再进行翻折组合的一种折叠法，也可将餐巾的一角翻折、折裥，还可先将餐巾的一角或数角折叠成形，如图2-24所示。

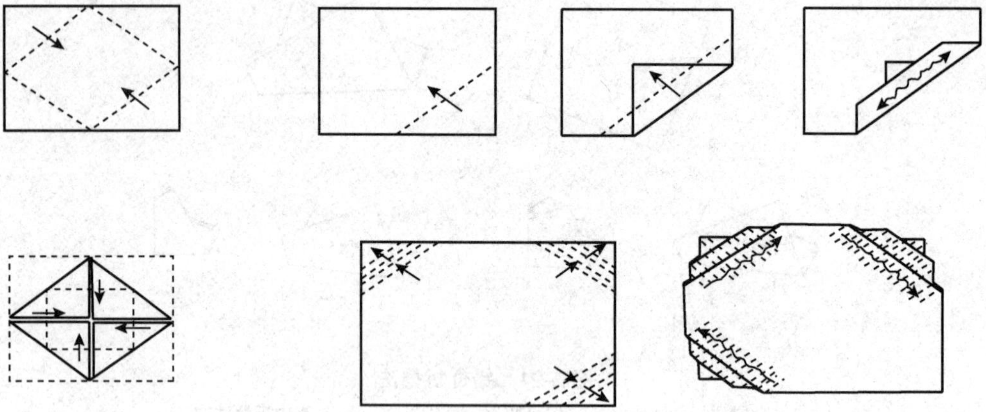

(a)　(b)

图2–24　翻折角折叠法

（a）翻折角折叠法之一；（b）翻折角折叠法之二

3. 常见的餐巾花

常见的餐巾花折叠示例，如图2-25～图2-45所示。

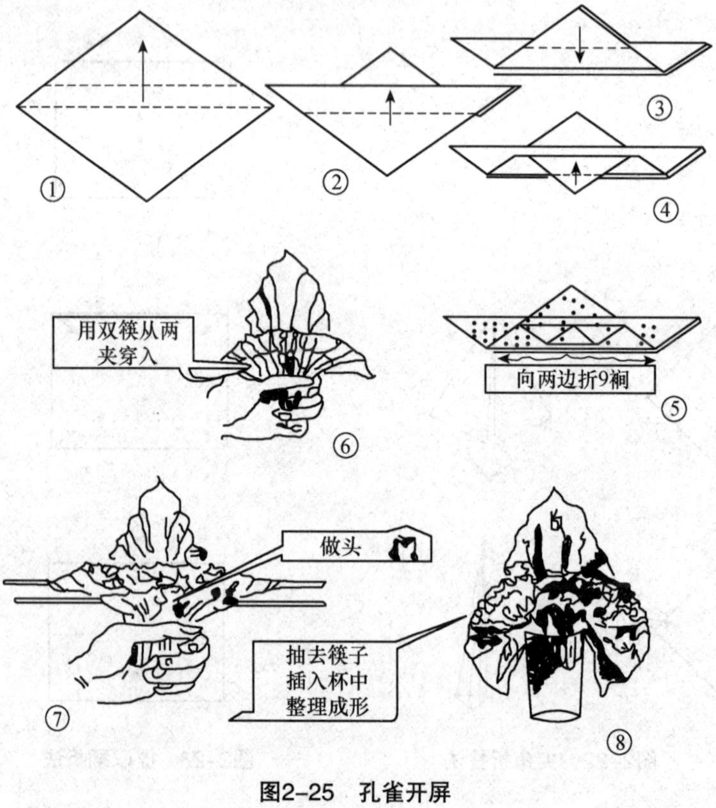

图2–25　孔雀开屏

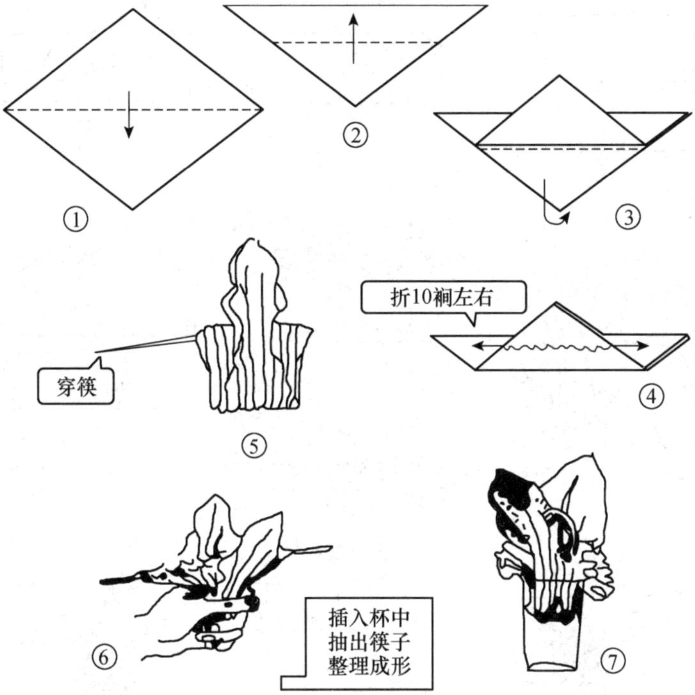

图2-26 亭亭玉立

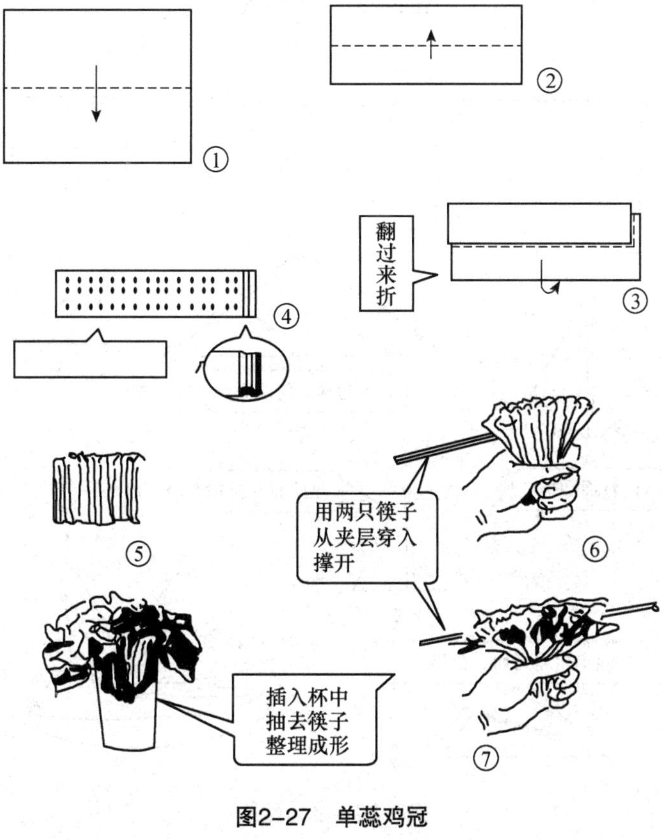

图2-27 单蕊鸡冠

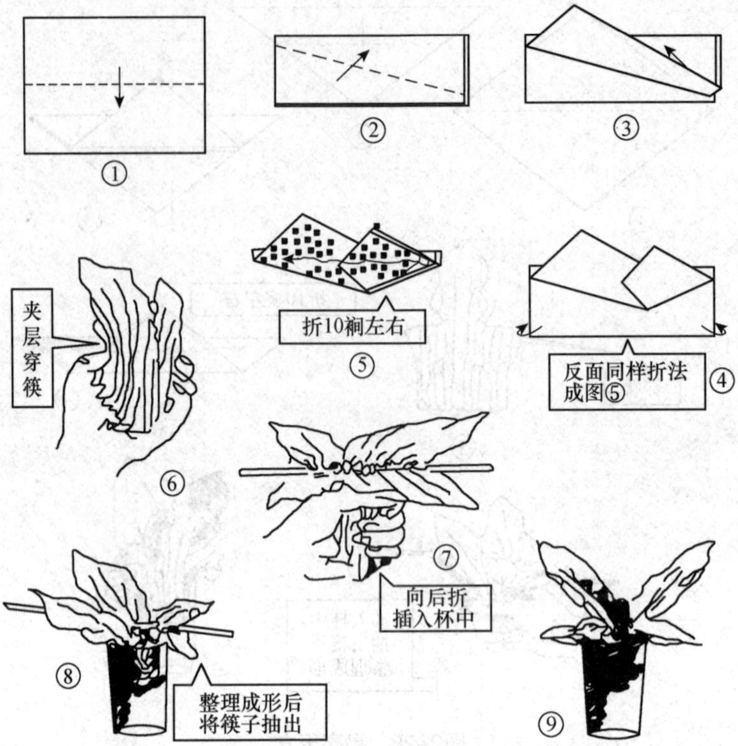

图2-28 彩蝶纷飞

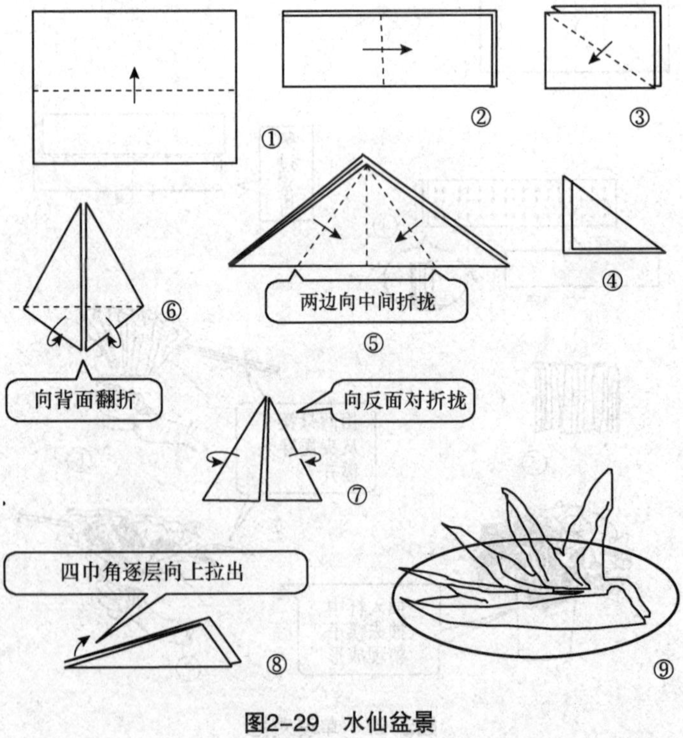

图2-29 水仙盆景

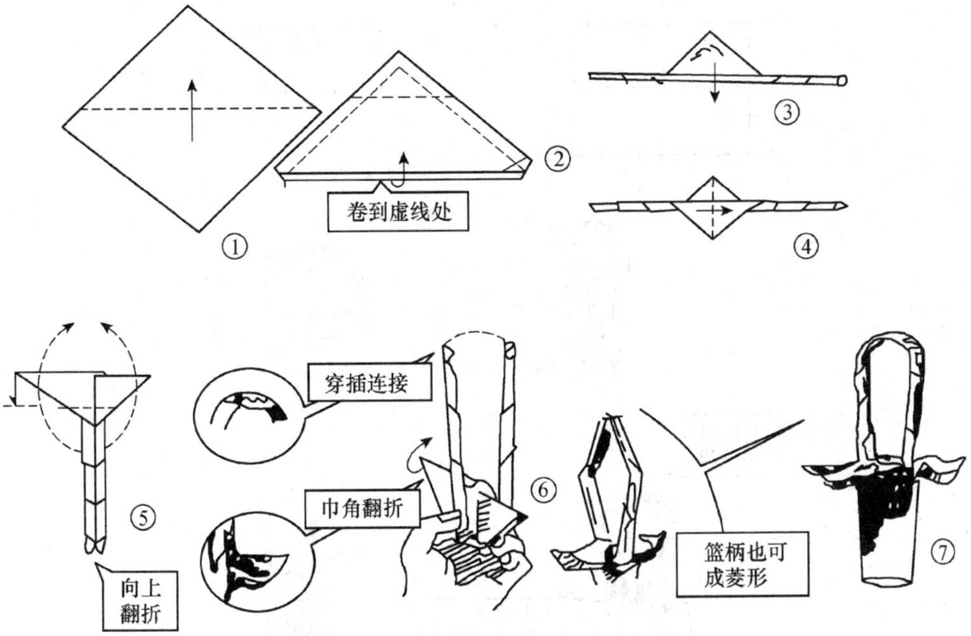

图2-30　友谊花篮

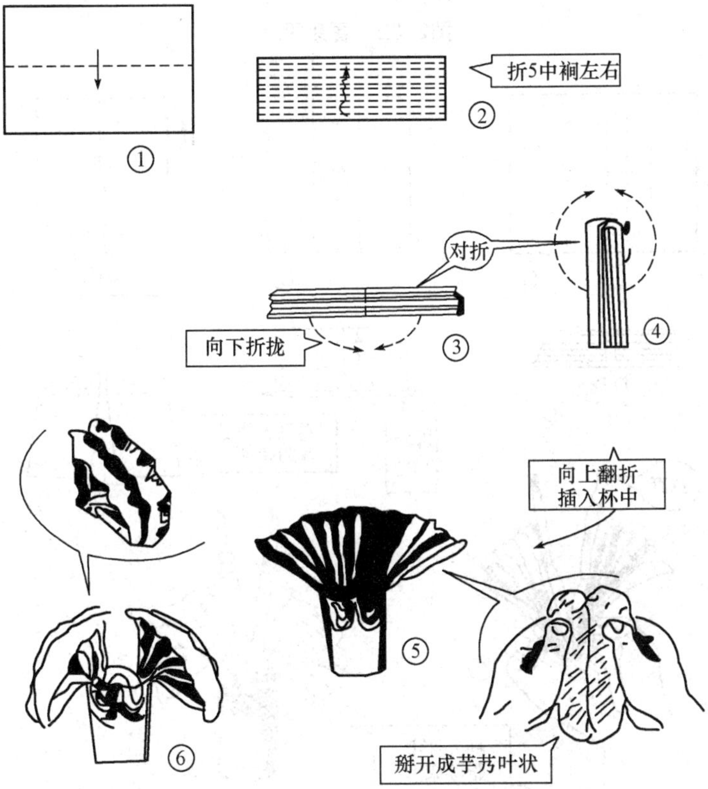

图2-31　芋艿叶秀

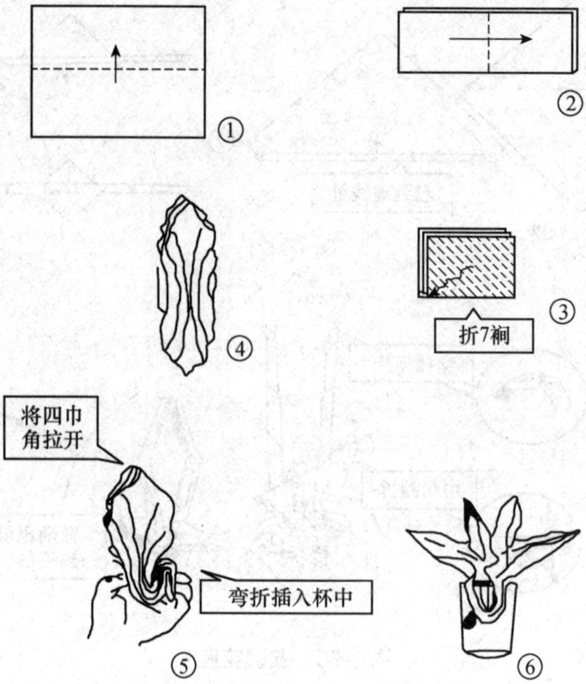

图2-32　春芽四叶

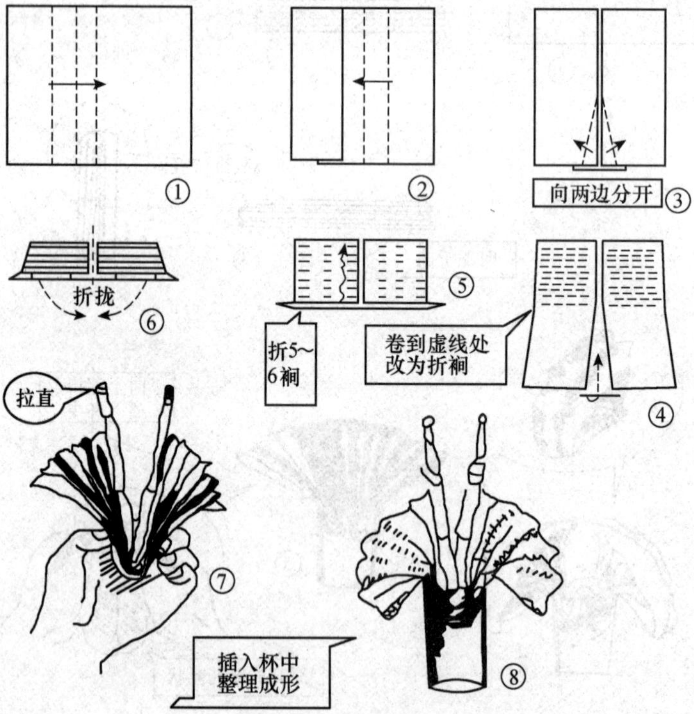

图2-33　花枝蝴蝶

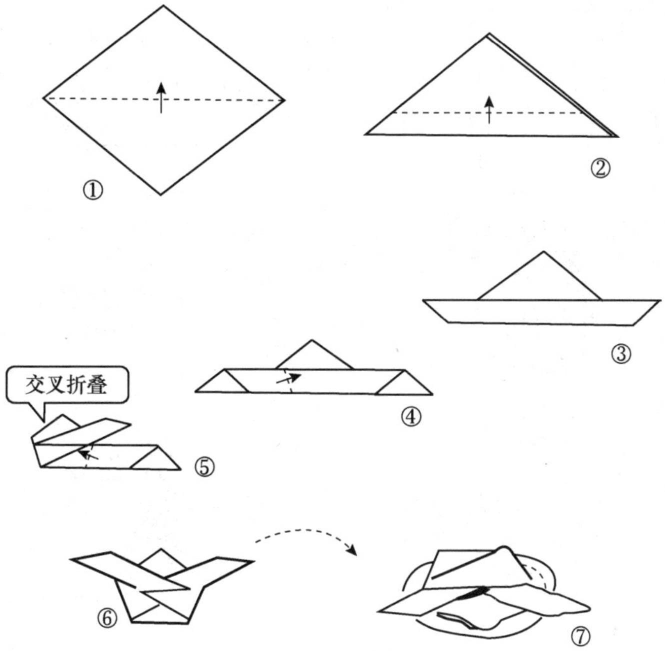

图2-34　托玉披肩

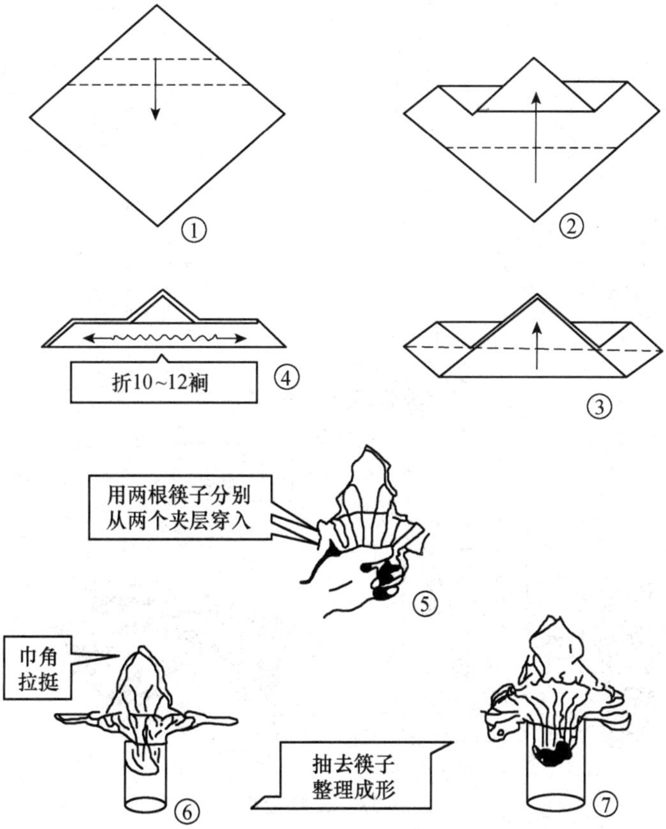

图2-35　双叶鸡冠

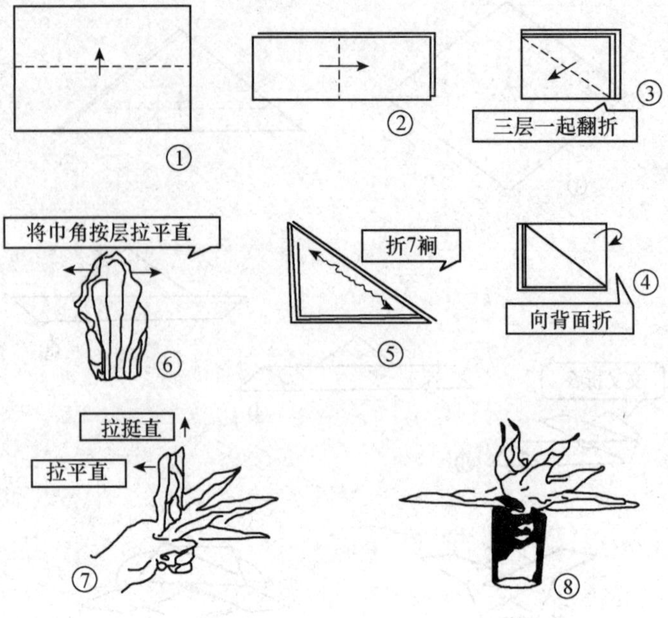

图2-36　冰玉水仙

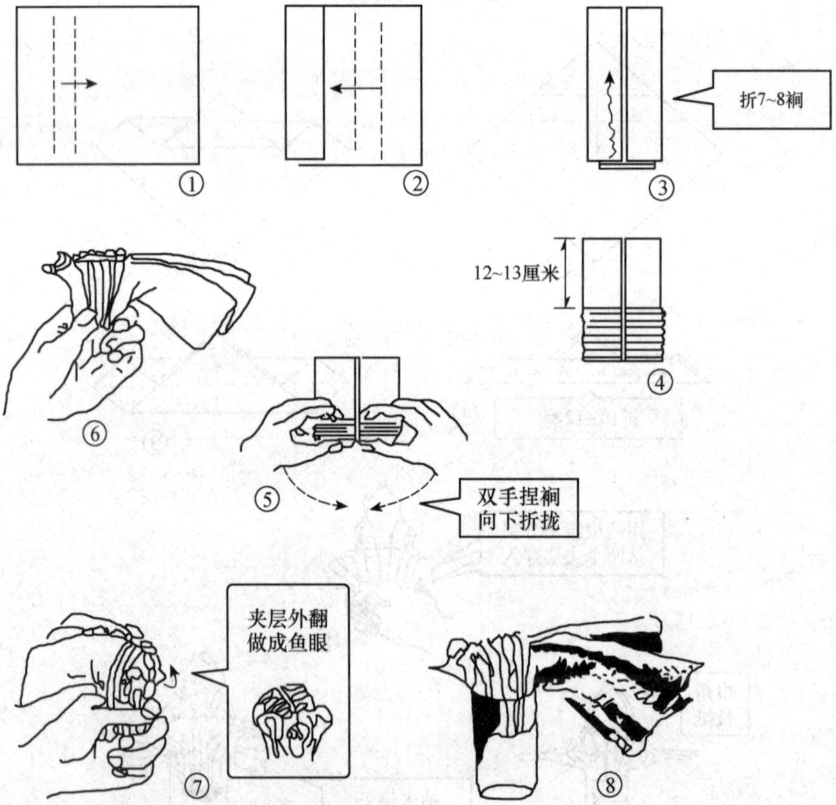

图2-37　三尾金鱼

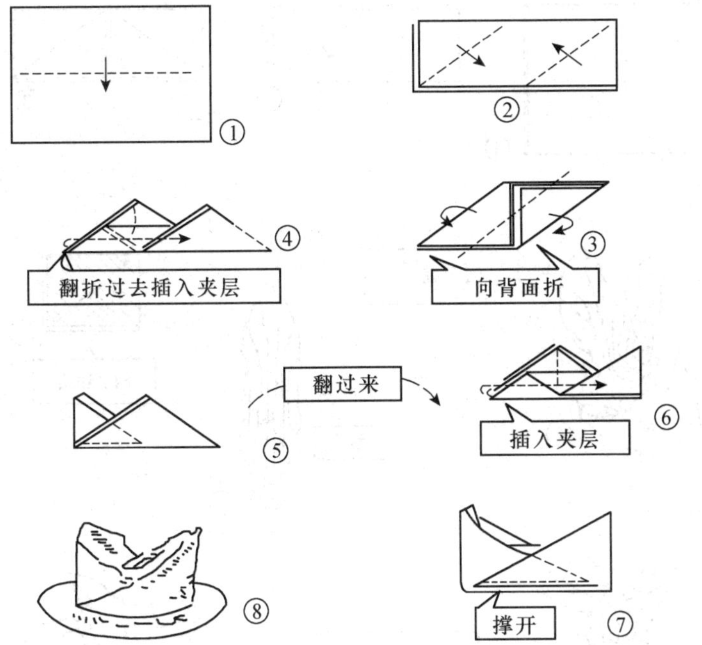

图2-38　王公冠冕

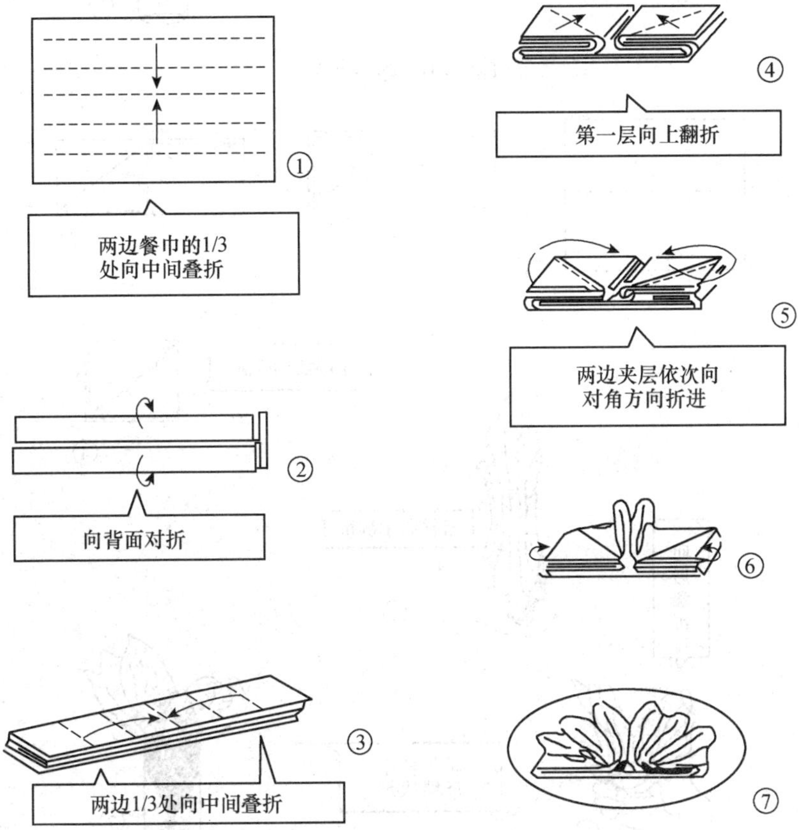

图2-39　公主桂冠

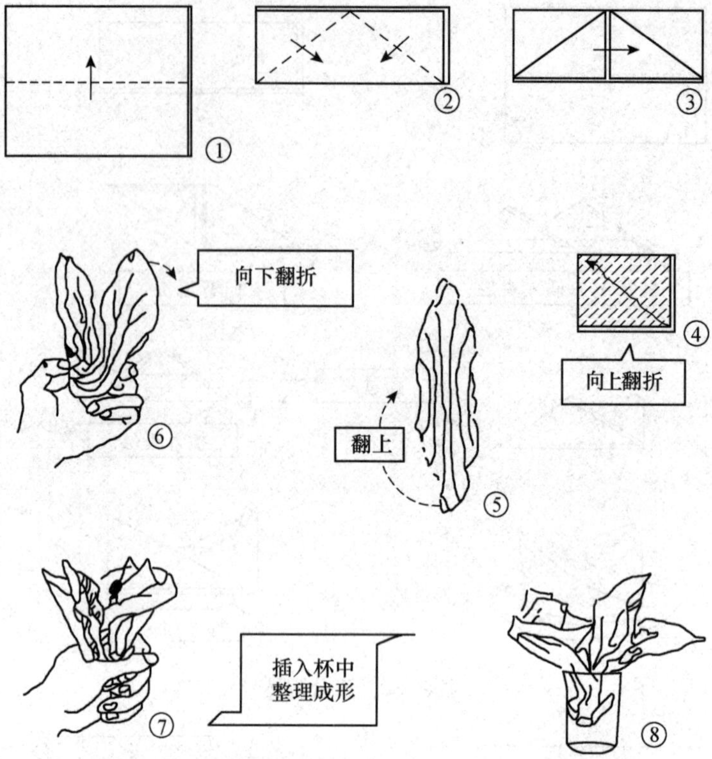

图2-40 幽谷香兰

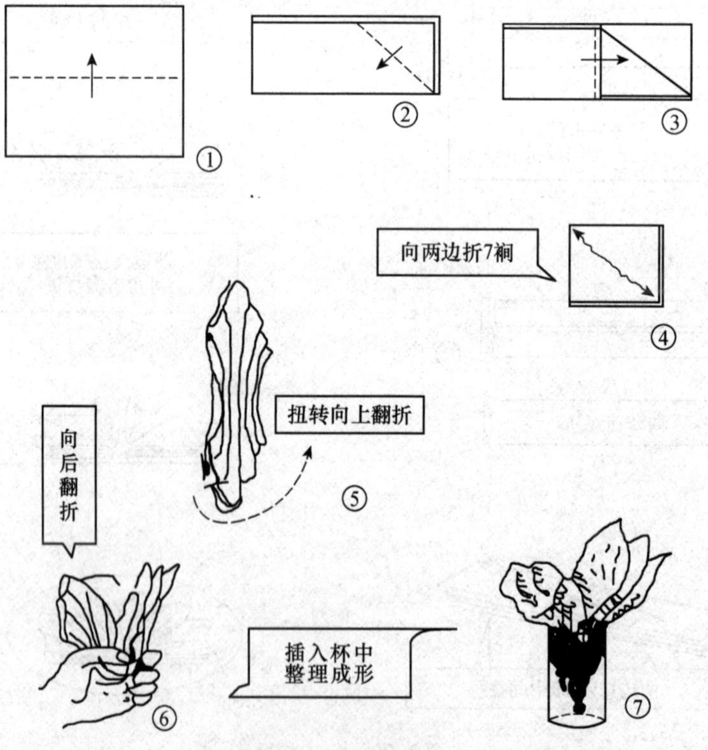

图2-41 杏花探春

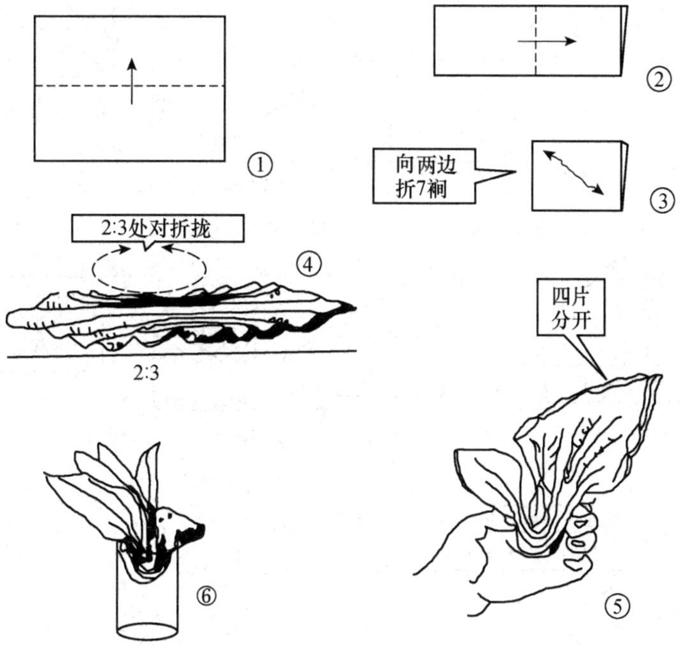

图2-42 四尾金鱼

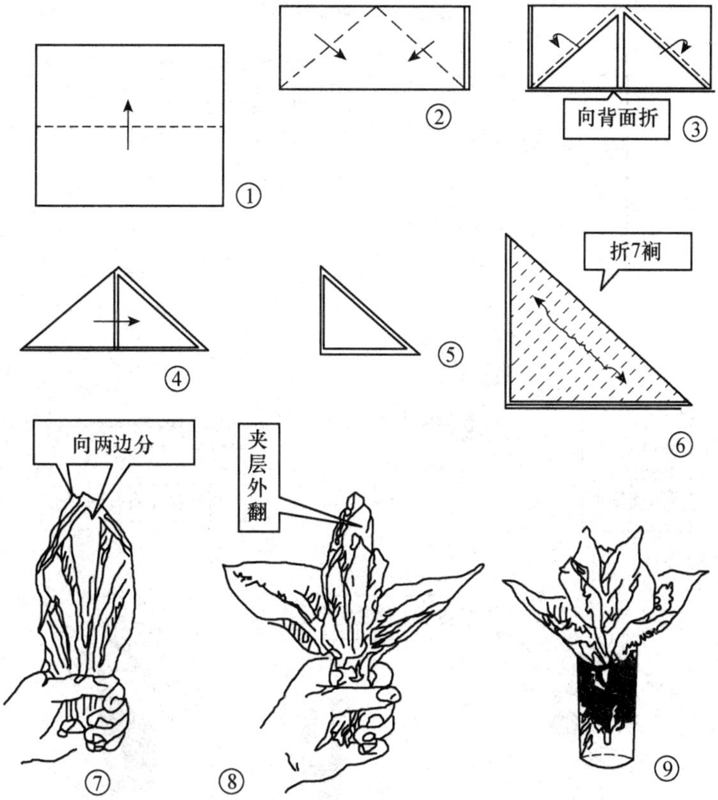

图2-43 双芯结蒂

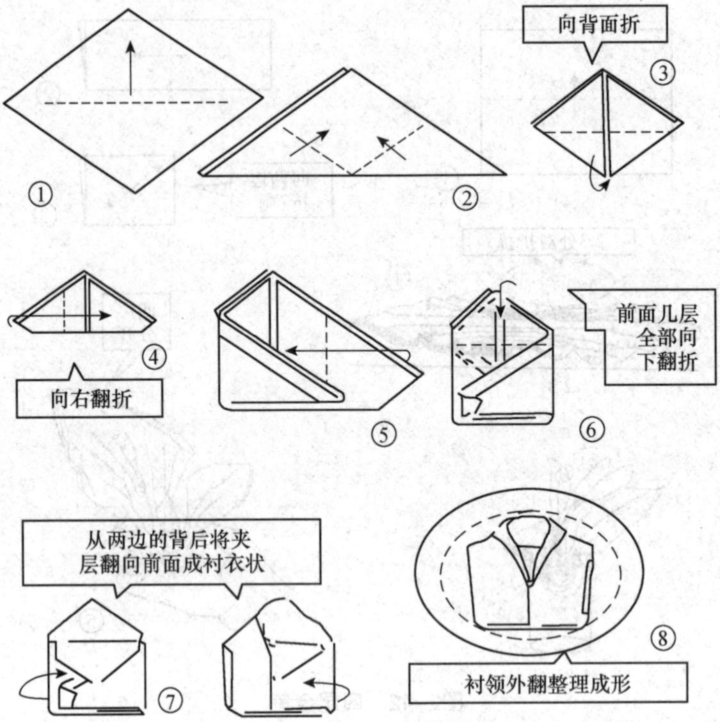

图2–44　翻领衬衫

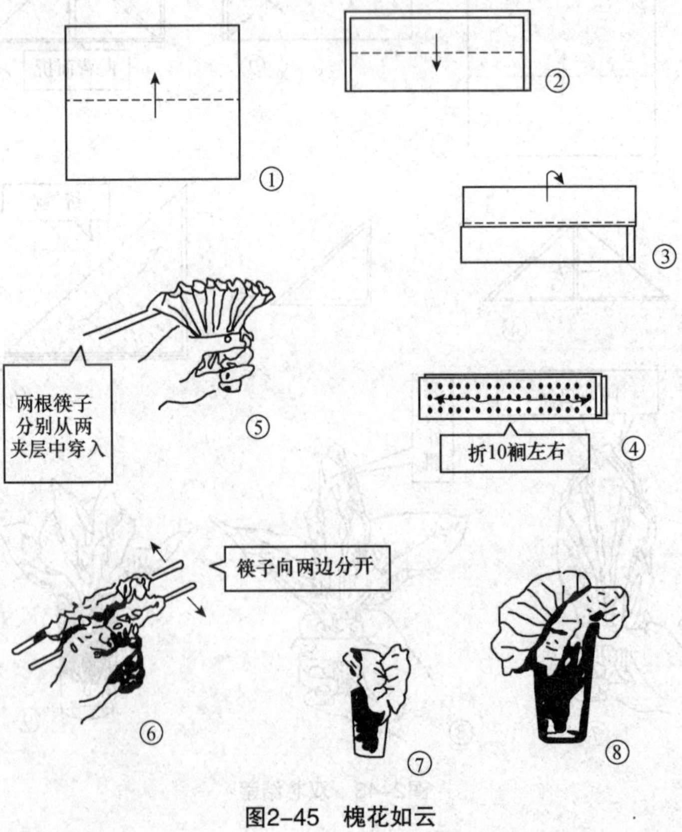

图2–45　槐花如云

案例分析

>> 宴会上的黄菊花

案例

某大酒店要举行一盛大宴会，各国客户汇聚一堂，听取某大公司总经理关于寻找合作伙伴的讲话。会后，客人被请到了大宴会厅。每张桌上都放着一盆大绣球似的黄澄澄的菊花型折花，远远望去，甚是可爱。客人按指定的桌位一一坐定，原先拥塞的入口处在引座小姐来回穿梭的引领下，很快又恢复了常态。客人们开始了新一轮的谈话。引座小姐发觉，左边有几张桌子前仍有数名客人站着，不知是对不上号还是有别的原因，于是她走上前去了解。原来那些客人都是法国人，由于她不懂法语，只得把翻译请来，交谈后获知，法国人认为黄菊花是不吉利的，因此不肯入座。引座小姐赶紧取走折花，换上红玫瑰花束，客人脸色顿时转愁为喜，乐滋滋地坐下了，引座小姐再三请翻译转达她真切的歉意。

分析

宴会摆花是一种艺术，涉及许多美学以外的学问，特别是高档宴会，更要考虑周全，精心摆设。世界上不同民族对鲜花的好恶不尽一致。以黄菊花为例，法国人认为此花会带来晦气，所以引为一忌；而日本人却正好相反，因为在日本，黄菊花是日本皇室专用的一种贡花，它代表高贵、尊严，所以在宴请日本客人时，如果在花盆中插上几枝黄菊花，效果很好。又如中日两国对待荷花的态度大相径庭，中国人普遍喜欢荷花的纯洁和高雅，而日本人却对它毫无好感。所以在餐厅摆设鲜花时，一定要了解各个国家、各个民族对待不同色彩、不同花种的不同情感，以免弄巧成拙，产生负面效应。

第四节　摆　　台

摆台主要是指餐桌席位的安排和台面的摆设。摆台技术是餐厅服务人员的基本功，是宴会设计的重要内容。在承办酒席宴会时，摆设一桌造型美观的台面，不仅为顾客提供了一个舒适的就餐场所和一套必需的就餐用具，而且能给顾客以赏心悦目的艺术享受，给酒席宴会增添隆重的喜庆气氛。因此，餐厅服务人员不仅要有较高的摆台技能，还必须要有较高的艺术修养。

知识链接

酒店摆台规范

摆台可分为中餐摆台和西餐摆台两大类。根据各地宾客饮食习惯的不同，宾客就餐的形式、规格的不同，所摆设的餐具种类、件数及台面的造型都有所不同，而且各饭店均有各自独特的摆台方式，因此不可能完全统一。但是，所摆设的台面必须遵循整洁有序、尊重食俗、适应需求、配套齐全、方便就餐、方便服务、形式多样、艺术美观的原则。所以，摆台总的要求是：

（1）所摆设的台面要确保卫生，从台布、餐具、小件物品、餐巾乃至餐椅，都要符合卫生要求。

（2）餐台、餐椅的排列要整齐协调、井然有序，既便于宾客就餐和活动，又确保服务工作的顺利进行。

（3）台面设计要尊重宾客的风俗习惯，符合宾客的礼仪形式。

（4）根据就餐形式和规格设计台面，配备餐具和用具。

（5）餐台的设计要符合宴席的性质，力求造型逼真、艺术、美观。

（6）餐具摆放要有条理，先后有序，操作顺手。

一、中餐摆台

各地区、各饭店的中餐摆台基本相同。在摆台时，主要依据餐厅档次、就餐规格和就餐需要来选择相应的餐具进行摆设。中餐摆台所使用的餐具通常有餐碟（又称骨碟）、筷架、筷子、汤碗（也称口汤碗）、汤匙、不锈钢制的长柄匙（用做个人用餐具或公用餐具）；中餐饮具通常为水杯（也称啤酒杯）、红酒杯、白酒杯（也称烈性杯）；公用餐具，如公筷、公勺、公叉等；其他还有调味品、牙签、席签（座次卡）、台签（席次卡）、花瓶、烟灰缸等。

（一）中餐零点摆台

1. 台面定位

（1）4人方台，采取十字对称法。

（2）6人圆台，采用一字对中、左右对称法。

（3）8人圆台，采用十字对中、两两对称法。

（4）10人圆台，采用一字对中、左右对称法。

（5）12人圆台，采用十字对中、两两相间法。

2. 用具摆放

（1）铺台布。铺台布一般在副主人位进行。中餐圆台铺台布的常用方法有以下三种：

①推拉式铺台。即用双手将台布打开后放至餐台上，将台布贴着餐台平行推出去再拉回来。在零餐餐厅或较小的餐厅，或因有客人就座于餐台周围等候用餐时，或在地方窄小的情况下，多选用这种推拉式的方法进行铺台。

②抖铺式铺台。即用双手将台布打开，平行打折后将台布提拿在双手中，身体呈正位站立式，利用双腕的力量，将台布向前一次性抖开并平铺于餐台上。这种铺台方法适合于较宽敞的餐厅或在周围没有客人就座的情况下进行。

③撒网式铺台。即用双手将台布打开，平行打折，呈右脚在前、左脚在后的站立姿势，双手将打开的台布提拿起来至胸前，双臂与肩平行，上身向左转体，下肢不动并在右臂与身体回转时，台布斜着向前撒出去，将台布抛至前方时，上身转体回位并恢复至正位站立，这时台布应平铺于餐台上。抛撒时，动作应自然潇洒。这种铺台方法多用于宽大场

地或技术比赛场合。

（2）摆放转盘。为方便客人就餐，八人桌以上需摆放转盘，要求转动自如，不偏不倚。

（3）摆放骨碟。要求骨碟间距相等，骨碟边与桌边相距1.5厘米（一指宽）。

（4）摆放汤碗、汤匙。汤碗放在骨碟的左侧九点钟方位，俯视两圆相切。汤匙放在汤碗内，汤匙把朝右边。

（5）摆放水杯。水杯放在骨碟正前方3厘米处（两指宽）。

（6）摆放筷子、筷架。筷架与水杯中心延长线平行，筷子与骨碟相距1厘米，筷尾距桌边1.5厘米。

（二）宴会摆台

举办正式宴会，应当提前排定桌次和席次，或者只排定主桌席位，其他只排桌次。桌、席排次时，先定主桌主位，后排座位高低。

1. 中式宴会的桌次安排

中式宴会通常为8～12人一桌，人数较多时也可以平均分成几桌。在宴会不止一桌时，要安排桌次。其具体原则如下：

（1）以右为上。当餐桌分为左右时，以面门为据，居右之桌为上，如图2-46所示。

（2）以远为上。当餐桌距离餐厅正门有远近之分时，以距门远者为上，如图2-47所示。

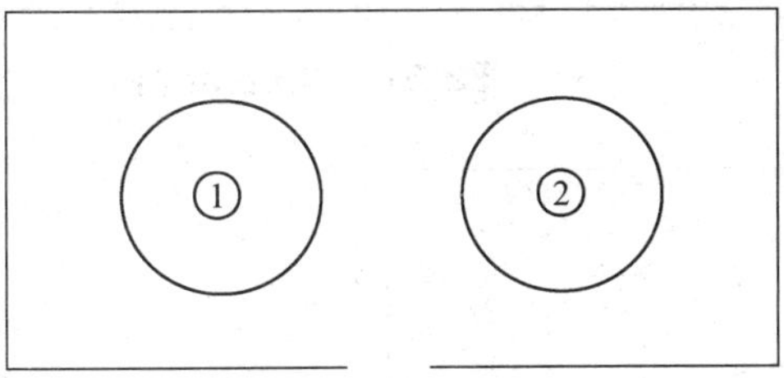

图2-46　以右为上

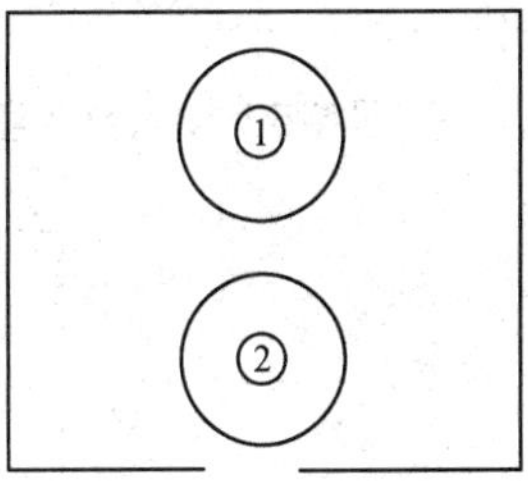

图2-47　以远为上

（3）居中为上。多张餐桌并列时，以居于中央者为上，如图2-48所示。

（4）在桌次较多的情况下，上述排列常规往往交叉使用，如图2-49所示。

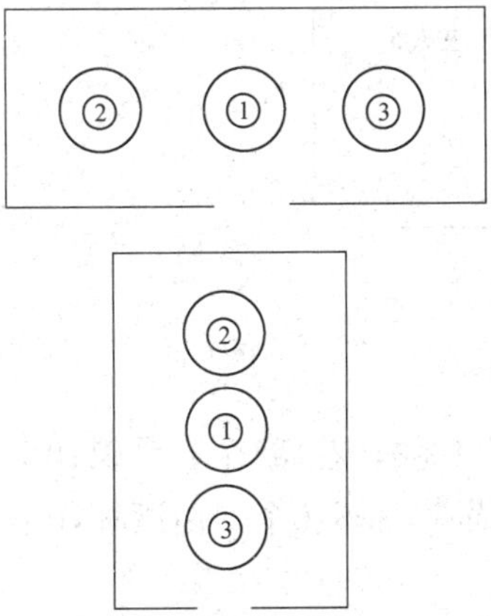

图2-48　居中为上

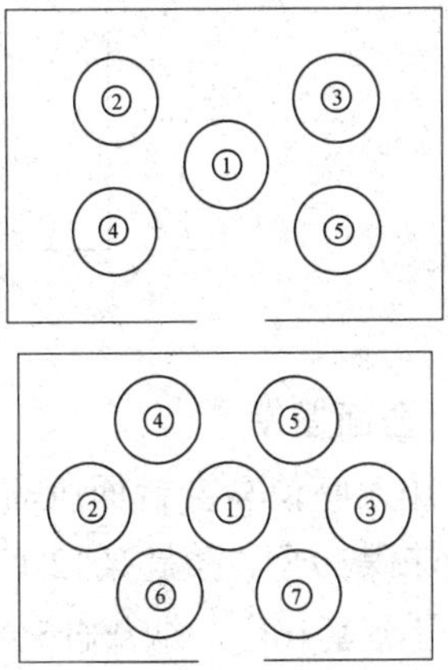

图2-49　交叉使用

2. 中式宴会的席次安排

席次指同一餐桌上的席位高低。排列席次的原则如下：

（1）面门为上。即主人面对餐厅正门。有多位主人时，双方可交叉排列，离主位越近地位越尊。

（2）主宾居右。即主宾在主位（第一主位）右侧。

（3）好事成双。即每张餐桌人数为双数，吉庆宴会尤其如此。

（4）各桌同向。即每张餐桌的排位均大体相似。

中式宴会的席次安排，如图2-50～图2-52所示。

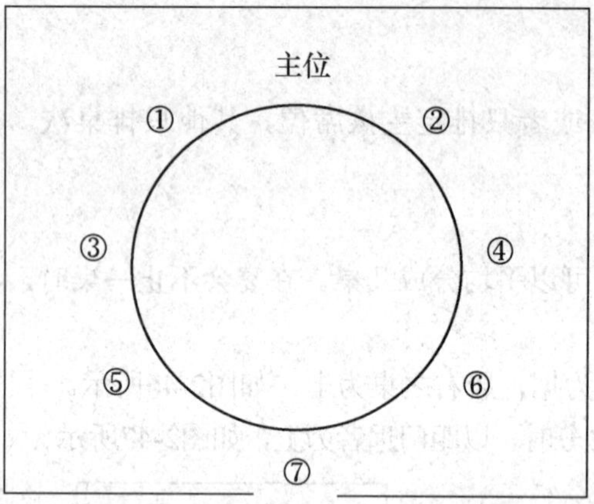

图2-50　8人台示意图

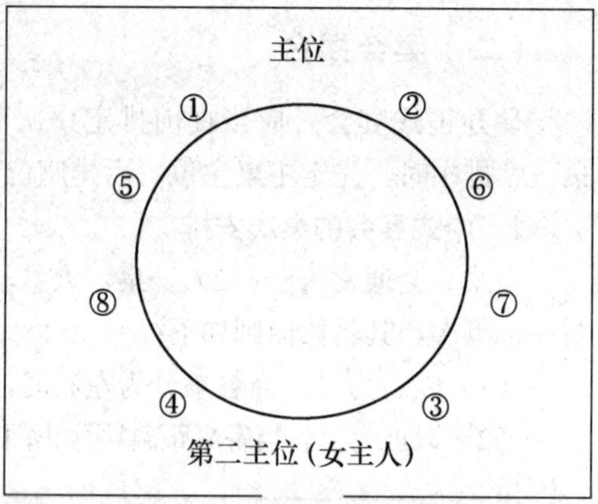

图2-51　10人台示意图

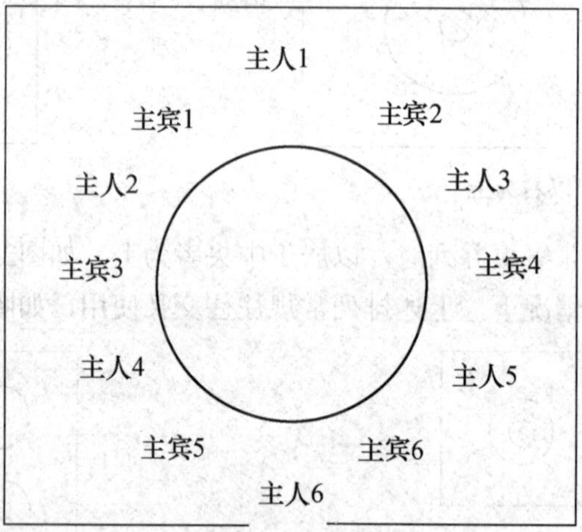

图2-52　12人台示意图

3. 台面摆设

以10人座位宴会台面所需物品为例：台布1块、餐巾10块、花瓶1个、骨碟10个、汤碗10个、味碟10个、筷匙架12个、筷子12双、勺子12把、葡萄酒杯10个、白酒杯10个、水杯10个、牙签套10个、烟灰缸5个。

（1）铺台布。中餐宴会使用圆桌，要根据桌子的规格选择与之相匹配的台布，一般来说，台布的边长以大于圆桌直径40～50厘米为宜，四角下垂不能着地。规格高的宴会还要在圆桌外沿围上桌裙。铺完台布，随即将转台置于餐桌中央并旋转一下，检查是否灵活，是否有摆动和杂音等不良现象。

（2）骨碟定位。将餐具码好放在垫好餐巾的托盘内（托盘应防滑，也可以垫餐巾），左手端托盘，右手摆放。从第一主人位开始按照顺时针方向依次摆放。碟与碟之间距离相等，碟距桌边1.5厘米（约一指宽）。第一主人、第二主人位的骨碟应摆放于台布凸线的中心位置。

（3）摆汤碗汤匙。汤碗位于骨碟左前方，边缘与骨碟相切。另一侧与桌心的中心沿线相切。汤匙在汤碗中心部位，匙把向左。与中心延长线相垂直。

（4）摆味碟。味碟在汤碗的右边，中心与汤碗中心平行，并与桌心的中心沿线相切。

（5）摆酒具。葡萄酒杯杯柱应对正骨碟中心，葡萄酒杯底托边距汤碗边1厘米；白酒杯摆在葡萄酒杯的右侧，平行于葡萄酒杯中心线。杯与杯的距离为1厘米。酒具的花纹要正对客人。操作时，手取拿酒杯的杯颈，不能触碰杯口部位。

（6）摆筷架和筷子。筷架应放在骨碟的右侧，与白酒杯相距1厘米。注意造型和图案。筷子放于筷架上，筷子上的图案或字要朝上对正（筷子套同样），筷子末端距离桌边1.5厘米。

（7）摆公用勺、公用筷。两副公用筷架分别放置在第一主人、第二主人前方，距杯具20厘米。勺放在靠桌心一侧，公用筷放在靠桌边一侧，勺柄、筷柄向右，勺与筷中间间距1厘米。10人以下摆放两套公用餐具，12人以上应摆4套。其中，另外两套摆在台布的十字线两端，应呈十字形。

（8）摆放水杯及餐巾。将叠好的餐巾折花插入水杯中，摆放于葡萄酒杯的左侧，3套杯的中心应横向成为一条直线，水杯的上口距葡萄酒杯的上口1厘米。将餐巾折花的观赏面朝向客人。

（9）摆放烟灰缸、火柴。从第一主人席位右侧开始，每隔两个座位摆放一个，烟灰缸中心在水杯中心线的延线上，与两套餐具距离相等。一个架烟孔朝向桌心，另外两个要朝向两侧的客人。火柴应摆在靠桌心一侧的烟灰缸上，火柴盒的封面朝上，火柴磷面向桌边一侧。

（10）摆餐椅。餐椅从第一主宾位开始按顺时针方向依次摆放，餐椅中心正对骨碟中心，椅座边沿刚好靠近下垂台布为准，餐椅之间距离均等。

（11）摆菜单、台号。一般10人以下摆放两张菜单，摆放于第一主人、第二主人位的左侧。平放时菜单底部距桌边1厘米，立放时菜单开口处分别朝向第一主人、第二主人位。12人以上应摆放四张菜单，并呈“十”字形摆放。

大型宴会应摆放台号。台号一般摆放在每张餐台的下部，台号朝向宴会厅的入口处，使客人一进餐厅便能看到。

摆台效果要求：台面各种餐具、用具摆放整齐一致，布局合理、美观，间距均等，摆放位置准确，花纹图案对正，台面用具洁净、无破损。

中餐宴会摆台如图2-53和图2-54所示。

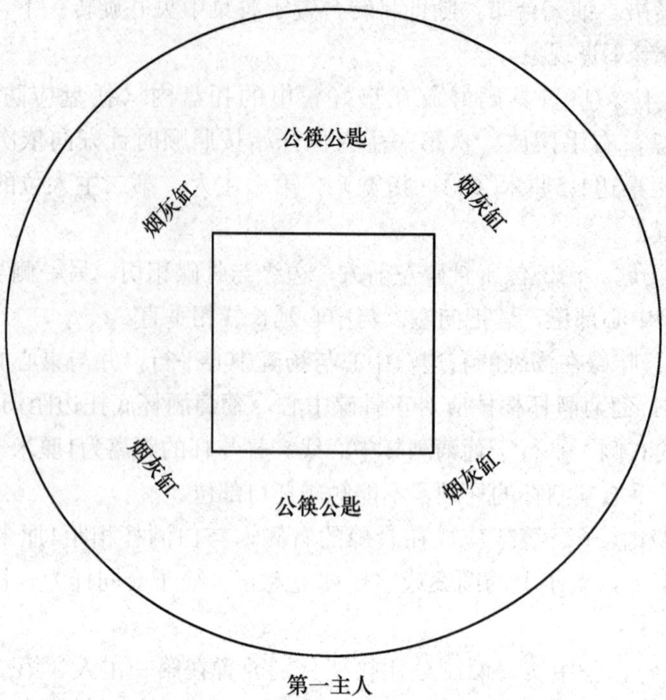

图2–53　中餐宴会摆台公用餐具摆放示意图

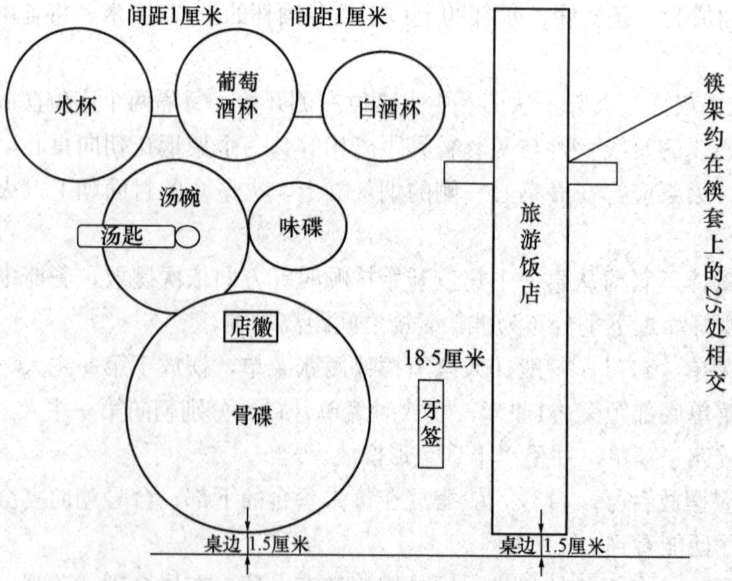

图2–54　中餐宴会摆台平面示意图

二、西餐宴会摆台

（一）西式宴会的桌席排位

西式宴会的餐桌习惯用长桌，或是根据人数多少、场地大小自行设置，如图2-55所示。

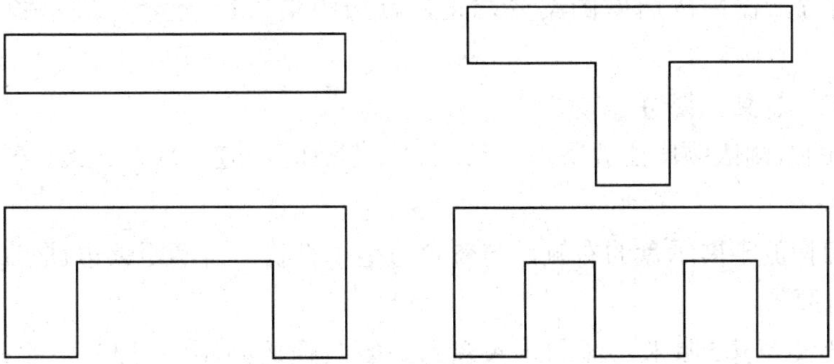

图2-55 西式宴会台型

西式宴会的席次排位也是讲究右高左低，同一桌上席位高低以距离主人座位远近而定。如果男、女主人并肩坐于一桌，则男左女右，尊女主人坐于右席；如果男、女主人各居一桌，则尊女主人坐于右桌；如果男主人或女主人居于中央之席，面门而坐，则其右方之桌为尊，右手旁的客人为尊；如果男、女主人一桌对坐，则女主人之右为首席，男主人之右为次席，女主人之左为第三席，男主人之左为第四席，其余位次依顺序而分，如图2-56所示。

西式宴会的席次一般根据宾客地位安排，女宾席次依据丈夫地位而定。也可以按类别分坐，如男女分坐、夫妇分坐、华洋分坐等。在我国用西餐宴请客人，通常采用按职务高低和男女分坐的方式，如图2-57所示。

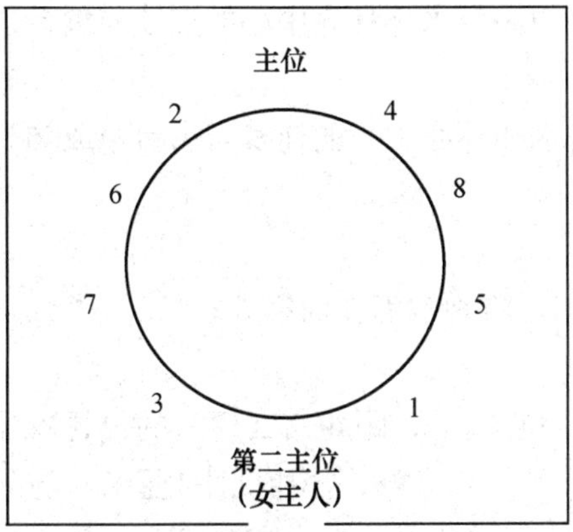

图2-56 西式宴会席次排位示意图一

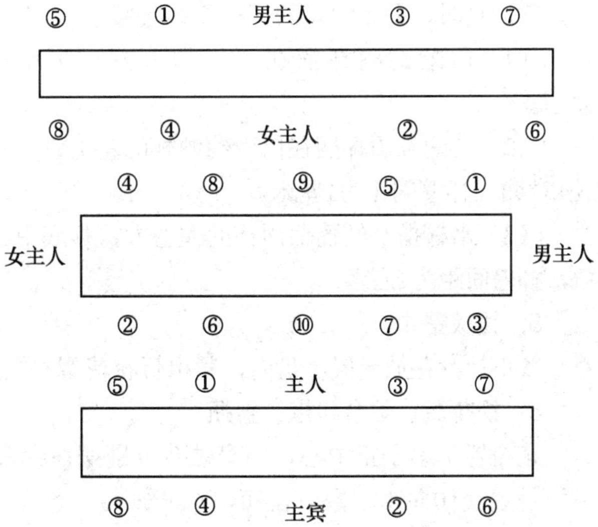

图2-57 西式宴会席次排位示意图二

（二）摆放餐、酒用具的顺序与标准

1. 摆展示盘

可用托盘端托，把展示盘托起，从主人位开始，按顺时针方向用右手将展示盘摆放于餐位正前方，盘内的店徽图案要端正，盘边距桌边1.5厘米，展示餐盘间的距离要相等。

2. 摆餐刀、餐叉、餐勺

从展示盘的右侧依顺序摆放餐刀、叉、勺。摆放时，应手拿刀、叉、勺柄处，从主刀开始摆。

（1）主刀摆放于展示盘的右侧，与餐台边呈垂直状，刀柄距桌边1厘米，刀刃向左，与展示盘相距1厘米。

（2）鱼刀距桌边5厘米，汤勺、头盘刀、餐具摆放间距为1厘米，手柄距桌边1.5厘米，刀刃向左，勺面向上。

（3）主叉放于展示盘左侧，与展示盘相距1厘米，叉柄距桌边1.5厘米。

（4）摆放鱼叉时，鱼叉柄距桌边5厘米，叉头向上突出。头盘叉（开胃叉）叉面向上，叉柄与主叉柄平行，餐具摆放间距为1厘米。甜食叉放在展示盘的正前方，叉尖向左与展示盘相距1厘米。

（5）甜食勺放在甜食叉的正前方，与叉平行，勺头向右，与甜食叉的叉柄相距1厘米。

3. 摆面包盘、黄油刀、黄油碟

头盘叉左侧1厘米处摆面包盘，与展示盘的中心轴平齐。黄油刀放在面包盘中心线右侧上1/2处，与骨碟与面包盘中心沿线成垂直线，刀刃向左。黄油碟摆在面包盘右前方，距黄油刀1.5厘米，图案摆正。

4. 摆酒具

摆酒具时，要拿酒具的杯托或杯底部。

（1）白葡萄酒杯摆在主刀的上方，杯底中心在主刀的中心线上，杯底距主刀尖3厘米。

（2）红葡萄酒杯摆在白葡萄酒杯的左上方，杯底中心与水杯杯底中心的连线与餐台边成45°角，杯壁间距为1厘米。

（3）水杯摆在红葡萄酒杯的左上方，杯底中心与水杯杯底中心的连线与餐台边成45°角，杯壁间距为1厘米。

5. 摆放餐巾

餐巾折盘花放于展示盘内，餐巾折花花型搭配适当，将观赏面朝向客人。

6. 摆花瓶、烛台和椒、盐瓶

花瓶置于桌子正中心，两个烛台分别摆在台布的中心线上、距花瓶20厘米的位置。牙签筒距烛台10厘米，椒、盐瓶、烟灰缸与牙签呈“十”字形，椒、盐瓶间距1厘米，与牙签、烟灰相距2厘米。火柴平架在烟灰缸上端，画面向上。公用具均在台布中线上。

上述摆放的示意图，如图2-58和图2-59所示。

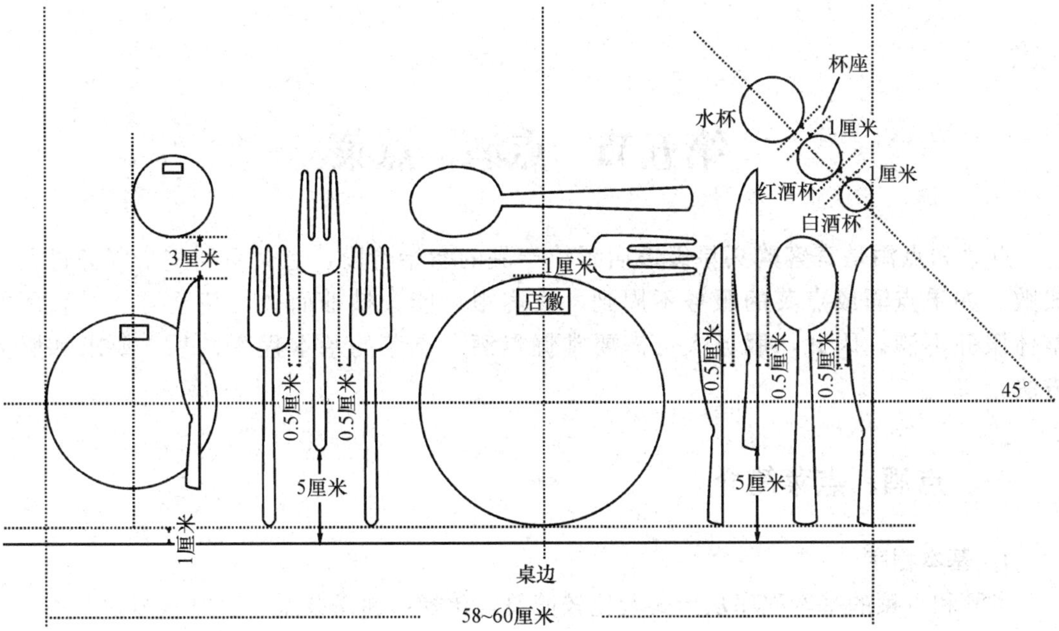

图2-58　平面示意图

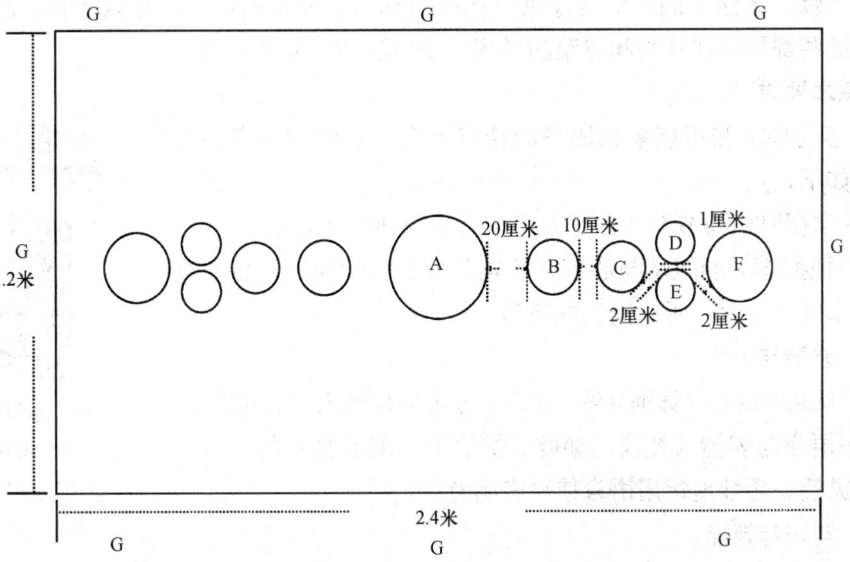

图2-59　西餐宴会附加用品摆放示意图

A—花瓶或花座；B—烛台；C—牙签；E—胡椒瓶；F—烟灰缸；G—座位

知识链接　服务人员“八字“五声”方针

“八字”：主动、热情、耐心、周到（请、您、您好、谢谢、对不起、再见）。

“五声”：来——迎声；走——送声；体贴——问候；打扰——致歉声；表扬——谢声。

第五节　点酒、点菜

点菜和点酒是宾客购买星级饭店餐饮产品的初始阶段，它关系到整个服务过程的成败。如果点酒或点菜的服务不周到，宾客很可能会拂袖而去，甚至可能对餐厅的整体服务不满。因此，服务人员需要掌握点酒、点菜的基本程序、基本要求和服务方法。

一、点酒、点菜简介

1．基本程序

点酒和点菜的基本程序从形式看比较简单，包括：递送茶水、手巾→等候点菜（点酒）→递送菜单（酒单）→点菜点酒→记录菜名和酒水。然而，要将这些程序有机地结合起来，达到宾客满意的效果，却不是一件简单的事情。宾客对酒水和菜食的喜好程度不同，饮食习惯、方法不同，对餐厅供应产品的熟悉程度不同，对产品风味和产品价格的要求不同，这些都需要在点酒和点菜的过程中予以注意，并妥善地解决。

2．基本要求

从宾客的要求和饭店餐饮服务的特点来看，点酒和点菜服务需要注意如下六点：

（1）掌握时机与节奏（在客人就座后几分钟内及时点菜）。

（2）把握客人的表情与心理（特别是开始点菜时，要细心观察），要掌握“一看二听三问”的技巧。

（3）清洁与卫生。

（4）认真与耐心（详细介绍、推荐，耐心听取客人的意见）。

（5）语言与表情（礼仪、谈吐、笑容）。具有良好的语言表达能力，灵活、巧妙地运用语言使顾客满意。

（6）知识与技能。

①对菜品、点菜等产品知识要有充分的认识。

②根据观察来判断宾客的要求。

③掌握业务知识与技能。

知识链接

点菜和点酒案例分析

3．服务方法

在客人点菜时，服务人员除了按基本程序和基本要求为客人服务之外，还应具备灵活处理特殊问题的能力。这种能力是素质和修养的体现，是经验、技能和技巧的反映，是灵感和智慧的结晶。一般来讲，可以把点菜（点酒）服务的方法归纳为：程序点菜法；推荐点菜法；推销点菜法；心理点菜法。

二、点菜知识

1. 中餐上菜流程

凉菜→头菜→特色菜→大菜→热荤菜→汤菜→鱼→素菜→面点→水果。

2. 点菜须知：四定一知

（1）四定。定时间、定金额、定人数、定分量。

（2）一知。知客人习惯、嗜好、需要和内容。

3. 宴会配菜标准

凉菜12%、热菜（海鲜）50%、特色10%、风味小炒10%、杂类（汤类）5%、蔬菜4%、主食（点心）6%、甜汤3%。

点菜单位：份、例、例+位、盅、位、斤、二食、三食、客、一打、半打。

4. 注意搭配

（1）冷热菜的搭配。有凉菜，有热菜。

（2）烹调方法的搭配。有炒菜，还有用煮、扒、炖、烧、煲、扣、蒸等方法烹制的菜，尽量避免技法单一。

（3）颜色的搭配。红、黄、绿、白等颜色的搭配。

（4）形状的搭配。片、条、粒、丝、茸等形状的搭配。

（5）味道的搭配。咸、甜、酸、辣味道的搭配。

（6）荤素的搭配。有荤菜，有素菜。

（7）营养的搭配。合理搭配相关原材料的营养成分。

（8）器皿的搭配。避免千篇一律的器皿，突出就餐氛围和档次。

5. 按就餐人数确定点菜分量

（1）一般情况下根据人数确定菜肴的数量，但要注意尊重宾客的意愿和实际情况。

1～2人：可点2～3道菜，1个汤，例盘；

2～4人：可点4～5道菜，1个汤，例盘；

5～7人：可点6～7道菜，1个汤，中盘；

8～9人：可点7～8道菜，1个汤，中盘；

10～12人：可点8～9道菜，1个汤，大盘。

（2）以只或盅论数的菜品，一般应按人数定量（征得客人同意，注意标明人数）。

①乳鸽的定量。3～5人：1只；6～8人：2只；9～12人：3只。

②鸡的定量。4～6人：半只；8～12人：1只。

③其他。一些高档的菜肴因分量较小，故可每位食客享用1～2只，如日本带子、鲜鲍、鲜带子；日本多春鱼可一人一条，原盅炖品可每位一盅。

6. 按顾客的生活习惯和需要来确定菜的口味

（1）广东地区。喜清淡，口味以生、脆、鲜、甜为主。

（2）北京、天津、河北、河南、山东地区。味道浓郁、稍咸。

（3）四川、重庆、湖南、湖北、贵州地区。喜带酸辣味的菜肴，口味偏重。

（4）江苏、浙江、上海等地区。喜甜美、偏清淡，烤鸭、咸水鸭为南京人的佳肴。

（5）老年人。松、软、酥、脆、易消化食品较适合他们的口味。

（6）赶时间者。应向其推荐一些易制作的食品。

7. 按顾客的消费能力确定菜的档次

（1）高消费者、宴会客人。因其支付能力强，应适时推荐一些营养价值及观赏价值高、附加值及技术含量高的菜肴。

（2）中等消费者、一般宴请。此类顾客有一定支付能力，但并不追求高消费、高享受，一些虾、蟹、鱼、肉类的食品较能令其满意。

（3）普通消费者。此类客人占大多数，可推荐一些家常小菜或煲类等较经济的食品。

三、推销技巧

（一）掌握服务心理

宾客、服务人员应主动进行较详细地介绍，对菜肴的色、香、味、形及营养价值作细致地描述，以引起宾客的点菜兴趣。

（二）餐厅推销应具备的条件

（1）具有良好的语言表达能力。

（2）具有较丰富的食品原材料、烹饪和酒水知识。

（3）能通过观察较准确地判断宾客的需求。

（4）掌握相关专业业务知识与技能。

（三）服务人员要掌握“一看二听三问”的技巧

（1）“看”。看宾客的年龄、举止、情绪，是外地人还是本地人，是吃便饭、洽谈生意还是宴请朋友聚餐、调剂口味；是炫耀型还是茫然型；还要观察到谁是主人，谁是宾客。

（2）“听”。听口音，判断其生活地区或从顾客的交谈中了解其与同行宾客之间的关系。

（3）“问”。征询顾客饮食需要，做出适当的菜点介绍。

（四）宾客的消费心理和推销工作

1. 按顾客的消费动机来推销

（1）便饭。来餐厅吃便饭的顾客有多种情况，有的是外地顾客出差、旅游、学习，居住本酒店，就近解决吃饭问题，有的是居住在附近的居民，因某种情况而来餐厅吃饭等。这些消费者的要求特点是经济实惠或快吃早走，品种不要太多，但要求快，服务人员应主动介绍物美价廉，有汤有菜，制作时间短的品种，如汾酒牛肉、鱼香茄子煲等。

（2）调剂口味。来餐厅调剂口味的顾客，大部分是慕名而来，想尝尝酒店的风味特色、名菜、名点或者专门为一道菜肴而来。这些宾客往往要求吃一些平时不易吃到或很少吃到的菜肴，在选料、烹制方面都有风味特色，不要求快而要求好，还喜欢以普通的原料烧出不同口味的菜肴。这些顾客有些对餐厅的风味特色非常了解，喜欢自己点菜，也有些顾客不知道餐厅的特点名菜，要服务人员介绍，在服务过程中要注意多介绍一些特色的菜肴，数量上要少而精。

（3）宴请。除结婚、庆寿等宴请以外，还有各种原因的宴请，如商务、业务宴请等。这些宾客一般都要求讲究一些排场，菜肴品种要求丰盛，有的注重菜肴的精美充足，而有的还要考虑一定的价格范围，对这些顾客要将其安排在比较清静的地方，可单独让请客者了解一下价格范围，从而介绍品种，要注意适当配一些本餐厅的风味名菜，要有冷有热、有荤有素、有菜有汤，品种多样，既要菜肴丰富，又要控制在适当的价格范围之内。顾客进餐时，服务人员还要经常留意菜肴是否充裕，如菜不够时，应及时与顾客联系，为其添菜。

（4）聚餐。聚餐是指一些同事、同学、朋友、战友等聚在一起会餐，这些宾客往往要求热闹，边吃边谈，饮酒较多，一般要求菜肴品种丰富而不太多，精细而不太贵，有时每人点一个自己喜欢吃的菜，有时也要求服务人员配菜。对这些客人，服务人员要尊重他们的意见，服务中要主动询问他们的要求和爱好，冷盘和第一、第二个菜的数量可以多一些，后面的菜可以少些，避免浪费，多介绍一些啤酒、饮料，烈性酒也可以介绍，要注意方式，不要扫他们的兴。上菜速度不宜太快，有的菜凉了要主动帮助加热回烧。

2. 按顾客的特性来推销

（1）炫耀型。他们情感丰富，一般易感情用事，重友情，好面子，以炫耀富有和慷慨邀朋请友，好“打肿脸充胖子”，有时用餐就用掉全月工资，即使单人也要两道好菜，并环顾四周，看看有无他人羡慕自己。这些宾客好炫耀自己富有、慷慨，不考虑价格范围，不求快，只求好，求尊重。在服务过程中，服务人员要注意多介绍一些特色的菜肴，数量少而精，另外还要考虑操作方法，口味色调、原料的搭配。

（2）茫然型。这类顾客多数是初次到餐厅就餐，对餐厅的特色菜肴不是很了解，他们往往会环顾四周，看别人吃什么然后再决定，有时也会考虑到一定的价格范围。在服务过程中，服务人员可主动介绍一些餐厅的风味菜肴，但也要把这些菜的风味、特色、原料解释清楚。

（3）习惯型。这类顾客吃惯了的食物往往不一定有独特风格，但由于长期食用，因此，在决定就餐时就形成一种心理惯性。习惯型的顾客往往偏好一种小吃或沉湎于某一饭菜的风味，或信奉某一餐厅、某一厨师的声誉。这些顾客对常去之处往往会主观感觉到能得到某种优待和机遇，显得随意自然。在服务过程中，服务人员要了解这些顾客以前喜欢吃什么菜，而给予相应的介绍。

3. 按顾客的年龄、身份来推销

（1）老年顾客，饮食上要求嫩、烂、酥、松、容易消化、多汁松软。在服务过程中，服务人员要耐心、不急躁，向这类顾客可以推荐一些滋补炖品。

（2）青年顾客，饮食上要求香、脆、爽、菜肴丰富多样，服务上要求迅速、及时。在服务过程中，服务人员要针对其特点给予介绍。

（3）少年儿童，饮食上要求新鲜、少骨无刺、造型美观，还偏爱甜味菜。服务过程中，服务人员要主动关心。

4. 按不同身份的饮食要求来推销

一般顾客比较讲究经济实惠，偏爱价廉、量大、能下饭的菜肴，但随着生活水平的提高，他们对菜肴的要求也讲究质高、精细，但要数量充足；知识分子比较喜欢质细、清淡、少而精的菜肴；文艺界人士则要求菜肴鲜嫩、营养价值高，口味要避免酸麻、刺激；华侨一般喜欢家乡口味菜肴，普遍要求新鲜蔬菜，轻油腻、避内脏、数量不要太多。

5. 按特殊的饮食要求来推销

除上述的一般要求以外，不少顾客还常有一些特殊的要求，如有的不吃荤、不吃海鲜，有的不吃河鲜，有的不吃鸡，有的不吃豆制品等。对于这些特殊的要求，则需要服务人员在服务过程中询问顾客，并给予满足。

知识链接 餐饮服务“四勤”

（1）眼勤：随时注意客人的举止动态，以及就餐表情。

（2）手勤：勤加酒水，勤换烟灰缸、骨碟。

（3）口勤：多征求客人的要求与意见。

（4）脚勤：多走动，多摆台。

四、写菜单

服务人员在为宾客点菜前，要通过看、听、问等方式，了解宾客的身份、职业、就餐目的、消费水平以及就餐时间的急缓程度等情况，以便有针对性地为宾客服务。

（1）点菜时，服务人员应礼貌地站在宾客侧后约50厘米处。这样既能听清宾客的话语，又不妨碍宾客翻阅菜单。

（2）客人不能很快决定自己所要的菜点时，餐厅员工应耐心等待，热情地为客人介绍、推荐酒店的特色菜和其他菜的风味、特点。

（3）如果宾客所点的菜已售完，服务人员在表示歉意后，须再推荐类似的菜肴。

宾客所点的菜要尽量使其荤素搭配合理，原材料、口味、色泽、形状、烹饪方法各异，尽量避免雷同菜肴。若发现宾客点的菜是同一味或同一式的，服务人员应有礼貌地征询宾客是否需要更换菜式。若宾客要求点菜单以外的菜肴时，服务人员应与厨房取得联系，尽量给予满足，若确实不能当时满足宾客要求时，应向宾客表示歉意，并建议事先预订，下餐一定予以满足。

（4）将宾客所点的菜记录在点菜订单上，称为开单。填写点菜单要迅速、准确，同时填写台号、用餐人数、开单日期、服务人员工号，在备注栏内记录宾客对菜肴的特殊要求。开单字迹要清楚，书写要统一，价格要准确。通常是根据菜单上的项目次序分类填写，比如：先冷菜，后热菜，再写汤和点心等。这样既有利于服务人员按顺序上菜，也有利于厨师按顺序准备菜肴。

（5）服务人员在记录完宾客所点的菜和酒之后，为了避免差错，应向宾客重复一遍，以便得到确认，尤其是宾客在用不符合常规顺序的方法点菜时，更应做好复述工作。

开毕点菜单，服务人员要快速将单送至各部门。点菜订单一般是一式三联。

第一联为提货联，送至厨房，厨师根据点菜订单准备菜肴；营业结束后，汇集于饮食成本控制部门用于统计和进行成本核算，并与餐厅收款发票相核对，检查账目。

第二联为存根联，送至收银台，用于结账。

第三联由服务人员或走菜员保存，对照上菜，一般是上一个菜后，划去一个，以免上错菜。

如果冷、热菜分两个地方取，还需将冷、热菜分别开单。点菜完毕要及时向宾客介绍酒和饮料，酒和饮料需另开一份订单。

酒水订单一般一式两联。第一联送到酒柜领取酒水，第二联送到收银台。

五、点菜注意事项

（1）根据客人的心理需求尽力向客人介绍时令菜、特色菜、招牌菜和畅销菜。

（2）客人点菜过多或在原料、口味上重复时，要注意及时提醒客人。

（3）客人已点的菜肴售完时，及时告诉客人换菜，并推荐与售完菜肴类似的菜肴。

（4）客人未到齐时，菜单上应注明“叫菜”；赶时间的客人应注明“加快”；有特殊要求的客人，也应注明，如不吃蒜、不吃糖、不吃辣、不吃花生油、不吃猪肉等。

（5）海鲜要写明做法、斤两，并且询问客人是否需要确认。

（6）台号、桌数写清楚，客人名字也一并写上。

（7）分单部门单据写清楚。

（8）点完菜以后向客人复述一遍菜单。

（9）推荐急推菜肴（最大限度减少酒店的损失）。

（10）用餐过程中征询客人意见。

（11）多出来的菜肴或做错的菜肴，应相互通知，尽量设法推销出去。

（12）注意酒水的推销（酒水利润较高，在点完菜后，不要忘记询问客人是否需要酒水，并根据情况适当介绍）。

（13）绝对禁止恶意推销。

第六节　上菜、分菜

上菜和分菜是为宾客进餐进行服务的重要环节，也是餐厅服务人员必须掌握的基本技能之一。宴会的上菜和分菜要求较高，对于上菜程序、上菜位置、服务节奏、菜肴台面图案等均有讲究，特别是分菜，更是一项技术难度较高的工作。因此，要求服务人员不仅要掌握上菜程序和上菜方法，还应练就娴熟的分菜技巧。

一、中餐上菜

（一）上菜位置的选择

中餐宴会上菜一般选择在陪同和翻译之间进行，也有的在第二主人右边进行。这样有利于翻译和第二主人向来宾介绍菜肴口味及名称。中餐便餐上菜则可以选择在对宾客最少干扰的位置上。

（二）上菜时机的选择

上菜要掌握好时机，一般根据餐别、各地的上菜规矩和习惯，根据宾客的要求和进餐的快慢灵活掌握。

中餐宴会是在开宴前就把第一道冷菜摆上餐桌，来宾入席，当冷盘吃到一半时，开始上热炒菜和大菜，当上最后一道菜时，应低声告诉第二主人“菜已上完”，以便主人选时机请客人干杯。中餐宴会，若宾主有祝酒词，通常在第一道菜基本吃完后，主人出来讲话，宾、主两人讲话大约15分钟，这时应通知厨房，并控制好上菜时间。

知识链接

上菜

（三）上菜的顺序

中餐宴会的上菜顺序，原则上是根据宴会的种类和各地传统习惯来决定的，但安排是否合理，是否科学，对宾客的就餐情绪、生理要求乃至整个宴会的效果影响是很大的。中餐宴会上菜的一般原则如下：

（1）先上冷菜，后上热菜。

（2）上热菜时，先上重点菜，后上一般菜。

（3）先上本店名菜和时令菜，后上其他菜。

（4）先上咸辣菜，后上甜味菜。

（5）先上浓味菜，后上淡味菜。

（6）适当穿插一些汤汁略多的烩、煮菜。

（7）在宾客就餐即将完毕时上水果。

（四）上菜注意事项

1. 仔细核对

服务人员一定要事先了解宾客的用餐菜单，上菜时要仔细核对，特别是多桌多档的中餐更要仔细，切不可送错对象。

2. 认真把关

一种菜肴或点心，要经过多次加工，最后由服务人员送至宾客面前，所以，服务人员要认真把关，如色、形、卫生、数量是否符合标准，原料是否新鲜、盛器是否合适等，如发现问题，应立即采取措施，切不可马虎从事、不负责任。应做到：分量不足不取；温度不够不取；原料不鲜不取；颜色不正不取；盛器不洁不符不取。

3. 注意菜肴摆放格局

摆菜是将上台的菜按一定的格局摆放好，其基本要求是：讲究造型艺术，注意宾客的风俗习惯，方便食用。

下面介绍三类菜摆放应注意的问题：

（1）上整形菜。中国传统的礼貌习惯是鸡不献头、鸭不献掌、鱼不献脊。

（2）摆冷菜。主冷菜、工艺冷菜等应摆在餐桌中央，将最佳欣赏面朝向主人。其他冷菜对称摆在主冷菜周围，摆放时注意荤素、色彩、口味以及形状的合理搭配，盘与盘之间的距离要相等。

（3）摆热菜。热菜中的主菜摆在餐桌中间。高档的菜或有特殊风味的菜，要先摆在靠近主宾的位置上，每上一道菜，都要将桌上的菜肴进行一次位置上的调整。将剩菜移向第二主人一边，将新上的菜放在主宾前面，以示尊重来宾。台面菜肴要保持“一中心”“二平放”“三三角”“四四方”“五梅花”的形状，以使台面始终保持整齐美观。

4. 注意上菜速度和节奏

在整个上菜过程中，服务人员要细心观察宾客的食用情况，既能让宾客逐个品尝菜肴，又不使菜肴跟不上造成席面冷场。

5. 菜肴作料的跟用

上菜时菜肴作料的跟用可以弥补烹饪过程中不便调味或调味不足之处，可以满足顾客的多种口味需要；可以起到点缀菜点、美化席面的作用。因此，作料的跟用要做到因料而配、因风味而配、因量而配、因时而配，使作料发挥应有的作用，达到人们享受美食的目的。

常见菜肴作料跟用的形式有五种：

（1）将一种或数种作料分别盛入味碟或味瓶中，在上菜之前就摆在餐桌上，上菜时由宾客自取、自配、自用；

（2）将作料和菜肴一同端上餐桌，由服务人员将作料拌撒在菜上或汤中；

（3）将菜肴作料摆放在菜盘四周，随菜一同端上餐桌，供宾客选择食用；

（4）将随菜单跟用的多种作料分别盛碟上席，由宾客自己调配；

（5）为了配合宾客的不同口味，在每位宾客席前均配一味碟。

服务人员端菜上台后，应跟上菜点所需的各种作料，切勿遗漏。某些特殊菜肴如清蒸、白氽的河鲜海鱼，串烤家禽野味，粤菜烤乳猪，清真涮羊肉，京帮挂炉烤鸭，冬令全生火锅等，都要在用餐时加入作料调味。

（五）中餐特别菜的上菜及服务方法

1. 外加作料的菜

（1）烤鸭。上烤鸭需首先上作料，一盘大葱、一盘甜面酱和一盘小面饼，然后上烤鸭的皮和肉各一盘，吃时将鸭片和葱、酱夹在面饼里一起吃，味道鲜美。

（2）油炸的菜。吃油炸的菜需配番茄酱和花椒盐，注意油炸菜上菜速度要快，时间长则易变软，例如炸鱼排、炸虾球等。

（3）螃蟹。上螃蟹时必须同时上姜醋，略加点白绵糖，不仅可以去寒、去腥，又能防毒。吃完螃蟹要上一杯糖姜茶，帮助暖胃。另外，备洗手盅和小毛巾，供宾客餐后洗手。

（4）清蒸鱼。清蒸水产类菜肴，须上姜醋，上菜的速度要快，否则放凉后会起腥味。

2. 有包装的菜

（1）荷叶粉蒸肉、纸包猪排、叫花鸡等。这些菜是经包装后再加热定制的菜，服务时要先上台让宾客观赏后再拿到操作台上当着客人的面打开外包装，这样可保持菜肴的香味和温度。

（2）灯笼虾仁。此道菜由玻璃纸包装，滚油炸泡，放在盘里端上餐桌。上菜时要同时带上一把剪刀，将结有彩绸带的下端剪下即可。

3. 炸油的响菜

这些菜主要听响声，汤和锅巴分别装在两个大碗里，动作迅速。上菜时必须随手携带口布。将汤倒下后，用餐巾托住汤碗底边再从桌上撤下，以免汤滴在客人身上。

4. 温度高、易烫口的菜

如拔丝苹果、小笼汤包、糖油春卷等，温度很高，外表不易看出，应该提醒宾客，防止烫伤口腔。

5. 热吃易冷的炸炒菜肴

这类菜肴如拖鱼条、炸虾丸球、炒腰花等，要一出锅即由服务人员上台，以保证菜肴的形状和风味，因冷却后菜就会秕塌。上菜时要轻稳，以免影响装盘的美观。

6. 原盅炖品

这类菜肴如冬瓜盅等，要上台后启封，快手揭盖将盖翻转拿开（注意盖上的蒸馏水不要滴落在客人身上）。使炖品香气在席上散发，以引起食欲，并显示菜肴的名贵。

7. 火锅服务

火锅服务可以分为生片火锅、涮羊肉火锅和什锦火锅等。下面介绍涮羊肉的服务方法：

涮羊肉所需调料多种多样，有芝麻酱、干辣椒油、酱豆腐、酱油、料酒、韭菜花、细葱花、虾油、香菜末，同时还有糖蒜、粉丝、白菜叶、冻豆腐等。

服务时，先将羊肉片、白菜、粉丝、冻豆腐上桌码放好，然后将火锅放在餐桌中央。摆放装有各种调料的托盘，按照宾客的喜好调涮羊肉汁，等锅里的汤开了以后，先将羊肉片放入，羊肉片变色即可捞出一一放在宾客的汁碗中，吃完羊肉，将白菜、粉丝、冻豆腐倒入锅内，煮透后连汤带菜一起盛放宾客的碗中。

8. 生日蛋糕

用蛋糕祝贺生日，目前在我国日益流行。服务时，如果委托服务人员分蛋糕，应注意人数的多少，并且将装饰最好的那一份留给过生日的人，给每位来宾备一套干净的餐盘和点心刀叉。

二、中餐分菜

分菜又称为让菜。中餐宴会的分菜是在宾客观赏后，由值台员用服务叉、服务勺依次将热菜分让给宾客。

分菜是宴会服务中技术性很强的工作，只有对各种菜肴的烹制方法，菜肴成型后的质地、特点（是带汁，还是无汁；是整块，还是小块……）有很好的了解，才能在实际工作中运用自如。

1. 分菜工具及使用方法

中餐宴会的分菜工具有：分菜叉（服务叉）、分菜勺（服务勺）、公用勺、公用筷、长把汤勺等。

（1）服务叉、服务勺的用法。值台员用右手握住叉和勺把的后部，勺心向上，叉的底部朝向勺心。在夹菜肴和点心时，主要依靠手指来控制；右食指插在叉把和勺把之间，与拇指配合捏住叉把；其余三指控制勺把，无名指和小指起稳定作用，中指支撑勺把中部。分带汁的菜时，用位置在下的服务勺盛汁。

知识链接

分菜

（2）公用勺、公用筷的用法。值台员站在翻译位或第二主人右侧的位置上，右手握公筷，左手持公勺，相互配合将菜肴分到宾客餐碟之中。

（3）长把汤勺分汤菜。汤中有菜时，还须用公筷配合操作。

2. 分菜前的准备工作

传菜员将菜托送至边台，值台员左手垫干净餐巾将热菜托起。若是长盘，则顺放于左前臂上，用左手指尖勾住盘底边防止下滑，右手持服务叉、勺，在客人观赏菜式后开始分让。

3. 分菜方法

不同规格的宴会，采取不同的分菜方法，归纳起来有下述三种方法：

（1）桌上分让式。值台员站在宾客左侧操作。操作时站立要稳，身体不能倾斜或倚靠宾客，脸斜侧与菜盘成一条直线，腰部略弯，用右手使用服务叉、服务勺进行分让；分菜时呼吸要均匀，可以边分边向宾客介绍菜点的名称、风味，讲话时头部不要距离宾客太近；给每位宾客分菜的数量、色彩要搭配均匀。每道菜分完后可略有剩余，有的地区则要求恰好全部分完。

（2）两人合作式。值台员站立在主人右侧第三人处，即翻译和陪同之间，右手持公用筷，左手持长把公用勺，另一位值台员将每位宾客的餐碟移到值台员近处或转台上。值台员将上到餐台中央的热菜一一分到每个餐碟内，再由另一位值台员将盛有菜点的餐碟移送到每位宾客的席位上。

（3）旁桌式分菜。多用于宴会服务。由值台员将菜端上台，介绍菜式、供客观赏后，端回边台。值台员在边台上将菜分到餐碟内，然后用托盘托送，依次从宾客右侧将餐碟送到每位宾客面前。

4. 分菜顺序

分菜的顺序应是先宾后主，即先给主宾分让，然后按顺时针方向依次分让。如在宾客左侧操作，也是先给主宾分让，然后按逆时针方向依次分让。

在餐饮服务中，如在客人左边操作，则逆时针方向作业；如在客人右边操作，则顺时针方向作业。这样，既方便安全，又能提高服务效率，还能给宾客一种流畅、舒适的节奏感，切忌死板地按一个模式操作。

5. 分菜注意事项

分菜时要心中有数，掌握好菜点数量，使每位宾客都能均匀地分到一份，并将菜肴中最优质部分分让给主要宾客。

分让有卤汁的菜肴时要带些卤汁，但应注意，不要让卤汁弄出盘外或滴在宾客身上；头、尾、残骨等不宜分给宾客；叉、勺不要在盘上刮出响声。

分菜时，动作要协调利落，在保证分菜质量的前提下，以最快的速度、用最短的时间完成分菜工作。

6. 三种中餐菜肴的分法

（1）分让整条蒸鱼。用服务叉压住鱼头，右手持餐刀从头至尾将鱼肉拨在鱼盘一边，剔去中间鱼骨刺及鱼头，剔骨时注意不要把鱼肉戳碎，尽量保持鱼的原状，待鱼汁浸透鱼肉后，再分块进行分让。鱼块带鳞部分要紧贴餐碟，鱼肉朝上。

（2）分让冬瓜盅。冬瓜盅是夏令名菜。由于瓜身较高，应做两次分让。第一次先用服务勺或长把勺将上段冬瓜肉和盅内配料、汤汁均匀地分给宾客。由于分让后的瓜皮很薄，容易破裂，所以必须横切去上部瓜皮后再进行第二次分让。

（3）分让拔丝甜菜。拔丝类甜菜，必须配上凉开水。分让时用公用筷将甜菜夹起，迅速放入凉开水中浸一下，然后送入宾客碗中，分让的动作要连贯、快速，做到即拔、即上、即食，注意拔丝的效果。

三、西餐上菜、分菜

（一）西餐上菜、分菜的顺序

1. 西餐上菜顺序

（1）头盘。西餐的第一道菜是头盘，也称为开胃品。开胃品的内容一般有冷头盘和热头盘之分，常见的品种有鱼子酱、鹅肝酱、熏鲑鱼、鸡尾杯、奶油鸡酥盒、焗蜗牛等。开胃菜一般都有特色风味，味道以咸和酸为主，而且数量少，质量较高。

（2）汤。与中餐不同的是，西餐的第二道菜就是汤。西餐的汤大致可分为清汤、奶油汤、蔬菜汤和冷汤四类。品种有牛尾清汤、各式奶油汤、海鲜汤、美式蛤蜊汤、意式蔬菜汤、俄式罗宋汤、法式焗葱头汤。冷汤的品种较少，有德式冷汤、俄式冷汤等。

（3）副菜。鱼类菜肴一般作为西餐的第三道菜，也称为副菜。品种包括各种淡、海水鱼类，贝类及软体动物类。

（4）主菜。肉、禽类菜肴是西餐的第四道菜，也称为主菜。肉类菜肴的原料取自牛、羊、猪、小牛仔等各个部位的肉，其中最有代表性的是牛肉或牛排。其烹调方法常用烤、煎、铁扒等。肉类菜肴配用的调味汁主要有西班牙汁、浓烧汁精、蘑菇汁、白尼斯汁等。禽类菜肴的原料取自鸡、鸭、鹅，通常将兔肉和鹿肉等野味也归入禽类菜肴。禽类菜肴品种最多的是鸡，鸡又分为山鸡、火鸡、竹鸡，其可煮、炸、烤、焖，主要的调味汁有黄肉汁、咖喱汁、奶油汁等。

（5）蔬菜类菜肴。蔬菜类菜肴可以安排在肉类菜肴之后，也可以和肉类菜肴同时上桌，所以可以算为一道菜，或称为一种配菜。蔬菜类菜肴在西餐中称为沙拉。与主菜同时服务的沙拉，称为生蔬菜沙拉，一般用生菜、西红柿、黄瓜、芦笋等制作。沙拉的主要调味汁有醋油汁、法国汁、千岛汁、奶酪沙拉汁等。还有一些蔬菜是熟的，如花椰菜、煮菠菜、炸土豆条。熟食的蔬菜通常和主菜的肉食类菜肴一同摆放在餐盘中上桌，称为配菜。

除了蔬菜之外，沙拉还有用鱼、肉、蛋类制作的。这类沙拉一般不加味汁，在进餐顺序上可以作为头盘。

（6）甜品。西餐的甜品是在主菜后食用的，可以算作是第六道菜。从真正意义上讲，它包括所有主菜后的食物，如布丁、煎饼、冰淇淋、奶酪、水果等。

（7）咖啡、茶。西餐的最后一道是上饮料、咖啡或茶。喝咖啡一般要加糖和淡奶油；茶一般要加香桃片和糖。

2. 分菜操作要求

（1）值台员在分菜时要挺胸收腹，不依不靠，呼吸均匀，姿态优雅。

（2）西餐主菜分量重、品种多，分主菜时，尤其要注意将荤素搭配均匀，绝对不允许将菜肴或汤汁溅到宾客身上。

3. 西餐上菜、分菜技巧

西餐的上菜和分菜服务方式有法式服务、英式服务、美式服务、俄式服务和自助式服务等。这些服务方式往往又因各国的习俗不同而略有变化，有的饭店为了协调其菜谱而把两种或两种以上的服务方式特点结合起来，但目前每种服务方式还是保持了各自独具一格的特点（具体服务方式见第三章中“西餐服务”）。

案例分析

>> 食街上菜速度慢

案例

酒店客人投诉酒店有时估清菜式太多且上菜速度慢（生意较好时），而服务人员在向客人解释时含糊不清，造成客人多次退菜。

分析

应及时地向客人道歉，并委婉地跟客人解释因为生意太好，您点的菜式已估清，并及时帮客人更换容易制作的菜式，有利于加快上菜速度。对不能清晰、明确回答客人问题的服务人员，相关部门应进行有针对性的培训。

造成以上投诉有两个原因：

（1）厨房当日估清不明确，没有将估清品种及数量准确无误且及时地传达至楼面；楼面服务人员对当日估清菜式也没有及时了解，以至在点菜过程中出现失误，造成客人退菜（厨房与服务人员协调不到位）。

（2）一楼厨房与二楼厨房协调不到位。经有关部门调查，平时一楼估清菜式在二楼有原料，因为一、二楼衔接不够，造成一楼出品不能满足客人需求，因此遭到投诉。

除此之外，服务人员也应提高应答技巧，在向客人作好相关解释工作的同时也应引导客人消费其他菜式，尽可能地满足客人的需求。

课堂练习

1．轻托的注意事项有哪些？

2．简述中西餐斟酒量的控制、斟酒的顺序和斟酒的注意事项。

3．餐巾花的类型有哪些？在选择花型时应考虑哪些因素？

技能操作

1．掌握正确的服务姿态，会使用正确的礼貌语言。

2．练习托2块砖或4瓶酒，时间在5分钟以上，并自由行走。

3．分组练习3分钟内为10位宾客托盘斟酒，每位斟两杯（先红后白）。

4．练习餐巾折花30种以上（动物、植物、实物各10种；杯花、盘花均有），并在5分钟之内完成10朵餐巾花。

5．练习在16分钟内完成10人位的宴会摆台（包括桌布、摆台、折花、斟酒、拉椅等步骤）。

6．练习为人数不同、要求不同的客人点菜。

第三章　餐饮服务

本章导读

本章着重讲述了中、西餐服务及房内送餐服务，通过对中、西餐的不同特色及不同场合的分析，阐述了中餐零点服务和宴会服务，西餐、自助餐、酒会等服务方式。在实践中，只有选择合适的服务方式，才能够娴熟地开展服务工作。

学习目标

- 了解中餐厅的特点和中餐服务方式。
- 熟悉中餐零点服务各环节的服务程序，掌握相应的服务技能。
- 熟悉中餐宴会服务的一般程序，掌握宴会服务各环节的服务要领与注意事项。
- 熟悉西餐中法式、美式、俄式、英式服务的基本方法与特点。
- 熟悉西餐零点及宴会服务的环节与服务技能。
- 了解自助餐服务的概念及特点，熟悉自助餐服务人员的工作任务，熟悉自助餐各项服务的注意事项及服务程序。
- 了解酒会服务的概念及特点，熟悉酒会服务人员的主要工作任务及酒水服务程序。
- 掌握房内送餐服务内容和服务程序。

章前案例

>> 餐前准备

一位翻译带领四位德国客人走进了某三星级饭店的中餐厅。入座后，服务人员开始让他们点菜。客人要了一些菜，还要了啤酒、矿泉水等饮料。突然，一位客人发出诧异的声音。原来他的啤酒杯有一道裂缝，啤酒顺着裂缝流到了桌子上。翻译急忙让服务人员过来换杯。另一位客人用手指着眼前的小碟子让服务人员看，原来小碟子上有一个缺口。翻译赶忙检查了一遍桌上的餐具，发现碗、碟、瓷勺、啤酒杯等物均有不同程度的损坏，上面都有裂痕、缺口或瑕疵。

问题

餐前准备中应该重视的问题有哪些？

案例分析

餐前准备是餐厅服务人员在客人到达之前按服务程序要完成的一系列服务准备工作，是做好服务工作的开始。

（1）餐厅清洁卫生是提高餐厅服务质量的基础和条件。

（2）检查餐具是否有破损或污迹，如有，应立即更换。

（3）餐厅服务人员要做好应对各种情况的心理准备。

（4）做好服务人员仪容仪表及个人卫生准备。

（5）餐厅经理、主管、领班做好开餐前的检查工作。

第一节　中餐服务

中餐厅是我国餐饮业的主要销售服务场所。中餐厅设计和装饰布置要突出民族风格和地方特色，销售、服务方式及上菜程序要能反映中华民族的传统餐饮文化。严格执行各种服务规程，做到服务标准化、布置规范化、操作程序化。提供优质、高效的中餐服务是我国餐饮行业的一项重要工作。

一、中餐服务概述

（一）中餐厅经营的特点

1. 中餐厅的营业时间长，客流量波动较大

鉴于我国大众的消费习惯，中餐厅的除少数客人外，大部分还没养成事先预订用餐的习惯，因此客人会直接到餐厅点菜用餐。由于受各种因素的影响，到餐厅用餐的客人数量是不稳定的，波动较大，因此，在不知道有多少客人会来的情况下，厨房要尽快地加工出客人的临时点菜，这需要餐厅前后台默契的配合和餐厅一整套运转程序来保证，增加了经营的难度。

2. 菜单设计体现着餐厅经营的水准和风格

菜单是反映餐厅经营全貌的一个窗口。中式餐饮的菜品种类繁多，中餐厅如何通过菜单体现餐厅的特色定位，迎合顾客的餐饮需要，又要避免因品种过多让客人无法选择，是中餐菜单设计的关键。中餐厅的菜单设计要建立在对本餐厅目标市场调查的基础上，并适时做出调整。

3. 服务人员须具备较高的素质与能力

中餐厅的客人来自四面八方，服务人员必须在服务开始的几分钟内把握客人的消费需求，这要求服务人员要善于观察客人的语言、表情、动作，捕捉各种信息，根据客人的需要提供令其满意的服务。同时，还要求服务人员具有全面的服务技能、较强的推销意识和灵活处理问题的能力，通过优质服务促使客人产生消费欲望或增加消费，提高餐厅经营效益。

（二）中餐服务方式

按照客人消费方式的不同，中餐服务方式分为零点服务、宴会服务、团体包餐服务。

1. 零点服务

习惯上把客人来到餐厅后临时点菜的服务方式，称为零点服务。零点服务要求服务人员有良好的服务技能，反应灵敏，了解当日厨房供应情况，熟悉菜单上菜品的相关情况，能迎合客人的心理需求提供服务，并能做好菜品、酒水的介绍和推销服务。

2. 宴会服务

宴会服务是中餐服务方式中服务要求最高、礼仪要求最全的服务方式，也是最能体现饭店服务水平的服务。

3. 团体包餐服务

团体包餐服务是指为各类旅游和会议团队客人提供用餐服务的服务方式。

（1）团体包餐的特点。虽然团体包餐不如宴会菜品精致、礼节繁多、服务讲究，也不像零点餐厅服务那样依赖推销、灵活多变，但要保证服务质量也非易事。团体包餐一般表现出以下特点：

①用餐标准统一，消费水平一般低于宴会和零点用餐。

②菜式品种统一，但应注意团体每餐菜品不要重复。

③用餐时间统一，人数集中，要求准备工作要充分。

④服务方式统一，但也经常会出现特殊情况，应根据客人调整。

（2）团体包餐服务的注意事项。

①注意饭菜的保温，应把握好宾客的用餐时间，在约定时间或宾客到齐后再上热菜。

②宾客如要标准外的酒水，应满足其要求，并向宾客解释清楚，差价应现付。

③个别宾客用餐因习惯、民族禁忌等原因有特殊要求，应在可能的情况下尽量满足。

④对多次在餐厅用餐的团队或会议客人，尽量根据宾客喜好，提供不同菜单。

⑤注意值台服务，随时给宾客换餐碟、添加饮料、撤换烟灰缸。如有外宾，应根据客人要求及时提供刀、叉、勺。

知识链接　满汉全席

满汉全席是清朝时期宫廷盛宴。既有宫廷菜肴的特色，又有地方风味的精华；突出了满族与汉族菜点特殊风味，烧烤、火锅是几乎不可缺少的菜点，同时又展示了汉族烹调的特色，扒、炸、炒、熘、烧等兼备，实乃中华菜系文化的瑰宝和最高境界。满汉全席原是清代宫廷中举办宴会时满人和汉人合坐的一种全席。满汉全席上菜一般最少一百零八种（南菜54道和北菜54道），分三天吃完。满汉全席菜式有咸有甜，有荤有素，取材广泛，用料精细，山珍海味无所不包。

满汉全席菜点精美，礼仪讲究，形成了引人注目的独特风格。入席前，先上二对香，茶水和手碟；台面上有四鲜果、四干果、四看果和四蜜饯；入席后先上冷盘然后将热炒菜、大菜、甜菜依次上桌。满汉全席，分为六宴，均以清宫著名大宴命名，汇集满汉众多名馔，择取时鲜海味，搜寻山珍异兽。全席计有冷荤热肴共一百九十六品，点心茶食共一百二十四品，计肴馔共三百二十品。合用全套粉彩万寿餐具，配以银器，富贵华丽，用餐环境古雅庄重。席间专请名师奏古乐伴宴，沿典雅遗风，礼仪严谨庄重，承传统美德，侍膳奉敬校宫廷之周，令客人流连忘返。全席食毕，可领略中华烹饪之博精，饮食文化之渊源。

满汉全席以北京、山东、江浙菜为主。世俗所谓“满汉全席”中的珍品，其大部分是黑龙江地区特产（或出产）：如犴鼻、鱼骨、鳇鱼子、猴头蘑、熊掌、哈什蟆、鹿尾（筋、脯、鞭等）、豹胎以及其他珍奇原料等。后来闽粤等地的菜肴也依次出现在巨型宴席之上。南菜54道：30道江浙菜，12道闽菜，12道广东菜。北菜54道：12道满族菜，12道北京菜，30道山东菜。

二、中餐零点服务环节

（一）餐前准备环节

餐前准备是餐厅服务人员在客人到达之前按服务程序要完成的一系列服务准备工作，是做好全程服务工作的开始。

1．环境与卫生准备

餐厅清洁卫生是提高餐厅服务质量的基础和条件。搞好餐厅卫生，既可以美化环境，又可以提升客人的就餐兴趣。

（1）打扫地面。餐厅地面常以地毯、地板、大理石等材料为主。

打扫地毯一般用吸尘器吸去地毯上的屑末。如果不慎将带有油污的食物撒到地毯上，应该尽快清扫残渣，清扫后用地毯清洁剂清洗。地毯应定期清洗，根据地毯使用情况，一般一个月清洗一次，该项工作一般由饭店客房部公共区域卫生组负责。每天营业结束后，应用吸尘器进行一次全面吸尘。

如果餐厅的地面使用木地板或大理石材料，清洁地面时，可先用扫帚除去地面脏物，然后用带有去油清洁剂的拖把仔细擦一遍。另外，木地板或大理石地面还应进行定期打蜡保养。

（2）打扫墙面门窗。擦门窗玻璃、楼梯扶手，保证墙壁、衣帽柜、装饰物等的卫生清洁。门窗玻璃要求擦洗干净，无污迹，明亮洁净。不同材质的墙面，应使用不同的清洁方法。楼梯扶手、衣帽柜、装饰物等要定期打扫，确保无灰尘。

（3）打扫餐桌椅。桌面无油腻、水迹，桌腿、椅背、椅腿干净，并保证桌椅无松动、无坏损，如有应该及时维修。

（4）打扫备餐台。备餐台应干燥、清洁，无尘、无油污，整洁卫生。

（5）调好室内灯光、音响，摆好室内装饰物、植物、屏风等。

（6）根据需要做好节假日、喜宴等的店堂美化工作。

2. 物品准备

（1）餐具准备。根据餐厅类别，将所需餐具消毒后叠放在备餐间或备餐台上，检查餐具是否有破损或污迹，如有应立即更换。

所需餐具有：骨碟、味碟、汤碗、汤勺、筷子、茶杯、水杯、葡萄酒杯、烈性酒杯等。

所需用具有：台布、餐巾、小毛巾、花瓶、调料瓶、牙签筒、烟灰缸、冰桶、洗手盅等。

准备以上物品时，应尤其重视检查玻璃餐具是否还残留水迹，如有应使用开水蒸气和干净的餐巾进行擦拭，以保证玻璃餐具的光亮。

清点好以上物品后，按服务标准进行摆台。

（2）服务用具准备。准备好各种托盘、开瓶器、牙签、打火机等服务用具。

（3）酒水饮料准备。准备好供应的酒水、饮料、茶叶、开水、冰块等。检查酒水的质量，如发现问题，坚决更换。

（4）当日菜单、酒单准备。确保菜单、酒单无破损、无污迹、内容正确。开餐前服务人员应该注意做好点菜服务的准备工作——熟悉菜单。

为了给顾客提供优质的点菜服务，应注意从以下六个方面来熟悉菜单：

①熟悉菜单的内容与种类。不同餐厅、同一餐厅不同经营时段，餐厅菜单的内容是有所不同的。优秀的服务人员应虚心向厨师请教，熟悉菜单上每一种菜肴的原料、配料、口味、价格，以便推销菜品和回答客人的提问。另外，一家餐厅针对顾客的不同需求，也会设计各类菜单。服务人员必须熟悉早、中、晚餐的菜单，很多餐厅还专门针对儿童、老人、情侣、团队等不同的用餐对象，设计了多种菜单。因此，服务人员必须熟悉各类菜单，以便帮助客人选择最适合的菜品或套餐。

②熟悉菜单的变化。服务人员在正式接待客人前必须熟悉当天菜单，以便更好地给客人介绍菜品。固定菜单也会定期发生变化，餐厅往往还会提供当日特选或季节特色菜单，因此，服务人员更应该经常对菜单加以熟悉。

③熟悉菜肴烹调方法。服务人员应该了解中餐常见的制作方法，如蒸、炒、溜、炸、炖、焖、煨、烧、煮、烩、氽等，并知晓各种烹调方法制造出来的菜品的特色。

④熟悉菜肴的烹调时间。烹调时间是指烹制好菜品并将其装盘所需要的时间。菜肴的烹制时间取决于厨房的设备、厨师的效率、点菜订单的数量和菜肴本身的烹制方法所需花费的时间等。掌握菜肴所需的烹制时间，有利于帮助服务人员在不同情况下给客人推荐合适的菜肴，例如：为赶时间的客人推荐烹制时间短的菜肴。服务人员必须要不断向厨师请教，掌握菜肴的烹制时间，平时也应该注意观察和积累经验。

⑤熟悉菜品的配料。许多菜肴都伴有一定的调味品、汁料、配菜和服务用具等。根

据餐厅的服务规定，服务人员必须熟悉哪些调料及配菜须在上菜前上桌，哪些应在上菜后上桌。

⑥熟悉菜式单位。菜式单位是指一份菜的规格、分量等，通常用盘（小盘、中盘、大盘）、斤、两、只、碗、盅、打等单位来表示。服务人员应该熟悉餐厅菜品，以便帮助客人点菜。客人在不同时间、地点、场合和情绪下，合适的用菜量会有差异。这就要求服务人员要学会掌握客人需求和心理，在与宾客充分沟通的前提下，使分量恰到好处，避免浪费。

3. 心理准备

在接待服务的过程中，餐厅服务人员要做好应对各种情况的心理准备。来餐厅用餐的客人由于性别、年龄、职业、身份、地区、国籍的不同，因此用餐目的、标准及要求也各不相同。餐厅服务人员在开展服务时，应做到时时细心、处处留心，对客人的眼神、表情、举止、动作要善于观察和判断。对各类客人的多种用餐要求要有心理准备，要因人而异地提供针对性的服务，掌握好尺度，使服务接待工作恰到好处。

4. 仪容、仪表准备

对餐厅服务人员仪容、仪表的主要要求是端庄典雅，给人以亲切、可信赖的印象。对精神面貌的要求是美观、容光焕发、精神振作。女服务人员应化淡妆，不佩戴饰品或佩戴简洁的饰品。

餐厅服务人员上岗时，必须按规定着装，工作服须整齐清洁，平整笔挺，左前胸须佩戴标牌。头发梳理保持整齐，男服务人员发不超过发际线，不盖耳，不过领，女服务人员发不过肩。注意个人卫生，保持手清洁，不留长指甲，不留胡须，不涂有色指甲油，勤换衣，保持体味清新。

餐厅服务人员上岗要精神饱满，注意力集中，面带微笑，体态优美高雅，举止大方庄重。上岗前，服务人员要面对镜子，自我检查，以最佳的精神状态做好营业前的准备工作。

5. 餐前检查

在完成各项准备工作后，由餐厅经理、主管和领班进行开餐前的检查工作。

（1）检查台面及桌椅。

①餐厅摆台要符合标准，餐饮用具、用品的卫生必须达到规定标准。要求做到：餐具位置准确，餐具距离均等，餐厅所有餐具横竖成一条直线，餐具干净卫生，无破损。

②桌椅清洁舒适，安置稳妥，摆放整齐。

（2）检查卫生。餐饮环境卫生、餐饮用具卫生、服务人员个人卫生必须达到标准，发现不足之处应及时指导纠正。

（3）检查备餐台。确保备餐台清洁、卫生、整齐，备餐柜内物品齐全、分类摆放、干净整齐、使用方便。

（4）检查设施设备状况。

①检查所有照明设备，发现故障，立即通知工程部门维修与更换，保证在开餐时间内的照明设备工作正常。

②检查餐厅冷藏柜、保温箱是否正常运行，是否达到规定温度。

③检查空调运转情况，保证餐厅温度在规定温度范围内。

④检查音响设备，保证背景音乐音量、音色和内容符合用餐环境，并注意音量控制以不打扰宾客交谈为宜。

6. 餐前会

在完成各项准备工作后，餐厅营业前的半小时要举行一次餐前会议，一般由餐厅经理或主管负责主持。

（1）餐前会的内容。

①检查服务人员的仪容、仪表及服务用品是否备好。

②总结前一天的工作，讲解当天工作要点。通报当日客情，对服务人员进行具体分工。

③了解厨房当天菜点水果的供应情况和当天特色菜肴的原料、口味及烹饪方法等。

④介绍客人情况以及重要客人的接待工作。

⑤向服务人员说明近期遇到的服务问题和解决方法，并进行新的服务技巧培训。

⑥传达其他部门对本部门的意见、请求及协作事项。

（2）餐前会的注意事项。

①确定餐厅统一的开会时间，一般午餐餐前会是在10点进行，晚餐餐前会是在16点进行。注意尽量将会议时间限制在10～15分钟。有重大问题可以适当延长开会时间或提前开会。总之，以不影响对客人的服务为原则。

②开会时，要求员工保持良好的精神状态，列队站立。开餐前严格检查员工的仪容、仪表是否符合要求。

③开会前做好充分的准备工作，事先写好开会要讲的工作要点，避免开会时遗漏。

④会上强调餐厅制度及工作标准，利用餐前会实施培训和技术交流。

⑤开会时，讲话要清晰，气氛要轻松，以期望的态度激励员工，让员工易于接受。

⑥定期请上级领导参与餐前会，并及时传达上级的指示。

⑦鼓励并重视员工反映的工作问题，并及时解决。

（二）开餐服务环节

开餐服务是餐厅对客人服务工作的开始，整个服务过程包括迎接客人、安排客人就座、接受点菜、将点菜单送入厨房以及厨房出菜。在这一服务过程中服务人员还需回答客人询问并向客人推销菜肴等。

1. 迎宾引位服务

客人进入餐厅前，会在餐厅大门受到迎宾人员（也称引位员）、领班或主管的热烈欢迎。热情、亲切的欢迎服务会给客人留下良好的第一印象，这是优质服务和愉悦的用餐经历的开始。另外，正确的引位服务能有效维持餐厅内的秩序，充分利用餐位。

（1）服务程序。

①当客人来到餐厅时，引位员应该热情礼貌地问候客人，并应注意遵循女士优先的原

则，常客或贵宾应用姓或职务尊称客人。

②询问客人有无预订。如果客人有预订，应询问预订人或预订单位的名称，以及预订的人数等情况，并迅速核对预订信息，引领客人到事先安排好的餐桌或包间。如果客人尚未预订，则应询问客人用餐人数，引领客人到合适的餐桌。

③接挂衣帽。当天气寒冷，客人穿戴较厚的外套时，引位员应主动提示客人是否需要将外衣或帽子存放在衣帽间。接挂衣帽时应拿衣领，以免袋内物品掉出，并提醒客人贵重物品应随身携带，并将存衣牌交给客人。对于贵宾，应记住客人及其衣帽特征，一般不使用存衣牌。

④引位员引领客人进入餐厅时，应走在客人左前方，保持约1米的距离，左手四指并拢为客人指示方向。为未事先确定餐桌的客人安排餐桌时应注意与客人交流，根据客人的偏好安排餐桌。例如，询问客人是否吸烟，将不吸烟的客人安排到非吸烟区就座，如无非吸烟区则安排到靠窗的餐桌就座。

⑤为客人拉椅让座。值台服务人员应上前微笑问候，与迎宾员一起帮助客人拉椅让座，待客人落座前将座椅轻轻送回，如有儿童应迅速送上儿童椅。

⑥引位员将就餐人数和客人姓名的信息告知值台服务人员，以便值台服务人员提供有针对性的服务。与值台服务人员交接后，引位员应迅速返回餐厅门口，记录桌号与客人人数等相关信息，准备迎接下一批客人。

（2）安排餐桌餐位的注意事项。

①中高档餐厅，一张餐桌只安排同一批客人就座。

②根据每批客人人数安排合适的餐桌，充分利用餐位。

③热衷于吵闹的大批客人尽量安排在餐厅的包房或餐厅靠里或角落的地方，以免干扰其他客人用餐。

④老年人或残疾人尽可能安排在餐厅门口的位置，可避免多走动。还应注意不要将残疾人安排在众人注目的地方，以免客人尴尬。

⑤打扮漂亮的客人可以安排在餐厅中引人注目的地方，以渲染餐厅气氛，并满足客人希望受关注的心理需求。

⑥年轻情侣尽量安排在安静、不受打扰的角落里。

⑦对于带有儿童的客人，建议不让儿童坐在靠过道和上菜的餐位，以免出现碰撞和烫伤事故。

⑧引位员安排餐桌时，应注意不要将客人安排在同一个服务区域内，以免该区域服务人员过于忙碌，影响餐厅服务质量。

（3）引位服务的其他注意事项。

①有贵宾来就餐时，餐厅经理（主管）应在餐厅门口迎候。

②如引位员引领客人进入餐厅造成门口无人时，餐厅领班应及时补位，以确保客人前来就餐时有人迎候。

③引领客人就座时，应注意引导速度不可太快，并注意随时用亲切的语言指引方向。在转弯、上下楼梯或其他特殊情况时，提醒客人注意脚步和方向，并随时关注顾客的

反应。

④如客人前来就餐而餐厅已满座时，应请客人在休息处等候，并表示歉意。同时检查订餐记录上是否有顾客超过半小时还未到，若顾客未主动要求延长或联络不上，可以取消该预订，以方便现场等待的客人用餐。当餐厅有空位时应立即安排客人入座，如果预计客人等待时间会很长，也可以将客人介绍至附近的其他餐厅就餐。

2. 入座、就餐准备服务

客人入座后，服务人员在客人就餐前的服务程序如下：

（1）增减餐位。服务人员应视客人人数，进行餐位调整。同时调整座位及餐具间距，保持舒适的用餐距离，并增摆不足的餐酒具或撤去多余的餐酒具。在增减餐时应均使用托盘，并做到持握餐具姿势正确并轻声操作。如有西方客人不习惯用筷子就餐，应提供刀叉。

（2）热毛巾服务。

①根据客人人数从保温箱中取出热毛巾，放在毛巾架中。

②服务毛巾时，按女士优先、先宾后主的原则依次送上。站在客人右侧，用毛巾夹将热毛巾放在客人手上或毛巾托中。

③客人用过毛巾后，征询客人同意后方可撤下。

④热毛巾要干净无异味，温度一般保持在40 ℃，避免因温度过高烫伤客人。

（3）茶水服务。依季节或客人喜好安排冰水或热茶，如非免费茶水，应适当作茶水介绍并告知客人价位。服务茶水时，按照先宾后主的顺序为客人斟茶，斟茶以八分满为宜。

（4）铺放餐巾、去筷套。

①一般应在客人右侧为客人铺餐巾，如果客人右侧靠墙或客人正与右侧客人交谈，可以从左侧为客人铺餐巾。

②拿起餐巾，将餐巾打开，轻轻铺在客人大腿上，或将餐巾一角压在骨碟下方。注意不要将胳膊肘朝向客人。然后用右手拿起筷套的筷子，交与左手，用右手打开筷套封口，捏住筷子后端并取出，摆在桌面原来的位置。每次脱下的筷套，都握在左手，最后一起撤走。

③如有儿童用餐，可根据家长要求为儿童铺餐巾。

（5）倒调味料、提供开胃菜。在有使用调味料作食习惯的地区，开餐前还应为客人倒酱油或醋等调味料。倒调味料在客人右侧进行，一般以倒至味碟1/3或1/2满为宜，并应注意不要将调味料洒落在客人身上或餐桌上。依据餐厅服务方式，适时提供餐前开胃小菜。

在上述服务工作完成后或服务过程中，如客人示意点菜，应先接受客人点菜，然后再提供相应餐前服务，以确保满足客人的需要。

3. 点菜服务

服务人员在为客人进行点菜服务时，其实是在做餐厅的产品推销工作，因此，点菜服务质量的好坏不仅影响到客人的用餐质量，还会影响到餐厅的营业收益。要按照点菜技巧进行点菜服务。客人如有特殊要求应在点菜单上注明，填写点菜单要迅速、清楚、准确。

点菜单一式三联，填写好后迅速交至收银台，第一联交给收银员，第二联交给传菜组，第三联服务人员自留。随着技术的进步，一些餐厅已使用计算机系统进行点菜，有些餐厅还使用无线点菜机，这使点菜信息的传递更及时方便，提高了工作效率。

（三）就餐服务环节

就餐服务即台面服务，是指把客人点的菜品、饮料送到餐桌，并在整个进餐过程中为客人服务。就餐服务是点菜服务的继续，也是餐饮服务中时间最长、环节最复杂的服务过程。

就餐服务环节主要包括以下服务工作。

1. 上菜、分菜服务

服务技巧同第二章“上菜、分菜”服务的内容。上菜服务还应注意：

（1）掌握上菜节奏，冷菜吃了一半时上热菜；热菜在20～30分钟内上完，烹制时间较长的菜肴应提前告知客人；严格按照上菜顺序或客人的特殊要求上菜。

（2）传菜员将菜肴送至餐台旁后，服务人员应快步上前上菜。

（3）菜点配有调配料或洗手盅时，应先上调配料或洗手盅，并告知客人后上菜。

（4）根据服务方式和食用需要配勺，以方便客人取用菜品。

（5）菜上齐后，告知客人，询问客人有无其他服务要求，并主动向客人介绍甜品、水果。

2. 酒水服务

（1）在客人用餐前，根据客人需要，提前为客人斟好酒，服务技巧同第二章“斟酒”服务的内容。斟满酒水后，值台员应主动询问客人可否撤走茶具。撤茶应从客人右侧用托盘操作。如客人需保留茶具，则应满足其要求，并随时主动为客人添加茶水。有的餐厅在上冷菜后再撤茶，也是较为通行的做法。

（2）随时观察客人用酒情况，在客人饮用剩至酒杯1/3时，及时斟酒。

（3）掌握客人酒水用量情况，在酒水快用完前，提醒主人，并及时推销酒水，提供添酒服务。

3. 餐桌卫生清洁

（1）时刻保持餐台清洁卫生，出现杂物或空盘应征得客人同意后及时撤去。

（2）如果餐桌台面上有剩余食物，要用专门的服务用具，切忌用手直接操作。

4. 骨碟的撤换

（1）骨碟撤换的最佳时机是：客人在用完冷菜之后，餐厅准备上热菜之前；口味差异大的菜点食用交替之时；上甜点与水果之前；当客人吃过汤汁较为浓厚的菜后。

（2）撤换骨碟操作要求。

①撤换骨碟时应注意礼貌，站在客人的右侧用右手将骨碟撤回放到左手的托盘中。

②按先宾后主的顺序依次撤换。

③撤盘时不拖曳，不能在客人面前直接刮擦脏盘，不能将汤水及菜洒到客人身上。

④如果客人还要食用骨碟中的菜，餐厅员工应将骨碟留下或在征得客人的意见后将菜

并到另一个骨碟中。

⑤撤盘时，应将吃剩的菜或汤在客人右边用碗或盘装起来，然后将同品种、同规格的盘按直径由大到小的顺序自下而上摆放整齐。

5. 香烟服务与烟灰缸的撤换

（1）香烟服务。

①服务人员左手持火柴盒，右手的食指和拇指持火柴底部，由外向内将火柴点燃。右手除食指、拇指外的其余三个指头稍向内呈弧形，避免划燃的火苗被吹灭或火柴棍断裂，火星溅出发生意外。在划火柴的过程中，服务人员应侧身避开，待火柴完全燃烧后再送到客人面前。点燃香烟后，摇熄火柴，将剩余火柴棍放入火柴盒或垃圾桶内。

②使用打火机为客人点烟，必须事先对其火焰进行检查。操作时用右手握打火机，大拇指按住打火机开关，在客人侧面将火打着再移送到客人面前，为其点烟。

（2）烟灰缸的撤换。

①在客人的烟灰缸有两个烟头或有明显的杂物时，就要给客人撤换。

②撤换时，应用托盘托上干净的烟缸，用右手将一个干净的烟灰缸从客人的右侧将干净烟缸覆盖在已用过的脏烟缸上。

③将两只烟缸同时移入托盘，然后再将清洁的烟缸放回餐桌，这样可以避免烟灰飞扬污染菜或落在客人身上。

6. 加菜服务

（1）服务人员应细心观察分析，主动了解客人加菜的目的。

（2）主动介绍菜肴，帮助客人选择菜肴。

（3）根据客人的需要开单下厨。

7. 水果服务

（1）客人完全停筷后，值台员应撤走除烟灰缸、酒杯外的所有餐具，换上干净餐碟，送上水果刀、叉，然后将水果送上餐桌，并说："请品尝！"或"请享用！"

（2）上水果后应再给客人上一次热毛巾。

（3）客人用餐完毕后，应按要求提供茶水服务。

8. 其他服务

（1）征询客人意见。客人就餐结束后，值台员或餐厅领班应征询客人对餐饮服务的意见。如属餐厅服务方面的意见或建议，查清原因后及时处理或在今后改进。如属菜点方面的意见或建议，则及时反馈至厨房或向上级汇报。

（2）维持用餐环境。值台服务人员应经常巡视本服务区域的卫生情况，如发现地面、餐桌、工作台上有杂物，应随时清理，确保卫生。

总之，用餐环境要求服务人员必须灵活掌握各种服务技能，并能根据客人的需要提供令其满意的服务，为方便客人即使打破正常服务规矩也是可以的。

（四）餐后服务环节

餐后服务是指宾客用餐结束后，由饭店餐饮部为其提供的相关服务。这些服务一般包括协助宾客结账、引领客人离开餐厅、重新整理桌面等服务。

1．结账与收银服务

（1）结账准备。

①为客人上完菜点、酒水后，服务人员应记录好客人的消费情况，到收银台核对客人账单。

②当客人要求结账时，请客人稍候，立即去收银处取回账单。

③随身准备好客人结账签单用笔。

（2）递交账单。将从收银台取回的账单夹在结账夹内，走到主人右侧，打开账单夹，右手持账夹上端、左手轻托账夹下端，递至主人面前，请主人检查，注意不要让其他客人看到账单，并轻声说："这是您的账单。"切忌未经主人示意，将用餐消费额说给其他客人听到。

（3）结账。餐厅结账分为现金、支票、信用卡和签单四种结账方式。

①现金结账。现金结账适用于零散客人和团队客人。现金结账时应注意：

a．接过客人的现金时，服务人员要礼貌地当着客人面点清钱款。

b．请客人等候，将账单和现金交给收银员。

c．服务人员站在客人右侧，对客人表示感谢，将账单、发票和所找零钱从结账夹取出，送交给客人。待客人确定所找钱数正确后，服务人员迅速离开客人餐桌。

d．现金结账应注意唱收、唱付。

②支票结账。支票结账适用于大企业、大公司的长期包餐或大型宴会、旅游团队用餐。支票结账时应注意：

a．使用支票结账时，请客人出示身份证或工作证及联系电话，然后将账单及支票证件同时交给收银员。

b．收银员结账完毕后，记录证件号码及联系电话。

c．服务人员将账单第一联及支票存根核对后送还客人，并真诚感谢客人。

d．如客人使用密码支票，应请客人说出密码，并记录在一张纸上，结账后将账单第一联、支票存根、密码纸交与客人，并真诚感谢客人。

e．如客人使用旅行支票结账，服务人员需礼貌地告诉客人到饭店前台外币兑换处兑换成人民币后再结账。

③信用卡结账。信用卡结账适用于零散客人，具有结账方便、快捷的特点，在高档餐厅结账中普遍使用。信用卡结账时应注意：

a．如客人使用信用卡结账，服务人员请客人稍候，并将信用卡和账单送至收银员。如信用卡设有消费密码，需要客人与服务人员一同前往收银台输入密码后，才能结账。

b．收银员做好信用卡收据，值台员检查无误后，将收据、账单、信用卡夹在结账夹内，拿回餐桌。

c．将账单、收据送给客人，请客人在账单和信用卡收据上签字，并检查签字是否与信用卡背面的签名一致。

d．将账单第一页、信用卡收据中客人存根页及信用卡递还给客人，并真诚感谢客人。

e．将账单第二联及信用卡收据另外三联送回收银台。

④签单结账。签单结账适用于饭店住店客人、与饭店签订签单合同的单位、饭店高层管理人员及饭店的VIP客人等。签单结账时应注意：

a．如果是住店客人，服务人员在为客人送上账单的同时，还应为客人递上笔。

b．客人出示饭店房卡。

c．根据房卡在账单上写清房间号后，请客人在账单上签名确认。

d．客人签单后，服务人员感谢客人，并将账单重新夹在结账夹内，拿起账夹，迅速递送给收银员。

e．收银员查询客人的签名与房间号码是否相符，大笔消费需要核对账单上的签名是否与入住登记表上的签名一致，并应注意签单金额不超过每间房预交押金的最高限制。

总之，为客人提供结账服务时应注意把握结账的时机，不可催促客人；结账应快捷迅速，不要让客人等待时间过长；注意判断清楚用餐的付款人是谁；注意服务态度，将热情、优质服务一直延续到客人离去。

2. 送客服务

送客是礼貌服务的具体体现，表示饭店餐饮部对宾客的尊重、关心、欢迎和爱护，是高档饭店餐饮服务中的必须服务项目。送客过程，服务人员应做到礼貌、耐心、细致，令客人满意。送客服务具体要求有以下七点：

（1）不能催促不想离开的宾客离开，也不要做出催促宾客离开的错误举动。

（2）客人离开前，如有剩余菜肴，主动征求客人意见是否需要打包，如需要应积极提供打包服务。

（3）客人结账后起身离开时，应主动为其拉开座椅，礼貌询问用餐是否满意。

（4）帮助客人穿外衣、提东西，提醒客人不要遗忘物品，并查看是否有遗留物品。

（5）面带微笑注视客人离开，或亲自陪同送到餐厅大门，并礼貌地向客人道谢，欢迎他们再次光临。

（6）如遇下雨等特殊天气，可为没带伞的客人提供打伞服务，帮助客人上车或叫出租车，直至客人安全离去。

（7）重大团队餐饮活动的欢送要隆重、热烈，服务人员应穿戴规范，列队欢送，使客人感受到服务的真诚温暖和餐厅的重视。

3. 餐后整理服务

餐后整理服务主要是指翻台服务。翻台是指在客人离开餐厅以后，服务人员收拾餐具、整理餐桌，并重新摆台的过程。翻台往往是在其他宾客仍在进餐的过程中进行，或是在没有找到餐桌的宾客正在等候时进行。因此，翻台的文明和效率是该程序的基本要求。

（1）撤台应及时、有序，应按酒具、小件餐具、大件餐具的顺序进行，尽量使用托盘，提高收餐具的效率。

（2）翻台时，应文明，小心作业，保持动作的稳定，不要损坏餐具、物品，也不应影响其他就餐客人。

（3）翻台时，应注意周围的环境卫生，应将餐巾纸、杂物、残汤剩菜等统一收集处理。

（4）翻台时，如果发现宾客遗忘的物品，应及时交给宾客或上交有关部门。

（5）撤台后，应立即开始规范的摆台，尽量减少客人的等候时间。

（6）营业结束时，还要对餐厅进行全面的检查，并做好关灯、清洁卫生等工作。

案例分析

>>“周到服务”引起的思考

案例

一天中午，王先生一家人来到某西餐厅，找了个比较僻静的座位坐下。刚入座，一位女服务人员便热情地为他们服务起来。她先铺好餐巾，摆上碗碟、酒杯、刀叉，然后给他们斟满红酒，递上热毛巾。当一大盆“西湖龙井汤圆”端上来后，她先为他们报了菜名，接着为他们盛汤，盛了一碗又一碗。当盛到第三碗的时候，客人尴尬地拒绝了。在接下来的服务中这位女服务人员满脸微笑，手疾眼快，一刻也不闲着。上菜后即刻报菜名，见客人杯子空了马上倒红酒，见骨碟里的骨刺皮壳多了随即就换，见手巾用过后即刻换新的，她站在他们旁边忙上忙下，并时不时地询问他们还有何需要。见服务人员实在太热情，客人都透不过气来了，王先生只能对家人说：“我们还是赶快吃吧，这里的服务热情得有点过度，让人受不了。”于是，他们匆匆吃了几口，便结账离开了酒店。

分析

（1）该服务人员没有做到无干扰服务。所谓无干扰服务，就是指在客人不需要的时候感受不到，需要的时候招之即来的服务。在餐饮业中，机械的规范服务并不能换取客人百分之百的满意，这是因为服务需求的随意性很大，尽管服务人员已经尽心尽责，但客人会因其自尊、情绪、个人癖好、意外情况、即时需求等原因提出服务规范以外的各种要求。这也说明，标准化的规范是死的，而人的需求是活的，饭店服务必须满足客人形形色色的需求，才能上一个新台阶。

（2）就客人的需求而言，“无需求”本身也是一种需求，客人的各种各样的需求中当然也包括“无需求”这种需求。从社会心理学的角度来看，对这种“无需求”的需求提供的服务是为了满足客人个人空间的需求，使酒店的服务达到尽善尽美。因此，充分了解客人的这种“无需求”，有针对性地提供无干扰服务，对于提高饭店服务质量具有十分重要的意义。

（3）那么如何才能把握客人的这种需求，适时地提供无干扰服务呢？具体结合本案例来说明。首先，服务人员要留心观察客人当时的体态表情。本例中，女服务人员并未留心观察客人用餐时的体态表情，在客人脸上已流露出不悦时，仍然热情地为其提供服务。殊不知，这种热情过度的服务反而易造成客人拘谨和压抑的感觉。其次，服务人员要注意分析客人的交谈言语或自言自语。古人说得好，“言为心声，语为人境”。客人的自言自语能够反映出客人的需求趋向。本例中，王先生已略显无奈地对家人说：“我们还是赶快吃吧，这里的服务热情得有点过度，让人受不了”，女服务人员站在旁边服务，听到此交谈话语后，就应该领会客人的意思，站在远处为他们服务。然而这位女服务人员非但不领悟，还继续热情地为客人服务，从而进一步引起客人的厌烦情绪。再有，服务人员要注意客人所处的场所。一般来讲，选择安静角落就餐的客人，希望服务人员站得远一些，尽量少打扰他们。本例中，王先生和家人一开始就选择一个比较僻静的地方坐下，本来就不希望别人打扰。女服务人员在向王先生及家人提供服务时，未注意到客人就餐选择的位置，一味地按酒店规范提供服务，结果适得其反。

三、中餐宴会服务环节

（一）宴会的预定

1. 宴会预定的方式

订餐方式是指为预订宴会，主办方与酒店宴会预订员之间接洽联络、沟通宴会预订信息而采取的方式、方法。根据宴请的对象和主题，可采用多种方式进行预订。

（1）电话订餐。电话订餐是订餐的主要方式，主要用于小型宴会预订。订餐人应说明单位名称、人数、标准、时间，留下联系人的姓名和电话号码。

（2）面谈订餐。面谈是最常见的一种宴会预订方式，住店客、地区居民多用这种方式预订。订餐者通过与宴会预订员进行面对面的交谈，可以充分了解酒店举办宴会的各种基本条件和优势，洽谈举办宴会的一些细节问题，解决宾客提出的一些特殊要求。面谈可以增进彼此间的信任和了解，有利于达成一致意见。在进行面谈预订时，要注意以下五个方面：

①礼貌问候宴会预订员。

②说明自己的姓名、单位名称、电话号码、预订内容、特殊要求等。

③对酒店提供的标准菜单，要认真挑选并确认，菜单中的个别菜肴可视情况适当地予以调整。有特殊要求的，应与店方确认。

④遇重大活动和宴会，应根据与酒店达成的协议，草拟合同，对于未定事宜和需改动事宜，应注明最后确认时间。

⑤向店方表示感谢，礼貌送客。

（3）信函订餐。信函订餐适宜于远距离、长时间订餐的住店客或企事业单位。它以书面的方式询问和回答有关问题。事后还要与酒店保持联络，并结合电话预订或面谈，最终达成协议。

（4）电传订餐。电传订餐是介于电话订餐与信函订餐之间的一种预订方式，它比信函订餐速度要快，比电话订餐更具体、更准确。

（5）中介人订餐。中介人是指专业中介公司或饭店内部职工。专业公司可与饭店宴会部签订常年合同代为预订，收取一定佣金。饭店员工代为预订，适用于饭店比较熟悉的老客户。

（6）政府指定性订餐。政府指定性订餐是指政府机关或主管部门在政务交往或业务往来中安排宴请活动而专门向直属宾馆、饭店宴会部发出预订的方式。政府指定性预订，常由文件下达计划或由专职工作人员将书面预订计划亲自送给宴会预订员或宴会部经理。政府指定性订餐往往具有一定的强制性，酒店应无条件满足预订的要求。

（7）网上订餐。随着网络技术的发展和普及，网上订餐业务也随之发展起来，它带来的是方便、实惠和个性化。如果公司要预订今天中午的一顿经理宴会，只要从电脑记录中调出参加宴会人员的个人档案，进入网络系统，输入参加宴会的人数、宴会地点、消费标准、个人口味、喜好及忌口，网络上就会出现可选择的餐厅，选中最佳餐厅，进入该餐厅目录，查寻餐厅菜品介绍，最后通过网络订餐、点菜，注明就餐时间、上菜速度及付款方式。网上订餐的优点有以下三点：

①不会占线。在用餐时间，生意好的酒店电话很难打通，一些订餐者被迫做出其他选择，网上订餐则不存在这个问题。

②信息准确。电话订餐传递的地址、品种等信息有时会误记，导致来回奔波，或者送错了品种。网上订餐由顾客进行文字输入或选择，准确性大大提高。

③不易遗忘。顾客常会找不到菜单、记不住电话，但容易记得住网址，上网之后查寻菜单也不是问题。

案例分析

>> 宴会预订案例分析

案例

在为客人订晚餐时，客人留下了单位的电话及本人手机号码，因客人在约定时间迟迟未到，在服务人员打电话询问时，单位电话没人接（可能已下班），手机停机。

分析

问题发生的主要原因是因为在做预订时，没有问清客人抵店时间及对客人说清楚为其预留半小时，因客人预留2个号码后忽略了这个问题。饭后应吸取教训，在下次预订时各方面全部要做到位，避免此类情况再次发生。

（二）宴会的准备

餐饮部根据宴会预订要求，做好宴会前的服务准备工作，主要包括以下八个方面。

1. 掌握情况

接到宴会通知单后，餐厅管理人员和服务人员应做到“八个知道”“五个了解”。

“八个知道”——知道台数、知道人数、知道宴会标准、知道邀请对象、知道菜式品种、知道开餐时间、知道出菜顺序、知道主办单位或房间号、知道收费办法。

“五个了解”——了解客人风俗习惯、了解客人生活禁忌、了解客人特殊要求、了解客人进餐方式、了解宾客宾主的特殊喜好，如果是外宾还应该了解其国籍、宗教信仰、口味喜好、禁忌等。

2. 明确分工

一般由餐饮部经理或宴会经理作为宴会总指挥，在准备阶段向服务人员交代任务、提出要求，对迎宾、值台、传菜、休息室、衣帽间等岗位进行明确的分工，保证宴会任务细化落实到每一个人，强调服务注意事项。重要宴会还要事先演练路线、方位、站位等细节。

3. 设计宴会与布置现场

饭店根据宴会预订要求和宴会厅的具体情况，分析、研究、提炼宴会主题，设法表现宴会主题，创造意境。

根据客人需求和宴会厅的现场建筑风格、室内装饰、宴席主题、规格的高低等因素进行宴会厅现场布置。

4. 熟悉菜单

熟悉菜单应做到能准确说出每道菜的名称，能准确描述每道菜的风味特色，能准确讲出每道菜的配菜、配食、佐料，能准确介绍每道菜的制作方法。如发现菜单中有误要及时与有关部门联系解决。

5. 物品准备

根据宴会通知单的服务要求，准备好各式餐具和服务用品，备好菜肴应配的佐料，备好鲜花、茶、香烟、水果等物品。

6. 铺设餐台

宴会开始前1小时，按宴会通知单上的具体要求摆好餐台，并在面向宴会厅入口处摆上席次卡。根据客人需要，还可摆上宴会菜单和座次卡。

7. 摆放冷盘

为保证冷菜的新鲜卫生，大型宴会开始前15分钟左右完成冷盘摆放，中小型宴会视客人情况而定。冷盘摆放要根据菜品的种类和数量，注意色调分布与搭配，荤素菜注意搭配摆放，注意展示菜肴造型，桌面菜点布局均匀，各桌菜点摆放整齐一致。

8. 全面检查

上述工作完成后，宴会管理人员要进行一次全面检查，包括环境卫生、餐厅布局、灯光音响以及其他设施和所需物品等，不可忽视任何细节。

检查以后，服务人员要整理仪表仪容，搞好个人卫生，精神饱满地等候来宾。

（三）宴会迎宾服务

1. 热情迎接

根据宴会的入场时间，宴会主管人员和迎宾员提前在宴会厅门口迎候客人，值台人员在各自负责的餐桌旁准备为客人服务。客人到达时，要热情迎接、礼貌问候。回答客人提问和引领客人时，注意用好敬语，做到态度和蔼、语言亲切。

2. 寄存衣帽

大型高级宴会需要设置衣帽间，提供寄存衣帽服务。

3. 端茶递巾

对于先到的客人，服务人员应招呼客人入座并根据接待要求递上热毛巾、热茶或酒水饮料等。递巾送茶服务均按先宾后主、先女后男的次序进行。主人表示可入席时，引领客人入席。如客人是宴会开始前不久到达，则可直接引领入席。

（四）宴会就餐服务

1. 入席服务

宾客进入宴会厅时，服务人员站在餐台边，面带微笑欢迎客人，并帮助客人找座位，引请入座。待宾客入席坐定后，撤走席位卡、插花等，给客人递餐巾、撤筷套，并礼貌询问客人的酒水要求。

2. 斟酒服务

（1）根据客人的酒水要求，撤去不需要的空酒具，并在宴席开始前5分钟按斟酒规定斟好酒水。

（2）宴会中，斟酒服务要勤快，客人杯中酒水剩余1/3时，应及时添酒。

（3）客人干杯和互相敬酒时，应迅速拿酒瓶到台前准备添酒。

（4）主人和主宾讲话前，要注意观察每位客人杯中的酒水是否已经满上。在主宾离席讲话时，主宾席的值台员要立即斟上红葡萄酒或白酒各两杯放在托盘上，托好站在主席台一侧等候，以备举杯祝酒。

（5）当主人或主宾到各台敬酒时，值台员要准备酒瓶跟随，并准备添酒。

（6）席中，根据客人的要求提供及时的斟酒服务。

3. 上菜服务

（1）上菜要按上菜技能规定进行。

（2）宴会中的每道菜要趁热上。如传菜距离太长，可考虑在厨房出菜时在菜盘或托盘上加盖，菜上好后取走，以保证菜品的温度和卫生。

（3）大型宴会的上菜要看主台的上菜情况或听指挥，做到行动统一，以免造成上菜不一致，引起客人的不悦。

（4）大型高级宴会由餐厅统一规定菜品服务的方式，以显示出宴会气氛的一致性和服务人员的训练有素。普通宴会根据客人的要求和菜品具体情况，适时给客人提供适当的分菜服务。

（5）席中适时撤走台面上的空盘，并调整台面菜点布局。如出现台面空间放不下新菜的情况，在经客人允许后，将只剩少量菜的餐盘撤下，再上新菜。并将撤下的菜换成小盘装好，重新摆上餐台。高级宴会严禁菜品在餐台上重叠摆放。

4. 撤换餐具服务

为体现宴会服务的优质和菜肴的名贵，突出菜肴的风味特色，保持台面卫生雅致，在宴会进行过程中，需要多次撤换餐具或汤碗。高级宴会还要求每道菜换一次骨碟，一般宴会的换碟次数不少于两次。换碟时，应先给客人提示，然后再撤走旧碟，换上干净骨碟。如客人碟内还有菜肴时，应先询问客人是否可以撤走，客人表示不要时，再撤走；如客人还要用，上的新碟或新菜可以放在客人旧碟的旁边，待客人旧菜用完后，再撤走旧碟，然后将新碟移到客人正餐位上。

5. 餐尾服务

客人用餐结束时，送上热毛巾，随即收取台上不用的餐具，抹净台面，上餐后水果及甜品。待客人用完后，撤走水果盘，为客人添加茶水，重新摆上鲜花，以示宴会结束。

（五）宴会餐后服务

1. 结账准备

上菜完毕后即可做结账准备。清点所有酒水、香烟、加菜等宴会菜单以外费用并累计总数，送收银台准备账单。

宴会结账由宴会负责人指定专人负责。付账时，如用现金可以现收缴收银员；如是住店客人签单，要核对客人房卡并确认前台押金情况，请客人签名后交收银员；如是合同单位签单，应核对签单人的身份证明并确认其签单权，然后将账单交由收银员。注意给宴会客人结账时同样需要账单夹，并注意礼貌。

2. 拉椅送客

主人宣布宴会结束，值台员要提醒客人携带好随身物品，不要遗忘寄存的物品。客人在离席的同时，值台员要检查客人是否有遗留物品，台面上是否有未熄灭的烟头。然后视其情况，站在餐台旁或大门两旁，热情欢送客人。如宴会后还有其他活动安排，要根据接待要求进行服务。

3. 取递衣帽

衣帽间的服务人员根据衣牌号码，及时、准确地将衣帽取递给客人。

4. 收台检查

在客人全部离去后立即清理台面。收台工作要循序渐进，先收小毛巾、餐巾，然后收酒具、瓷器、金属器，贵重餐具要当场清点。收餐具和运送餐具要小心，避免餐具破损。

5. 清理现场

清理宴会场地，搞好地面清理工作，将餐桌椅按规定位置码放整齐，以备下次使用。关好门窗，关闭空调、音响、电灯。

案例分析

>> 服务的艺术

案例

某饭店，餐厅服务人员正在为一批中国香港客人服务。酒至半酣，客人吴先生见餐桌上的银质餐具非常精美，顺手拿起一把银匙塞进自己西装内侧衣兜里。服务人员看到后没有揭露客人，而是在宴请快结束时，手拿一套精致的带有饭店店徽的餐具递给吴先生："先生，您好。听说您非常喜欢我店的银餐具，我们经理很高兴，送给您一套，已经在您的账单上记下了。"客人一愣，马上反应过来，就着台阶下来："谢谢你们的关照，今天喝酒较多，有失礼的地方请多包涵。"就这样，服务人员巧妙地让客人买了一套小件银餐具，而且事先将与客人装入衣袋的那件相同的银质餐具才拿出来。服务人员以自己高超的服务技巧，在不伤客人情面的情况下，巧妙地保护了饭店利益。

分析

在饭店常会发生客人拿取饭店物品的情况，作为服务人员应正确区分客人所取物品的性质。饭店物品分三类：一类是餐厅或客房的免费用品，一类是客房或餐厅的补给品，客人可以使用但不可以带走，还有一类是计费用品，服务人员应根据客人所拿物品的类别采取相应措施。如果客人确实偷拿饭店物品，服务人员必须追回，但要注意方式和分寸。注意尽量不在大庭广众之下索回，在语言上不采用过激言辞，当然，对于情节恶劣的、所偷拿物品比较贵重的应处以罚款。本案例中服务人员处理方法得当，用词婉转，讲究服务语言艺术。但让客人买下餐具的办法要慎用，防止发生冲突。

（六）宴会服务的其他注意事项

（1）宴会服务过程中，如遇宾、主致词讲话，值台员应暂停操作，肃立等候。

（2）宴会进行过程中，如有客人不慎将餐具掉落在地上，值台员应及时送上干净餐具，然后收拾掉在地上的餐具。

（3）宴会就餐过程中，如遇客人起身离席，应主动拉椅，并将客人餐巾叠好放在餐位旁。

（4）宴会服务时应注意"三轻"，即说话轻、走路轻、操作轻，保证宴会有条不紊地进行。

（5）各岗位服务人员之间应分工协作，配合默契，确保宴会的顺利进行。

（6）宴会管理人员必须事先做好与厨房的沟通，在宴会进行过程中，管理人员必须根据宴会进程及时与厨房协调，控制出菜的速度。一般来说，每道热菜的间隔时间在5～10分钟。

（7）宴会管理人员应加强巡视，随时控制服务质量，确保宴会服务规格，并及时解决宴会过程中出现的问题。

（8）宴会结束后应及时征询客人对宴会的意见和建议，并对宴会服务情况进行总结，提出做得较好的方面，找出需要完善之处，并向上级汇报。

知识链接 优质服务的构成

1. 服务环境幽雅

环境的幽雅是使客人心情愉悦、轻松的重要途径，也是酒店区别于其他场所的一个重要特征。

2．服务设施完善

优质服务的实现，一个重要的硬件指标就是服务设施的完善。这既是实现优质服务的基础，也是实现优质服务的前提条件。因此，酒店应当通过平时严谨、认真、及时的维修、保养及管理，使酒店所有设施保持在良好运行的状态。

3．服务项目齐全

酒店应当根据客人的需要，设置尽可能齐全的服务项目，使客人足不出酒店就能解决大部分需求。酒店除了设置基本的服务项目外，还可以开辟一些有针对性的特殊服务。这些有针对性的服务项目，有的本身就是一种优质服务，同时，它们也为酒店的优质服务奠定了良好的基础。

4．服务快捷

（1）餐厅服务人员必须在客人进入餐厅落座以后2分钟之内接待客人，送上菜谱，等候客人点菜。

（2）从客人点完菜到第一道菜送到餐桌，早餐必须限定在10分钟之内，中餐、晚餐则须限制在15分钟之内。

（3）客人就餐离席后，餐厅员工迅速将餐桌收拾完毕，并在清桌后完成重新摆台，全部时间不得超过4分钟。

（4）客人在客房内进行电话点餐，餐厅员工要在电话订餐完毕后一定时间内将客人所需菜点及时服务到位，早餐送达间隔时间为25分钟，午餐送达间隔时间为30分钟，晚餐送达间隔时间为35分钟。

5．安全保障

酒店是为客人出行时提供方便的场所，同时也是提供消费和享受的场所，酒店与客人这一合约关系完成的一个基本前提便是客人的安全能够得到保证。

6．仪态优雅端庄

服务人员仪态是酒店优质服务的一个重要方面，它贯穿于酒店整个服务的过程，这主要表现在以下四个方面：

（1）酒店员工在外表上注意着装和发型，外表形象要显得不落俗套，大方得体，端庄典雅。

（2）在表情上要求酒店员工热情真诚，和蔼可亲，对客人不卑不亢，不能机械、刻板地对待客人，要对客人发出源自内心的微笑。

（3）在语言上要求语气委婉、谦虚，语调温和，表达富有艺术性。

（4）在动作上要求大方得体，轻松自如，举止优雅，动作幅度适宜，杜绝那些让客人反感的小动作和不良姿势，始终体现良好的精神状态和服务礼仪。

知识链接

中餐宴会服务流程

第二节　西餐服务

一、西餐服务方式

西餐服务源于欧洲贵族家族，经过多年的演变，各国各地区的服务方式及摆台方式都不尽相同。目前，国际上在饭店中常见的服务方式有法式服务、俄式服务、美式服务。除了某些特色餐厅为追求一种别具一格的风格而采用某种特殊服务方式外，大多数餐厅都采用两种以上的服务方式。

（一）法式服务

法式服务是在欧洲国家，特别是在法国、英国的高级餐厅里，一代代沿袭下来的一种服务方式。它是由西查·里兹在20世纪初创造的一种豪华服务方式，因此，这种服务也被称为“里兹服务”。

传统的法式服务对餐厅服务人员的要求非常严格。专业服务人员必须受过专门的训练。这种训练包括在服务人员职业学校接受科班训练，并要经过几年的实习之后才能升为助理服务人员。助理服务人员不能单独从事服务工作，必须与首席服务人员或服务人员一起工作两年后才可能成为正式服务人员。目前，法式服务仅见于一些保持传统的饭店餐厅。

1. 服务原则

法式服务要求将所有食品菜肴放在手推车上，在客人面前加热或烹调后服务给客人。手推车放在靠近客人餐桌处，车上放有火炉以保持食品温度。

2. 服务人员分工

法式服务是由首席服务人员和助理服务人员相互协作共同服务的，二者的任务分工不同。

（1）首席服务人员的主要任务。

①领班不在时，安排客人入座。

②接受并帮助客人点菜并作记录。

③为客人服务酒水。

④在手推车上完成菜肴的客前烹制。

⑤提供结账收款服务。

（2）助理服务人员的主要任务。

①把首席服务人员记录的点菜单送到厨房。

②用手推车将厨房出菜推到客人餐桌旁。

③将首席服务人员烹调好的菜品送到客人面前。

④撤餐具、收台。

⑤服从首席服务人员指挥，协助首席服务人员服务。

3. 服务方法

（1）由首席服务人员把厨房初步烹调过的菜肴（即成品或六七成熟的食品），在餐厅当着客人面完成最后阶段的烹调。助理服务人员在厨房将菜肴放在大银盘后，端进餐厅或用手推车推进餐厅，将其放在火炉上保持温度，然后由首席服务人员加工，除去骨刺，加调味品以及必要的装饰。

（2）首席服务人员用双手把客人挑选的菜肴从大银盘放入客人餐盘时，助理服务人员应用手端着客人餐盘。当助理服务人员不在时，首席服务人员也可用一只手持客人餐盘，用另一只手持汤匙和餐叉来将菜装入手中的餐盘内。

（3）首席服务人员应注意装盛菜肴的分量，注意避免因供应太多，降低了客人食欲。待客人餐盘盛好菜，助理服务人员用右手端盘，从客人右侧端上。

（4）在法式服务中，除了面包、黄油碟和配菜以外，其他菜品和汤均必须从客人的右侧端上。

4. 服务特点

法式服务是一种最讲究礼节的豪华服务，注重表演，服务周到，每位客人都能得到充分的照顾。但服务节奏缓慢，浪费人力，对服务人员要求高，用餐费用昂贵，并且餐厅空间利用率和餐位周转率比较低，很多饭店都不采用法式服务。

（二）俄式服务

俄式服务起源于俄国的贵族与沙皇宫廷中，在拿破仑战争中第一次出现在欧洲。它以其简便、迅速的服务优势，很快超出当时占统治地位的英式服务和法式服务，成为当时欧洲王室里最流行、最时髦的服务方式，至今被大多数豪华餐厅所采用。

1. 服务要求与技巧

（1）每桌配备一名服务人员对客人服务。

（2）菜品送上之前，服务人员从客人右侧按顺时针方向沿餐桌将空盘摆在客人面前。

（3）菜品全部在厨房烹制好后，装在大银盘中，由服务人员端到客人餐桌边，准备派菜然后根据客人需要，在客人的左边将菜品分派到客人盘中。

（4）派菜之前应先向客人介绍并展示银盘内的菜肴，使客人有机会欣赏到厨师的手艺，装饰漂亮的菜肴还能增进客人食欲。

（5）从主人右边的女士开始进行派菜。分派菜肴时，服务人员在客人左边，用左手托餐盘，右手分派。应灵活掌握其数量，分派的数量应符合客人的需要，银盘中剩余的食物退还给厨房。

（6）分派菜肴时，要注意分菜叉、匙的拿法。一般是匙在下、叉在上。右手的中指、无名指、小指夹匙，拇指和食指控制叉，五指配合，夹取菜肴。

（7）汤的服务分两种。如果汤是用汤杯盛放，则直接将汤杯端到客人面前；如果汤盛在大餐碗里，则用派菜类似的方法，从大餐碗直接用汤勺舀到客人汤盘里。

（8）服务人员用右手在客人右侧撤脏盘和服务酒水。

2. 服务特点

俄式服务讲究优美、文雅的风度，服务效率和空间利用率较高，节省人力，大量的银器能增添餐桌的气氛，且每位客人都能得到较周到的服务。由于采用桌边分菜，未分完的食物可以回收，以减少不必要的浪费。但在俄式服务中，银器使用量很大，投资较高，若使用、保管不当会影响餐厅的经济效益。最后分到菜的客人，会看到大银盘中菜肴所剩无几，会有不悦感，如果用餐人数较多，最后分派的菜不能保证规定的食用温度，影响菜品质量。

俄式服务是一种受欢迎的服务方式，目前欧美各国的豪华饭店大多采用这一服务方式。但由于零点餐厅的客人所点菜肴不同，无法装在一个大银盘中，所以俄式服务主要用于西餐宴会服务，尤其是大型宴会。

（三）美式服务

美式服务是餐厅服务中最普遍、最有效的服务方式之一。美式服务是餐厅服务人员根据客人的点菜，将装有已烹调装饰好的菜肴的餐盘直接送到客人面前的西餐服务方式，故也称为“盘式服务”。

1. 服务原则

（1）传统的美式服务是将装有菜点的餐盘用左手从客人左侧端到客人面前。因为以前的餐盘较重，服务人员又同时给不同的客人服务，上菜时服务人员用力气大的右手同时端三个餐盘更容易保持平稳，故用左手从客人左侧上菜。目前欧美各国均习惯从客人右侧上菜，并使用托盘上菜。

（2）所有酒水用右手从客人右侧上。

（3）在送下一道菜之前，必须先用右手从客人右侧撤掉用过的餐具和杯子。

2. 服务程序

（1）当客人进入餐厅时，引领客人入席，并撤走多余餐具。

（2）递菜单给客人，用右手从客人右侧将冰水倒入水杯。

（3）询问客人喜欢的餐前饮料，并在客人考虑点菜时，去酒吧取所点饮料。

（4）服务人员取回饮料后从客人右侧送上。

（5）服务人员接受并协助客人点菜和选择酒水。

（6）上菜前，服务人员从客人左侧供应面包和黄油。

（7）用托盘依次上开胃菜、汤、配菜、主菜、甜品，并在上每一道菜品之前先上搭配的酒水。

3. 服务特点

美式服务简单明了，服务效率高，餐具成本低，人工成本低，餐厅空间利用率和餐位周转率高。由于各项成本低，用餐费用经济。除缺乏表演性服务、餐厅气氛不足外，美式服务广泛流行于西餐厅和咖啡厅，也常用于西餐宴会服务。

（四）英式服务

英式服务是一种非正式的用于餐厅包间或家庭的服务方式。食品和配菜盛放在大方盘中或大碗中送到餐桌上，由男主人从大方盘中把菜肴分到客人的餐盘里，然后递给站在男主人左边的服务人员，再服务给女主人、声望高的客人及其他客人。这种服务也称主人服务。

英式服务的要求有以下五点：

（1）服务人员把热汤盘放在男主人面前，男主人盛满每一个汤碗，再由站在左边的服务人员根据男主人的吩咐送给每一个客人。英式服务中通常是将第一碗汤递给女主人。

（2）盛满食品的餐盘可由服务人员递给每一个客人挑选，也可由客人自己拿取后再挑选自己喜爱的菜。肉是由男主人切分后放在餐盘里，蔬菜和其他配菜是由女主人分到盛有肉菜的餐盘里。

（3）甜点由女主人分好，服务人员进行装饰后再递给客人。

（4）所有饮料都由男主人来调和和服务。

（5）英式服务从右边开始，清理盘碗从左边开始。

（五）中式服务

所谓中式服务是一种融合了法式、俄式、美式服务的综合服务方式。它其实没有统一固定的程序，其特色是根据不同的菜肴特点来选择服务方法。当前的西餐服务中普遍采用中式服务。因而，在使用中式服务的餐厅，可能是用美式服务上开胃菜，用俄式服务上汤或甜品，用法式服务上主菜。不同餐厅或不同餐次选用的服务方式组合不同，可能会没有法式或俄式服务，但通常少不了美式服务。对于具体的服务方式的选择，所遵循的原则是方便客人就餐、方便员工操作，每种菜肴选用的服务方式必须有管理人员事先确定，统一标准。

二、西餐服务环节

西餐的上菜顺序与中餐有较大的差异，通常的上菜顺序是开胃菜→汤→副菜→主菜→甜品→咖啡或茶，故西餐服务与中餐有较大的差异。但与中餐服务环节相比，西餐零点服务环节也同样包括餐前准备、开餐服务、用餐服务、餐后服务四个环节，部分服务工作的内容与中餐服务接近，故重点介绍以下西餐零点正餐服务环节和西餐宴会服务环节。

（一）西餐零点正餐服务环节

1. 备餐服务

（1）做好餐厅清洁卫生。

（2）擦拭所有餐具。

（3）备足开餐所需调味品。

（4）摆台。如有预订，须在餐桌上放置预订卡，并根据客人预订要求摆放餐具。

2. 餐前服务

（1）客人到餐厅门口时，迎宾员应面带微笑热情问候客人，询问客人是否有预订。如客人已订座，迎宾员应热情地迎领客人入座；如客人未预订，迎宾员则应询问客人人数，并礼貌地将客人引领到适当的餐台。

（2）当迎宾员把客人带到餐桌边时，应主动为客人拉椅、让座。拉椅、送椅动作要迅速、敏捷，用力适中，不可过猛而撞到客人。

（3）按先女后男、先宾后主的次序，站在客人右手边拆开餐巾，并为客人铺上。

（4）向客人推销餐前开胃酒或鸡尾酒，并做好记录。

（5）开单后，尽快用托盘送上客人所点的餐前酒水，并报上酒水名称。如客人未点酒饮，则为其斟倒冰水。

3. 接受点菜

（1）将点菜单打开至第一页，从客人右边送至客人手中，向客人介绍当日特色菜。

（2）让客人考虑片刻，再上前站在客人的右边为客人点菜，按逆时针方向进行。注意按女士优先、先宾后主的原则为客人点菜。

（3）客人点菜完毕，清楚地复述一遍点菜单。待客人确认后开单，点菜结束离开前应感谢客人。

（4）上面包与黄油。将黄油碟摆放在面包碟正上方约1.5厘米处。上面包在客人左侧，服务人员用左手将备好各种面包的面包篮送到客人左前方，礼貌地请客人选择其喜欢的面包品种，然后右手持公用叉、勺将面包夹送到客人面包碟内。面包服务按逆时针方向进行。

4. 推销佐餐酒

（1）从客人右边送上酒单，并根据客人所点的食品主动推销佐餐酒。

（2）用一条餐巾垫在瓶身下，右手握在瓶身上端，左手托住瓶底，站在主人的右侧将酒标朝向客人，递给主人鉴赏，并请主人确认。

（3）根据客人点菜点酒内容，调整桌面上的餐具和酒具。

5. 就餐服务

（1）上菜前，撤下佐餐酒酒具，提前上与菜品所搭配的餐酒以及将会使用到的餐具。

（2）上菜。上菜在客人的右侧进行，上菜时重复客人所点的菜名，注意将每道菜的观赏面朝向客人。如菜品加有菜盖，应在上菜完毕后再揭开菜盖，并请客人慢用。西餐服务中各道菜品应按下列顺序依次送上：

①上开胃菜。开胃菜通常为冷盘，上菜时，直接将盛有开胃菜的餐盘放在装饰盘上。

②上汤。汤通常用汤碗或汤杯装，上汤时，应礼貌告知客人，以防发生打翻、烫伤等意外。

③上副菜。正式西餐通常在汤之后、主菜之前上副菜。副菜通常为热的海鲜、鱼贝类菜肴，并配以专用调味汁。有时在副菜之前，还会上蔬菜水果沙拉。

④上主菜。主菜是在副菜之后上的肉类、禽类菜肴，是用餐的高潮，有时还会在主菜餐盘中配上一些熟的素菜，作为主菜的配菜。

（3）撤餐盘、餐具。撤掉用过的餐具时，要等到整桌客人都吃完同一道菜后一起从客人右侧撤盘，不要在仍有客人未吃完时便先撤掉已吃完菜的客人的餐具。撤盘按顺时针方向进行，并注意在撤下餐盘、刀叉等餐具时注意持盘方式，用右手将刀叉固定在餐盘上一起撤下，以防刀叉滑动弄伤客人或弄脏客人的衣服。

（4）在客人用餐过程中，注意按规定给客人及时添加酒、冰水、黄油、面包以及更换烟灰缸、撤空饮品杯。

（5）清洁台面。客人用完主菜后，除水杯、烟灰缸、花瓶、蜡烛座外，应将餐桌上的其他餐具撤下，撤餐具按顺时针方向进行，并用专用清洁工具清扫台面。

（6）推销甜品、咖啡、茶、雪茄烟、餐后酒，并提供相应服务。

6. 结账送客

（1）客人要求结账时，核对账单上的台号及消费项目，然后用收银盘或收银夹呈上账单。

（2）当客人离座时，及时提供拉椅服务，检查是否有客人的遗留物品，并送客人至餐厅门外，感谢客人的光临，邀请客人再次光临。

（3）客人离开后，清洁餐桌，将餐椅摆放整齐。更换台布，重新摆台。

（二）西餐宴会服务环节

1. 餐前准备

（1）布置宴会场所与摆台。根据“宴会通知单”的要求布置餐厅，摆出台型，做好宴会厅的清洁卫生工作，并根据宴会菜单和规格进行摆台。宴会场所的布置与摆台应注意烘托宴会气氛。

（2）准备临时工作台。根据宴请人数、菜单准备宴会临时工作台，在工作台上准备咖啡具，茶具，冰水壶，托盘，烟灰缸，服务用刀、叉、勺等；在备餐间内准备面包篮、黄油、各种调味品及酒水，并将需要冰冻的酒水提前放入冰箱。

（3）餐前检查。对宴会前各项准备工作进行检查，服务人员整理自己的仪表仪容，调整好精神面貌，为宴会服务做好心理准备。

2. 迎宾服务

（1）客人到达时，服务人员礼貌、热情地欢迎客人。

（2）餐前鸡尾酒服务。根据宴会通知单要求，在宴会开始前半小时或15分钟左右，在宴会厅门口或休息室为先到的客人提供鸡尾酒服务。服务时由服务人员端送饮料和鸡尾酒，并在餐桌上或茶几上准备好小吃。

（3）宴会开始前请宾客入宴会厅，为客人拉椅、送椅，客人坐下后为客人铺上餐巾。

3. 用餐服务

（1）宴会开始前进行递送黄油、面包服务。可以用面包篮在客人左侧进行分派，注意所有宾客分派的面包数量应一致；也可将面包篮放在宾客前面让宾客自行取用。

（2）按菜单顺序上菜、撤盘。每上一道菜前，应先将前一道菜用过的餐具撤下，注意各餐桌撤菜、上菜时间要一致。

（3）上每一道菜前将所配的酒水从客人右侧提前递送上桌。

（4）为客人斟酒前，先向主人展示酒水，经主人同意后，再开瓶。佐餐葡萄酒开瓶后先给主人杯中斟少量酒，主人品尝认可后，才可按顺序给每位客人斟酒。斟酒完毕后，将白葡萄酒或香槟酒放回冰桶。

（5）上主菜前，先将配菜递送给客人。如使用俄式服务进行分菜，注意站在客人左侧进行派菜服务。如宴会客人较多，应有几名服务人员同时进行派菜。

（6）甜品服务。

①上甜品前，撤除与甜品相配的酒水杯具以外的所有餐具、杯具。

②摆好食用甜品用的刀、叉、勺。大块点心、水果、乳酪等用甜品刀、叉，冰激凌和布丁等用甜品勺。如是需要用手直接拿取食用的水果或点心，应提前上洗手盅，用完该类甜品后，给客人上毛巾。

（7）进行咖啡、茶服务前，从客人右侧先上糖盅、奶壶，然后再上咖啡或茶。

（8）用餐结束时，推销白兰地、甜酒等餐后酒和雪茄烟。

4. 餐后服务

（1）结账服务。宴会接近尾声时，清点所用的酒水、饮料，后交收银台打出总账单。当主人示意结账和按规定办理结账手续时，应向宾客致谢。

（2）送客服务。客人起身离座时，主动为客人拉椅，检查并提醒客人是否遗留物品，向客人致谢并邀请再次光临，然后礼貌送客人到餐厅门口。

（3）餐后整理工作。整理台面，用托盘或小推车收台、撤台布；整理桌椅，为下一次宴会做准备；领班记录宴会服务情况；并关闭电灯、门窗等。

知识链接　我国西餐业发展新趋势

西餐业正在成为我国迅速发展并不可小视的产业，西餐业依靠良好的品牌效应，日益得到人们认可的就餐文化以及较高的投资回报逐渐成了我国餐饮业的生力军。西餐业的未来发展将出现以下趋势。

1. 西餐的平民化将成为许多西餐经营者的首选经营理念

西餐早已被当代中国人所认知，只是由于其较高的价格，让很多人对其望而却步。以麦当劳、肯德基为代表的大众化西式快餐业在国内的迅速发展，打破了西餐高端化的格局。

2. 西餐与本土口味的有机结合，是西餐企业实现飞跃发展的必然选择

中国作为拥有几千年饮食文化的大国，中华美食影响深厚。大多数人尚不能接受西餐的饮食习惯和口味，但是西餐就餐的文化氛围和环境却能更好地迎合现代人追逐时尚、高效的需要。因而西餐与本土口味结合势在必行。西餐企业正在对传统西餐的制作方式和经营方式全面改造，努力实现西餐从贵族化走向平民化的转变，不断推出新的花色品种来刺激和培养大众的口味。

3. 西餐的“绿色”“健康”将成为未来的发展趋势

食品营养安全问题日益受到人们的重视，人们在追求就餐氛围、满足味觉体验的

同时，越来越重视食品的营养卫生以及绿色环保。不管是中餐还是西餐，注重营养、健康都将成为餐饮经营的重要原则。西式快餐由于高脂肪、高热量甚至涉嫌含有致癌物质在国内一直备受指责，使西式快餐形象大打折扣。但是随着西餐在中国的蓬勃发展，各种正宗西餐，如法国餐、意大利餐、德国餐、西班牙餐等主题西餐厅将会逐渐走出星级宾馆，开到大街小巷来，也将把它们特有的主张营养健康的饮食概念深入到西餐业各个层面中，实现西餐从选材、料理到口味，都体现出绿色营养健康的理念。

4. 西餐的自助形式和分餐制以节约、卫生的特点正在影响着中餐的服务方式

西餐的自助形式和分餐制给传统中餐业带来巨大冲击，因为西餐的自助形式和分餐制代表的不仅仅是服务方式和就餐习惯的差异，更重要的是这种方式和习惯符合当前人们就餐节约、卫生的观念。中餐的进餐方式是“一个碗里伸筷子”，是典型的大锅饭。而西餐中，酒、汤、菜、甜食、冷饮、咖啡，一人一份，这就保证了菜肴的卫生，避免了食客之间的交叉感染，这种方式更符合当前人们健康、卫生的就餐追求。

5. 北京奥运会对我国西餐企业提出了新考验，提升了我国西餐国际化进程

北京奥运会的成功举办为我国餐饮业尤其是西餐业的发展带来了机遇和挑战。2008年奥运会在奥运村内的供餐上采取以西餐为主，中、西餐结合的方式，其中西餐的比例占到70%，剩下的30%为中餐。这对西餐业的发展无疑是有力的强心剂，但是奥运餐饮要求严格，对餐饮供应商的实力、规模、管理水平都是全新的考验。

中国西餐业如何提升国际化水平、增强国际竞争力将成为未来中国西餐业发展的新课题。

案例分析

>> 四月份餐厅的新套餐

案例

酒店有很多常客，常客来的时候都喜欢点些固定的饮品与食品。四月份餐厅推出了新的餐品日本定食套餐，一位常来餐厅吃公司三明治的客人又光临本店，这时服务人员主动的拿出日本定食套餐的餐牌给客人，并给客人介绍新菜品，客人看到后觉得很好就点了一份。吃完后服务人员主动询问菜品的味道如何，客人觉得很不错，再次得到满意的服务。

分析

作为一名服务人员，主动、耐心、细心地为客人推荐新产品、让客人第一时间了解到餐厅推出新的产品，主动搜集客人对餐品的反馈，这样才能提高服务质量，给予客人更优质的服务。

三、自助餐与酒会服务

（一）自助餐服务

1. 自助餐概述

自助餐是一种由宾客自行挑选、拿取或自烹自食的一种就餐形式。据说，自助餐的真正起源是8—11世纪北欧的斯堪的纳维亚半岛，那时的海盗们每有所猎获的时候，就要由海盗首领出面，大宴群盗，以示庆贺。但海盗们不熟悉也不习惯当时中、西欧吃西餐的繁文缛节，于是便独出心裁，发明了这种自己到餐台上自选、自取食品及饮料的吃法。以后的西餐业者将其文明、规范化，并丰富了吃食的内容，就成了现代的自助餐。

自助餐用餐形式灵活，宾客的挑选性强，不拘礼节，打破了传统的就餐形式，迎合了宾客心理，正被越来越多的人所接受。此外，自助餐的收费略低于零点或宴会用餐，需要的服务人员少，可以在很短的时间内供应很多人用餐。由于自助餐有以上诸多优点，不少中餐厅也将其引入餐厅服务，我国的很多自助餐厅综合了中西餐菜点，受到客人的喜爱。

简单的自助餐，几乎完全是客人自我服务。进入餐厅后，在自助餐桌的一端，客人首先拿托盘、餐盘、刀、叉、勺等餐具，然后沿着自助餐台挑选自己所喜欢的食品，最后端到餐桌上用餐。

较高级的自助餐服务，则在客人到达之前摆台完毕。客人到后，由服务人员上开胃品或汤，同时供应饮料、面包、奶油及甜点等。客人自己去挑选所喜欢的主菜。这种服务方式比其他服务方式更受客人欢迎，效率也更高。

自助餐根据标准不同，其档次也相差很大。但一般的自助餐的布置、用料及菜品的种类大多是西餐的焖、烩、煮类菜肴，再配上些沙拉、面包、甜点、饮料作为辅助。一些高档的自助餐，餐厅还会安排厨师为客人进行现场烹饪，以保证菜品的火候和新鲜程度。

2. 服务人员的工作任务

（1）像主人般地接待客人。

（2）保证菜肴及餐具的供应。

（3）切分烤肉并供给客人。

（4）检查器具的保温性能，保持菜肴应有的温度。

（5）当客人不慎将地毯或台布弄脏时，及时擦拭或清扫。

（6）及时收走客人用过的餐、酒具，保持用餐环境清洁卫生。

3. 餐厅的布置与安排

自助餐场所布置应根据自助餐的主题，利用背景装饰、餐桌布置及食品陈列来表达构想。主题可根据节日、纪念日、客人聚餐活动的主题等来确定。

自助餐一般是在餐厅中间或一边设置大的自助餐台，周围有若干供客人用餐的餐桌。自助餐台也称作食品陈列台，它可以是一个完整的大餐台，也可以由一个主台和几个小台组成。餐台上放有各种冷菜、热菜、点心、水果和餐具。

餐台食品的摆放要讲究艺术性，对客人要有吸引力。热菜要用热盆保温，凉菜在未开餐前，要用保鲜膜封好，防止细菌滋生，凉菜的拼砌要构图美观、新颖，色泽鲜明，各种菜要搭配好，水果点心都要布置得当。

餐台的餐具要摆放整齐，要准备的基本餐具有：小盆、汤匙、小汤碗、叉、水果刀、筷子，每盆菜必须放上公用勺、食品夹或公用筷。餐台旁还要留出较大的空间，使客人有活动的空间，尽量避免客人排队取食。

（1）餐台的设计。

①自助餐台的安排要根据餐厅的形状大小、客人人数和菜品种类等因素来安排。

②自助餐台台形一般以“一”字形长台居多，也可以是方形、圆形、椭圆形、马蹄形、环形、“U”形、“S”形等多种形状的餐台。餐台台面由大理石或木头制成，上面铺有与桌边平行的台布，餐台边通常有用于装饰的台裙。

③如果餐厅的客流量较大，为了方便客人取用食品，可由一个主台和几个小台组成。若仅有一个主台，也应进行分区设计，如自助早餐可分为饮料区、菜品区、热点区、甜点区、水果区等。自助正餐可分为饮料区、冷菜（头盆）区、热菜区、汤类区、点心区等。

④餐台在摆设拼合之前，应该画一张草图，标明客人就餐区域和食品种类。在决定自助餐台的大小和形状之前，必须首先确定就餐区域的大小，然后确定自助餐台的大小，最后设计餐台的形状。估计餐台大小时，应给每盘食物安排出一定空间以便客人旋转碗或碟子。设计餐台长度时，一定注意将装饰物、空碟堆、调料罐等不能吃的东西的空间考虑进去。

（2）菜品摆放。

①客人用的餐盘放在自助餐台靠近入口处的一端，码放整齐，不要堆得太高，以免倒塌。餐刀、餐叉、汤匙、餐巾纸整齐地放在餐盘前方。有些餐厅把餐具摆在餐桌上，自助餐台上不放个人餐具。

②摆放菜肴，通常采用中西餐习惯的用餐顺序。靠近自助餐餐具处由近及远分别是开胃菜、调味品、冷盘、汤、熏鱼、热蔬菜、主菜、甜品、水果等食品。

③可将某些特色菜或同一类型的菜分台摆放。

④汤汁、调味品等应摆在相关菜肴的旁边，方便客人取用。

⑤为降低自助餐成本，成本较高的主菜应摆放在成本较低的冷菜之后，客人盛满成本较低的冷菜、开胃菜后，只能减少选择熟菜的数量。

⑥布置菜肴时，应注意使用火锅和加热炉，保持菜肴的适宜温度，或使用冰块保持其冷度。

⑦热菜要用保温锅加盖保温，客人来后自行揭开盖子盛菜。

⑧每盆（盘）菜都要摆放公共餐具，根据客源情况在菜前摆放中、英文菜牌。

⑨所有菜盆（盘）都应该离桌边5厘米以上的距离。

⑩摆放菜肴时应注意色彩搭配，菜品摆盘应注意造型美观、摆放整齐。

⑪台面中央常用雕塑造型、鲜花、水果、餐巾花等装饰造型，美化餐台。

（3）餐桌的安排与摆台。餐桌的安排要根据餐厅的形状大小来安排。餐桌、餐椅不能安排太密，以免影响客人在餐厅内走动。餐桌、餐椅排列要美观整齐，使客人感到舒适。

摆台前首先应准备相应餐具，主要是台布、汤匙、餐刀、餐叉、筷子、餐巾或餐巾纸和酱醋壶、盐椒盅、牙签筒、花瓶、烟灰缸等。通常的自助餐摆台采用西餐零点摆台方式，但可不放展示盘。如果饭店客源以内宾为主，也可采用中餐零点摆台方式，但应备好西餐餐具以满足客人需要。花瓶、酱醋壶、盐椒盅、牙签筒和烟灰缸等按中餐或西餐摆台要求摆放均可。

4. 服务环节

（1）餐前检查。餐前准备工作做好后，应仔细检查有无疏漏或不妥之处，如有发现应及时纠正，最后整理自己的仪表仪容，在规定位置上站立恭迎客人的到来。

（2）迎领服务。

①客人来到餐厅，应说："您好，欢迎光临！"

②如住店客人可享用免费自助早餐，则应请客人出示饭店欢迎卡（应在卡上作记录）或收取免费早餐券。

③如住店客人不能享用免费早餐，或是非住店客人，及自助正餐，则应问清人数后礼貌地请客人去账台付款（或签单）。

④如是团队客人，则应与旅行团的导游（或领队）或会议主办单位的联络人一起统计客人人数。

⑤礼貌示意，指引客人进入餐厅。

⑥视需要接挂客人衣帽。

（3）餐台服务。

①主动为客人斟倒饮料、递送餐具，并热情地为客人介绍菜点。

②注意整理菜点，使之保持丰盛、整洁、美观，必要时帮助客人取用菜点。

③及时更换或清洁公用叉、匙和点心夹，并随时补充餐盘等餐具。

④如果某些菜消费速度较快，应通过传菜员及时通知厨房补充菜点。

⑤随时做好热菜点的保温工作，并及时回答客人提出的有关菜点的问题。

⑥如有烧鸡或大块烤肉等菜肴，餐台服务人员或值台厨师应为客人切割并分派至客人的餐盘中，并根据需要分派沙司。

⑦当客人不慎将菜肴落在餐台上时，服务人员应立刻在不妨碍客人的前提下，将菜肴扫进空盘中，而后用湿布擦拭污迹，再用干净的餐巾盖在污点上。

（4）传菜服务。

①及时补充菜点、餐具。

②做好餐厅与厨房的联络、协调工作。

③及时撤走客人用过的餐具。

（5）餐桌服务。

①及时为客人拉椅让座。待客人坐下后，按点菜餐厅服务要求推销、服务酒水。

②当客人离座取菜时，及时撤走客人用过的餐具，并叠好餐巾放在餐位右侧。

③及时补充餐巾纸、调料等，按要求撤换超过两个烟头的烟灰缸。

④根据客人需要，迅速为客人取送煎煮食品或其他菜点。

⑤及时为不习惯或不方便自取食物的客人取送菜点、饮料。

⑥巡视餐厅各处，随时保持餐厅卫生，并随时准备为客人提供服务。

⑦客人用餐结束后，及时、准确地为客人进行酒水的结账工作，收款（或签单）道谢后主动向客人告别，并迅速清理台面，重新摆台，以便后来的客人用餐。

5. 其他注意事项

（1）自助餐餐厅布置要科学合理，既便于客人用餐，又便于服务人员服务。

（2）随时注意食物供应量的变化，做到及时添加食物。

（3）尽量采用合理的方式提示客人注意量力而行，少取多次，以节约成本。

（4）自助餐的菜单设计要充分考虑顾客的饮食习惯和爱好，对菜品数量进行调整和控制，既要满足客人的需要，又要减少菜品的浪费。

（二）酒会服务

鸡尾酒会又简称为酒会，是一种简单、活泼的宴会形式，通常在下午、晚上举行，以各种酒水饮料为主，略备小吃、点心和少量的热菜。

鸡尾酒会一般不摆台、不设座，只在酒会大厅边角处为年老者或愿落座者设少量桌椅，桌上摆餐巾纸、花瓶和烟灰缸等。在酒会大厅中设一个到几个类似自助餐的餐台，台上陈列小吃、菜肴。

1. 服务特点

（1）量身定做。酒会可满足现代社会各种场合的需求，以轻松、热闹且多变的方式来展现活动。酒会的主题活动多样，如庆祝、纪念、说明、展示、开幕、告别、会议等主题，可以是正式场合，或轻松聚会，也可以加入个人特色，或安排表演，大到场地布置，小到酒会菜单，都可依客人喜好及酒会主题来安排。

（2）时间灵活。一般酒会举行的时间，大都与正式用餐分开，一般上午9时至11时、下午3时至5时、下午4时至6时等是最常采用的时间。不过，也可以配合主办者的需求，在正餐供应时间举行，而所提供的餐点也必须有所调整。

（3）进出自由。酒会进行的方式轻松自由，随进随出，虽然要配合主人的开始时间，但并不要求所有客人到齐才开席，并且通常以自助方式进行，只要进入会场便可以融入社交活动及取用餐点，所以对于迟到或早退的宾客，不会感到尴尬。

（4）菜点精致。一般酒会大都以站立方式进行，不安排桌椅供客人入座。客人通常一手拿酒水，另一手取餐点，因此所提供给客人的餐点都必须经过仔细设计，强调手工精致程度，以小块少量来供应，客人可用手或牙签取用，免用刀叉，同时，餐点还要避免油腻及汤汁。另外，菜点的种类及分量是根据与主人事先的约定限量供应的。

（5）以酒水服务为主。酒会现场一定会安排一临时吧台来提供酒水服务，服务人员会事先把吧台搭设好，并准备各式相关的用于调酒的酒水、调料和器具，例如各类蒸馏酒、啤酒、果汁、可乐、苏打水、红葡萄酒、白葡萄酒、矿泉水等酒水，以及冰块、柠檬、樱桃、各式杯具等。

（6）讲究场地布置。酒会属于宴会形式的一种，讲究场地布置，由于不设桌椅，客人以站姿取用餐点，因此现场会摆设一些小型圆桌作为自助餐台；桌上还会放有餐巾纸、牙签筒、烟灰缸等物品。酒会现场较宽敞，客人可四处走动，充分享受社交活动。另外，餐台布置、舞台设计、灯光照明、特殊效果、进出方向以及行动路线的安排，都是成功布置酒会场地的重点。

2. 服务人员的分工

（1）酒水服务人员。用托盘端上装有各种酒水和饮料的杯子巡回向客人敬让，自始至终不间断，同时要及时收回用过的酒杯，以保持台面的整洁和避免酒杯的重复使用。但应注意不要一边让酒（邀请客人喝酒），一边收酒杯，以免造成用过的有余酒的杯子和干净的盛有酒水的杯子混淆在一起。正确的服务方法是，在普遍让过一遍酒后，指定专人负责收回用过的酒杯。

（2）菜点服务人员。在酒会开始前15分钟，在餐台上摆好干果，酒会开始后端上菜点和各种小吃在席间巡回敬让。要保证每一道菜点对每一个客人都要让到，特别注意帮助老年客人取用。一道菜点对所有客人让过后，剩余的菜点经过整理后置于餐台上，接着让下一道菜点。并随时撤回桌上的空盘，收拾桌上用过的牙签、餐巾纸等。

（3）吧台服务人员。在酒会开始前，准备好各种需要调制鸡尾酒的酒水、材料和器皿，准备好供洗刷的消毒水和清水。酒会开始后负责倒酒、兑酒、洗刷用过的酒杯，保证酒水和酒杯的供应，并随时整理酒台。酒会用酒的品种多、数量大，应注意既要满足客人的需要，又要注意节约。对于带汽的酒水要随用随开，以免口味变化，各种鸡尾酒的兑制，要严格按规定比例、配料来操作，保证酒水质量。

3. 酒水服务的环节

酒会中酒水服务是整个活动中最重要的部分，服务方式及供应的分量都会对酒会的质量造成影响，其服务程序如下：

（1）酒会前的服务准备。

①酒会开始前，将吧台设置妥当，并将各式酒水及相关杯具配备齐全，酒会一旦开始便可立即服务与会客人。一般需要准备的酒杯数量约为参加人数的三倍。

②准备点用酒水的记录表单，清楚记录酒水用量后供结账用。

③开始服务前要先请酒会负责人清点一次，以确认实际的使用量。一般常用的计费方式有两种：一种为按实际消费来计价；另一种为设定一个固定价格，在一定时间内，按事先约定的酒单内容无限畅饮。

（2）酒会开始的服务。

①酒会开始的前10分钟是宾客人流最多的时候，客人同时进入会场，大都会先要一杯饮料，所以酒会一开始需要保证有充足的酒水供应，以免客人排队等候，造成会场混乱。酒会开始时，立即将酒水传送到客人手上，务必在最短时间内让所有宾客人手一杯，使酒会顺利开场。

②现场服务人员要注意工作量及人力协调，并根据现场主管的调度来服务客人。

（3）准备第二轮酒杯。在所有宾客都有饮料后，吧台的压力会稍微减小，但要开始准备第二轮酒水所需杯具，要在最短时间内将空杯准备好。

（4）服务第二轮酒水。将酒水倒入酒杯，整齐排放在吧台上，在第一杯拿走后15～20分钟后，客人通常会需要第二杯饮料，这时可开始第二轮酒水服务，同时要督促绕场人员协助客人将手上的空杯收走，以便送洗。

（5）补充干净的酒杯。客人进入第二轮饮用后，酒杯可能会不够用，这时需要把洗涤区的干净的酒杯送回吧台处，以配合接下来的服务。

（6）补充消耗的酒水。酒会中会因客人较偏爱某些饮料而造成消耗量较大，如鸡尾酒、果汁、红或白葡萄酒，此时要注意酒类的消耗量，给予适时的补充，避免出现供应不足的现象。

（7）酒会高潮的服务。吧台要注意整个酒会的进程，在酒会活动中的高潮，如宣布事项、演讲、举杯同饮，或开始后和结束前的10分钟，都会是需要人手一杯的场合，所以在这些时段内要尽快供应酒水，以达到宾主的要求。

（8）酒会结束的清点。酒会结束前要对所销售的酒水进行清点，计算实际使用量，在结束前完成此项工作，供宾客结账使用。同时，吧台要进行整理、清洁工作。

案例分析

>> 自助餐上的香蕉

案例

有一位美国客人入住某饭店，他个性孤僻，不喜言笑，单身。在饭店住了一周，几乎从不开口，不跟人打招呼，更难得让人看到一丝微笑。楼层服务人员觉得这位客人极难伺候，任凭他们如何笑脸相待，主动招呼，所得到的总是一张铁板的脸，天天如此。

每天早上，他爱去自助餐厅吃早饭。当他吃完自己挑选的食品之后，便开始在台上寻找什么东西，一连三天都是如此。第一天，服务人员小梅曾问过他要什么东西，他没吭一声，掉转头便走出餐厅。第二天小梅又壮起胆询问他，他还是一张冷峻的脸，小梅窘得双颊发红。当这位美国客人正欲步出餐厅时，小梅又一次笑容满面地问他是否需要帮助，也许是小梅的诚意感动了他，他终于吐出“香蕉”一词，这下小梅明白了。第三天早上，那位沉默寡言的客人同平时一样又来到自助餐厅，左侧一盘黄澄澄的香蕉吸引了他的注意力，绷紧的脸第一次有了一丝微笑，站在一旁的小梅也喜上眉梢，又一次领悟到“精诚所至，金石为开”的道理。

在接下来的几天里，饭店每天早餐都特地为他准备了香蕉。

几个月后，这位客人又来到该饭店。第二天一早他步入自助餐厅，原以为这次突然“袭击”，餐厅一定没有准备香蕉。孰料走进餐厅，迎面就是引人注目的一大盘香蕉。这位“金口难开”的客人看到小梅，第一次主动询问是不是特意为他准备的香蕉。小梅嫣然一笑，告诉他昨晚总台服务人员已经给餐厅带来了他入住本店的信息。

“太感谢你们了”，客人几个月第一次向酒店表达了发自内心的感谢。

分析

酒店全心全意为客人服务，博得客人的好评，这在酒店业中极为常见。可是本案例中那位沉默寡言的客人一个微笑、一声道谢，其含“金”量就非同一般。上述饭店的小梅等人便是用自己的真情使客人开启了他紧闭的嘴，“熔化”了他铁铸的脸。

自助早餐准备一些香蕉，不是一件难事，重要的是去探索客人的心理，了解他们的需求。这位客人对香蕉情有独钟的信息不仅餐厅知道，连总台都掌握，可见该饭店极为重视有关每个客人特殊需求的档案。此外，该饭店的信息传递渠道畅通。晚上客人到达，第二天早上餐厅已经有了准备，酒店的服务效率由此可见一斑。

第三节　客房送餐服务

一、客房送餐服务的种类

1. 饮料服务

（1）普通冷饮料，指汽水、果汁、可乐等。宾客在房间点要饮料时，客房送餐部服务人员需将饮料和杯具送到宾客房内并将饮料倒入杯中。

（2）普通热饮料，指咖啡、红茶、牛奶等。宾客在房间点要这些饮料时，客房送餐部服务人员须将方糖、袋糖、咖啡匙及碟等备好后，与热饮料一同送至宾客房间，供宾客使用。运送速度要快，以保持热饮料的温度。

（3）酒类，指开胃酒、烈性酒、葡萄酒、香槟酒等。当宾客点要酒时，送餐服务人员要准备好相应的载杯和开瓶器，与所点酒品一起送到宾客房内，并为其开瓶和斟倒。重要宾客在客房内配备酒车服务。

2. 食品服务

（1）早餐。客房送餐服务部主要为宾客提供欧陆式、美式和零点式早餐。

（2）午、晚餐。提供烹制较为简单、快捷的西餐和快餐，一般包括开胃菜类、汤类、鱼类、肉类、凉菜类、点心类、饮料、水果等。

（3）点心，有三明治、面、饺子、甜点、水果等。

3. 特别服务

（1）饭店总经理送给重要宾客的花篮、水果篮、巧克力篮、高档礼品（如书籍）、欢迎卡等，由客房送餐服务部负责在宾客到店前送入房间，并按规定放置在适当的位置。

（2）送给重要宾客的生日礼物，如鲜花、蛋糕、酒品、礼物等，应由客房送餐部派人送入房内。

（3）与客房部协作给全部或部分住店宾客赠送节日礼品。

（4）为住店宾客承办房间酒会，如生日酒会、庆祝酒会、

知识链接

房内送餐服务

欢迎酒会、饯行酒会等。

（5）与酒水部员工协作共同做好行政楼层、贵宾酒廊的接待服务工作等。

（6）与客房服务人员配合照顾生病客人。

二、客房订餐服务的形式

1. 门把手菜单预订

门把手菜单预订一般适用于早餐预订，宾客须将填写好的“门把手早餐菜单”在前一晚12点前挂在客房门外侧的门把手上，主要为宾客提供欧陆式、美式和零点式早餐。

早餐门把手菜单服务程序如下：客房送餐部夜间服务人员在指定的时间（晚12点以前）到楼层收订单；将订单按房间号排序，注意核对房号；将订餐时间、房号、数量及特殊要求抄在订餐记录单上；打印出账单，交给当班领班。

2. 全天候电话预订

全天候电话预订是宾客在24小时任意时间需要进餐时，临时打电话通知客房送餐部送所需食物到客房的一种订餐方式。全天候点菜菜单一般放在客房服务指南内。

全天候电话订餐服务程序如下：

（1）接受宾客预订。订餐员须在电话铃响三声之内接听电话，首先向宾客问好，然后仔细聆听宾客预订要求，掌握宾客姓名，房号，用餐时间，订餐种类、数量、人数及特殊要求，并解答宾客提问；可以主动向宾客推荐，说明客餐服务项目，介绍当天推荐食品，描述食品的数量、原料、味道、辅料及制作方法；复述宾客预订内容及要求，得到宾客确认后，告知宾客等候时间并向宾客致谢；待宾客将电话挂断后，方可放下听筒。

（2）填写订单并记录。订餐员按用餐顺序将宾客所订食品依次填写在订单上，订单一式四联，厨房、冷菜、收款、酒吧各执一联；若宾客需要特殊食品或有特殊要求，需附文字说明，并同订单一同送往厨房，必要时可向厨师长说明；在客餐服务记录本上记录宾客订餐情况，包括订餐宾客的房间号码、订餐内容、订餐时间、服务人员姓名、账单号码等。

三、客房送餐服务的程序

1. 普通送餐服务

（1）餐前准备。

①准备好送餐用具，备好餐具及布件等用品。

②备好账单，取验宾客所订食品和饮料。

③送餐服务人员检查自己的仪容仪表。

（2）客房送餐。

①送餐途中，保持送餐用具的平稳，避免食品或饮品溢出。

②食品、饮品、餐具需加盖洁净布巾；热菜需使用保温箱，冰冻食物需使用冷藏设备。

③使用饭店规定的通道或电梯送餐。

④核对房号，按门铃，轻声说："Room service！"

（3）房内用餐服务。

①宾客开门后，微笑向宾客问好，并以宾客姓名称呼，并询问是否可以进入房间，得到宾客允许后进入房间，并致谢。

②礼貌地征求宾客的用餐位置，并进行摆放，依据订餐类型和相应规范进行服务。

（4）结账。

①将账单夹双手递给宾客，请宾客签单或付现金，并向宾客致谢。

②询问宾客是否还有其他要求，若宾客又有新的要求，应尽量满足。

（5）道别。结账后，祝宾客用餐愉快，礼貌地退出房间，将房门轻轻关上。

（6）收餐。若宾客来电要求收餐时，应核查订餐记录，确认房间号码后去收餐。

（7）结束工作。返回客房送餐部后，送餐员要将签好的账单或现金送到收银台，并在送餐日记簿上记录送餐时间、返回时间与收取餐具时间。

2. 客房送餐特别服务

（1）送VIP宾客水果篮。了解当日VIP客情，根据等级和酒店规定配备水果；按规格准备刀、叉、口布、甜食盘、洗手盅；提前20分钟送达房间，按要求摆放在统一位置；检查并确保水果保鲜洁净卫生，确认用具及食品摆放的合理性。

（2）患病宾客的服务。了解患病宾客的病情、饮食禁忌和所需的特殊服务；积极向宾客推荐清淡可口、营养丰富、易于消化的菜肴和食品；送餐时根据宾客的病情合理安排就餐位置，言行举止要体现对宾客的关切和安慰；为宾客提供白开水或矿泉水，方便宾客服药。根据酒店有关规定送上鲜花和水果，祝宾客早日康复。

四、客房收餐服务的流程

1. 收餐服务流程

（1）若客人未来电要求收餐，早餐30分钟后、正餐60分钟后打电话征询客人意见。

（2）客人来电话要求收餐，征询客人用餐意见，然后通知值班台或客房服务中心进房将餐具撤出。

（3）送餐员及时去客房收取餐具。

（4）送餐员收取餐具时要清点餐具，检查有无破损，若有遗漏应设法追回。

（5）送餐员检查客人的用餐情况，若食品剩下一半以上，了解原因，做好记录，报告领班或经理，反馈给相关部门。如属质量问题，需向客人致歉并设法补救。

2. 客房送餐服务注意事项

（1）送餐服务规范，送餐迅捷，餐具及时回收。

（2）送餐员在工作过程中应注意礼貌问候客人（包括房内其他客人）。

（3）注意安全，防摔，防烫，防打破餐具、杯具等。

（4）注意操作的"三轻"（走路轻、说话轻、操作轻）。

（5）若客人不方便，应适当提供帮助。

案例分析

>> 30分钟的送餐服务

案例

酒店送餐电话响个不停，原来是2919房客人要求房内用膳，“先生，您需要用些什么？”“一碟绍兴糟鸡、一条红烧鲈鱼、一盘麻辣豆腐、一份番茄蛋汤加两碗饭。”“好的，先生。”说完便搁下电话立即通知餐饮部，大约过了30分钟，2919客人又一个电话，还未等服务人员开口便一顿骂：“想把人饿死吗？还说是五星级酒店，到现在还没送来。”服务人员刚要道歉，对方已经将电话挂断，服务人员再次催促厨房，5分钟以后晚餐终于送进了2919房。

分析

酒店的送餐服务是高档酒店的一项常规服务，它具有严格的时间限制，但也需与客人所点的菜的烹饪时间相联系。此案例中客人所点的菜与他跟催的时间显然是不符合的，因为红烧鲈鱼的烹饪时间较长，所以作为订餐员首先要对客人所点的菜的一些相关知识进行了解，这样才能给予客人一个明确的答复，当客人订完餐后即告知一个明确的时间，若某一菜制作较麻烦应向客人事先说明避免引起投诉，但无论怎样，酒店给予客人的任何承诺都必须做到、做好，这关系到酒店的声誉。

课堂练习

1．中餐厅经营的主要特点是什么？

2．宴会服务应注意哪些环节？

3．西餐零点正餐服务包括哪些环节？

4．如何做好房内送餐服务？

技能操作

1．考察当地中餐厅和西餐厅各一家，根据所学中、西餐服务知识，分析并评价其服务水平。

2．根据所学的中餐服务与西餐服务环境、设计场景，模拟训练中餐、西餐各环节的服务工作。

3．进行宴会预订的模拟训练。

第四章 菜点、酒水服务

本章导读

本章重点介绍，中外的主要菜系、特点及代表菜肴，中外主要面点，中外酒水种类、特点及著名品牌。通过本章的学习，学生能够较系统地了解菜点、酒水常识，掌握常见菜点、酒水的属性，从而为今后的工作奠定扎实的基础。

学习目标

- 熟悉中国菜的构成和菜系基础知识，并能列举各菜系的代表菜。
- 了解外国菜的构成及外国菜式的特点。
- 了解中式面点和西式面点的分类及其流派。
- 掌握酒水基础知识，并能列举部分名酒。

章前案例

>> 啤酒多少度

小王请小张去一家餐厅吃饭，服务人员很热情地接待了他们。小王对小张说："今天工作完成得很好，我们喝点酒庆祝一下吧。"小张摇摇头说："我不会喝酒，很容易醉的。"小王说："那我们喝点度数低的酒怎么样？"小张问："啤酒多少度？"小王说："很低吧，我们问问服务人员。"于是就问服务人员，服务人员想了一想，回答说："好像是十几二十度吧。"小张一听，连忙摇头说："那酒度太高了，我不能喝。"

问题

啤酒多少度？餐厅服务人员要掌握哪些方面的知识？

案例分析

服务人员在实际工作中，除需要掌握好服务技能外，还应多学习与自己业务有关的知识，如菜点知识、酒水知识、烹调知识、原料知识以及菜品的制作过程，菜品的色、香、味、形的具体要求和菜品的风味特点等，不断拓展自己的知识面。通过服务人员的工作，使顾客不但能得到美食的满足，更能体验到饮食文化的享受。

第一节 中国菜的构成及菜系

一、中国菜的构成

菜虽为辅食，但“以食为天”的中国人，对于菜却一向是特别讲究，所谓饭菜，实际上是把饭、菜的主次颠倒过来，变成“看菜吃饭”了。中国有句俗话“民以食为天，食以味为先”。这里所谓的“味”，明显是对于菜而言，由此可见，“菜”在中国饮食中占有多么重要的地位了。

我国历史悠久，地域辽阔，人口众多，不同的民族、不同的地理环境、不同的生活习惯和不同的文化形成了各种不同类型的中国菜。

中国菜主要由地方菜、宫廷菜、官府菜、寺院菜和少数民族菜构成。

1. 地方菜

地方菜又称地方风味菜，是中国菜的主要组成部分。它是选用当地的优质原料，采用当地独特的烹饪方法，制做出的具有浓厚地方特色的菜肴。经过几千年的发展变化，各地逐渐形成了各自独特的风格，地方菜主要有粤菜、川菜、鲁菜、苏菜、徽菜、湘菜、浙菜和闽菜等。

2. 宫廷菜

宫廷菜是指我国历代封建帝王家族享用的菜肴。我国的宫廷风味菜肴，主要以几大古都为代表，有南味、北味之分。南味以南京、成都、杭州为代表，北味以西安、洛阳、开封、北京、沈阳为代表。元明以来，宫廷菜主要是指北京宫廷菜，其特点是选料严格、制作精细、形色美观，口味以清、鲜、酥、嫩见长。著名的菜点有溜鸡脯、荷包里脊、四大抓、四大酱、四大酥、小糖窝头、豌豆黄、芸豆黄等。现在北京的仿膳仍经营这种传统的宫廷风味菜点。西安也仿制成功了唐代宫廷菜，主要有长安八景、龙凤宴、烧尾宴、沉香宴四种宴席，有五十多个品种。

3. 官府菜

官府菜又称官僚士大夫菜，它是历代封建王朝的高官为在自己官府中宴请宾朋而广络名厨，进行菜肴制作与研究，并形成的具有一定影响的菜肴。

官府菜主要包括以下几种：孔府菜、东坡菜、云林菜、随园菜、谭家菜、段家菜。

4. 寺院菜

寺院菜的兴盛发展与佛教有关。佛教本无吃素的戒律，自释迦牟尼弟子提婆达多提倡素食，传入我国后，为信徒所接受。自此入寺吃素成为佛教教规。起初，僧尼素食只限于寺院内部食用，或做佛事人家招待僧尼进用。后来，朝山进香的施主、香客来了，需就地素食，于是有些较大的寺院就兼营寺食了。

寺院菜主要是以非动物原料（蛋、奶除外）烹制的，用植物油、蔬菜、豆制品、面筋、竹笋、菌类、藻类和干鲜果品等植物性原料烹制的菜肴。其特征主要有：时鲜为主，清爽素净；花色繁多，制作考究；富含营养，健身疗疾。

寺院菜的特点，一是为寺院所创，执鼎者多是僧厨；二是忌用动物性原料和韭、葱、蒜等植物原料；三是以荤托素，即吸收荤菜烹制技术，仿制荤菜菜形，借用荤菜菜名。其名菜有罗汉斋、鼎湖上素、素鱼翅、酿扒竹笋及八宝鸡、糖醋鱼、炒毛蟹、油炸虾等，象形菜如孔雀、凤凰、花篮、蝴蝶等花色冷盘菜。

5. 少数民族菜

少数民族菜又称民族风味菜，主要有回族菜（又称清真菜）、朝鲜族菜、维吾尔族菜、满族菜和藏族菜等。

二、中国菜系

菜系是指在一定的区域内，因物产、气候、历史条件和饮食习俗的独特性，经过漫长历史的演变而形成的一套自成体系的烹饪技艺，并被世人所承认的地方菜。中国菜通常可分为四大菜系（粤菜、川菜、鲁菜、苏菜）、八大菜系（粤菜、川菜、鲁菜、苏菜、徽菜、湘菜、浙菜和闽菜）和十大菜系（粤菜、川菜、鲁菜、苏菜、徽菜、湘菜、浙菜、闽菜、京菜和沪菜）。

1. 粤菜

粤菜又称广东菜，由广州菜、潮州菜和东江菜组成。广州菜包括珠江三角洲和肇庆、韶关、湛江等地名食在内，涉及的地域很广。粤菜口味讲究清、鲜、嫩、脆，擅长炒、煎、焖、炸、煲、炖、扣等，调味喜用蚝油、虾酱、鱼露、沙酱、梅糕酱、红醋，颇具特色。粤菜用料广博奇异，善用生猛海鲜，尤以烹制狗、蛇、猴等野生动物而著名。粤菜的风味特点是讲究清淡，鲜而不俗、嫩而不生、油而不腻。

著名代表菜有龙虎斗、烤乳猪、五蛇羹、盐火焗鸡、蚝油牛肉、干煎虾碌、冬瓜盅、文昌鸡等。

2. 川菜

正宗的川菜以成都、重庆的菜肴为代表。川菜重视选料，分色配菜，主次分明，色彩协调，其特点是甜、酸、麻、辣、香、油重、味浓，注重调味，离不开三椒（辣椒、胡椒、花椒）和生姜，以麻、辣、鲜、香而独特，为其他地方所少有，享有“一菜一格，百菜百味”的美誉。川菜讲究综合用味，收汁较浓，在咸、甜、麻、辣、酸五味基础上，加上各种调料，相互配合，形成各种复合味，如家常味、咸鲜味、鱼香味、荔枝味、怪味等23种。如今，川菜具有用料广博、注重调味、味型多样的特点，尤以味型多、变化巧妙而著称。

川菜的代表菜有鱼香肉丝、宫保鸡丁、黄焖鳗、麻婆豆腐、回锅肉、干煸牛肉、水煮牛肉、酸菜鱼、棒棒鸡、清蒸江团等。

3. **鲁菜**

鲁菜又称山东菜，主要是由济南、胶东两类地方风味菜组成。鲁菜注重突出菜肴的原味，内地以咸为主，沿海以鲜为特色。菜肴以清鲜脆嫩著称，原料多用禽畜、海产、蔬菜等，善用爆、炒、烧、炸、熘、扒、烤、锅、拔丝、蜜汁等烹调方法，偏重于酱、葱、蒜调味，善用清汤、奶汤增鲜，口味咸鲜。

鲁菜的代表菜有糖醋鲤鱼、九转大肠、蟹黄海参、德州扒鸡、油爆双脆、孔府一品锅等。

4. **苏菜**

苏菜又称淮扬菜，主要是由苏州、扬州、南京、镇江等地的地方菜组成。原以水产为主，注重鲜活，刀工精致，重视火候，尤以瓜雕享誉四方。苏菜擅长用炖、焖、蒸、炒等烹饪方法，且用料严谨，注重配色，讲究造型，四季有别。菜肴浓而不腻，烂而不糊，注重美观，生动逼真。

苏菜的代表菜有清汤火方、清炖蟹粉狮子头、松鼠鳜鱼、盐水鸭、三套鸭、叫花鸡等。

5. **徽菜**

徽菜由沿江、沿淮、徽州三地的地方菜构成。其特点是选料朴实，讲究火功，重油重色，味道醇厚，保持原汁原味。徽菜以烹制山野海味而闻名，早在南宋时，“沙地马蹄鳖，雪中牛尾狐”就是那时的著名菜肴了。其烹调方法有烧、焖、炖。

徽菜的代表菜有符离集烧鸡、火腿炖甲鱼、腌鲜鳜鱼、火腿炖鞭笋、雪冬烧山鸡、红烧果子狸、问政山笋、朱洪武豆腐、奶汁肥王鱼等。

6. **湘菜**

湘菜又称湖南菜，主要以湘江流域、洞庭湖区和湘西山区三地的菜肴发展而成。主要特点是用料广泛、油重色浓，多以辣椒、熏腊制品为原料，具有浓郁的山乡水乡风味。口味注重香鲜、酸辣、软嫩。烹调方法擅长腊、熏、煨、蒸、炖、炸、炒。

湘菜的代表菜有东安子鸡、辣味合蒸、麻辣子鸡、红煨鱼翅、冰糖湘莲、金钱鱼、一鸭四吃等。

7. **浙菜**

浙菜又称浙江菜，以杭州、宁波、绍兴、温州等地的菜肴发展而成。其特点是清、香、脆、嫩、爽、鲜。浙江盛产鱼虾，又是著名的风景旅游胜地，湖山清秀，水光山色，淡雅宜人，故菜如其景。不少名菜来自民间，制作精细，变化多样。烹调技法擅长于炒、炸、烩、熘、蒸、烧。

浙菜的代表菜有龙井虾仁、西湖醋鱼、东坡肉、干炸响铃、干菜焖肉等。

8. **闽菜**

闽菜又称福建菜，主要由福州、漳州、厦门、泉州等地的地方菜组成。主要特点是烹制细腻、色调美观、注重调味，具有鲜、淡、香、烂，稍带甜酸辣的独特风味。长于制作海鲜，汤菜考究，变化无穷，有“广汤十变”“无汤不行”的说法。烹调技法擅长于炒、熘、煎、煨，尤以“糟”最具特色。

闽菜的代表菜有佛跳墙、醉糟鸡、荔枝肉、酸辣鱿鱼、太极明虾、东壁龙珠等。

9. 京菜

京菜又称北京菜，由汉、满、蒙等多种民族菜肴、山东菜肴、宫廷菜肴和官府菜肴发展而成。京菜的特点是取料广泛，品种繁多，口味香鲜，以油爆、盐爆、酱爆、汤爆、水爆、锅爆、糟熘、白扒、烤和涮等烹调方法见长，口味以咸、甜、酸、辣、香为特色，擅长烹制羊肉菜肴，如涮羊肉等。

京菜的代表菜有北京烤鸭、烤肉、菜包鸡、涮羊肉、手抓羊肉、琥珀鸽蛋、油爆双脆、水爆肚仁、葱爆羊肉、三不粘、醋椒鳜鱼、珍珠大乌参、糟熘鱼片等。

知识链接

中国菜系

10. 沪菜

沪菜又称上海菜，以上海地区传统菜肴为主，吸收其他菜系的长处，融汇西菜风味而成。以红烧、生煸和煨法为多，爱用浓油赤酱。汤卤醇厚，注重原味，咸淡适口。

沪菜的代表菜有砂锅鱼头、椒盐蹄膀、红烧烤麸、菊花黄鱼羹和干贝萵笋等。

第二节　外国菜的构成及菜式

一、外国菜的构成

外国菜通常是指西餐，是我国人民对欧美各国菜肴的总称，主要指欧洲、北美和大洋洲各国的菜肴。外国菜的正餐多由开胃菜、汤、副菜、主菜和甜点组成。

（一）开胃菜

开胃菜也称作开胃品、头盘、头盆或餐前小吃，是西餐的第一道菜。数量较少，质量较高，装饰精美，口味以酸、咸为主，清新爽口，色泽鲜艳，具有开胃和刺激食欲的作用，通常可以分为以下五类。

1. 开那批

开那批是以小块脆面包片、脆饼干为底托，上面放各种小块有特色的冷鱼、冷肉、鸡蛋片、酸黄瓜、青豆泥、鹅肝酱、鱼子酱，或各式色拉等小食品，大小约是一次入口或两次入口的量，食用时可以不用刀叉、牙签，直接用手拿取入口。

2. 鸡尾菜

鸡尾菜是指以海鲜或水果为主要原料，配以酸味或浓味的调味酱而制成的开胃菜，通常盛在玻璃杯里，用柠檬角装饰，类似于鸡尾酒，故得名。鸡尾菜包括海鲜类鸡尾菜（以熟虾肉、熟蟹肉、蛤、蚝肉、绿色蔬菜为主要原料）、畜肉类鸡尾菜（畜肉制成小丸子配以绿色蔬菜）、水果类鸡尾菜（各种水果丁、奶油）等。

3. 鱼子酱

鱼子酱作为开胃菜时，常用黑鱼子酱、黑灰色鱼子酱和红色鱼子酱等。鱼子酱取自鲟鱼和鲑鱼的卵，鱼子酱常被制成罐头，作为开胃菜。食用时，将鱼子酱放入一个小型玻璃器皿或银器中，再将此容器放入装有碎冰的大容器中，另配洋葱末和柠檬汁做调味品。

4. 批类开胃菜（英语Pie，法语Pate）

批类开胃菜是指各种用模具制成的冷菜。主要有三种：各种熟制后的肉类、肝脏，经绞碎，放入奶油、白兰地酒或葡萄酒、香料和调味品搅成泥状，入模冷冻成型后切片，如鹅肝酱；各种生的肉类、肝脏，经绞碎、调味（或加入一些蔬菜丁或未绞碎的肝脏小丁）、装模烤熟，冷却后切片，如野味批；熟制的海鲜、肉类、调色蔬菜，加入明胶汁、调味品，入模冷却凝固后切片，如鱼冻。

5. 沙拉

沙拉是一种冷菜，主要作为开胃菜，在午餐时还可作为主菜和辅助菜。沙拉常由底菜、主体菜、配菜和调味酱四部分组成。不同类型的沙拉，特点也各不相同。

（二）汤

通常，西餐的第二道菜就是汤，具有开胃的作用。大体可以分为清汤、浓汤、特色风味汤。

1. 清汤

清汤，顾名思义是清澈透明的液体。通常以白色牛肉原汤、棕色牛肉原汤或鸡汤为原料，经调味，配上适量的蔬菜和熟肉制品作装饰而成。清汤通常有原汁清汤、浓味清汤和特制清汤三种类型。

2. 浓汤

浓汤是用原汤与油面酱制成的汤。通常，在汤中加入奶油或者菜泥而成。浓汤根据不同的工艺和配料可以分为奶油汤、菜泥汤、海鲜汤和什锦汤四种。

3. 特色风味汤

特色风味汤是指根据各民族和各地区饮食习惯及烹调艺术特点制作的汤。其特点是在制作方法或原料方面更具有民族和地区特色。如法国洋葱汤、意大利面条汤、西班牙凉菜汤等。

（三）副菜

鱼类菜肴一般作为西餐的第三道菜，也称为副菜。品种包括用嫩煎、炸、扒和水煮等方法制作的各种淡水鱼、海水鱼、贝类及软体动物类。鱼类菜肴常配各种蔬菜、土豆条、米饭或意大利面条；常用的调味汁有鞑靼汁、荷兰汁、酒店汁、白奶油汁、大主教汁、美国汁和水手汁等，通常水产类菜肴与蛋类、面包类、酥盒菜肴均称为副菜。

（四）主菜

肉、禽类菜肴通常作为西餐的第四道菜，也称为主菜。肉类菜肴的原料取自牛、羊、猪、小牛仔等各个部位，常加工成厚片状的排。最有代表性的是牛肉及牛排，按其部位可分为西冷牛排、菲力牛排、T骨牛排、肉眼牛排等；常用的烹调方法是扒、煎、烤、煮、焖等；常用的调味汁有浓烧汁、黑胡椒汁、蘑菇汁、白尼斯汁等。

（五）甜品

西餐的甜品是指主菜后食用的食物，如泡芙（Puff）、布丁（Pudding）、蛋糕（Cake）、油酥点心（Pastries）、冰淇淋（Ice Cream）、奶酪（Cheese）、水果以及综合式的点心。人们选择甜点时习惯上有两个原则：当主菜丰富或油腻时选择较清淡的甜点，如以水果组成的各种甜点、奶酪、冰淇淋等；当主菜较清淡时，选择较丰盛的甜点，如蛋糕、派等。

（六）咖啡、茶

西餐中最后上饮料、咖啡或茶。饮料、咖啡一般要加糖和淡奶油，茶一般加香桃片和糖。

二、外国菜式

西方国家因自然条件、历史传统、宗教信仰和社会制度等情况的不同，形成了不同的生活和风俗习惯，反映在饮食文化上则造就了各式各样的烹饪技艺和菜式，比较有代表性的有法式菜、英式菜、意式菜、美式菜和俄式菜。

1. 法式菜

法国人一向以善于吃并精于吃而闻名，法式大餐至今仍名列世界西菜之首。

法式菜肴的特点是选料广泛（如蜗牛、鹅肝都是法式菜肴中的美味），加工精细，烹调考究，滋味有浓有淡，花色品种多。法式菜还比较讲究吃半熟或生食，如牛排、羊腿以半熟鲜嫩为特点，海味的蚝也可生吃，烧野鸭一般六成熟即可食用等。法式菜肴重视调味，调味品种类多样。用酒来调味，什么样的菜选用什么酒都有严格的规定，如清汤用葡萄酒，海味品用白兰地酒，甜品用各式甜酒或白兰地等。法国人十分喜爱吃奶酪、水果和各种新鲜蔬菜。

法式菜肴的名菜有马赛鱼羹、鹅肝排、巴黎龙虾、红酒山鸡、沙福罗鸡、鸡肝牛排等。

2. 英式菜

英国的饮食烹饪，有家庭美肴之称。英式菜肴的特点是油少、清淡，调味时较少用酒，调味品大都放在餐台上由客人自己选用。烹调讲究鲜嫩，口味清淡，选料注重海鲜及各式蔬菜，菜量要求少而精。英式菜肴的烹调方法多以蒸、煮、烧、熏见长。

英式菜肴的名菜有鸡丁沙拉、烤大虾苏夫力、薯烩羊肉、烤羊马鞍、冬至布丁、明治排等。

3. 意式菜

在罗马帝国时代，意大利曾是欧洲的政治、经济、文化中心，也是西餐烹饪的发源地，单就西餐烹饪来讲，意大利却是始祖，可以与法国、英国媲美。

意式菜肴的特点是：原汁原味，以味浓著称。烹调注重炸、熏等，以炒、煎、炸、烩等方法见长。

意大利人喜爱面食，做法、吃法甚多。其制作面条有独到之处，各种形状、颜色、味道的面条至少有几十种，如字母形、贝壳形、实心面条、通心面条等。意大利人还喜食意式馄饨、意式饺子等。

意式菜肴的名菜有通心粉素菜汤、焗馄饨、奶酪焗通心粉、肉末通心粉、比萨饼等。

4. 美式菜

美式菜是在英式菜的基础上发展起来的，继承了英式菜简单、清淡的特点，口味咸中带甜。美国人一般对辣味不感兴趣，喜欢铁扒类的菜肴，常用水果作为配料与菜肴一起烹制，如菠萝焗火腿、苹果烤鸭。美国人对饮食要求并不高，只要营养、快捷。

美式菜肴的名菜有烤火鸡、橘子烧野鸭、美式牛扒、苹果沙拉、糖酱煎饼等。

5. 俄式菜

沙皇俄国时代的上层人士非常崇拜法国，贵族不仅以讲法语为荣，而且饮食和烹饪技术也主要学习法国。但经过多年的演变，俄式菜的食物讲究热量高的品种，逐渐形成了自己的烹调特色。俄式菜喜用热食，爱吃鱼肉、肉末、鸡蛋和蔬菜制成的小包子及肉饼等，各式小吃颇具盛名。

俄式菜肴口味较重，喜欢用油，制作方法较为简单。口味以酸、甜、辣、咸为主，酸黄瓜、酸白菜往往是饭店或家庭餐桌上的必备食品。烹调方法以烤、熏、腌为特色。俄式菜肴在西餐中影响较大，一些地处寒带的北欧国家和中欧南斯拉夫民族人们的日常生活习惯与俄罗斯人相似，大多喜欢腌制的鱼肉、熏肉、香肠、火腿以及酸菜、酸黄瓜等。

俄式菜肴的名菜有什锦冷盘、鱼子酱、酸黄瓜汤、冷苹果汤、鱼肉包子、黄油鸡卷等。

知识链接 吃西餐的礼仪

吃西餐在很大程度上讲是在吃情调，大理石的壁炉、熠熠闪光的水晶灯、银色的烛台、缤纷的美酒，再加上人们优雅迷人的举止，这本身就是一幅动人的油画。为了在初尝西餐时举止更加娴熟，费些力气熟悉一下这些进餐礼仪，还是值得的。

（1）就座时，身体要端正，手肘不要放在桌面上，不可跷足，与餐桌的距离以便于使用餐具为佳。餐台上已摆好的餐具不要随意摆弄。将餐巾对折轻轻放在膝上。

（2）使用刀叉进餐时，从外侧往内侧取用刀叉，要左手持叉，右手持刀；切东西用左手拿叉按住食物，右手执刀将其锯切成小块，然后用叉子送入口中。使用刀时，刀刃不可向外。进餐中放下刀叉时，应摆成“八”字形，分别放在餐盘边上。刀刃朝向自身，表示还要继续吃。每吃完一道菜，将刀叉并拢放在盘中。如果是谈话，可以拿着刀叉，无须放下。不用刀时，也可以用右手持叉，但若需要做手势时，就应放下刀叉，千万不可手执刀叉在空中挥舞摇晃，也不要一手拿刀或叉，而另一只手拿餐巾擦嘴，也不可一手拿酒杯，另一只手拿叉取菜。要记住，任何时候，都不可将刀叉的一端放在盘上，另一端放在桌上。

（3）每次送入口中的食物不宜过多，在咀嚼时不要说话，更不可主动与人谈话。

（4）喝汤时不要啜，吃东西时要闭嘴咀嚼，不要咂嘴发出声音。如汤菜过热，可待稍凉后再吃，不要用嘴吹。喝汤时，用汤勺从里向外舀，汤盘中的汤快喝完时，用左手将汤盘的外侧稍稍翘起，用汤勺舀净即可。吃完汤菜时，将汤匙留在汤盘（碗）中，匙把指向自己。

（5）吃鱼、肉等带刺或骨的菜肴时，不要直接外吐，可用餐巾捂嘴轻轻吐在叉上放入盘内。如盘内剩余少量菜肴时，不要用叉子刮盘底，更不要用手指相助食用，应以小块面包或叉子相助食用。吃面条时要用叉子先将面条卷起，然后送入口中。

（6）面包应掰成小块送入口中，不要拿整块面包咬。抹黄油和果酱时也要先将面包掰成小块再抹。

（7）吃鸡时，欧美人多以鸡胸脯肉为贵。吃鸡腿时应先用力将骨去掉，不要用手拿着吃。吃鱼时不要将鱼翻身，要吃完上层后用刀叉将鱼骨剔掉后再吃下层。吃肉时，要切一块吃一块，块不能切得过大，或一次将肉都切成块。

（8）不可在餐桌边化妆，用餐巾擦鼻涕。用餐时打嗝是最大的禁忌，万一发生此种情况，应立即向周围的人道歉。取食时不要站立起来，坐着拿不到的食物应请别人传递。

（9）就餐时不可狼吞虎咽。不愿吃的食物也应要一点放在盘中，以示礼貌。主人劝客人添菜，如有胃口，添菜不算失礼，相反主人也许会引以为荣。

（10）不可在进餐时中途退席。如有事确需离开应向左右的客人小声打招呼。饮酒干杯时，即使不喝，也应该将杯口在唇上碰一碰，以示敬意。当别人为你斟酒时，如果不要，可简单地说一声“不，谢谢！”或以手稍盖酒杯，表示谢绝。

（11）在进餐尚未全部结束时，不可抽烟，直到上咖啡表示用餐结束时方可。如在左右有女客人，应有礼貌地询问一声“您不介意吧？”

（12）进餐时应与左右客人交谈，但应避免高声谈笑。不要只同几个熟人交谈，左右客人如不认识，可进行自我介绍。别人讲话不可搭嘴插话。

（13）喝咖啡时如愿意添加牛奶或糖，添加后要用小勺搅拌均匀，将小勺放在咖啡的垫碟上。喝时应右手拿杯把，左手端垫碟，直接用嘴喝，不要用小勺一勺一勺地舀着喝。吃水果时，不要拿着水果整个去咬，应先用水果刀切成4或6瓣，再用刀去掉皮、核，用叉子叉着吃。

（14）进餐时，不要解纽扣或当众脱衣。如主人请客人宽衣，男客人可将外衣脱下搭在椅背上，不要将外衣或随身携带的物品放在餐台上。

第三节　中式面点和西式面点

面点就是以各种粮食为原料，或以粮食为主要原料，配以不同的肉类、鱼虾、杂品、禽蛋及鲜奶等辅助原料，经过加工而成的具有营养价值的米面制品。

面点有广义和狭义之分：广义的面点包括主食、小吃、点心和糕点；狭义的面点，则将主食、部分小吃排除在外。从面点的演变规律来看，是先有主食、小吃，后有点心、糕点。

一、中式面点

中式面点是我国人民所创造的传统食品。中式面点历史悠久，种类繁多。

（一）中式面点的分类

1. 按原料分类

这种分类方法是按形成面点品种的主要原料来分，一般可分为麦类面粉制品、米类及米粉制品、杂粮和淀粉类制品和其他原料制品。

2. 按熟制方法分类

这种分类方法是按熟制方法来分，一般可分为煮、蒸、炸、煎、烘、烤、烙、炒等多类，常常用于菜单中面点的分类。

3. 按形态分类

这种分类方法是按照点心的基本形态进行分类，一般可分为糕、饼、团、饺、粽、馄饨、烧卖、汤圆等。

4. 按馅心分类

这种分类方法通常按制作馅心的原料的自然属性分类，一般分为荤馅类、素馅类、荤素馅类三大类，每类中还可分成生拌馅、熟制馅等。

5. 按口味分类

这种分类方法是根据面点的不同口味，一般可分为原味、甜味、咸味和复合味四种。

6. 按地方特色分类

这种分类方法是根据地方特色对面点进行分类。我国面点根据地理区域和饮食文化，大致可以分为“南味”和“北味”两大风味，南味的主要代表为“广式面点”“苏式面点”，北味的主要代表为“京式面点”。

（二）中式面点的主要流派

1. 广式面点

广式面点是指珠江流域及南部沿海地区的面点，以广东的面点为代表，故称广式面点。广式面点富有南国风味。广东气候比较炎热，长期以来形成了“饮茶食点”的习惯，加上广式面点用料广泛、品种繁多，近百年来又吸收了部分西点和面式菜肴的制作方法，故广式的甜点近似西点，部分咸点近似于菜肴，形成了自己的特殊风味。

广式面点的馅心选料讲究，保持原味，口味有清有浓，咸中带甜，以虾肉为主，口味鲜嫩，多用熟馅。广式面点的代表品种有广式月饼、椰蓉酥、叉烧包、虾饺等。

2. 苏式面点

苏式面点是指长江中下游地区的江、浙、沪一带的面点，以江苏为代表，故称苏式面点。江、浙一带是我国著名的鱼米之乡，物产丰富，为制作多品种、多式样的面点创造了良好的物质条件，其面点讲究色、香、味、形俱佳，口味鲜美，注重工艺，风味独特。

苏式面点的馅心用料讲究、口味浓醇、色泽较深，调料较重。不少品种使用熟馅，富有独特风味；生馅中常掺有皮冻，故汁多味浓；甜馅多用果料、蜜饯之类，口味甜香。苏式面点的代表品种有淮安的文楼汤包、扬州的三丁包子、无锡的小笼包、宁波汤团、各种粽子、千层油糕等。

3. 京式面点

京式面点是指黄河以北的大部分地区，包括东北、华北等地制作的面点，以北京面点为代表，故称京式面点。

由于北京曾为元、明、清的都城，现在是我国的首都，各方面的需要和有利的条件促使北京博采各地之精华，因而京式面点更加丰富，馅心咸甜分明，咸馅多用葱姜、黄酱、香油等香料，肉馅多用“水打馅”，不掺皮冻，口味鲜咸而香、柔软松嫩，别具一格。京式面点的代表品种有千层糕、京八件、狗不理包子、肉末烧饼、猫耳面、艾窝窝等。

知识链接

面点

二、西式面点

西式面点简称西点，传入我国已有百余年历史。西点起源于欧美，是西方饮食文化的代表。

西式面点主要是以面粉为原料制成的面包或蛋糕类点心，常用的烹饪技巧为烘烤。西式面点主要包括面包、蛋糕、派、油酥面点、布丁以及曲奇等。

1. 面包

面包是以面粉、油脂、糖、发酵剂、鸡蛋、水或牛奶、盐、调味品等为原料，经烘烤制成的食品。面包营养丰富，是西餐的主要组成部分，是早餐、午餐和正餐的主要食品之一。面包按用途可以分为主食面包和点心面包两类；按质感可以分为软质面包、脆皮面包、松质面包和硬质面包四类；按原料可以分为白面包、全麦面包和杂粮面包三类。

2. 蛋糕

蛋糕是由鸡蛋、白糖、油脂和面粉等原料经过烘烤制成的甜点。蛋糕营养丰富，味道香甜，质地松软，含有较高的脂肪和糖。根据蛋糕的特点，蛋糕可以分为油蛋糕、清蛋糕和装饰蛋糕。

3. 派

派是一种馅饼，是欧美人喜爱的甜点，是英文Pie的译音，又译成排、批等。派是由水果、奶油、鸡蛋、淀粉及香料等制作的馅心，外面包上双层或单层的油酥面皮制成的甜点。派的特点是酥脆，略有咸味，馅心有各种水果和香料的味道。派是西餐宴会、自助餐、零点和欧美人家庭中常用的甜点。

4. 油酥面点

油酥面点（Pastries）是以面粉、油脂、鸡蛋和水为主要原料，经烘烤制成的酥皮点心，其中比较著名的传统品种有拿破仑（Napoleon）和长哈斗（Eclair）。欧美人把这些小型的油酥点心称为法国酥点，而法国人称它们为小点心。

5. 布丁

布丁是英文Pudding的译音，是以淀粉、油脂、糖、牛奶和鸡蛋等为主要原料，经过水煮、蒸或烤等方法制成的一类柔软的点心。

6. 曲奇

曲奇（Cookie）是以面粉、油脂、白糖或红糖、鸡蛋及调味品制成的各式各样扁平的饼干和小点心。不同种类的曲奇会有不同的软硬度。有些曲奇甚至没有完全煮透。曲奇有很多不同风味，如糖味、香料味、巧克力味、牛油味、花生酱味、核桃味或干水果味。

知识链接 中式面点与西式面点的区别

简单区分：西式面点大部分是用机器完成的，而中式面点大部分是用手工来完成的。

1. 西点：就岗位分是甜品房和面包房。

甜品有很多种大项：芝士类、慕司类、巧克力类、奶酥类、拿破仑类、蛋糕类等。

面包分土司类、杂粮类、常温类等。

西点制作讲求的是精确的分量、标准的制作过程：如蛋糕打几分钟，放几分钟再烤，烤多长时间，多高的温度；面包要打几分钟，醒发几次，每次醒发多长时间等。所以会用到很多的辅助工具。如：

（1）面包温度针，糖浆温度针等的测温工具。

（2）各式各样的刀具。

（3）各式各样的模具。不同的样子用不同的模具成型。

西点烘焙由于现代的机器量使用越来越大，所以从事手工制作的人就少了。很多的产品都是机器做的。

2. 中点：由于中国菜系众多，每个菜系也有自己的代表点心，此处不再详述，可参考相关书籍。

中点注重的是手工，绝大多数的产品是不能用机器做的。所以要求工作人员的基本功要扎实。所以相对西点练的时间就长了。

第四节　酒的基本知识

一、酒的相关定义

酒是指以粮食、果实、植物等含淀粉和糖分的物质为原料经发酵、蒸馏、配制等工艺而得到的含乙醇（俗称酒精）并带有刺激性的饮料。

酒精度是指乙醇在酒液中的含量，一般是指温度在20 ℃时，每100 mL酒液中含纯酒精的毫升数，通常用百分比或者用缩写GL表示，例如：52°的五粮液即指在温度20 ℃时，每100 mL的五粮液中所含纯酒精为52 mL，或者说五粮液中的酒精含量为52%，或52 GL。

此外，一些国家对自己的酒精度有其他的表示方法，如美制酒度标准以PROOF表示，依照美国对酒精度的计量方法：1 PROOF=0.5°。

知识链接

酒

二、酒的特点

酒中最重要的成分是乙醇，英文为ethanol。酒的特点实际上是乙醇的特点。乙醇的主要物理性质是：常温下呈液态、无色透明、易挥发、易燃烧，沸点为78.3 ℃，冰点为－114 ℃，不易感染杂菌，刺激性较强，可溶解酸、碱和少量油类，不溶解盐类，可溶于水。当酒精浓度为53%时与水分子结合最紧密，因而刺激性相对较小，所以传统的中国白酒大多数在52°左右。但不同的酒水由于原料的不同和酿造方式的不同其所具有的风味及特点也不相同。

三、酒的作用

1. 酒对人体有较好的滋补作用

酒是一种营养价值很高的饮料，尤其是低度酒品，含有许多人体所必需的维生素、矿物质及其他营养物质，适量饮用可以增强体质。

2. 酒对人体具有药用价值

酒精的杀菌功能是众所周知的。自古以来，医药界就用酒精来消毒、消炎。而今天，人们也还常常在生活中使用酒来解毒杀菌，如生吃海鲜，喝上两盅酒可以起到暖胃杀菌的作用。另外，果酒、露酒、啤酒都有一定的药用功能，那些名目繁多、不胜枚举的药酒早已进入医疗领域。

3. 酒可以促进食欲、帮助消化

酒的滋味可以说是酸、甜、苦、辣、涩诸味俱全，其中的酸味、苦味和辣味都具有明显的开胃功能。它们能刺激和促进人体腺液的分泌，增加口腔中的唾液、胃囊中的胃液以及鼻腔的湿润程度，因而可以促进食欲、帮助消化。

4. 酒可以强心提神、舒筋活血、消除疲劳

我国医学认为，酒为水谷之气，有畅通血脉、活血行气、祛风散寒、消冷积、健脾胃之功效。少量饮酒可以促进血液循环，加速心跳，使表皮血管扩张，给人以强心提神、消除疲劳之感。

5. 酒可去腥解腻，增加菜肴美味

酒中含有各种醇类物质，可以中和菜品中的各种浓烈的气味，与之发生反应，可去腥气、解油腻，并且可以产生鲜美的口味。

6. 酒可助兴

所谓“无酒不成席”，餐桌上如果缺少了酒，就如同人缺少了灵魂。在人们的生活中，凡是重大的祭祀和喜事、丧事，都要饮酒。没有酒，就显得冷冷清清，没有喜庆气氛；没有酒，就显示不出主人的热忱和宴席的礼节。从这个意义上讲，生活离不开酒，酒点缀了生活。

7. 饮酒过量的危害

酒虽然为人的生活增添了许多情趣，但也有人因饮酒不当，招来了许多烦恼。

有些人相互劝酒，或自恃酒量大而过量饮酒，结果烂醉如泥，行走不稳。造成这种后果的原因是人体摄入大量酒精后，酒精扩张了大脑的大部分血管，并大大地增加了这部分组织的血流量。与此同时，专供人体运动平衡与协调的小脑供血量则相对减少，且功能下降，从而导致醉酒者步履蹒跚，更有甚者，因酒后失去控制而肇事。因此，贪酒恋杯将会严重地影响个人的身体健康，甚至危及生命。

第五节 中 国 酒

我国有悠久的酿酒历史，在长期的发展过程中，酿造出许多被誉为“神品”或“琼浆”的美酒。著名唐代诗人李白、白居易、杜甫等都有关于酒的脍炙人口的诗篇，并流传至今。据历史记载，中国人在商朝时代已有饮酒的习惯，并以酒来祭神。在汉、唐以后，除了黄酒以外，各种白酒、药酒及果酒的制造已有了一定的发展。中国酒的品种繁多，风格独特。

知识链接

《中国酒》

一、中国酒的分类

根据不同的标准，中国酒可以分为不同的类型。通常有以下四种分类方法：

（1）按酒精度，中国酒可以分为高度酒（40%以上）、中度酒（20%～40%）和低度酒（20%以下）。

（2）按生产工艺，中国酒可以分为酵酒、蒸馏酒和配制酒。

（3）按酒的含糖量，中国酒可以分为甜型酒、半甜型酒、半干型酒和干型酒四类。这种分类主要是对黄酒和葡萄酒而言。

（4）按照属性，中国酒可以分为白酒、黄酒、啤酒、果酒、药酒、仿洋酒等。

二、中国酒的特点及名酒

（一）白酒

白酒是以各种含淀粉或糖分的原料、辅料、酒曲、酵母、水等，经过糖化、发酵后，用蒸馏的方法制成的40°～65°的高浓度酒。白酒是我国最有代表性的酒类，因为酒精含量比较高，可以点火燃烧，又称“烧酒”。

1. 白酒的分类及特点

白酒由于酿造原料、生产工艺和设备条件的不同，形成不同香型和风味。白酒有酱香型、浓香型、清香型、米香型和复香型五种香型。

（1）酱香型白酒。酱香型又称茅香型，在白酒中酱香型很少。其特点：酱香突出、幽雅细致、酒体醇厚、回味悠长。酱香型白酒名酒主要有贵州茅台酒、四川古蔺郎酒、湖南常德武陵酒。

（2）浓香型白酒。浓香型又称窖香型，在中国白酒中所占比例最大。其特点：窖香浓郁、绵柔甘冽、香味协调、尾净余长。浓香型白酒名酒主要有四川宜宾五粮液、四川泸州老窖、四川绵竹剑南春、四川射洪沱牌曲酒、江苏泗阳洋河大曲和双沟大曲、河南鹿邑宋河粮液、安徽亳州古井贡酒、四川成都全兴大曲等。

（3）清香型白酒。清香型又称汾香型，比较适合北方人的口味。其特点：清香纯正、口味协调、微甜绵长、余味爽净。清香型白酒名酒主要有山西汾阳杏花村汾酒、湖北武汉黄鹤楼酒、河南宝丰酒等。

（4）米香型白酒。米香型又称蜜香型，其特点：蜜香清雅纯正、入口柔绵、落口爽冽、口味怡畅。米香型白酒名酒如广西桂林三花酒等。

（5）复香型白酒。复香型即兼有两种香型特点。复香型白酒名酒主要有陕西凤翔县的西凤酒、贵州遵义董酒、湖南白沙液等。

2. 中国知名白酒

（1）茅台酒。茅台酒是世界三大名酒之一，是以优质高粱为原料，用小麦制成高温曲，而用曲量多于原料。用曲多，发酵期长，多次发酵，多次取酒等独特工艺，并采用由山泉汇流成的赤水河之水酿造，这都是茅台酒风格独特、品质优异的重要原因。茅台酒制作要经过两次加生沙（生粮）、八次发酵、九次蒸馏，生产周期长达八九个月，再存储三年以上，勾兑调配，然后再储存一年，使酒质更加和谐醇香，绵软柔和，方准装瓶出厂，全部生产过程近五年之久。茅台酒液清亮透明，入口醇香馥郁，酱香突出，幽雅细腻，郁而不猛，香气持久，回味绵长。

知识链接 感官鉴别茅台酒真假的方法

（1）生产厂家鉴别。茅台酒厂没有和其他任何厂家联营，也没有把它的商标许可权与任何厂家共享，更没有设立过一厂、二厂和分厂等。凡是注明为联营厂、一厂、二厂或分厂生产的“茅台酒”，完全可以肯定是假的。

（2）注册商标鉴别。茅台酒全瓶贴“贵州茅台酒”注册商标，是用进口100克钢板纸印制的，500 mL容量酒瓶的商标纸规格为90 mm×125 mm。内销酒商标的图案分三部分：中间是一条从右上方到左下方的60 mm宽白色斜带，上下分别有两条黑色细线和四条黑色粗线，把红色的“贵州茅台酒”五个字夹在中间。

斜带和左上角的相接处有13 mm宽的金色条，条上有“中外驰名”四个黑字。左上角为一红色色块，中间有直径为35 mm的套金色边的白圈，圈内有从上至下的环形麦穗、金色齿轮和红五角星图案。斜带和右下角的相接处有一条细金线。在右下角的红色色块上，有“中国茅台酒厂出品”八个白字，白字下有“53%vol，500 mL”的标明酒度和容量的黑字。酒瓶背面说明的规格为65 mm×85 mm，并以红色套边，套边四周留有宽10 mm的白边，出厂日期为蓝色阿拉伯数字。商标印刷精美，色彩鲜明，切边均匀。

假“茅台”的商标和背贴都是用普通纸张印刷的，商标规格为100 mm×140 mm，背贴规格为133 mm×85 mm。图案配色混乱，层次不清晰，颜色偏淡，所用字体也与真商标有明显区别，出厂日期字迹有红色的，也有其他颜色的。

（3）包装材料鉴别。茅台酒的酒瓶是乳白色玻璃瓶，封口为大红色螺纹扭断式防盗铝盖，顶部有“贵州茅台酒”五个白字，瓶口无内塞。整瓶酒外包一张优质正方形皮纸，装在彩盒中，外包装彩盒用的是进口白板纸加细瓦楞。盒上字体和色泽与商标、背贴上一致。

假“茅台”的封口用深浅不同的红色胶帽，有透明无字的，也有假造“茅台”两字的，瓶盖有白色的，也有红色的。盖子螺纹各异，有黄色扭断式铝盖，也有塑料盖外套扭断式黄色铝帽的。内塞有螺旋式、带腰线、平顶等。外包装盒用的是不合格的劣质皮纸或其他材质。

（4）感官特点鉴别。茅台酒是用小麦制曲，经八次发酵，储存至少三年后方可出厂的。它的独特感官指标是酒液无色、透明，饮时醇香回甜，没有悬浮物及沉淀，酒香突出，幽雅细腻，酒体醇厚，回味悠长，空杯留香持久，经久不散。假“茅台”多为用高粱酒、白干酒、配制酒等冒充的，很难具有茅台酒的色、香、味特点。

（2）五粮液。五粮液是浓香型白酒的典型代表，以精选高粱、糯米、大米、小麦和玉米五种粮食为原料，经过酿造、陈酿、勾兑精制而成。五粮液酒无色，清澈透明，香气悠久，味道醇厚，入口甘绵，入喉净爽，各味协调，恰到好处。酒精度分39度、45度、52度、60度等多种。饮后无刺激感，不上头。开瓶时，喷香扑鼻；入口后，满口溢香；饮用时，四座飘香；饮用后，余香不尽。

（3）汾酒。汾酒是以晋中平原所产的“一把抓”高粱为原料，用大麦、豌豆制曲，采用神泉井水酿制而成的。酒液无色、透明，酒精度65度，味道醇厚，入口绵，落口甜，饮后余香不断。汾酒纯净、雅郁之清香为我国清香型白酒之典型代表，故人们又将这一香型俗称“汾香型”，专家称其“色、香、味”实为酒中“三绝”。古井亭牌、长城牌、汾牌、老白汾牌汾酒均为山西汾阳市杏花村汾酒厂出品，历来为消费者所称道。

（4）桂林三花酒。桂林三花酒是我国米香型白酒的代表，被誉为酒之王。它除了与采用清澈澄碧、无怪味杂质的漓江水，以及优质大米、精选的酒曲有关外，还与桂林冬暖夏凉的岩洞所构成的特有的储存条件有关，这些因素使酒质愈加醇和芳香。三花酒无色透明，蜜香清雅，入口柔绵，落口爽洌，回甜，饮后留香。“三花酒”名称的来历，众说不一。一种说法是：因酿造时蒸熬三次，摇动可泛起无数泡花，俗称“三熬堆花酒”，简称“三花酒”。另一种说法是：在摇动酒瓶时，只有桂林三花酒会在酒液面上泛起晶莹如珠的酒花。这种酒入坛要堆花，入瓶要堆花，入杯也要堆花，故名“三花酒”。

（5）董酒。董酒是以优质高粱为主要原料，配以小麦、大米及多味名贵中药材，制成大曲（又称麦曲、产香曲）、小曲（又称米曲）；以固体发酵，小曲酒工艺制取酒醅，串蒸经大曲发酵取得香醅；酒醅和香醅一次串蒸而得酒；再分段摘酒，分级储存（2～3年），精心勾兑而成。董酒无色，清澈透明，香气幽雅舒适，既有大曲酒的浓郁芳香，又有小曲酒的柔绵、醇和、回甜，还有淡雅舒适的药香和爽口的微酸，入口醇和浓郁，饮后甘爽味长。由于酒质芳香奇特，被人们誉为复香型白酒中独树一帜的“药香型”或“董香型”典型代表。

（二）黄酒

黄酒属于酿造酒，酒精度一般为15度左右。黄酒，按字面理解是黄颜色的酒，其实这样理解并不恰当。现在黄酒的颜色也有黑色和红色。黄酒实质是由谷物酿成的，因为可以用“米”代表谷物粮食，故称为“米酒”也是较为恰当的。在最新的国家标准中，黄酒的定义是：以稻米、黍米、黑米、玉米、小麦等为原料，经过蒸料，拌以麦曲、米曲或酒药，进行糖化和发酵酿制而成的各类酒。

1. 黄酒的分类和特点

黄酒的品种很多，分类方法各异，这里仅按原料、风味、产区进行分类。

（1）南方糯米、粳米黄酒。长江以南地区，以糯米、粳米为原料，以酒药和麦曲作糖化发酵剂酿制而成的黄酒，它在全国的黄酒销售中占有很大比重，其中以绍兴老酒最为著名。

（2）北方黍米黄酒。华北和东北地区，以黍米（又称黄米）为原料，以米曲或麦曲为糖化剂，酵母作发酵剂酿成的。以山东即墨老酒、山西黄酒为代表。

（3）红曲黄酒。以糯米或粳米为原料，以红曲作糖化发酵剂酿制而成的。福建以闽北红曲黄酒为代表，浙江以温明乌衣红曲黄酒为代表。

（4）大米精酒。它是一种改良的大米黄酒，是以粳米为原料，用米曲作糖化剂、酵母作发酵剂酿制成的，酒色淡黄透明，甜度、酸度均较低，具有清酒特有的香味。以吉林清酒、即墨特级清酒为代表。

黄酒色泽黄亮透明，香气浓郁芬芳，口味鲜美醇厚，风格独特，酒度适中，营养丰富，并有健胃明目的功能。质量上要求颜色透明，香味柔和爽口。我国的名牌黄酒当属绍兴加饭酒和福建龙岩沉缸酒。

2. 中国知名黄酒

（1）绍兴加饭酒。顾名思义，加饭酒是在酿酒过程中，增加酿酒用米饭的数量，相对来说，用水量较少。加饭酒是一种半干酒。酒精度在15%左右，糖分在0.5%～3%，酒质醇厚，气郁芳香，色泽橙黄清澈，香气芬芳浓郁，滋味鲜甜醇厚，具有越陈越香、久藏不坏的特点。酒液深黄带红，透明晶莹，有十分突出的芳香。糖分高于元红酒，味道醇厚，微带鲜甜，具有色、香、味俱佳的独特风味。

（2）龙岩沉缸酒。龙岩沉缸酒酒液鲜艳透明呈红褐色，有琥珀光泽，酒味芳香扑鼻，醇厚馥郁，饮后回味绵长。龙岩沉缸酒的酿法集我国黄酒酿造的各项传统精湛技术于一体。龙岩沉缸酒用曲多达四种，有当地祖传的药曲，其中加入30多味中药材；有散曲，这是我国最为传统的散曲，作为糖化用曲；此外还有白曲，这是南方所特有的米曲；红曲更是龙岩酒酿造必加之曲。酿造时，先加入药曲、散曲和白曲，先酿成甜酒酿，再分别投入著名的古田红曲及特制的米白酒，长期陈酿。龙岩沉缸酒甘甜醇厚，风格独特，有不加糖而甜、不着色而艳红、不调香而芬芳三大特点。

（三）啤酒

啤酒是以大麦芽和啤酒花为主要原料，再加水、淀粉、酵母等辅料，经酵母发酵酿制而成的饱含二氧化碳的低酒精度酒，也叫麦酒。它含有丰富的营养，有“液体面包”的美誉。啤酒是近代从欧洲传入中国的。

啤酒主要有以下三种分类方式：根据其色泽可以分为淡色黄啤酒、浓色啤酒和黑色啤酒；根据杀菌工艺，可以分为鲜啤酒和熟啤酒；根据麦汁浓度、酒精含量的不同，可分为低浓度啤酒、中浓度酒和高浓度啤酒。

我国有名的啤酒主要有青岛啤酒、五星啤酒、北京特制啤酒和13度特制上海啤酒等。

第六节　外　国　酒

外国酒是进口酒类的总称。外国酒历史悠久、品种繁多，比较著名的产酒国有法国、意大利、德国、英国、美国和俄罗斯等。

知识链接

世界酒文化的一部分：西方酒文化的起源

一、外国酒的分类

（一）按生产方法分类

1. 蒸馏酒

蒸馏酒是将经过发酵的原料加以蒸馏提纯，从而获得有较高酒精含量的液体。蒸馏酒根据原料的不同，有谷物蒸馏酒、葡萄蒸馏酒和其他蒸馏酒之分。常见的蒸馏酒有白兰地、威士忌、伏特加、金酒、朗姆酒、特基拉等。

2. 酿造酒

酿造酒也可以称为原汁酒，酿造酒中最大的一类是葡萄酒。酿造酒除葡萄酒之外，还有啤酒、水果酒、日本清酒等。

3. 配制酒

配制酒又称混配酒，是用蒸馏酒或酿造酒作为主酒加上其他材料制成的。配制酒可以分成三类，即开胃酒、甜食酒和利口酒。配制酒主要有味美思酒（Vermouth）和比特酒（Bitter）。

（二）按餐饮习惯分类

按西餐配餐的方式，酒可分为六种类型，即餐前酒、佐餐酒、甜食酒、餐后酒、烈酒、啤酒。

1. 餐前酒（Aperitif）

餐前酒又称开胃酒，是指在餐前饮用的，喝了以后能刺激人的胃口，使人增加食欲的饮料。开胃酒不但可以刺激食欲，还有滋养、强壮、健胃等功效。餐前酒可以细分为味美思型、苦味型和茴香型。

2. 佐餐酒（Table Wine）

佐餐酒是指在进餐时饮用的酒，通常用葡萄酒。欧洲人的传统就餐习俗讲究只饮葡萄酒配餐而不饮其他酒。佐餐酒包括红葡萄酒、白葡萄酒、玫瑰红葡萄酒和葡萄汽酒。

3. 甜食酒（Dessert Wine）

甜食酒是在西餐就餐过程中佐助甜食时饮用的酒品。其口味较甜，常以葡萄酒为基酒，加葡萄蒸馏酒配制而成。常用的甜食酒的品种有波尔图酒、雪利酒、玛德拉酒等。

4. 餐后酒（After Dinner Cocktail）

餐后酒主要是指餐后饮用的可帮助消化的酒类，因酒精度较高而又被称为烧酒。餐后酒的特点是无色透明、质地纯净、醇香浓郁、味感丰富。餐后酒主要有利口酒、奶酒、薄荷酒、均度酒等。

5. 烈酒（Spirit）

烈性酒，是指经过蒸馏提纯，酒精度在40度以上的酒。这类酒主要包括金酒（Gin）、威士忌（Whisky）、白兰地（Brandy）、朗姆酒（Rum）、伏特加（Vodka）和特基拉（Tequila）等多个品种。烈性酒多数用于酒吧中净饮和调制鸡尾酒时作为基酒使用。

6. 啤酒（Beer）

啤酒是用麦芽、水、酵母和啤酒花直接发酵酿制而成的低度酒，被人们称为“液体面包”，含有酒精、碳水化合物、维生素、蛋白质、二氧化碳和多种矿物质，营养丰富，是世界销量最大的酒精饮料，广为人们喜爱。

二、外国名酒及其特点

（一）白兰地

1. 关于白兰地

白兰地是英文Brandy的英译。白兰地原指以葡萄为原料，经发酵、蒸馏出来的酒，并长期储放于橡木桶，使其变成琥珀色。渐渐地，除用葡萄外，也用其他水果蒸馏，如樱桃、苹果等。白兰地前面经常加上原料名称以区别酒的种类，比如以樱桃为原料制成的白兰地则称为樱桃白兰地。虽然目前以水果为主要原料的蒸馏酒也称白兰地，但从历史上及品质上而言，法国干邑地区所酿制的白兰地已成为白兰地的极品。

著名的白兰地的生产国有法国、德国、意大利、西班牙、美国等。

2. 法国白兰地酒标签上的储存年限表示法

白兰地需储藏很长的时间，且时间越长，酒质越好，最佳的陈年时间是20～40年。白兰地在装瓶出售时，在瓶身或标贴上标示其陈酿程度，下列几种符号用来表示储藏时间。

★表示3年陈

★★表示4年陈

★★★表示5年陈

V.O.表示10～12年陈

V.S.O.表示12～20年陈

V.S.O.P.表示20～30年陈

F.O.V.表示30～50年陈

X.O.表示50年陈

X.表示70年陈

字母E代表Especial（特别的）、V代表Very（非常）、O代表Old（老陈）、S代表Superior（上好的）、P代表Pale（淡色）、X代表Extra（格外的）。

法国白兰地的知名品牌：人头马（Remy Martin）、轩尼诗（Hennessy）、马爹利（Martell）、百事吉（Bisque）、金花（Camus）。

3. 白兰地的饮用方法

白兰地的酒杯为白兰地杯或叫大肚杯（球型杯）。白兰地杯是为了充分享用白兰地而特殊设计的，“闻”是享受的主要方式，窄口的设计是让酒的香味尽量长时间留在杯中，以慢慢享受。白兰地的酒精含量在40%左右，散发较慢，大肚的杯身设计是为方便加热以利酒香散发。为了充分享其酒香，喝酒时，可手掌托杯，使杯内的白兰地稍加温，易于酒香散发，同时又晃动酒杯，以扩大酒与空气的接触面，加快酒味的散发。

（二）威士忌

威士忌是英文Whisky（Whiskey）的音译，其含义为“生命之水”。威士忌是以谷物为原料，经过发酵后通过蒸馏方法制成的烈性酒。由于威士忌酒液经蒸馏后，会被注入橡木桶等候醇化，一般其颜色为褐色，酒精度常在40～43度，最高可达66度。威士忌在英文中的两种写法分别代表不同的产地：苏格兰和加拿大生产的威士忌拼写成“Whisky”；爱尔兰和美国生产的威士忌则拼写成“Whiskey”。威士忌瓶上印有年份，表明了酒液在橡木桶中醇化的时间。

1. 威士忌的起源和发展

关于威士忌的传说有很多种。最常见的说法是，在15世纪时，爱尔兰人已经会酿造威士忌，后来随着爱尔兰人的迁移，将威士忌的生产技术传到了苏格兰。苏格兰人为逃避国家对威士忌生产和销售的税收，躲进了苏格兰高地进行酿酒。在那里，人们发现了优质的水和原料，此后，威士忌的酿造技术在苏格兰得到了发扬光大。目前，许多国家都生产威士忌，但苏格兰威士忌仍是世界最著名的产品。

2. 威士忌的产地

威士忌的产地包括苏格兰、爱尔兰、美国、加拿大、日本等地。

（1）苏格兰威士忌。苏格兰威士忌是指英国北部苏格兰地区酿造的威士忌。苏格兰威士忌的酿造始于中世纪，酿法由爱尔兰传入。直到19世纪以后，才出现像现在一样经过橡木桶成熟、带有泥煤烟薰香气的褐色威士忌。

根据酿法不同，苏格兰威士忌分为麦芽威士忌、谷物威士忌和调和威士忌三种。

①麦芽威士忌（Malt Whisky）。只用薰有泥煤香的大麦芽为原料，发酵后，用单式蒸馏机蒸馏两次，然后置于橡木桶中使其成熟。这种威士忌口感醇厚，散发出泥煤薰香和木桶的香气，因蒸馏所用原料、酿制方法不同而有所差异。

②谷物威士忌（Grain Whisky）。这是用八成玉米和两成未薰有泥煤香的大麦麦芽为原料调和后，再用连续式蒸馏机蒸馏而制成的。这种威士忌不带泥煤熏香，口味清淡柔和。

③调和威士忌（Blended Whisky）。这是由麦芽威士忌和谷物威士忌调和而成的，目前苏格兰威士忌中一大半均为此类。酿造这种威士忌，通常先掺入各种不同的麦芽威士忌，少则几种，多则40余种，并以此决定酒的主要味道；然后再掺入一种或两种谷物威士忌。调和威士忌的特级品选用最优良的麦芽威士忌，经最佳比例调配而成。

苏格兰威士忌的知名品牌有格兰菲迪（鹿之谷）（Glenfiddich）、强尼沃克（红牌、蓝牌、黑牌、金牌）[Johnnie Walker（Red Label、Blue Label、Black Label、Gold Label）]、珍宝（J&B）、威雀（Famous Grouse）、芝华士十二年/皇家礼炮（Chivas Regal 12Years /Royal Salute 21 Years）。

（2）美国威士忌。美国威士忌主要为“波本（bourbon）”威士忌。波本是位于美国肯塔基州内的一个县城。该处是美国最先使用玉米做原料酿造出威士忌的地方。波本威士忌的酒精含量为40%～50%，酿造原料中至少51%为玉米，事实上，大多数酒商的原料中有60%或者80%为玉米，其余的部分是黑麦和小麦。波本威士忌是采用连续蒸馏两次的方法酿造而成，并在新制的烘烤过的白橡木桶内蕴藏两年以上。所有的产品均在保温仓库里蕴藏和装瓶。波本威士忌的口味与苏格兰威士忌有很大的区别。由于波本威士忌被蕴藏于烘烤过的橡木桶内，因此其有一种独特的香味。

著名的美国波本威士忌的品牌有占边（Jim Beam）、杰克丹尼（Jack Daniel’s）、四玫瑰（Four Roses）等。

（3）爱尔兰威士忌。作为咖啡的作料，爱尔兰威士忌已被人们相当地熟悉。其与咖啡混合后的独特香味，是人们在冬天喝的最佳饮料。爱尔兰威士忌产于爱尔兰，在那里有着全世界最古老的酿酒厂。

爱尔兰威士忌已有近700年的历史，爱尔兰生产的威士忌有纯麦威士忌、谷物威士忌和调和威士忌。爱尔兰纯麦威士忌没有苏格兰威士忌传统的纯麦和泥煤刺激味而易于被接受，其酒质轻柔、甜美。著名爱尔兰威士忌品牌有詹姆士（John Jameson）和布什米尔（Bushmills）等。

（4）加拿大威士忌。加拿大威士忌主要由黑麦、玉米和大麦混合酿制，采用二次蒸馏，在木桶中储存4年、6年、7年、10年不等。出售前要进行勾兑掺和。加拿大威士忌气味清爽，口感轻快、爽适，不少北美人士都喜爱这种酒。

加拿大威士忌的著名品牌有加拿大俱乐部（Canadian Club）、皇冠（Crown Royal）、施格兰V.O（Seagram’s V.O）等。

3. 威士忌的饮用方法

威士忌所用的酒杯为古典杯，又称威士忌杯或ROCK杯。服务时，应用杯垫。

（1）净饮。将威士忌酒直接倒入古典杯中。分量为1盎司[①]（SINGLE）或2盎司（DOUBLE）。

（2）冰饮。先在古典杯中放入3～4块冰，然后再将威士忌酒倒入古典杯中。

（3）混饮。现在流行喝法主要是与矿泉水、可乐、苏打水或绿茶混饮。

（4）作为鸡尾酒的基酒使用。

（三）伏特加

伏特加是英文Vodka的音译，是以马铃薯、玉米等为主要原料，经发酵、蒸馏、过滤后制成的纯度高的烈性酒，在国内常见的酒精度为40度左右。伏特加最大的特点就是无色、无杂味、不甜、不酸、不涩，但是也有一些伏特加配以药草或浆果以增加其味道和颜色。伏特加最早产于波兰和俄罗斯，现主要生产国为波兰、俄罗斯、芬兰、中国和美国等。

1. 伏特加的种类

中性伏特加：无色、无味、无杂质。

加味伏特加：所用的原料为药草、干果仁、浆果、香料或水果等，如黄色为柠檬味的、粉红色为樱桃味的、绿色为巴法罗草味的、红色为红辣椒味的、琥珀色为胡桃味的。

① 1盎司=28.41毫升。

2. 伏特加的知名品牌

宝狮伏特加（Smirnoff）产自美国；红牌伏特加（Stolichnaya）产自俄罗斯；绝对伏特加（Absolut Vodka）产自瑞典。

3. 伏特加的饮用方法

（1）净饮。将1盎司伏特加的伏特加放入烈性酒杯（又称为子弹杯）中。

（2）加冰饮用。将适量的冰块和1盎司放入古典杯混合搅拌，并在杯中放入一片柠檬。

（3）混饮。主要是与果汁混饮，其酒杯为海波杯，配吸管并在杯中加入适量的冰块。

（4）常作为鸡尾酒的基酒。

（四）朗姆酒

朗姆酒是英文RUM的音译，也可以译为罗姆酒、兰姆酒、老姆酒。朗姆酒是制糖业的一种副产品，以甘蔗提炼而成，大多数产于热带地区。朗姆酒的生产工艺与大多数蒸馏酒相似，经过原料处理，酒精发酵，蒸馏取酒之后，必须再陈化1～3年，便酒液染上橡木的色香味。酒精度为35～75度，最常见的为40度。朗姆酒除了饮用外，还广泛用于点心和甜菜的制作。

1. 朗姆酒的种类

朗姆酒主要以颜色和味道进行分类。

（1）根据颜色分类，朗姆酒可以分为：

①Silver Rum，无色朗姆酒，味清淡。

②Golden Rum，金黄色朗姆酒，味柔和，稍甜，有芳香味。

③Dark Rum，深褐色朗姆酒，深褐色，味浓郁。

（2）根据味道分类，朗姆酒可以分为：

①Light Rum，清淡型朗姆酒，无色，味精致，可作为鸡尾酒原料。

②Flavored Rum，加味型朗姆酒，金黄色，经过短时间的橡木桶储存，有蜜糖和橡木桶的香味，常常由清淡型和浓烈型朗姆酒兑和而成。

③Heavy Rum，浓烈型朗姆酒，气味芬芳，深褐色，在焦黑的橡木桶储存数年，是最有风味的朗姆酒，该酒多产自牙买加。

2. 朗姆酒的产地

世界上著名的朗姆酒的产地有很多，如牙买加、古巴、海地、多米尼加、波多黎各、圭亚那等加勒比海的一些国家，其中以牙买加、古巴生产的朗姆酒最有名。

3. 朗姆酒的品牌

百加地（Bacardi）、摩根船长（Captain Morgan）和美雅士（Myers' s），均产自牙买加。

4. 朗姆酒的饮用方法

（1）净饮（Straight Up）。在古典杯中放入1盎司朗姆酒，加入一片柠檬，不加其他饮料调混合饮用。这是品尝朗姆酒最好的做法。

（2）加冰饮用（On The Rock）。在古典杯中放入3～4块的冰块，再放1盎司朗姆酒，饮用。

（3）混饮（Mix）。和朗姆酒混饮最多的应为果汁和可乐，其酒杯为海波杯并配吸管和加冰块。

（4）作为鸡尾酒的基酒。

（五）金酒

金酒又名琴酒，是其英文名Gin的音译。由于其特殊的香料——杜松子的使用，人们有时也叫它杜松子酒。金酒是以玉米、麦芽和稞麦为原料，加入杜松子等香料，经发酵、蒸馏得到的烈性酒。大部分的金酒是无色的液体，酒精度为35～55度，大多数金酒约40度。

1. 金酒的产地

世界上有许多国家都生产金酒，其中主要的生产国有英国、荷兰、美国、印度等。

2. 金酒的种类

荷兰金酒（Genever）；伦敦干金酒（London Dry Gin）；香甜型金酒（Flavored Gin）。

3. 金酒的品牌

哥顿金酒（Gordon' s），伦敦干金酒的一种，产自英国；英王卫兵（Beefeater），伦敦干金酒的一种，产自英国；老汤姆金酒（Old Tom），属于香甜型金酒，产自加拿大；波尔斯（Bols），荷兰金酒，产自荷兰。

4. 金酒的饮用方式

如今金酒作为纯饮和加冰饮用比较少，主要是作为混饮使用。常混合一些碳酸饮料，如苏打水、汤力水（Tonic Water）和雪碧（SPRITE）等。其酒杯应该为海波杯配吸管，并在杯中放入适量的冰块。金酒经常作为鸡尾酒的基酒。

（六）葡萄酒

葡萄酒是用新鲜的葡萄汁发酵制成的。乙醇含量很低，通常为8%～14%。

葡萄酒是欧美人日常饮用的一种低酒精饮料，主要是用餐时与食物一起享用。因此葡萄酒也称为餐酒（外国人在西餐中极少用其他酒配餐）。

世界上最著名的葡萄酒生产国是法国、德国、意大利、西班牙、美国、澳大利亚、智利等国家。

葡萄酒的分类方法有很多，根据惯例，有以下三种分类方法。

1. 根据葡萄酒的特点分类

（1）静止葡萄酒（Still Wine），是指酒内的二氧化碳含量极少，开瓶后不产生气泡的葡萄酒。它包括我们熟悉的白葡萄酒（White Wine）、红葡萄酒（Red Wine）和玫瑰红葡萄酒（Rose Wine）。

（2）葡萄汽酒（Sparkling Wine），包括普通加汽葡萄酒（Normal Sparkling Wine）和香槟（Champagne）。

（3）加强型葡萄酒（Fortified Wine），常见的如雪利酒（Sherry）和波特酒（Port）。

（4）加味型葡萄酒（Aromatized Wine），常见的就是作为开胃酒的味美思（Vermouth）。

2. 根据含糖量分类

（1）干葡萄酒（Dry）。酒中含糖量小于4克/升，通常品尝不出甜味。

（2）半干葡萄酒（Semidry）。酒中含糖量为4～12克/升，品尝时有微弱的甜味。

（3）半甜葡萄酒（Semisweet）。酒中含糖量为12～50克/升，酒中有明显的甜味。

（4）甜葡萄酒（Sweet）。酒中含糖量大于50克/升，具有浓郁的甜味。

3. 根据用餐习惯分类

根据用餐习惯分类，葡萄酒分为开胃酒（Aperitifs）、佐餐酒（Table Wine）、甜食酒（Dessert Wine）。

（七）特吉拉

特吉拉酒是由于出产在墨西哥的特吉拉（Tequila）小镇而得名。它是以墨西哥珍贵植物龙舌兰（Agave）为原料，经过发酵、蒸馏得到的烈性酒。龙舌兰的形状像仙人掌，经过12年的种植才能成熟，用这种植物制成的酒很有特色。这种酒有无色和金黄色两种颜色，酒精度为38～44度，带有龙舌兰的独特芳香味。

1. 特吉拉酒的分类

（1）Whits（Silver）无色特吉拉酒，是不经过橡木桶储存的特吉拉酒。

（2）Gold（Anejo或Aged）金黄色特吉拉酒，是经过橡木桶储存的特吉拉酒。

2. 特吉拉酒的品牌

乌雅（Jose Cuervo）和懒虫（Camino），均产自墨西哥。

3. 特吉拉的饮用方法

（1）传统的饮用方法。先准备烈性酒杯、消毒毛巾、盐、柠檬、酒。饮用时归结为“抹、洒、舔、嚼、喝”五个字，即：将1盎司特吉拉放进烈性酒杯中；用消毒毛巾将虎口擦净，再用柠檬角将虎口抹一遍；将盐均匀地洒在虎口上；用舌头舔盐；放一片柠檬片到嘴里嚼；一口将酒饮净。

（2）流行喝法。先准备适量的杯垫、古典杯、雪碧、酒、柠檬汁。具体步骤为：将量杯垫放在杯底，起防震作用；在杯中加入1盎司的特吉拉，再滴入适量的柠檬汁和八分满的雪碧；用杯垫盖住杯口，用手抓起杯身往桌上一拍；掀开杯垫一饮而尽。

（3）常用做鸡尾酒的基酒。

第七节　鸡　尾　酒

鸡尾酒是色、香、味、形俱全的艺术酒品，它不仅具有一般饮料所具有的营养、滋补、保健作用，还具有酒的增强血液循环、消除疲劳、刺激神经的基本特性，是现代社交场合最受欢迎的混合酒品。鸡尾酒以多变的口味、华丽的色泽、诱人的名称满足了现代人对温馨浪漫世界的遐想，带来了高贵、典雅的生活品味。鸡尾酒世界可谓多姿多彩，名目繁多，品种成千上万，而且还在不断创新和发展。鸡尾酒以它特有的魅力赢得了人们的赞誉。它开辟了酒的色、香、味的新领域，它还含有只能意会不能言传的意境，使饮用鸡尾酒成为艺术的享受。

一、鸡尾酒的定义

鸡尾酒是一种量少而冰镇的酒。它是以朗姆酒、金酒、龙舌兰、伏特加、威士忌等烈酒或葡萄酒作为基酒，再配以果汁、蛋清、苦精、牛奶、咖啡、可可、糖等其他辅助材料，加以搅拌或摇晃而成的一种饮料，最后还可用柠檬片、水果或薄荷叶作为装饰物，多在饮用时临时调制。

知识链接

鸡尾酒

二、鸡尾酒的特点

1. 鸡尾酒是混合酒

鸡尾酒由两种或两种以上的非水饮料调和而成，其中至少有一种为酒精性饮料。像柠檬水、中国调香白酒等不属于鸡尾酒。

2. 鸡尾酒花样繁多，调法各异

用于调酒的原料有很多类型，各酒所用的配料种数也不相同，如两种、三种甚至五种以上。即便是以流行的配料种类确定的鸡尾酒，各配料在分量上也会因地域不同、人的口味各异而有较大变化，从而冠以新的名称。

3. 鸡尾酒具有刺激性口味

鸡尾酒具有明显的刺激性，具有一定的酒精浓度，因此，能使饮用者兴奋。适当的酒浓度可使饮用者紧张的神经和缓，肌肉放松。

4. 鸡尾酒能够增进食欲

由于鸡尾酒中含有的微量调味饮料，如酸味、苦味等饮料的作用，可使饮用者的口味改变，食欲增强。

5. 鸡尾酒口味优于单体组分

鸡尾酒必须有特殊的口味，而且这种口味应该优于单体组分。品尝鸡尾酒时，舌头的味蕾应该充分扩张，常能尝到刺激的味道。如果过甜、过苦或过香，就会影响酒的味道，降低酒的品质，是调酒时不能允许的。

6. 鸡尾酒具有冷饮性质

鸡尾酒需足够冷冻。像朗姆类混合酒，以沸水调节器配制，自然不属于典型的鸡尾酒。当然，也有些酒种既不用热水调配，也不强调加冰冷冻，但其某些配料是温的，或处于室温状态的，这类混合酒也应属于广义的鸡尾酒的范畴。

7. 色泽鲜美

鸡尾酒应具有细致、优雅、均匀的色调。常规的鸡尾酒有澄清透明的或浑浊的两种类型。澄清型鸡尾酒应该是色泽透明，除极少量有鲜果固形物外，没有其他任何沉淀物。

8. 盛载考究

鸡尾酒应由式样新颖大方、颜色协调得体、容积大小适当的酒杯盛载。装饰品虽非必需，但却是常有的。它们对于酒，犹如锦上添花，使之更有魅力。况且，某些装饰品本身也是调味料。

三、鸡尾酒的种类

（一）按饮用时间和场合分类

鸡尾酒按照饮用时间和场合可分为餐前鸡尾酒、餐后鸡尾酒、晚餐鸡尾酒、睡前鸡尾酒和派对鸡尾酒等。

1. 餐前鸡尾酒

餐前鸡尾酒又称为餐前开胃鸡尾酒，主要是在餐前饮用，起生津开胃之妙用。这类鸡尾酒通常含糖分较少，口味或酸或干烈，即使是甜型餐前鸡尾酒，口味也不是十分甜腻，常见的餐前鸡尾酒有马提尼、曼哈顿、各类酸酒等。

2. 餐后鸡尾酒

餐后鸡尾酒是餐后佐助甜品、帮助消化的，因而口味较甜，且酒中使用较多利口酒，尤其是香草类利口酒，这类利口酒中掺了诸多药材，饮后能化解食物郁结，促进消化，常见的餐后鸡尾酒有史丁格、亚历山大等。

3. 晚餐鸡尾酒

晚餐鸡尾酒是晚餐时作餐用的鸡尾酒，一般口味较辣，酒品色泽鲜艳，且非常注重酒品与菜肴口味的搭配，有些可以作为头盆、汤等的替代品，在一些较正规和高雅的用餐场合，通常以葡萄酒佐餐，而较少用鸡尾酒佐餐。

4. 派对鸡尾酒

派对鸡尾酒是在一些聚会场合饮用的鸡尾酒品，其特点是非常注重酒品的口味和色彩搭配，酒精含量一般较低。派对鸡尾酒既可以满足人们交际的需要，又可以烘托各种派对的气氛，很受年轻人的喜爱。常见的派对鸡尾酒有特基拉日出、自由古巴、马颈等。

5. 夏日鸡尾酒

夏日鸡尾酒清凉爽口，具有生津解渴之妙用，尤其是在热带地区或盛夏酷暑时饮用，味美怡神，香醇可口，如冷饮类酒品、柯林类酒品、庄园宾治、长岛冰茶等。

（二）按调制方法分类

按照调制方法，鸡尾酒可分为长饮和短饮两大类。

1. 长饮

长饮（Long Drink）是用烈酒、果汁、汽水等混合调制，酒精含量较低的、较为温和的酒品，可放置较长时间不变质，因而消费者可长时间饮用，故称为长饮。

2. 短饮

短饮（Short Drink）是一种酒精含量高，糖分较少的鸡尾酒，饮用时通常可以一饮而尽，不必耗费太多的时间，如马提尼、曼哈顿等均属此类。

（三）按酒基分类

按照调制鸡尾酒酒基的品种进行分类，也是一种常见的分类方法，且分类方法比较简单易记，主要有以下六种：

（1）以金酒为酒基的鸡尾酒，如金菲斯、阿拉斯加、新加坡司令等。

（2）以威士忌为酒基的鸡尾酒，如老式鸡尾酒、罗伯罗伊、纽约等。

（3）以白兰地为酒基的鸡尾酒，如亚历山大、阿拉巴马、白兰地酸酒等。

（4）以朗姆为酒基的鸡尾酒，如百家地鸡尾酒、得其利、迈泰等。

（5）以伏特加为酒基的鸡尾酒，如黑俄罗斯、血腥玛丽、螺丝钻等。

（6）以中国酒为酒基的鸡尾酒，如青草、梦幻洋河、干汾马提尼等。

四、调制鸡尾酒的材料及用具

1. 基酒

基酒主要以烈酒为主，又称鸡尾酒的酒底。通常以白兰地、威士忌、金酒、朗姆酒、伏特加、特吉拉酒为酒底。一般用一种烈性酒来确定鸡尾酒的酒味，也有些鸡尾酒用开胃酒、餐后甜酒、葡萄酒或香槟等做基酒，个别的鸡尾酒不含酒精的成分，是纯用软饮料配制而成的，但这些情况为数不多。

2. 调酒装饰物及配料

调酒装饰物及配料主要有樱桃（红、绿色）、橙子、柠檬、黄瓜、香蕉、橄榄等，还有糖、蜜糖、盐、糖浆、淡奶、鲜奶油、鸡蛋、红石榴汁、青柠檬汁、胡椒粉、辣椒油、小洋葱、豆蔻粉、李派林酱油、丁香、苦精等。

3. 各种调酒用具

调酒用具主要有量酒器、调酒壶、调酒杯、调酒勺、过滤器、压汁器、冰桶、冰夹、搅拌器、小刀、开瓶器、酒钻、鸡尾酒牙签等。

4. 各种杯具

杯具主要有鸡尾酒杯、古典杯、高宝杯、柯林杯、郁金香形香槟杯、高脚葡萄酒杯、白兰地杯、利口酒杯等。

五、调制鸡尾酒的方法

1. 飘浮法（兑和法）

将配方中的酒水按分量直接倒入杯中，不需搅拌即可。但具体制作时，应将密度大的酒先倒入杯中，密度小的酒后倒入。倒酒时可将一支调酒棒放在杯中，使酒沿着调酒棒慢慢流入，这样各种酒在杯中才能层次明显，达到预期效果。制作彩虹鸡尾酒时，即需要采用此种方法。

2. 搅和法

搅和法是把碎冰块、酒品与各种配料放入电动搅拌器中，开动电动搅拌器转动10秒钟左右，使各种原料充分混合，然后倒入杯中即可。这种方法适宜在专业酒吧中制作长饮类鸡尾酒品使用。

3. 调和法（也称搅拌法）

调和法是调制鸡尾酒时采用的主要方法之一。在调酒杯中先放入冰块，轻轻摇晃几下，使调酒杯充分冷却，然后按配方放入各种原料，最后放入基酒，左手拿住调酒杯，右手用调酒匙或调酒棒在杯中沿一个方向快速搅动，直至所有原料都融为一体，再将调制好的鸡尾酒用过滤器过滤，斟入预先经过冰镇的酒杯中。

4. 摇晃法（也称摇和法）

摇晃法是鸡尾酒调制的主要方法之一。在调酒壶中放入三块冰，按配方放入各种原料和添加物，最后放入基酒，摇晃调酒壶。摇酒时的手法有双手和单手之分。双手摇的方法是左手中指托住壶底部，右手食指、无名指及小指握住壶身，将酒壶在胸前用力摇晃。单手摇晃时使用右手，食指压住壶盖，其他4指和手掌握住壶身，运用手腕的力量来摇晃调酒壶，使酒得到充分的混合。一般鸡尾酒摇制的时间为5秒钟左右，摇至调酒壶外层表面起霜即可。

六、常见鸡尾酒配方

1. 血腥玛丽

原料：伏特加酒28毫升，番茄汁112毫升，辣酱油、辣椒油、盐各适量。

杯具：果汁杯或高宝杯。

调法：酒杯内加冰块，将原料加入后搅匀，用柠檬片挂杯装饰。

2. 天使之吻

原料：甘露酒21毫升，淡奶5.6毫升。

杯具：餐后甜酒杯。

调法：把甘露酒倒入杯中，再把淡奶轻轻倒入，不需搅拌，用酒签穿一个红樱桃放在杯沿装饰。

3. 曼哈顿

原料：威士忌28毫升，干味美思21毫升。

杯具：鸡尾酒杯。

调法：调酒壶内加冰块，将原料倒入摇匀，滤冰后倒入鸡尾酒杯，用酒签穿一个橄榄装饰。

4. 红粉佳人

原料：金酒28毫升，柠檬汁14毫升，红石榴汁8.4毫升，君度酒8.4毫升，鸡蛋清半个。

杯具：鸡尾酒杯。

调法：调酒壶内加冰块，倒入原料后摇匀，滤冰后倒入鸡尾酒杯中，用红樱桃挂杯装饰。

第八节 非酒精饮料

非酒精饮料又称软饮料（Soft Drink），是指酒精浓度不超过0.5%（容量比）的提神解渴饮料。软饮料是日常生活中补充人体水分的来源之一，碳酸饮料和其他的非碳酸饮料如茶、果汁等，不仅能解渴，而且在饮用时还能使人产生舒畅的愉快感。

非酒精饮料的分类方法有很多，如按是否含有二氧化碳可将其分为碳酸饮料和非碳酸饮料；按其物理状态可将其分为固体饮料和液体饮料；按原料属性可将其分为茶、咖啡、可可、矿泉水、果汁、牛奶、碳酸饮料等。

一、茶

茶是风靡世界的三大无酒精饮料之一。目前，全世界约有30多亿人饮茶，其人数之多，是咖啡、可可这两种无酒精饮料所远远不及的。现代科学证实，茶叶具有明目、益思、利尿、助消化等功效，具有丰富的营养价值和独特的药理功能。

我国茶叶的品种非常丰富，根据茶的制造方法，可将其分为绿茶、红茶、青茶（又称乌龙茶）、黑茶、白茶和黄茶六大类。

（一）绿茶

绿茶是我国历史上最早的茶类，也是我国茶量最大的茶类。绿茶属于不发酵茶，是以鲜嫩的芽叶为原料，不经过发酵，保持茶叶原有的特征，其干茶色泽和冲泡后的茶汤、叶底都以绿色为主调，故此得名。制造工艺过程包括杀青、揉捻、干燥三个主要加工工序。

绿茶较多地保留了鲜叶内的天然物质。其中茶多酚、咖啡因保留鲜叶的85%以上，叶绿素保留50%左右，维生素损失也较少，从而形成了绿茶“清汤绿叶，滋味收敛性强”的特点。绿茶在我国，名品最多，不但香高味长，品质优异，且造型独特，具有较高的艺术欣赏价值。

我国最有名的绿茶有浙江杭州西湖龙井、安徽黄山市黄山毛峰、江苏太湖洞庭山碧螺春等。

1. 杭州西湖龙井

龙井茶产于浙江杭州西湖西南龙井村四周，故名西湖龙井。龙井茶色泽翠绿、香气浓郁、甘醇爽口、形如雀舌，所以龙井茶以“形美、色绿、香郁、味甘”之四绝而著称于世。以虎跑泉水冲泡，号称杭州“双绝”。

品饮龙井茶，宜用玻璃杯冲泡，3克茶叶加200毫升80 ℃左右的热水，冲泡3～5分钟后，就可闻香、观色、品味了。

2. 安徽黄山毛峰

黄山毛峰主要产于安徽歙县黄山，因产地而得名。黄山毛峰是我国极品名茶之一，品质优异，驰名中外。特级黄山毛峰茶，芽叶肥壮匀齐，外形秀美，每片长约半寸，味道浓郁鲜嫩而醇和，茶汤清澈明亮，绿中泛微黄，色泽油润光亮；尖芽紧偎叶中，酷似雀舌；芽端密布绒细白毫，叶芽下托着一片金黄色鱼叶；开汤后雾气结顶，清香四溢，若蕙兰之香，且冲泡后芽叶浮沉于杯中，有“轻如蝉翼，嫩似莲须”之说。入口爽，进嗓润，味甘为贻，余味深长，能振奋精神，消除疲劳。

3. 太湖碧螺春

碧螺春产于江苏省太湖之滨的洞庭山的碧螺峰。碧螺春是我国名茶之一，享誉中外，历史悠久，以“形美、色艳、香浓、味醇”之四绝闻名中外。碧螺茶树生长在枇杷、杨梅、橘子等果树交结的绿色屏障里，这优越的环境吞云吐翠，孕育出碧螺春茶的花果香味。碧螺春的品质特点是色泽嫩绿带翠，白毫特多而显露，条索紧细匀整呈螺旋形卷曲，汤色清澈碧绿，香气清新幽雅而持久，滋味鲜甜清爽，叶底嫩黄明净。

（二）红茶

红茶是我国第二大茶类，也是世界茶叶贸易中的最大宗产品。红茶属于全发酵茶，是用鲜芽叶以一芽二到三叶为原料经萎凋、揉捻、发酵、干燥四个工序制成的。红茶香甜味醇，具有硕果香气和醇厚的滋味，还有耐泡的特点。红茶多以产地命名。我国红茶的名品有安徽祁门红茶、云南滇红、江苏宜兴红茶。

1. 祁门红茶

祁门红茶简称祁红，主要产地为安徽省西南部黄山支脉区的祁门、东至、石台、黟县等地。祁门红茶1915年在巴拿马万国博览会上荣获金质奖章，在国际市场上享有极高声誉，被誉为“群芳最”“王子香”。茶品远销英国、荷兰和德国等十多个国家及地区。祁门红茶，其品质特点是外形条索紧细匀整，锋苗秀丽，色泽乌润（俗称“宝光”）；内质清芳并带有蜜糖香味，上品茶更蕴含着兰花香（号称“祁门香”），馥郁持久；汤色红艳明亮，滋味甘鲜醇厚，叶底（泡过的茶渣）红亮。清饮最能品味祁红的隽永香气，即使添加鲜奶亦不失其香醇。春天饮红茶以它最宜，作为下午茶、睡前茶也很合适。

2. 滇红

滇红是云南红茶的统称，分为滇红工夫茶和滇红碎茶两种。滇红工夫茶芽叶肥壮，金毫显露，汤色红艳，香气高醇，滋味浓厚。滇红碎茶是经萎凋、揉切、发酵、干燥而制成的。工夫茶是条形茶，红碎茶是颗粒型碎茶。前者滋味醇和，后者滋味强烈，富有刺激性。

（三）乌龙茶

乌龙茶也叫青茶，属于半发酵茶。它是我国几大茶类中，独具鲜明特色的茶叶品种。青茶综合了绿茶和红茶的制法，品质介于二者之间，既有红茶的浓鲜味，又有绿茶的清芳香。饮后齿颊留香，回味甘鲜。

乌龙茶为我国特有的茶类，主要产于福建及广东、台湾三个省。近年来四川、湖南等省也有少量生产。乌龙茶的名品有福建的武夷岩茶、安溪铁观音、广东的凤凰单枞、台湾的冻顶乌龙。

1. 武夷岩茶

武夷岩茶产于福建武夷山，是中国乌龙茶中的极品。依据产茶地点的不同分为正岩茶、半岩茶、洲茶。正岩茶指武夷山中心地带所产的茶叶，其品质香高味醇，岩韵特显。半岩茶指武夷山边缘地带所产的茶叶，其岩韵略逊于正岩茶。洲茶泛指崇溪、九曲溪、黄柏溪溪边靠武夷山两岸所产的茶叶，品质又低一筹。

2. 安溪铁观音

安溪铁观音是闽南乌龙茶之冠，原产于福建安溪县，其条索紧细，色泽乌润砂绿，冲泡时香绝味浓，有天然馥郁的兰花香，其色泽褐绿，重实如铁，饮能生津。铁观音汤色金黄，浓艳清澈，叶底肥厚明亮，具绸面光泽。冲泡后，有天然的兰花香，滋味纯浓，茶汤醇厚甘鲜，入口回甘带蜜味，香气馥郁持久，有“七泡有余香”之誉。

（四）黑茶

黑茶的原料比较粗老，制造过程中往往要堆积发酵较长时间，所以叶片大多呈现暗褐色，因此被人们称为“黑茶”。它是藏族、蒙古族和维吾尔族不可缺少的必需品。黑茶按照产区的不同和工艺上的差别，可以分为湖南黑茶、湖北老青茶、四川边茶和滇桂黑茶。黑茶中比较著名的是云南普洱茶。

（五）白茶

白茶是中国六大茶类之一。白茶的主要产区在福建的福鼎、政和、松溪、建阳等地。白茶属轻微发酵茶，是我国茶类中的特殊珍品。因其成品茶多为芽头，满披白毫，如银似雪而得名。白茶是经萎凋、烘焙（或阴干）、拣剔、复火等工序制成的。萎凋是形成白茶品质的关键工序。白茶具有外形芽毫完整、满身披毫、毫香清鲜、汤色黄绿清澈、滋味清淡回甘的品质特点。白茶的主要品种有白毫银针、白牡丹、贡眉、寿眉等。

（六）黄茶

黄茶是在加工过程中采用杀青、焖黄的方法，使鲜叶进行非酶性氧化形成的茶。黄茶黄叶黄汤，香味鲜醇。黄茶按照芽叶嫩度可以分为黄芽茶、黄小茶和黄大茶三类。著名的品种有湖南君山银针等。

二、咖啡

咖啡是一种营养价值较为丰富的饮料。它含有蛋白质、脂肪、咖啡因、糖分、碳水化合物、无机盐和多种维生素，具有振奋精神、解渴防暑、除湿利尿、提神醒脑、增强心肌收缩能力、促进血液循环、帮助消化等功效，所以深受人们喜爱。

目前，世界上咖啡的品种已发展到8 000多个，大致可以分为三大类，一类是浓味咖啡，即“罗布斯塔”（Robustra），主要产于非洲刚果，抗病性强，耐高温，果实稍小，占全世界产量的30%，味苦而不酸，香味不是很好，大多数制成混合咖啡；另一类是香味咖啡，即“阿拉比卡”（Arabica），主要产于拉丁美洲，占全世界咖啡产量的2/3，咖啡豆呈椭圆扁平形，其特征为香浓而品质较佳；第三类为“利比里卡”，产于非洲的利比里亚，其特征是香淡而味苦，品质、产量都不佳。

现在世界上咖啡产量居第一位的是巴西，其次是哥伦比亚，我国云南、海南、广东、广西、福建等省区也有栽培。

世界知名的咖啡有蓝山咖啡、摩卡咖啡、曼特宁咖啡、哥伦比亚咖啡、爪哇咖啡、巴西圣多斯等。

三、可可

可可是英文Cocoa的译音，原产于美洲中南部安第斯山脉热带地区，现在主要的产区是非洲和拉丁美洲，西非的加纳共和国的可可产量居世界之首，约占全世界总产量的1/3，我国的广东、台湾等地也有栽培。

可可树属梧桐科，常绿乔木，生长在热带，终年持续开花结果，果实呈长卵圆形，红色、黄色或褐色，种扁平，果壳厚而硬。种子焙炒、粉碎后即为可可粉，可作饮料；同时也是制作巧克力糖的主要原料；也可供药用，有强心、利尿的功效。

可可豆含有50%的脂肪、10%的蛋白质、10%的淀粉，可可中还含有维生素A、维生素B、蛋白质、脂肪、磷等，还有少量的糖分和兴奋物质可可碱。可可豆在发酵、焙干后提取30%的可可脂作药用，余下物质加工成可可粉。可可粉味道香浓可口，能增加热量，增强体质，是一种富有营养价值的饮料之一。常见的饮品有清可可、牛奶可可、冰淇淋可可等。

目前市场上知名的可可饮品有雀巢美禄、阿华田、好立克、德高、高乐高、吉百利等。

四、矿泉水

矿泉水是从地下深处自然涌出的或经人工揭露的、未受污染的地下矿水，含有一定量的矿物盐、微量元素或二氧化碳气体。矿泉水作为一种供人类饮用的矿产资源，不仅具有清凉解渴、消除疲劳的作用，而且由于矿泉水在生产过程中保持了天然良好的水质和矿物质营养成分，经常饮用具有助消化、清肠胃、促进人体新陈代谢等功效，对高血压、冠心病、肥胖症、糖尿病、高胆固醇等病症都有一定疗效。良好的矿泉水一般都含有丰富的钾、钠、钙、镁、锌、硒、锶及氟等多种对人体有利的微量元素，因此，矿泉水是一种天然的营养保健饮品。

常见的矿泉水有法国的皮埃尔矿泉水（Perrier）、依云矿泉水（Evian），中国的崂山矿泉水、娃哈哈矿泉水、农夫山泉矿泉水等。

五、果汁

果汁是用成熟适度的新鲜或冷藏水果为原料，经机械加工制得，也可在纯果汁的基础上加入水、糖、酸等不同的配料制成。果汁饮料的范围很广，它包括浓缩果汁、纯天然果汁、稀释天然果汁、含果汁饮料、天然果浆、发酵果汁、稀释发酵果汁、发酵果汁饮料等。果汁饮料是营养丰富、容易消化的理想饮料，且由于它含有丰富的有机酸，可刺激胃肠液分泌，有助消化，还有助于小肠上部呈酸性的钙、磷的吸收。但由于果汁中含有一定水分，所以具有不稳定、易发酵、易生霉的特点，因此要特别注意此类饮料的保质期和保存条件，以防造成浪费。

果汁的品种繁多，在酒店或酒吧里常用的有橙汁、柠檬汁、番茄汁、菠萝汁、西瓜汁、苹果汁和葡萄汁等。目前许多酒店或酒吧还有黄瓜汁、胡萝卜汁等蔬菜汁。

六、牛奶

牛奶又名牛乳，是最古老的天然饮料之一。牛奶是从雌性乳牛身上所挤出来的。牛奶营养丰富，容易消化吸收，物美价廉，食用方便，是最“接近完美的食品”，被称为“白色血液”，是最理想的天然食品，它所具有的原生营养性是其他任何人造营养品都无法比拟的。牛奶含有丰富的蛋白质（含量约为3.1%）、脂肪（含量为3.4%～3.8%）、乳糖（含量约为4.7%）和人体所需的最主要的矿物质钙、磷，以及维生素等。

目前，市场上的牛奶饮品形形色色，光从名称上看就有纯牛奶、纯鲜牛奶、鲜牛奶、酸奶、风味牛奶、含乳饮料等。这些牛奶饮品根据配料的不同，可分为纯牛奶和含乳饮料两大类。

七、碳酸饮料

碳酸饮料是在经过纯化的饮用水中压入二氧化碳气体，并添加甜味剂和香料制成的一种饮料，因含有二氧化碳气体，所以在我国的许多地区又称为“汽水”。这类饮料的主要特征是具备其特有的甜度、酸感和二氧化碳的清凉口感。在制造过程中要添加酸味剂、无机盐类，在低温、低压的条件下，充入二氧化碳气体，使二氧化碳气体溶于饮料之中。碳酸饮料除糖外，其他营养成分的含量很少或者就没有其他营养成分。因含二氧化碳，可助消化，并能促进体内热气排出，产生清凉爽快的感觉，所以具有清凉解暑的功能。

碳酸饮料按是否含有香料分为含香料的碳酸饮料和不含香料的碳酸饮料；按其原料不同可分为以下五种类型：

（1）果汁型碳酸饮料，指原果汁含量不低于2.5%的碳酸饮料，如橘汁汽水、菠萝汽水等。

（2）果味型碳酸饮料，指以果香型食用香精为主要赋香剂，原果汁含量低于2.5%的碳酸饮料，如柠檬汽水等。

（3）可乐型碳酸饮料，指含有焦糖色、可乐香精或类似可乐果和水果香型的辛香、果香混合香型的碳酸饮料，如可口可乐等。

（4）低热量型的碳酸饮料，指以甜味剂全部或部分代替糖类的各型碳酸饮料和苏打水，每100毫升热量低于75千焦。

（5）其他碳酸饮料，指以植物抽取物或非果香型的食用香精为赋香剂，可补充人体运动后失去的电解质、能量等的碳酸饮料，如运动汽水等。

目前，在我国市场上常见的碳酸饮料主要有可口可乐、雪碧、芬达、七喜、美年达等。

课堂练习

1．怎样根据顾客的消费要求向客人推荐本酒店的名优菜点和酒水？
2．中国菜有哪些构成部分？
3．外国有哪些菜式？
4．西式面点有哪些？

技能操作

有一对未婚青年到一家酒店预订婚宴。由于男方为江苏人，女方为四川人，双方都希望根据各自喜欢的口味预订，所以一直不能确定。如果你是这家酒店的主管，请你为他们设计一份宴席菜单。

第五章 菜单设计

本章导读

本章主要介绍了菜单的基本知识、定价与制作，还着重介绍了菜单设计的程序、方法。根据菜单的作用、种类、特点、内容和菜单的设计程序、方法，设计出不同类型的菜单。在菜单定价方面，对菜单的定价原则、目标、范围、方法等进行了详细分析；在菜单制作方面，对菜单制作的原则、技巧作了详细阐述。

学习目标

- 了解菜单的作用和种类。
- 掌握菜单的特点、内容。
- 熟悉菜单设计的依据、原则。
- 掌握菜单设计的步骤。
- 掌握菜单设计的方法。
- 熟悉菜单定价与制作。

章前案例

>> 红石斑鱼无货

某日某餐厅，王总带着几个客人来到包厢。服务人员非常热情地招待他们，然后为王总递上了一份精美的菜单，王总仔细地看了一遍，然后指着图文并茂的菜单，开始点菜：请来一份清蒸红石斑鱼。服务人员赶忙回答："先生，不好意思。红石斑鱼最近无货，你看是不是可以点别的菜？"王先生只好又点了两个菜，但都因餐厅原材料准备不充分而不能提供。客人只好失望而去。

问题

为什么会出现菜单中有却无货可供的局面？你觉得在制作菜单时应该注意哪些方面的问题？

案例分析

之所以出现这样的局面，一是因为餐厅没有根据菜单准备充足的菜品原料；二是在菜肴选择时应该根据菜肴发展趋势和客人喜好，及时调整菜单。制作菜单时应注意以下问题：

（1）根据市场需要精心制作菜单，选择顾客喜欢的同时又能使企业获得利润的菜肴。

（2）开餐前做好各项准备工作，做到备料充分。

第一节　菜单的基本知识

一、菜单的含义

在我国，菜单又称为食谱、席单。食谱产生的历史非常悠久，有记载，最早的筵席席单出自《周礼·天官》：“凡王之馈，食用六谷、膳用六牲、饮用六清、羞用百二十品。珍用八物，酱用百有二十瓮。王日一举，鼎十有二。物皆有俎，以乐侑食。”

战国时期，《楚辞·招魂》《楚辞·大招》中招祭亡灵用的菜单客观地反映出楚地宴饮的盛况。《楚辞·招魂》中的菜单列出楚地主食4种、菜品8种、点心4种、饮料3种；《楚辞·大招》中的菜单列出楚地主食7种、菜品18种、饮料4种。长沙马王堆西汉古墓中出土了迄今最早的一批竹简菜单。

在西方国家，最初的菜单并不是为了向宾客说明菜肴的内容和价格，而是厨师为了备忘而写的单子。关于菜单的起源有多种不同的说法。

英国人认为菜单始自1541年的布朗斯威克公爵。当时厨师都有一份用来记录烹饪菜肴的备忘录。某一天，布朗斯威克公爵在家宴请朋友时，忽然产生一种念头，要求厨师将当天准备的菜名抄在一张小纸条上，使他能预先知道将要上的是什么菜，以保留胃口来吃最喜爱的菜。这种做法受到大家的欢迎，广为流传，菜单也成为餐桌上不可或缺的东西。

法国人认为菜单源自1498年的蒙福特公爵。他在每次宴会中，总用一张羊皮纸写着厨师所要做的菜的菜名，以便明白当天要吃些什么。第一份详细记载各项菜肴目录的菜单出现在1571年一名法国贵族的婚宴礼上。后来菜单逐渐成为王公贵族及富豪宴客时不可缺少的物品。

狭义的菜单，英文名为“menu”，源于法文，有“细微”之意。根据牛津词典，其意思为在宴会或点餐时供应菜肴的详细清单，或者账单。在有的餐馆中亦被称为食谱。

知识链接

菜单

菜单是餐厅最重要的商品目录，通常以书面形式呈现，供光临餐厅的宾客从中进行选择。一份完整的菜单，其内容应包括食物名称、种类、价格、烹调方法、图片展示及相关知识的陈述等。

广义的菜单是餐饮产品和服务的宣传品，是餐饮经营过程中最佳的指导方针，也是餐饮企业与宾客之间信息交流的工具。

二、菜单的作用

1. 菜单是沟通餐饮企业与客人的桥梁

菜单是传播餐饮产品的载体，是沟通餐饮企业与客人的桥梁。菜单核心部分是餐饮产品的品种、价格、特色，餐饮企业通过菜单向客人介绍餐厅提供的产品名称和产品特色，进而推销餐饮产品和服务。客人则通过菜单了解餐厅的类别、特色、产品及价格，并凭借菜单选择自己需要的菜品和服务。

2. 菜单是餐饮经营的规划书

菜单的制订应充分考虑顾客的性别、年龄、购买力、职业状况、民族习惯、宗教信仰及地区偏爱等各种因素，这种依据顾客需求制定的菜单，在整个餐饮经营活动中起着规划和控制的作用，它是一项重要的管理工具。

3. 菜单是餐厅推销餐饮产品的广告

首先，通过菜单的内容、形式、装饰以及富有吸引力的花色品种、多档次的产品价格招来顾客，起到扩大销量的作用。其次，菜单上饰有图画图案。附有食品和菜肴的图例，能刺激人的味觉，激发消费欲望。最后，制作精美的菜单可作为纪念品，提示和吸引顾客再次光临。

4. 菜单标志着餐饮企业的经营特色

每个旅游餐饮企业的餐饮部都有自己的特色、等级和水准。菜单上食品饮料的品种、价格和质量告诉顾客该餐厅商品的特色和水准。近年来，有的菜单上甚至还详细写上了菜肴烹饪的方法、营养成分等，以此来展示餐厅的特色。

5. 菜单规定了餐饮服务的要求

在菜单的制作过程中，需考虑到菜单对前台、后台各程序的影响；当菜单定型后，要使各项服务要求能得到顺利满足。菜单还决定了餐厅服务的方式和方法，按照规定的标准和服务程序为宾客提供各种服务。

6. 菜单既是宣传品又是艺术品

一份装饰精美的菜单可以提高用餐气氛，使客人对所列的美味佳肴留下深刻印象，还可作为艺术品欣赏，引起顾客美好的回忆，强化了其促销功能。

三、菜单的种类

1. 根据用餐时间区分

根据宾客进餐时间的不同，可以分为早餐菜单、早午餐菜单、午餐菜单、晚餐菜单和消夜菜单。

（1）早餐菜单。早餐包括中式早餐与西式早餐，其中西式早餐又包括美式早餐及欧式早餐两种。

①中式早餐。我国地域广泛，早餐品种繁多，从北方的烧饼、油条配豆浆，到南方的地瓜稀饭配小菜，都是老少皆宜、百吃不厌的传统早点。

②美式早餐。美国人对早餐极为重视，内容十分精致丰富。有开胃品（以果汁或新鲜水果为主）、面包类（各式薄饼及土司，配合使用果酱或奶油）、谷物类（玉米片或麦片粥为主）、肉类（常见的有火腿、培根或香肠）、蛋类（常见的烹调方式有单面煎、双面煎、炒蛋、水煮蛋和蛋卷等）、芝士（有硬、软及半硬软之分）、蔬菜类（包含西红柿、芦笋及马铃薯等）、饮料（以咖啡及红茶为主，另有牛奶、巧克力或其他饮料等）。

③欧式早餐。菜色内容比美式早餐简单，包括面包、果汁或其他饮料。

（2）早午餐菜单。早午餐菜单用餐时间约在早上10点，介于早餐与午餐之间，在欧美各国较为流行。其特点是供应混合式菜肴，一方面有清淡可口的早餐食品，另一方面也有丰盛的午餐菜色。

（3）午餐菜单。一般商业午餐多以简餐、客饭、定食、便当为主，其特点是快速、简便。在西方国家，午餐常以一个三明治或一个汉堡为主。

（4）晚餐菜单。晚餐用餐时间一般较长，也较正式，所以餐饮内容较为丰富。而且晚餐时用餐者心情较为轻松愉快，餐厅有更多机会推销酒水类产品，增加餐饮收入。

（5）消夜菜单。供应时间多在晚餐后，菜色及口味有多种变化，以点心、小食及粥类为主。

2. 根据供餐性质区分

根据餐饮的供应性质，可分为套餐菜单、零点菜单和混合菜单。

（1）套餐菜单。套餐菜单又称为订餐菜单，其特色是仅提供数量有限的菜肴，如西餐套餐菜单内容包括汤、鱼、主菜、甜点、饮料等。

（2）零点菜单。零点菜单是宾客根据自己的喜好选择偏爱的单个产品，主要适用于一般的中、西餐厅的零餐点菜及旅客的客房服务等。零点菜单菜色种类比套餐丰富，宾客可依自己的喜好选择偏好的菜肴，每道菜还可依据大、中、小分量予以个别定价。

（3）混合菜单。混合菜单是套餐菜单与零点菜单的综合，这种菜单的特点是某些菜点（如主菜）可以进行组合，但某些菜点则是固定不变的（如开胃菜、饮料、甜点等），价格也根据主菜的不同而有所变化。

3. 根据用餐场地区区分

由于受用餐场地的限制，食物的烹调方式和服务流程会有变化，因此，设计菜单应考虑到场地因素。常见的特殊场地菜单有宴会菜单、客房菜单和外卖菜单。

（1）宴会菜单。宴会是餐饮营业收入的主要来源，宴会种类多样，如会议、培训、聚餐、婚宴、寿宴等。此类菜单一般结构完整，菜点安排有一定规格，制作精细，围绕一定的主题安排菜品。除了注意菜点的成套性外，还讲究用餐过程的礼仪性。

（2）客房菜单。客房服务用餐是酒店经营的一大特色，这类菜单安排的菜品以烹调容易、快速且运送方便为原则，菜品内容有限。客房用餐服务一般加收15%～20%的服务费。

（3）外卖菜单。外卖是宾客亲自到餐厅点餐或打电话订购，产品制作好后由餐厅派专人负责送到指定位置或宾客自己带走。外卖菜单内容往往是消费者熟悉的菜品。

4. 根据用餐对象区分

由于用餐者年龄、身份的差异性，酒店设计出餐饮特别菜单，如儿童菜单、老人菜单、情侣菜单等。

（1）儿童菜单。儿童菜单以简单、营养为原则，分量不必太多。其主要目的是吸引儿童，促成全家一起前来用餐。营造出愉快热闹的用餐环境十分重要，常见的儿童餐厅以可爱的卡通人物或动物造型来装饰，并随餐赠送玩具或小纪念品等。

（2）老人菜单。随着人口老龄化的到来，社会人口结构的变化势必带来餐饮市场的变化。餐饮业面对高龄宾客时，应设计营养丰富、低脂高纤、少盐低糖的菜单食品，以满足他们的需求。

（3）情侣套餐。相对一般的消费者，情侣用餐需求具有特殊性。他们讲究情调，对价格不太敏感，因此，在设计菜单时要注重浪漫气息和美感，菜品组合要有特殊的意义，比如寓意天长地久之类。

5. 根据餐饮周期区分

根据餐饮的周期性，可以分为季节菜单、固定菜单和循环菜单。

（1）季节菜单。季节菜单的设计主要是为了迎合不同季节宾客的需求，如冬季天气严寒，餐厅推出滋补汤锅；在炎热夏季则推出冷凉、清淡、爽口菜品。这类菜单内容符合时令，季节性很强。

（2）固定菜单。固定菜单是指一份菜单内容使用一年或两年以上，不发生较大变化的菜单，常见于中高档酒楼或连锁餐厅。

（3）循环菜单。循环菜单的使用是指将备用的几个菜单轮流使用，多用于学校、单位食堂和员工餐厅等，既可以节省制作菜单的费用，又能使餐厅菜品有一定变化。

6. 根据经营范围区分

根据经营范围的不同，可以分为咖啡厅菜单、中餐厅菜单和西餐厅菜单。

（1）咖啡厅菜单。一般咖啡厅菜单以快速、简单、方便为特色，菜单上品种有限。

（2）中餐厅菜单。中餐厅种类繁多，菜单各具特色。中国的四大菜系或八大菜系都是根据区域对菜品及口味进行的区分。如粤菜多取材昂贵，以生猛海鲜为主；川菜以口味取胜；湘菜以肉食类为主。

（3）西餐厅菜单。西餐源于意大利，如今西餐主流以法国菜为主。西餐厅提供的菜肴种类大同小异，如汤类、开胃菜、主菜、沙拉、饮料等。不同类型的西餐厅特色各异，如法式餐厅强调用餐过程中美酒的功用，服务周到，价格昂贵，而意大利餐厅以面食和比萨为主；又如高级美食餐厅以牛排、海鲜食品为主，服务精致，而家庭式餐厅以菜品丰富为特色，价格适中。

四、菜单的特点

1. 菜单具有广告宣传效果

菜单是餐饮的重要组成部分，体现着餐饮的内容与格调。同时，菜单还具有广告效应，精美的菜单能够激发宾客品尝美味的欲望，是无言的餐饮推销者。

2. 菜单具有季节变化性

菜单上的各类品种，既要保持菜点的特性，也要随季节变化做出调整。

3. 菜单内容简单明了

简单明了的菜单内容不仅能节省宾客点菜的时间和精力，而且能够提高餐饮的销售能力。

4. 菜单分类排列规范

菜单品种排列有序，能展现菜单结构的整体性。如西餐菜单排列一般按照西餐用餐顺序进行，方便宾客点菜，同时也体现西方餐饮服务的特色。

5. 菜单外观设计干净美观

干净美观的菜单让宾客心情愉悦，体现出餐饮经营者的用心经营，也能增加菜单的翻阅频率。

五、菜单的内容

1. 菜品的名称

菜品的名称是菜单最基本的部分，它会直接影响顾客的选择。菜品命名要遵循以下原则：

（1）菜品名称要真实。这是菜品命名的核心，即应让顾客通过名称了解菜品的构成与特点。因此，餐厅应采用名实相符并为顾客熟悉的菜名。

（2）菜品名称能引起顾客的注意力和吸引力，即菜品的名称最好能起到先声夺人的效果，达到见其名知其菜的目的。

2. 菜品的价格

价格是顾客消费中最敏感的因素之一。菜单上对菜品价格的标注使顾客在点菜时，能对即将进行的消费有一个全面地估价，做到心中有数。

3. 菜品的介绍

菜单上要对一些菜品做出必要的介绍。这既可以加强促销，又可以代替服务人员临时为顾客介绍菜品，提高工作效率。介绍的内容包括：菜品的制作原料、制作方法、烹制时间及制作的份额。

4. 告示性信息

（1）餐饮企业的名称、商标、地址等信息通常安排在封面。

（2）有的餐饮企业的菜单还附有简易地图，列出该餐厅在城市中的地理位置，告知顾客如何到达。

（3）如果餐厅具有某些特色风味而在餐厅名称中未得到反映，就有必要在菜单的封面、餐厅的名称下列出其特色风味。

（4）如果餐厅加收服务费，要在菜单的内页注明。例如在菜单上注上这样一句话："所有价目均加收10%的服务费。"

5. **推销信息**

菜单上应对提供的特色菜肴进行重点介绍，以增加菜肴的销量。为方便宾客及时到达或联络到餐厅，菜单上还应提供必要的信息，如餐厅名称、地址、电话号码、营业时间、服务费及消费标准等。

案例分析

>> 长长的菜单

案例

××宾馆不像大多数酒店那样集中一处，而是分散在多个地方，相距还很远。其中有一处濒临大海，那就是××市颇有名气的××公寓。

某天，一对姓武宫的日本夫妇来酒店要包租一套公寓房，宾馆就介绍他们到××公寓去看看。

武宫夫妇一见公寓便喜爱上了，当场决定下月1日便搬来此地。

武宫先生是日本某银行的职员，按日本习惯，妻子在家操持家务、照料丈夫。自他们入住××公寓后，两口子开始在我国××市过起了家庭生活。

武宫夫人贤淑温文，丈夫上班时她操持家务，把家里整理得井然有序，丈夫回家，一切安排妥帖，感情甚是融洽。武宫夫人初到中国，不会讲汉语。“你是如何去买菜的？”武宫先生大惑不解。

“那还不简单？”妻子捂着嘴嫣然一笑。“这里的服务人员给帮的忙啊！”

原来武宫夫人的确曾为去市场购物伤过脑筋：一则语言不通，无法交流；二则菜市场上品种太少，武宫夫人常为买不到丈夫爱吃的菜而犯愁。公寓服务人员知道此事后，便主动提出帮她代买蔬菜。这位武宫夫人很有意思，与服务人员熟悉后干脆每天早上给他们一张单子，上面列着长长一大串当天要买的菜名。因为他们只有夫妻俩，且胃口都不大，所以每个菜的数量都极少。也许日本人习惯于定量概念，买番茄旁边一定注上1只或2只，菜叶菜则写上3棵或4棵，鸡蛋2只等。服务人员看到都觉得有趣，他们想日本人大概就是这样买菜的。几名服务人员都喜欢为武宫夫人做事。只要谁干完日常卫生工作，便马上赶到武宫夫人房里，要来这份菜单，只是上面多了几个内容：单价重量和金额。

武宫夫妇包下××公寓的一套房间，整整一年多，服务人员则不间断地包下了武宫一家的买菜任务。服务人员诙谐地说，他们这是“公平交易”。

分析

对于长期包房客人，他们最需要的是方便、安全和温馨。××宾馆几名服务人员一年多来坚持轮流为武宫夫妇上街买菜，正是酒店服务宗旨的反映。

这份差事看似简单，其实十分烦琐、细致。为客人买菜并不是酒店服务范围内规定的内容。××宾馆的员工考虑到武宫夫人因语言障碍，上街购物不便，便主动揽了这份活儿，显示了员工主动服务的精神。偶尔为客人买一两次菜，在酒店里尚不罕见，但连续坚持一年多就难能可贵了。

在服务过程中，酒店员工还能每天在菜单上标明单价、重量与金额，更体现了他们坦诚无诈、全心全意为客人服务的崇高精神，从另一个侧面也反映出酒店的文明程度。

正是由于酒店员工的热情和诚实，武官夫人才在××宾馆一住便是一年多。可见，优质服务会给酒店带来良好的经济效益。

第二节 菜单的设计程序

一、菜单设计的依据

1. 市场需求

在设计菜单前，要对目标市场和消费人群做充分的了解，明确餐厅的目标市场及消费定位，考虑到目标人群有什么不同的生活习惯，有没有饮食禁忌，对菜点的选择有什么偏好等。只有在及时、详细地调查了解以及深入分析目标市场的特点和需求的基础上，企业才能有目的地在菜式品种、规格水平、餐饮价格、营养成分、烹制方法等方面进行计划和调整，从而设计出为宾客所乐于品尝和享用的菜单内容。

2. 经济效益

餐饮经营的最终目的是为了盈利，所以设计菜单时不仅要考虑到菜品的销售情况，更要考虑到其盈利能力。如果菜点价格过高，也许宾客就不能接受；如果价格过低，又会影响餐厅的利润，甚至可能会出现亏损。因此，设计菜单时，要找到菜点的合适价格点，考虑菜式的成本率和获利能力。

3. 餐饮经营客观条件

（1）厨房设备条件及员工技术水平。菜单制作应考虑餐厅的厨房设备和技术力量的局限性。厨房设备条件和员工技术水平在很大程度上影响和限制了菜单菜式的种类和规格。如果厨房现有烤箱的生产能力只能满足制作面包，菜单上就不可能增设需使用烤箱的其他菜式；如果现有厨师只能烹制川菜，那么菜单上也不便增加其他菜系的菜式。

另外，菜单上各类菜式之间的数量比例必须合理，以免造成厨房中某些设备使用过度，而某些设备却闲置的现象。同时，菜式数量的分配还应避免造成某些厨师负担过重，而另一些厨师闲着无事。

（2）季节性因素。随着季节的变化，消费者的需求会发生变化，在设计菜单时应分析季节所带来的影响。要考虑到菜点的时令性，时令菜一般供应充足、质量好、价格合理，应包含在菜单上。也要考虑一年中某一节日或某一段时间的特别菜点，如螃蟹、粽子等。

（3）原料供应。设计菜单相当于在制订计划书。餐厅对于菜单上各种菜点的材料，应保证供应，这是一项非常重要又容易被忽视的经营原则。在设计菜单时必须充分掌握各种原料的供应情况，熟悉采购原料的最佳时机，力求购买的原料价格合理并符合质与量的规格要求。

（4）菜品花式与营养。不论何种类型和规格的餐厅，菜品花式设计都应该具有诱人的魅力。制作新的花式品种并非一件容易的事情，以烹制荤菜而言，一般使用的原料种类无非猪肉、牛肉、羊肉、鸡、鸭、水产、海味等。据统计，大部分餐厅中以猪肉为原料烹制的菜式往往占所有菜式的35%～40%。应努力通过不同的烹饪方法，使菜肴在色、香、味、形及温度方面达到调和或产生对比来取得丰富多彩的菜式品种。因此，要使菜单丰富多彩，菜单设计者必须掌握一定的食品原料知识、配菜知识和相当熟练的烹调技术。

菜单的设计还应考虑人体营养需求这一因素。设计菜单时不仅要知道各种食物所含的营养成分，了解各类宾客每天的营养和热量摄入需求，还应当懂得该选择什么原料、如何搭配才能烹制出符合科学原理的餐饮食品。

（5）餐厅经营特色。菜单设计要尽量选择体现餐厅特色的菜肴。因此，设计菜单一定要突出餐厅的特色，突出“拿手好菜”和“特色菜肴”，并把它们放在菜单最醒目的位置，或单列出来，给宾客留下深刻印象。

二、菜单设计的原则

1. 菜单的制作材料

菜单的制作材料讲究不仅能很好地反映菜单的外观质量，同时也能给顾客留下较好的第一印象。因此，在菜单选材时，既要考虑餐厅的类型与规格，也要顾及制作成本，根据菜单的使用方式合理选择制作材料。一般来说，长期重复使用的菜单，要选择经久耐磨又不易沾染油污的重磅涂膜纸张；分页菜单往往是由一个厚实耐磨的封面加上纸质稍逊的活页内芯组成；而一次性使用的菜单，一般不考虑其耐磨、耐污性，但并不意味着可以粗制滥造。许多高规格的宴会菜单，虽然只使用一次，但仍然要求选材精良、设计精美，以此来充分体现宴会服务的规格和餐厅档次。

2. 菜单的封面与封底设计

菜单的封面与封底是菜单的“门面”，其设计如何在整体上会影响到菜单的效果，所以在设计封面与封底时要注意下面四项要求：

（1）菜单的封面代表着餐厅的形象。因此，菜单封面必须反映出餐厅的经营特色、餐厅的风格和餐厅的等级等特点。

（2）菜单封面的颜色应当与餐厅内部环境的颜色相协调，使餐厅内部环境的色调更加和谐，这样，当顾客在餐厅点菜时，菜单可以作为餐厅的点缀品。

（3）餐厅的名称一定要设计在菜单的封面上，并且要有特色，笔画要简单，易读易记，这样一方面可以增加餐厅的知名度；另一方面可以树立餐厅的形象。

（4）菜单的封底应当印有餐厅的地址、电话号码、营业时间及其他营业信息等。这样，可以借此机会向顾客进行推销。

3. 菜单的文字设计

（1）好的菜单的文字介绍应该做到描述详尽，起到促销的作用，而不能只是列出菜肴的名称和价格，应当包括食品名称、描述性介绍、餐厅声誉的宣传（包括优质服务、烹调技术等）三方面的内容。

（2）菜单文字字体的选择也很重要。菜单上的菜名一般用楷体书写，以阿拉伯数字排列、编号和标明价格。字体的印刷要端正，使顾客在餐厅的光线下很容易看清楚。当然，菜单的标题和菜肴的说明可用不同型号的字体，以示区别。

4. 菜单的插图与色彩运用

为了增强菜单的艺术性和吸引力，往往会在封面和内页使用一些插图。使用图案时，一定要注意其色彩必须与餐厅的整体环境相协调。菜单中常见的插图主要有菜品的实物照片、中国名胜古迹、餐厅外貌、重要人物在餐厅就餐的图片等。

5. 菜单的规格和篇幅

菜单的规格应与餐饮内容、餐厅的类型与面积、餐桌的大小和座位空间等因素相协调，使顾客拿起来舒适，阅读时方便，因此，菜单的开本选择要慎重。调查资料表明，最理想的开本尺寸为23厘米×30厘米。经营人员确定了菜单的基本结构和内容，并将菜品清单列出后，选择几种尺寸较适合的开本，排列不同型号的铅字进行对比。在篇幅上应保持一定的空白，通常文字占总篇幅的面积不能超过50%。

三、菜单设计的步骤

1. 设计准备

要根据市场的需求，从食谱、烹调书籍、餐饮杂志中收集合适的菜色品种，主要包括：

（1）各类旧菜单，包括餐厅历史上和目前正在使用的菜单。

（2）标准菜谱档案。

（3）库存信息和时令菜单、畅销菜单等。

（4）每份菜的成本或类似信息。

（5）各种烹饪技术书籍、普通词典、菜单词典。

（6）菜单食品饮料一览表。

（7）历史销售资料。

2. 设计构思

将收集到的资料进行整理加工，把可能提供给消费者的菜点、饮料、酒水等全部罗列出来，形成菜单的初步设计构思。

3. 分析筛选

仔细分析设计构思，从每一道菜点的原料选择、制作工艺难易程度、风味特色、营养价值等方面分析，结合餐厅实际制作水平和条件，去除不合适的内容。如删除因产地、区域或季节而产生变化的项目及员工无法完成的项目等。

4. 制订菜谱

菜谱是菜点的说明卡，上面列明了菜点的主料、辅料、调味料的名称、数量，操作方法、装盘要求、成品特点及其他相关信息。制订菜谱，使之标准化，不仅有利于控制菜肴的成本，同时也有利于餐饮经营人员充分了解菜点生产和服务要求，使餐饮经营产品质量标准化。

5. 装帧菜单

菜单的装帧不能完全依赖装帧印刷公司，应与装帧印刷公司一起，对菜单封面、样式、图案、色彩及菜点照片选择等进行仔细讨论，最终确定后再印刷成册。值得一提的是，在数字化时代，餐厅点菜不仅仅局限于印刷的菜单，餐厅引入手持终端点菜的数字菜单技术以后，在菜单装帧环节，也要考虑制作出有吸引力的数字菜单，以适应时代潮流与消费习惯。

第三节 菜单的设计方法

一、零点菜单设计

设计零点菜单时要选好菜单品种。菜单的品种是菜单的灵魂，它体现了企业经营理念与经营内容，同时也要考虑菜肴的价格与市场的匹配。

1. 零点菜单设计要求

（1）菜单上的菜点要按规律排列。一般的排列规律是按照菜点的类别分特色菜、冷菜、热菜、素菜、汤菜、点心、酒水饮料等有序排列。

（2）设计零点菜单质价相符。菜品与实际相符，不欺骗消费者。

（3）零点菜单设计要美观精致。零点菜单被认为是企业的名片，菜单的外观直接影响着消费者对企业的印象。应做到菜单干净，色彩搭配合理，排版合适。

（4）零点菜单文字说明要有吸引力。一份好的零点菜单都配有文字说明，图文并茂，精确的文字说明可以使餐厅与消费者更好地沟通。

2. 零点菜单设计方法

（1）零点菜单的品种设计，主要考虑品种来源、品种数量、营养设计、味型设计、品质设计、口感设计、菜名设计等方面。

①品种来源。零点菜单品种是设计的关键，可从市场流行产品、竞争对手特色产品、地方风味产品、厨师创新产品等四个方面考虑。

②品种数量。品种数量应把握好三条原则：企业规模、生产能力及餐饮性质。品种数量适中，既满足消费者选择的需求，又保证生产销售的效率。

③营养设计。消费者用餐除满足社交、美食功能外，营养、养生也是消费者追求的目

标。菜肴营养搭配尽量合理，也是吸引消费者的一个主要手段。

④味型设计。根据研究，人的味蕾有复杂的多种需求，既需要清淡，也需要浓厚，还要有刺激，菜肴味型应多样化。一般来说，味型的设计根据地域变化而变化，四川、重庆地区以麻辣为特色；湖南、湖北、江西等地以辣为特色；北方大部分地区口味以咸鲜为主；南方大部分地区口味偏甜。菜单设计需根据地方口味变化调整味型设计。

⑤品质设计。产品品质设计决定了菜肴的质量优劣，它代表了企业的餐饮竞争力。如“鱼香肉丝”这道菜，小餐馆要求猪肉选料是瘦肉，刀工要求切成丝就行，而品质企业则要求猪肉选料必须是猪里脊，刀工要求是均匀的肉丝。产品品质根据企业价值定位进行合理设计，方能达到经营目的。

⑥口感设计。口感变化的丰富多彩也是菜单设计的重要内容，菜品的香、酥、嫩、软、韧的搭配对口感变化起到重要作用。

⑦菜名设计。菜肴命名力求名副其实，音韵和谐，文字简练，便于记忆。中式菜名大致分为两大类：一类是写实性菜名，菜名能直接如实反映菜肴的原料、成菜、烹饪方法、色香味形等情况，如“东坡肉”；另一类是寓意性菜名，如“寿比南山”，是用雕刻的寿星托着一个寿桃点缀而做成的菜，音义双关，寓情于礼。

（2）零点菜单的结构设计。

①传统正餐菜单结构。一般分为冷菜、热菜（肉类、海河鲜类、山珍类等）、汤煲类、面点小吃类、酒水类等。

②现代正餐菜单结构。现代正餐菜单结构有所提升和改进，其主要结构为特色菜、冷菜、热菜、海鲜类、面点小吃类、饮料类、酒水类等。

现代正餐菜单结构与传统结构主要区别在于特色菜的前置，热菜不再归类，而是结合消费者的需求来设置，风格多样。

（3）零点菜单的规格设计。菜品规格设计是对定型的菜品进行不同的设计包装，以达到不同的视觉效果，主要包括餐具、装饰品等与菜品的配套设计。如某餐饮企业的田螺本是一道普通菜，但被配上特别设计的螺壳餐具后，就构成一道别具一格的菜品。再如，一道普通的鱼菜，若配上一个面塑的钓鱼翁，菜的档次立刻倍增。

二、套餐菜单设计

1. 套餐菜单设计要求

套餐菜单是根据一定的要求，将菜点进行合理组合搭配、包价销售的饮食形式。套餐包价销售，既方便消费者，又便于餐厅准备和制作。

套餐菜单设计要考虑以下问题：

（1）符合市场需求。套餐菜品的选择要经过市场检验，符合消费者需求，才会被消费者所接收。

（2）定价合理。套餐的定价既要充分考虑制作套餐成本，同时，也要考虑消费者的承受能力，根据具体情况制订出合理的套餐价格，既保证企业的利润，也能被消费者接受。

（3）分量适中。分量合理是设计套餐菜单的重要要求，分量过多或过少都会对套餐菜单有影响，因此，应通过试吃等方法设计出合理的分量，满足消费者的需求。

2. 套餐菜单设计方法

（1）早餐套餐菜单。早餐套餐内容一般包括主食、副食、蔬菜、水果等。主食多为各类面包、蛋糕、馒头、包子、粥类、面食等，副食有鸡蛋、火腿、腌肉、牛奶、豆浆等，蔬菜有咸菜、凉菜、拌菜等，水果有新鲜水果或水果罐头、果汁等。不同国家、地区的早餐套餐内容不尽相同，但基本上都满足提供适当的热量、提供人体必需的各种维生素和膳食纤维。

（2）正餐套餐菜单。正餐套餐一般包括冷菜、热菜、主食、汤类、水果等。菜单所列菜品要按正常就餐顺序排列，根据就餐者的就餐目的和要求选择适当菜品。套餐菜单设计时要注意菜品选择符合套餐主题，菜品口味符合消费者需求，营养搭配合理，制作规范，注重品质。

三、中餐宴会菜单设计

我国的筵席文化源远流长，清代的“满汉全席”是中国最为有名的筵席。按照宴会的社会性质可分为国宴、公宴、家宴等；按照宴会主题可分为婚宴、寿宴等；按照宴会原料可分为全鱼宴、素宴等；按照宴会区域可分为四川田席、洛阳水席等。正因为中式宴会种类繁多、形式多样，在菜单设计时应把握一定的原则。

1. 中餐宴会菜单设计原则

（1）因人配菜。设计中式宴会菜单首先要考虑的是“因人配菜”问题。从宾客的年龄、身体状况、禁忌等方面考虑菜品的选配。例如，宾客中若有患慢性胃炎、十二指肠溃疡的，因其胃酸分泌过多，为了使这些宾客不致因赴宴而引起疾病或加重病情，应设计出一些对胃酸分泌具有抑制作用的菜肴。名菜“炒鸡淖”是用大量油脂将鸡肉、蛋清、淀粉和水制作成鸡浆再炒出来的一款风味菜，由于脂肪在胃中停留时间可达五六个小时，具有抑制胃酸分泌的作用，适宜胃炎患者食用。

（2）应时配菜。一方面，在不同的季节有不同的新鲜原料上市，如早春的蒜薹、韭黄、蚕豆、香椿，夏季的豆类、黄瓜，秋天的鱼类最为肥美，冬季的白菜、萝卜、青菜等。这些都是菜单设计应考虑使用的原料。另一方面，在不同的季节适宜不同的菜肴。如炎热的季节配以凉拌、卤制、汤类，寒冷的季节里烧、蒸、烩、焖等多一些。“秋冬季进补”已是民间常识，菜单设计要掌握一定的保健、食疗常识，顺应天时的养生之道。

（3）因事配菜。根据实际情况，如设宴目的、主人具体要求、习俗、档次等设计菜单。在设计菜品时应考虑一些忌讳，如：丧宴一般忌讳双数，最好是7个菜，而喜宴一般要双数；在中国香港地区，结婚喜宴万万不能出现豆腐、飘香荷叶饭这一类的菜肴饭点。

（4）随价配菜。根据宾客预定宴会的金额来确定宴会的等级，从而确定菜肴品种。按照宴会等级可分为高级宴会、中级宴会、普通宴会等。不同等级的宴会，其定价原则有所不同。

2. 中餐宴会菜肴设计

中餐宴会菜肴设计应考虑色、香、味、形、器、意的整体配合。

（1）色的配合。根据一定的审美知识，考虑到菜肴的色调和光泽，使菜肴与菜肴之间色泽搭配、层次分明、和谐美观。原则上，在炎热的季节应考虑多用冷色系列，寒冷季节多用暖色调。在现实生活中，菜肴冷暖色的处理相当灵活。例如，在四川、重庆，即使是炎热的夏季，人们仍然热衷于吃色泽红亮的麻辣火锅。这种暖色调和麻辣烫鲜的感受更有助于使食客兴奋，胃口大开，进食过程中有一种酣畅淋漓的感觉。

（2）香的配合。烹饪原料很多都含有不同的醇、酯、酚、酮等呈香物质，经过烹调，尤其是加热，使它们释放出来，再经过化学反应使之相互作用，从而构成诱人的新香气。一桌菜肴散发出不同的香气，加上形、色、味等的巧妙搭配，使人食欲大增。

（3）味的配合。中国菜肴讲究“吃味”，味美是中国菜肴的核心。味在不同的季节有不同的侧重，《礼记》从四时五味须合五脏之气的角度提出“凡和，春多酸，夏多苦，秋多辛，冬多咸，调以滑甘”。中医五行学说认为酸入肝、苦入心、甘入脾、辛入肺、咸入肾，五味入口，各有所归。另外，在菜单设计时应考虑到味的起伏幅度，味与味之间的对比强烈程度，以及味与味的衔接、中和等。

（4）形的配合。菜肴的形状包括天然形态，如整鸡、整鸭、整鱼等整形原料；经过加工后的形态，如丝、丁、片、条、块等；还有经过艺术手法加工的形态，如花刀、食雕等。中高档宴会菜单设计中要考虑工艺性较为高级的形态配合。

（5）器的配合。餐具的搭配，是中国菜肴的一大亮点。对餐具的要求一般符合三个条件：一是要配套；二是要多种多样的专用餐具；三是要质地优良。

（6）意的配合。意的配合在中餐宴会菜单设计中是很重要的一环，其实在色、香、味、形、器中就有了体现。如果在意的配合上给人联想，让人思绪回味无穷，那么中餐宴会菜单设计就达到了一种意的境界。

四、西餐宴会菜单设计

由于中西文化的差异性，与中餐宴会文化崇尚“和”不同的是，西餐宴会讲究个性突出，以“独”为美，并通过各种方式追求形式美。按照地方风味分，西餐宴会分为法式宴会、美式宴会、英式宴会等。在宴会格局上，强调以菜为中心、酒与菜配合，菜点讲究简洁实用，菜单设计突出个性。

1. 西餐宴会菜单的内容

西方人的生活节奏较快，早餐、午餐内容通常较为简单，晚餐作为正餐比较重要，周末晚宴更为重要，通常持续四五个小时，菜肴数量通常为6～11道不等，注重营养搭配，菜肴质地偏鲜嫩。传统的西餐宴会菜单内容比较繁杂，包括冷前菜、汤类、热前菜、鱼类、大块菜、热中间菜、冷中间菜、冰酒、炉热菜（附沙拉）、蔬菜、甜点、开胃点心及餐后点心等13道程序，种类繁多。现代西餐宴会进行改良和简化，减少油脂的用量，注重菜品的外观设计，强化工艺造型，菜式精美，主要包括前菜类、汤类、鱼类、主菜类、冷菜或沙拉、点心类及饮料等7项。

除此之外，西餐宴会酒水单也是菜单的重要组成部分。可以根据进餐顺序编排酒单，如餐前酒（鸡尾酒、调和酒、啤酒、葡萄酒）、餐间酒（葡萄酒、啤酒）和餐后酒（葡萄酒、香甜酒、白兰地、烈性甜酒）；也可以根据菜肴与酒类搭配编排酒单，这样编排说明了餐食与酒水的搭配关系，便于宾客选择，方便推销。

2. 西餐宴会菜单设计的原则

西餐宴会菜单设计应依据宴会主题，突出个性化设计，具体原则如下：

（1）突出主题。西餐宴会菜单设计首先要考虑宴会主题，再结合实际情况与酒店条件来设计。

（2）考虑原料供应。原料是西餐菜单设计的关键点。如果原料数量和质量能满足供应、价格合理，那么菜肴便可以列入菜单，否则只能舍弃。尤其是进口的原料，要考虑季节性、储藏的难易程度及库存情况等。

（3）提升烹饪技术。烹饪技术是制订宴会菜单的关键。菜单菜品的设计依赖于厨师的技术，先培养厨师，再更新技术，才会有新的菜品推出。

（4）控制成本。西餐原料及配料成本一般较高，如果不控制成本，设计菜单时价格就缺乏市场竞争力，企业利润率就不能得到保证。

（5）讲究菜品文化性。菜品既要体现传统风味，又要不断推陈出新，突出文化性、季节性等。

3. 西餐宴会菜单设计

西餐宴会菜单十分灵活，没有固定的模式。以下就早餐、正餐和自助餐的菜单设计做一简单介绍。

（1）早餐菜单设计。西方人的早餐比较讲究搭配，要求有荤、有素、有果、有茶，口味有咸有甜，质地有脆有软，色彩丰富，营养合理。

（2）正餐菜单。西餐根据不同国家和地区，可分为法式、意式、美式、俄式、英式等。正餐菜单使用可灵活搭配，但程序一定不能乱。

（3）自助餐菜单。自助餐是目前世界各国酒店常用的一种餐饮方式。自助餐中冷菜的比例较大，其次是热菜、主食、汤品、甜品和水果。菜品的选择可根据宴会的主题、宴会举办的季节来搭配。国内酒店的自助餐基本上由西餐厅来承办，菜品通常是中西合璧，以丰盛、营养、便捷的特点赢得消费者的青睐。

知识链接　如何设计年夜饭菜单

现在，年夜饭一年比一年火，很多人都想省下些时间和精力，大多数人都喜欢到酒店或者餐厅吃年夜饭。因此，不光是餐厅，连酒店也放低了身价加入到年夜饭的抢食大军中来。但酒店有酒店的自身特点，年夜饭通常是套餐制，在制订年夜饭套餐菜单时会有一些讲究和技巧。

酒店平时的菜单分为中厨、西厨和贵价菜。在一年一度的年夜饭中，当然也要体现出这一餐饮特色，所以中厨、西厨、贵价菜三种特色在设计年夜饭菜单中，都要一一考虑在内，目的是既要让顾客吃好这顿年夜饭，也有意向客人宣传本店的招牌菜，以吸引更多的客人在平时就餐也会考虑本店。在制订年夜饭菜单时，要动脑筋给菜如何取个好名字，喜庆节日当然要吃个好彩头，比如平时的清水鸡，设计年夜饭时可能就会取名"展翅高飞""步步高升"，客人一听也会觉得很不错，吃起饭来也会心情愉快。酒店在设计年夜饭菜单则应更多从人群口味上考虑。传统的鸡、鸭、鱼、肉不能少，但口味可以变化。开胃的辣菜少不了，素菜也不能少，还应该有一两道女士喜欢的菜，一两道适合老人、孩子吃的菜，接着再加上自己酒楼的一两道特色菜就差不多了。在年夜饭档次上也要注重拉出区别，价格贵的一定要搭上好的高档菜，中档的就突出大众菜。

年夜饭菜单也应注重绿色健康因素，在挑选原材料时，就尽量挑选原生态无污染的，选择烹饪方法时也尽量选少油少盐、能突出原材料原味的做法。总之，给客人一个无油腻、健康绿色的春节。

第四节　菜单定价与制作

一、菜单定价

1. 菜单定价原则

（1）菜肴品种的价格应反映菜肴产品的价值。

（2）价格必须符合市场定位，适应市场需求。

（3）制订价格既要相对灵活，又要相对稳定。

①菜单价格不宜变化太频繁，更不能随意调价，在某个时期要保持一个相对的稳定性。

②调整菜单价格，必须事先进行市场论证，具有实践的操作性和市场的可行性。

③每次调价幅度不能过大，最好不超过10%，且可以采取分步到位的方式。

④菜单价格的调整可以与餐饮促销活动同时展开，以利菜品的促销。

⑤为了避免价格调整对客人消费心理的直接作用，菜单的价格调整可用其他促销方式替代，如优惠卡、积分折扣、VIP卡、赠送奖励消费等。

⑥降低质量的低价出售以维持销量的方法是不可取的。

（4）制订价格要服从国家政策，接受物价部门的检查和监督。

2. 菜单定价目标

（1）以保本生存作为定价目标。当餐饮企业的营业（销售）收入与固定成本、变动成

本和相关税费之和相等时，企业即可保本。即

保本点营业收入=固定成本+变动成本+相关税费

（2）以经营利润作为定价目标。以经营利润作为定价目标是指餐饮企业在定价时主要以企业应实现的利润为出发点。管理人员根据利润目标，预测经营期内将涉及的经营成本和费用，然后计算出完成利润目标必须完成的收入指标。

要求达到的收入指标=目标利润+食品饮料的原料成本+经营费用+相关税费

（3）以营业额作为定价目标。采取这种定价目标的餐饮企业通常强调要实现某一营业额目标，但一般不明确规定本企业应实现的利润数额。

大多数餐饮企业都相信营业额的增长意味着利润的增加，但若通货膨胀严重、能源紧张或餐饮原材料缺乏，则会导致生产和销售成本和费用的增加，此时即使营业额增加，也未必会增加利润额。因此，虽然仍有企业以增加营业额作为定价目标，但这些企业也同时将企业的利润作为定价目标。

（4）以竞争作为定价目标。在市场经济条件下，竞争是不可避免的。当餐饮企业面对竞争时，通常会采用竞争导向的定价目标。主要有以下三种情况：

①应付或避免竞争。相当多的餐饮企业制订产品价格的主要依据是对市场有决定影响的竞争者的价格。在一般情况下，消费者对价格比较敏感，因此，这些企业的餐饮产品价格不一定与竞争企业的价格完全相同，但会根据自己的具体情况而制订比竞争对手略低或稍高一些的价格。

②维持原有的市场。在餐饮业竞争日趋激烈的今天，许多餐饮企业都采取各种方法，以保持原有的客源市场，这些餐饮企业有固定的客户，为他们提供适合的餐饮产品。当新的竞争对手出现时，这些餐饮企业力图保持与本企业规模和声誉相适应的市场份额。

③开辟新的客源市场。想在竞争中取胜，并获得长远的经济利益，具有远见卓识的餐饮企业往往会采取各种方法来开辟新的客源市场。尤其在原有市场已经基本饱和的情况下，这种策略很容易在市场竞争中取胜。

（5）以刺激其他消费为定价目标。有些餐厅为实现企业的总体经营目标，以增加客房或其他产品的客源作为餐饮定价的目标。在我国许多餐饮企业中，餐饮业在定价时往往考虑餐饮企业的整体利益，以较低的餐饮价格来吸引会议、旅游团体以及商务客人，以此提高客房出租率，使企业的整体利润提高。

3. 菜单定价范围及数目确定

（1）确定菜品的价格范围。在选择菜肴时，餐饮管理人员必须对经营情况进行分析，计算为达到餐厅的目标利润，就餐客人的人均消费额应该为多少；同时还要进行菜肴销售状况分析和顾客调查，了解在本餐厅用餐的顾客愿意支付的人均消费额是多少。管理人员根据这些信息确定本餐厅的人均消费额标准，定出各类菜肴的价格范围。

在确定价格范围时，先把菜肴分成若干个大的类别，根据本餐厅以前的销售统计数据，得出各类菜肴占销售额的百分比，以及就餐者对各类菜的订菜率。

例如，如果某餐厅根据餐厅经营费用确定了消费者的期望人均消费额为50元人民币，

按菜单上菜肴的分类，每类菜肴的销售额百分比和就餐者的订菜率见表5-1。

表5-1　每类菜肴价格范围确定表

<table>
<tr><th colspan="2">菜肴类别</th><th colspan="2">占销售额的百分比/%</th><th colspan="2">订菜率/%</th><th>计划平均价格/元</th><th>价格范围/元</th></tr>
<tr><td colspan="2">凉菜</td><td colspan="2">15</td><td colspan="2">30</td><td>25</td><td>15～35</td></tr>
<tr><td rowspan="4">热炒</td><td>鱼虾类</td><td rowspan="4">58</td><td>16</td><td rowspan="4">100</td><td>20</td><td>40</td><td>30～50</td></tr>
<tr><td>家禽类</td><td>15</td><td>25</td><td>30</td><td>20～40</td></tr>
<tr><td>肉类</td><td>15</td><td>25</td><td>30</td><td>20～40</td></tr>
<tr><td>蔬菜类</td><td>12</td><td>30</td><td>20</td><td>15～25</td></tr>
<tr><td colspan="2">汤类</td><td colspan="2">10</td><td colspan="2">50</td><td>10</td><td>8～12</td></tr>
<tr><td colspan="2">主食类</td><td colspan="2">10</td><td colspan="2">80</td><td>6</td><td>4～10</td></tr>
<tr><td colspan="2">饮料类</td><td colspan="2">7</td><td colspan="2">50</td><td>7</td><td>5～9</td></tr>
</table>

各类菜的平均价格计算如下

平均价格=期望人均消费额×该类菜占销售额百分比÷订菜率

例：表5-1中的凉菜的平均价格应定为50×15%÷30%=25（元）。

在计算出各类菜的平均价格后，根据对该类菜拟定的菜肴数目上下移动，确定该类菜的价格范围。

（2）确定各类菜品的总数及分配。在各类菜品的价格范围内，再按原料成本高、中、低档进行搭配，使各类菜品在一定价格范围内有高、中、低档之分。如家禽类的菜肴拟定为10种，高、中、低档菜肴的价格范围可参照表5-2分解。

表5-2　高、中、低档菜肴价格范围分解表

菜肴档次	家禽类菜肴数	价格范围/元
总计	10	20～40
高档菜	2	34～40
中档菜	5	26～34
低档菜	3	20～26

管理人员应在这些价格范围内，根据原料的种类、成本以及厨师的烹调能力来选择菜肴。

4. 菜单定价方法

（1）以成本为导向的定价方法。以成本为导向的定价方法是餐饮企业在餐饮产品定价中运用最广的方法，在具体使用中又可分成以下方法：

①毛利率法。毛利率不仅反映着餐饮产品的毛利水平，还直接决定着企业的盈亏，关系着消费者的利益。在餐饮产品原料成本和相关费用不变的情况下，毛利率越高，销售价格就越高，利润也越高；反之，毛利率越低，销售价格就越低，利润也越低。

a．销售毛利率法。销售毛利率法，也称内扣毛利率法，是根据餐饮产品的标准成本和销售毛利率来计算销售价格的一种定价方法。其公式如下：

销售毛利率（内扣毛利率）=毛利/销售价格×100%

销售价格=产品原料成本/（1–销售毛利率）

b．成本毛利率法。成本毛利率法，也称外扣毛利率法，是根据餐饮产品的标准成本和成本毛利率来计算销售价格的一种定价方法。其公式如下：

成本毛利率（外扣毛利率）=毛利/原料成本×100%

销售价格=产品原料成本×（1+成本毛利率）

c．销售毛利率与成本毛利率的换算。销售毛利率是以售价额为基数，而成本毛利率是以成本额为基数。如果为同一售价、同一成本，则成本毛利率大于销售毛利率。

销售毛利率与成本毛利率的换算如下：

销售毛利率=成本毛利率/（1+成本毛利率）

成本毛利率=销售毛利率/（1–销售毛利率）

②成本系数定价法。食品原材料成本乘以定价系数，即为食品销售价格。用公式表示如下：

销售价格=食品原材料成本×定价系数

这里的定价系数是规划食品成本率的倒数，如果经营者规划自己的食品成本率为50%，那么定价系数即为100%/50%=2。

③分类加价法。分类加价法是对不同餐饮产品分类制定加价率的定价方法。其指导思想是各类餐饮产品的获利能力不应仅根据其原材料成本的高低，还必须根据其销售量的多少来确定。在确定加价率时，应考虑以下方面：

a．高成本餐饮产品的加价率应适当降低，而低成本餐饮产品的加价率可适当提高。

b．销售量多的餐饮产品加价率应适当降低，而销售量少的餐饮产品的加价率可适当提高。

对于某一具体的餐饮产品来说，在确定其销售价格时，首先应选择合适的加价率；然后确定用于计算其销售价格的销售毛利率。其公式如下：

销售毛利率=营业费用率+该餐饮产品的加价率

式中，营业费用率是指预算期内预算费用总额占营业收入总额的百分比。营业费用即为其他营业费用和劳动力成本之和。而销售毛利率一旦确定，即可根据销售毛利率法计算餐饮产品的销售价格。

④主要成本率法。以食品原材料成本和直接人工成本作为定价的依据，并从“损益表”中查得其他成本费用和利润率，则可计算出食品销售价格。其公式如下：

食品销售价格=（食品原材料成本+直接人工成本）/［1–（非原材料和直接人工成本率+利润率）］

（2）以需求为导向的定价方法。以成本为导向的定价方法比较简单，也很实用，但在经营过程中，管理者不仅要考虑到成本，还往往需要考虑到顾客愿意并能支付的价格水准，考虑顾客对现行价格的反应。以需求为导向的定价方法，即是根据顾客对餐饮产品的认识和需求程度来定价的方法。

①声誉定价法。餐厅如果需要招徕注重身份地位的目标客源，就必须注重餐厅的声誉。这些客人总是要求“最好”，餐厅的环境最好，服务最好，食品、饮料质量最好，价格也较高。

②诱饵定价法。一些餐厅为吸引客人光顾，将一些菜品的价格定得很低，甚至低于这些菜品的成本价格。其目的是把客人吸引到餐厅来，客人到餐厅后还会消费其他菜品，而这些低价菜品就起到诱饵作用。

③需求后向定价法。许多餐厅对菜品定价时，首先调查客人愿意支付的费用，以此为出发点，反过来调节餐厅菜品的配料数量和品种，调节成本，使餐厅获得薄利。

④系列产品定价法。该方法主要适用于向同类目标市场销售的系列产品，比如同一餐厅零点菜单上的系列产品供应同类普通客源。

（3）以竞争为导向的定价方法。以竞争为导向的定价方法就是以竞争对手的价格为基础定价，而不是固守价格与成本及需求间的关系，以达到维持和扩大本企业市场占有率和扩大销售数量的目的。以竞争为导向的定价方法主要有以下五种：

①“随行就市”法。这是一种最简单的方法，即把竞争同行的菜品价格为己所用。这种定价方法在餐饮业中运用甚广，特别是许多无明显经营特色，企业资金和技术力量又不雄厚，经营者又无太多经营经验的餐厅经常采用这种定价方法。

②率先定价法。这是一种主动定价的方法，即在激烈竞争中餐饮企业不是采取“等一等”“看一看”的观望政策，而是大胆地抢先对产品定出价格，当市场需求和竞争局势发生变化时也是最先提高价格或降低价格。

③追随领导企业定价法。该方法是以同行业中占有较大市场份额或影响较大的企业的价格为标准来制订价格。这是一种以避免和减少价格竞争为意图的定价方法，其优越性是可减少同行之间互相压价而造成的损失，缺点是不利于保护顾客利益和推动行业的进步。

④最高价格法。该定价法旨在以质量来取胜。这种方法的优越性是能避免压价竞争而使同行企业减少收入，鼓励企业为提高质量、创新产品而做出努力。但是有时常会在顾客的心目中留下同质高价或低质高价产品的印象，以致被顾客所排斥。

⑤同质低价法。该方法一方面用低价将顾客从竞争者那里争取过来，占据尽可能大的市场份额；同时降低成本并薄利多销，使企业有利可获。该方法的优点是有利于加强成本控制，提高生产和经营效率；缺点是会迫使其他企业降低价格保持其市场份额，使各企业都减少收入。

5. 菜肴销售状况定量分析

菜肴销售状况的定量分析是菜肴选择的一项十分重要的工作。菜肴销售状况的定量分析就是对菜单上各种菜肴的销售情况进行调查，分析哪些菜肴最受顾客欢迎，用顾客欢迎指数表示；分析哪些菜肴赢利最大，一般价格越高的菜肴毛利额越大，用销售额指数表示。

菜肴销售状况定量分析的第一步就是对分析对象——菜肴进行分类。菜单一般分几类列出菜名。同类菜肴内会相互竞争，例如人们点了“铁板牛肉”，一般就不会再点“清炒牛肉”；点了“老姜肉片汤”，不会再点“奶油鸡汤”。这表明，在同类菜中，一道菜的畅销会影响其他菜的销售额。所以在分析时，先要将菜单的菜肴按不同类别划分出来，对相互竞争的同类菜肴进行分析。

例如，某中餐厅菜单上的汤类品种共有五个，某统计期各汤的销售份数、顾客欢迎指数和销售额指数见表5-3。

表5-3　汤类品种销售状况定量分析

菜名	销售份数	销售数百分比/%	顾客欢迎指数	价格/元	销售额/元	销售额百分比/%	销售额指数	评论
花螺炖凤翅	300	26	1.3	25	7 500	16.1	0.8	畅销/低利润
上汤螺片	150	13	0.65	20	3 000	6.5	0.3	不畅销/低利润
冬虫炖鲍	100	9	0.45	40	4 000	8.6	0.4	不畅销/低利润
洋参炖鸡	400	35	1.75	50	20 000	43	2.2	畅销/高利润
薏米水鱼	200	17	0.85	60	12 000	25.8	1.3	不畅销/高利润
总计/平均值	1 150	20	1	—	46 500	20	1	—

菜肴销售状况定量分析的原始数据来自于点菜单，汇总账单上各种菜的销售份数和价格，便可算出顾客欢迎指数和销售额指数。由于电脑的普及，这些统计与计算工作均由电脑处理，既准确又快捷。

顾客欢迎指数表示顾客对某种菜的喜欢程度，以顾客对这种菜购买的相对数量表示。顾客欢迎指数的计算是将某种菜销售额百分比除以每份菜应售百分比，即：

顾客欢迎指数=某种菜销售数百分比/每份菜应售百分比

每份菜应售百分比=100%/被分析项目数

在表5-3中，“花螺炖凤翅”的销售数百分比为26%，共有五个汤类品种，“花螺炖凤翅”的顾客欢迎指数的计算为：26%/（100%÷5）=1.3。

仅分析菜肴的顾客欢迎指数还不够，还要进行菜肴的赢利分析。将价格高、销售额指数大的菜认作高利润的菜。销售额指数的计算如下：

销售额指数=某菜肴销售额百分比/每份菜应售百分比

每份菜应售百分比的公式如前所述。上述中，“花螺炖凤翅”的销售额指数的计算为：16.1%/（100%÷5）=0.8。

不管分析的菜肴项目有多少，任何一类菜的顾客欢迎指数和销售额指数的平均值总是1，顾客欢迎指数超过1的菜一定是顾客欢迎的菜，超过越多，表示越受欢迎。因而顾客欢迎指数较菜肴销售数百分比更科学、更直观。菜肴销售数百分比只能比较同类菜的受欢迎度，当与其他类的菜肴比较时，或当菜肴分析项目数发生变化时就难以比较。而顾客欢迎指数却不受其影响。同理，销售额指数超过1的菜一定是销售额、利润状况较好的菜，超过越多，销售额与利润状况则越佳。

根据对顾客欢迎指数和销售额指数的计算分析，可以将被分析的菜肴划分成n类，并根据不同的状况，制订出相应的政策。表5-4显示出这种对应关系。

表5-4　汤类品种定量分析对策表

菜名	销售特点	相应的产品政策
花螺炖凤翅	畅销/低利润	保留
上汤螺片	不畅销/低利润	取消
冬虫炖鲍	不畅销/低利润	取消
洋参炖鸡	畅销/高利润	作为诱饵或取消
薏米水鱼	不畅销/高利润	吸引高档客人或取消

畅销、高利润菜既受顾客欢迎又盈利，在调整菜单时，理应保留。不畅销、低利润的菜一般应取消，但有的菜如果顾客欢迎指数和销售额指数不是很低，在0.7左右，又是原料平衡、营养平衡、价格平衡方面所需要的，可考虑保留。

畅销、低利润菜一般可用于薄利多销的低档餐厅，如果价格和赢利不是太低而顾客又较欢迎，可以保留，使之起到吸引顾客到餐厅来就餐的诱饵作用。餐饮消费是一种典型的组合消费，就餐者一般至少点三个或三个以上的菜肴就餐，所以虽然低利润畅销菜有时会赔一点，但就整体而言，它能带动其他菜的销售。有时赢利很低而又十分畅销的菜，也可能会转移消费者的注意力，挤掉那些赢利大的菜肴的生意。如果这些菜肴已明显地影响赢利高利润的菜肴的销售，那么就应果断地取消这些菜肴。

不畅销、高利润的菜肴，可以用来迎合一些愿意支付高价的客人。高价菜毛利额大，如果不是极不畅销则可以保留。但如果销量太小，会使菜单失去吸引力。因此，长时间销量一直很小的菜就应予以取消。

知识链接

菜单的定价招数

二、菜单制作

制作一份严谨的菜单，是餐饮经营制胜的先决条件。一份好的菜单应具备“3S”原则，即简单化、标准化及特殊化。菜单设计完成，制作成精美的菜单，除考虑价格合理外，还要考虑其他内容。

（1）菜单形式多元化。菜单的样式、颜色与餐厅气氛相呼应，能引起消费者的注意，还应顺应潮流，设计菜单手机APP等多种形式，全方位展示菜品信息，方便消费者点菜。

（2）菜单内容多样化。设计出循环菜单、周末菜单、假日菜单等，丰富菜单内容，引起消费者兴趣。

（3）菜单命名专业化。既要反映菜肴实质与特点，也要增加艺术性与文学色彩。

（4）菜单价格合理化。菜单的价格反映了餐饮企业的经营理念，制订合理的价格才能吸引消费者前来消费。

（5）菜单推销人性化。菜单推销尽量贴近消费者，融入当地人的生活，达到最好的宣传效果。

知识链接

饭店菜单制作

为了增加菜单的营销功能，许多餐厅都会把特色菜肴的实物照片印在菜单上，进而加快消费者点菜的速度。但是在使用照片或图片时一定要注意照片或图片的拍摄和印刷质量，否则达不到预期效果。此外，许多菜单上的彩色照片还存在着没有对号入座的问题，即没有将彩色照片、菜品名、价格及文字介绍列在一起。解决这一问题的最简单的办法就是用黑色线条将其框起来，或用小块彩色面使其突显出来。

案例分析

>> 饭店免单补偿

案例

一天晚上，台湾地区客人陈先生在一家五星级饭店的一个中餐厅内，点了一道清蒸鳜鱼。20分钟后，这道菜还没有上桌。这时，一名满面歉意的服务人员走来告知客人："对不起，先生，本饭店的鳜鱼卖完了，您可以免费享用任何一道菜来作为补偿。"最终，陈先生点了一道他非常喜欢的石斑鱼且感到非常满意。

分析

五星级饭店的收费很高，必须保证每位客人都满意地离店。因此，饭店在处理投诉时，应时刻牢记"客人永久是对的"，采取最简单的让客人满意的方式，以充分显示饭店的诚意。

国外的饭店也有类似的处理方法，例如，××饭店的任何一个普通员工都具有2 000美元处理客人投诉的权力，而且宣称饭店中任何一名员工具有他所碰到的投诉的处理权。

目前，很多饭店经常会由于一点非常小的事情而与客人寸步不让或手续复杂，让客人感到难堪或不满，终究放弃对饭店的期待，自认倒霉但发誓永不再来。也有很多客人懒得投诉，用反面宣传作为对饭店的惩罚。

课堂练习

1．菜单的作用包括哪些方面?

2．零点菜单应如何设计?

3．中、西餐宴会菜单如何设计?

4．菜单的定价原则是什么?

技能操作

1．利用节假日到餐厅调研，收集菜单并对近一周的销售状况进行了解与分析，然后写出对该餐厅菜品的分析报告。

2．分析某餐厅菜单，找出菜单中存在的问题，并重新设计该餐厅的菜单。

第六章　厨房管理

本章导读

本章主要介绍了厨房的设计、生产管理、卫生管理、安全管理等内容。通过厨房设计，对厨房的设计原则、布局、作用区、岗位布局进行了阐述；通过厨房生产管理，对厨房的组织形式、生产管理流程、标准化管理进行了详细分析。另外，着重介绍了厨房的卫生与安全管理。

学习目标

- 了解厨房的设计原则、布局。
- 掌握厨房的作业区与岗位布局。
- 熟悉厨房的组织形式。
- 掌握厨房的生产管理流程与标准化管理。
- 掌握厨房的卫生管理。
- 掌握厨房的安全管理。

章前案例

>> 换汤不换药的菜

“晚上好，先生！今天吃点什么？”服务人员热情地请已入席的李老板和他的朋友点菜。

“来个生炒麦菜、椒盐虾、蒸河粉和白粥。”李老板答道。

“好的，请稍候！”服务人员下单送到厨房。

过了一会儿，菜上来了，服务人员介绍道：“盐水麦菜。请慢用。”

“服务人员，请等一下，我们没有点这个菜啊！我们要的是生炒麦菜，你们弄错了吧？”

“是吗？对不起，我帮你换一下吧！”过了2分钟，送菜的服务人员又端来了生炒麦菜。

“咦？生炒麦菜怎么这么多叶？切得也和刚才那个一样，煮得这么烂？”李老板边看菜边喊道。“服务人员，这个菜‘换汤没换药’吧？很像是把刚才那盘菜的汤倒掉，然后重新回下锅而已，哪里是生炒麦菜呢？算了，你还是给我换个别的吧！”

问题

为什么“生炒麦菜”是换汤没换药的菜？

案例分析

本案例中，一是厨房的产品质量管理存在问题，厨师只注重减少浪费，目光停留在短期利益中，菜肴做错了，没有选择重新制作而是“换汤不换药”地回锅，这是对客人的一种欺骗行为；二是餐厅与厨房沟通做得不好，对客人投诉只是一种应付式的态度，没有做到真正地解决问题，同样是对客人的不尊重。

随着人们生活水平的提高，饮食消费追求的不再只是温饱，人们讲究的是一种享受、一种生活品位。要做到与时俱进，酒店就要不断完善自己，加强管理、改进服务。本案例中，当客人点的菜做错了的时候，一种解决方法是厨房按规定重新严格制作客人原先点的菜肴，将做错的菜肴换下，使客人满意；另一种解决方法是主动与后厨沟通，可以将做错的菜肴免费送予客人，以显示酒店的诚意。

第一节　厨房设计

一、厨房设计的原则

1. 生产线畅通、连续，无回流现象

不论中餐还是西餐，生产都要从领料开始，经过加工、切配与烹调等多个生产程序才能完成。因此，厨房的每个加工部门及部门内的加工点都要按照菜肴的生产程序进行设计与布局，以减少菜肴在生产中的受阻现象，减少菜肴流动的距离和单位菜肴的加工时间。同时，应降低厨师的体力消耗，充分利用厨房的空间和设备，提高工作效率。因此，必须保证厨房的工作流程通畅、连续，无回流现象。

2. 厨房的各个部门应在同一层楼

为了方便菜肴生产和厨房管理，提高菜肴生产速度和保证菜肴质量，厨房的各部门应尽量安排在同一层楼。如果厨房确实受到了地点的限制，其所有的加工部门和生产部门无法都在同一楼层内，可将其初加工厨房、面点厨房和热菜厨房分开。但是，应尽量使它们在各楼层的同一方向，由此节省管道和安装费用，也便于用电梯把它们联系起来，方便生产和管理。

3. 厨房应尽量靠近餐厅

厨房与餐厅的关系非常密切。首先，菜肴的质量中规定，热菜上菜时一定要保持较

高的温度，而冷菜上菜时则要保持凉爽，否则，会影响菜肴的味道和脆嫩度。这样，菜肴的温度会受到厨房通往餐厅距离的影响。其次，厨房与餐厅之间每天进出大量的菜肴和餐具，厨房靠近餐厅可缩小两地之间的距离，减少传菜这一工作环节的人力配备，提高工作效率。

4. 厨房各部门及部门内的工作点应紧凑

厨房各部门和各个部门内的工作点应紧凑。同时，每个工作点内的设备和设施也应当以菜肴的加工流程为基础，进行合理的安装和布局，以方便厨师工作，减少厨师的体力消耗，提高厨房的工作效率。

5. 设有分开的人行道和货物通道

厨师在工作中常常接触炉灶、滚烫的菜肴、加工设备和刀具，如果发生碰撞，后果不堪设想。因此，为了厨房的安全，避免干扰厨师的生产工作，厨房必须设有分开的人行道和货物通道。同时，传菜通道也应分为出入两条，以免在营业高峰期发生人员碰撞。

6. 创造安全和卫生的工作环境

创造良好的工作环境是厨房设计与布局的基础。厨房工作的高效率来自于良好的通风、温度和照明。同时，低噪声措施和适当颜色的墙壁、地面和天花板都是创造良好的厨房工作环境的重要因素。此外，厨房应当购买带有防护装置的生产设备，保证充足的冷热水和方便的卫生设施，同时还应配备充足的灭火装置。

7. 留有调整发展空间

厨房在设计布局时要留有发展空间，应考虑到中长期的发展规划和厨房设计出现的新形式，以便在以后的厨房调整中留有余地。

二、厨房的布局

1. 厨房的位置

由于厨房负有菜肴或食品生产加工这一特殊的功能，因而需要安装大量的食品加工生产设施、设备，以方便大量的各种物资进出。此外，厨房中劳动密集度较大，所以为厨房选择适当的位置显得尤为重要。

厨房在设计时需要注意以下五个方面的问题：

（1）厨房要选择地基平且位置偏高的地方，以方便进入厨房货物的装卸及污水的排放。

（2）为了方便食品原料的运输，减少食品污染，厨房的位置应靠近交通干线和储藏室。

（3）厨房应当接近自来水、排水、供电、煤气等管道设施，以便合理地使用配套费用，节省成本。

（4）厨房应当选择在自然光线和通风良好的位置，但应尽量避免夏日日光直射，防止厨房温度过高，影响员工身体健康，降低生产效率。

（5）厨房通常设在餐饮企业的一、二层楼，以方便货物运输，节省电梯、管道的安装和维修费用，便于废物处理。

2. 厨房的面积

（1）厨房面积的范围。厨房面积是指食品粗加工、洗涤、切配、烹制、烘烤、冷菜、面点制作等所需的面积。厨房的面积在餐饮面积中应有一个合适的比例。

厨房面积对生产是至关重要的，它可以影响到工作效率和工作质量。面积过小，会使厨房拥挤和闷热，不仅影响工作速度，而且还会影响员工的工作情绪；面积过大，员工工作时行走的路程就会增加，既浪费时间又耗费体力，同时还会增加清扫、照明、维护等费用。

（2）影响厨房面积的因素。

①原料加工程度不同。发达国家对食品原料的加工已实现社会化，如猪、牛等各按不同部位及用途做了精细、准确、标准的分割，按质按需认价；而国内的原料加工仍是简单分割、规格不准、分量不实，或以整片、整只出售，需饭店做进一步的加工。

②供应菜肴品种的差异。中餐中有许多菜肴制作工艺复杂，如鱼翅、海参的涨发需要多道工序、多种设备的处理，故中餐厨房面积应大于西餐厨房。

③设备的先进程度与空间的利用率。

④社会的发展进程与社会观念。

虽然按上述四条分析，从理论与实践的角度看，中餐厨房的设计面积应大于西餐厨房，但由于中西方社会发展进程上的差异，带来了社会观念上的不同，也带来厨房面积分配比例上的不同。现代西方文明已普遍认同，宽敞、舒适的工作条件能批量生产出优质的产品，因而西方国家的饭店厨房设计在面积、温度、照明等方面同餐厅完全相匹配，厨房面积加上后台其他设施，一般占据整个餐饮面积的50%左右；而国内饭店在安排餐饮布局时，往往将面积最小、楼层最次、条件最差的空间留给厨房。

（3）厨房面积规格的估算。

①厨房面积规格以餐厅就餐人数为参数来确定，见表6-1。使用这种方法估算，通常就餐规模越大，就餐的人均所需厨房面积就越小，这主要是因为小型厨房的辅助间和过道等所占的面积不可能按比例缩得太小。

表6-1 厨房面积规格的估算

厨房供餐人数/人	平均每位用餐者所需的厨房面积/平方米
100	0.697
250	0.48
500	0.46
750	0.37
1 000	0.348
1 500	0.309
2 000	0.279

②以餐厅或餐饮面积作为依据，来确定各部门之间的面积比例，见表6-2。通常，厨房

除去辅助间之外，其面积应是餐厅面积的40%～50%，占餐饮总面积的21%左右。

表6-2　餐饮各部门面积比例表

部门名称	所占比例/%
餐饮总面积	100
餐厅	50
客用设施	7.5
厨房	21
仓库	10
清洗	6.5
员工设施	3
办公室	2

比例中应留有一定的弹性幅度，这是因为各酒店的餐饮定位、档次、功能以及用料情况、制作工艺、设备设施、场地的可用面积等因素的情况各异。

③根据不同类型的餐厅每餐位所需厨房面积进行估算。不同类型的餐厅，由于供应食品的种类、规格、数量不同，对厨房面积的要求也有所不同。一般来说，酒店正餐厅，即各类餐桌服务餐厅，因其供应食品种类齐全、规格较高、烹调精细复杂、使用设备较多，其厨房面积也较大。

3. 厨房的区域安排

厨房的区域安排是指根据餐饮生产的特点，合理地安排生产先后顺序和生产的空间分布。一般而言，一家综合型的酒店，根据其产品和工作流程，如图6-1所示，其生产场所大致可以划分成三个区域。

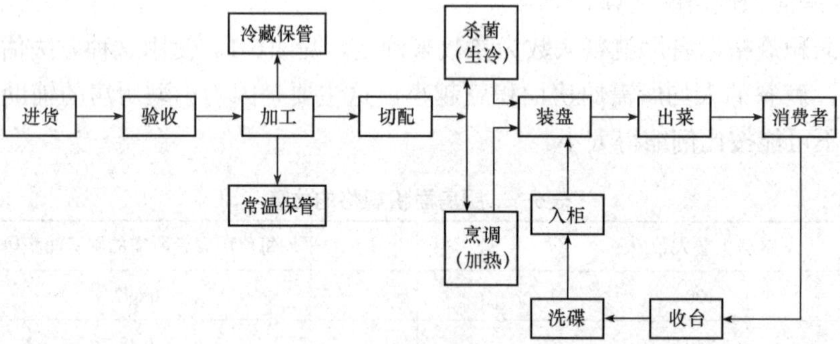

图6-1　餐饮产品流程图

（1）原料接收、储藏及加工区域。此区域是专门负责各厨房所需原料加工和储藏的作业区，其布局最重要的一点就是将接收、储藏、加工安排在一条流程上，这样不仅方便原料的储藏、领料和加工，还能缩短原料、餐饮服务与管理的搬运距离，提高工作效率。此区域的干藏库、冷藏库、冷冻库等应靠近原料入口区域，应有相应的办公室和适当规模的加工间，根据加工的范围和程度，确定其面积的大小。

（2）烹调作业区域。此区域内应包括冷菜间、点心间、配菜间、炉灶间，以及相应的小型冷藏室和周转库。这个区域是形成产品风味、质量的集中生产区域，因此，应设置可透视监控厨房的办公室。冷菜间、点心间、办公室应单独隔开，配菜间与炉灶间可以不做分隔。

（3）备餐清洗区域。布局时应包括备餐间、餐具清洗间和适当的餐具储藏间。小型厨房可以用工作台等做简单分隔。厨房布局根据工作流程，必须呈流水线布局，保证工作流程通畅、连续，避免回流现象。餐饮生产从原料购进开始，经加工和切割配份到烹调出品，是一项接连不断、循序渐进的工作。因此，厨房原料进货和领用路线、菜品烹制装配和出品路线，要避免交叉回流，特别要注意防止烹调出菜与收台、洗碟、入柜的交错，以便提高厨房员工的工作效率，避免出现堵塞或事故。

知识链接

酒店厨房设计布局

三、厨房作业区与岗位布局

1. 厨房作业区

厨房各部门应当根据菜肴生产中的运动方向进行布局。菜肴从原料到制成产品的全过程通常要经过五个部门，即食品原料验收区、食品储藏区、初加工厨房、烹调厨房和备餐间等。当然，不同的菜肴经过的部门不完全相同。例如，有些蔬菜可能无须进行储藏而直接进入初加工厨房；有些冷菜可能不会经过烹调厨房而需要在冷菜间完成。总之，厨房部门的多少和位置的确定必须根据其实际需要进行设计。

（1）食品原料验收区。食品原料的验收是餐饮企业提高产品质量的第一关。在大中型餐饮企业中，食品原料验收工作由财务部门或采购部门管理，设有专门的验收办公室和区域进行食品原料的验收。通常，这一区域都设计在企业的后部靠近食品储藏区的地方，以确保原料验收合格后能及时入库保存，防止发生食品污染变质和失窃。而在小餐饮企业，食品原料的验收工作常由餐饮部或厨房负责，为了节省空间，验货区常常设在厨房入口处。

（2）食品储藏区。餐饮企业的食品储藏区的设置与企业的采购策略、菜单内容密切相关。根据食品原料的不同特性，餐饮企业的食品储藏区一般可分为干货原料库、冷冻库和冷藏库等三个部分。干货原料库用于存放那些不易变质的食品原料，如大米、面粉、淀粉、糖与香料等。干货原料库内应凉爽、干燥且无虫害。最理想的干货仓库里没有错综复杂的上下水和蒸汽管道，库房内根据需要，应设有数个透气的不锈钢橱架。储存易腐烂变质的食品原料常用冷藏或冷冻的方法。各种禽肉、牛羊肉、海鲜、鸡蛋、奶制品及新鲜的蔬菜和水果等食品原料都属于易腐烂变质食品。为了保证菜肴的质量，新鲜的蔬菜、水果、奶制品和蛋类食品需要冷藏储存，而海鲜、禽肉、牛羊肉则需要冷冻储存。冷藏库和冷冻库应靠近菜肴加工区域，方便领取。冷藏库和冷冻库都应当配有温度计，以方便管理人员记录和控制温度，同时还应当配有安全防盗装置。

（3）加工间与烹调间。加工间与烹调间是厨房的菜肴和点心等的生产区域，也是厨房的工作中心。该区域是食品加工设备的主要布局区。根据菜肴的加工程序，加工间应靠近烹调间。食品原料从加工间流向烹调间，然后，将烹制好的菜肴送到餐厅。这样既符合卫生要求，又不会出现回流现象。各部门内的作业点或加工点是厨房布局的最基本单位，所谓加工点就是一个厨师的全部作业区域。每个作业点的工作也各不相同。根据需要，一个工作点可负责一项菜肴加工工作或几项工作。作业点内的设备和用具的安排既要考虑工作人员身体伸展的局限性，又要考虑工作流程的科学性。

（4）备餐间与洗碗间。备餐间一般安排在餐厅与厨房之间，是连接餐厅与厨房的通道。通常，备餐间设有餐具柜及客房送餐设备、工具等。有些西式厨房的备餐间还兼有制作各种沙拉、三明治等菜肴的功能。因此，这种备餐间的布局中，常设有三明治冷柜、工作台、小型搅拌机等。

备餐间有时常被人称为出菜间，一些厨房将烹调好而又暂时无法上桌的热菜也存放在这里。因此，在这类备餐间里需要配备存放热菜的保温设备。许多大型的备餐间中还包括洗碗间，洗碗间常设有洗碗机、洗涤槽和餐具柜。餐厅服务人员把宾客用过的餐具送至洗碗间。洗碗工根据洗碗程序把餐具洗涤、消毒后，再摆放在餐具柜中备用。

（5）厨房员工更衣室。通常，餐饮企业需要为全体员工设立男、女分用的员工更衣室。更衣室内部分为两部分，一部分为更衣间，另一部分为卫生间，更衣间内每个员工都配有带锁的更衣箱。卫生间内配有卫生用具。根据厨房员工人数，通常每12～15人配备一套淋浴、洗手和卫生用具。

此外，许多餐饮企业在厨房前设立员工入口，并在入口处设立打卡机和员工上下班时间的记录卡。在厨房入口处的墙壁上设有厨房告示牌，用于张贴厨房近期的工作安排和员工一周的值班表等信息通告。

（6）人行道与工作通道。科学的厨房布局应设有合理的厨房通道。厨房通道包括人行道与工作通道。为了避免互相干扰，提高工作效率，人行道应尽量避开工作通道。同时，人行道和工作通道的宽度既要方便工作，又要注意空间的利用率。人行道和工作通道的具体标准：主通道的宽度不小于1.5米；人行道两个人能相互穿过，宽度不小于0.75米；工作台与加工设备之间的最小宽度是0.9米；烹调设备与工作台之间的宽度为1～1.2米。

2. 厨房烹调设备常见布局类型

厨房作业区的布局必须有利于菜肴制作的质量和效率，减少厨师在制作菜肴中的流动距离。除此之外，还要考虑各种设备的使用效率，同时依据厨房结构、面积、高度以及设备的具体规格进行设计。有以下五种类型可供参考：

（1）直线型布局。这种方法是将生产菜肴的各种设备，指所有的炉灶、炸锅、烤箱等加热设备，均做直线型布局。按照菜肴的加工程序，从左至右，以直线布局。这种布局通常是依墙排列，置于一个长方形的通风排气罩下，集中布局加热设备，集中吸排油烟，每位厨师按分工相对固定地负责某些菜肴的烹调制作，所需设备工具均分布在附近。直线型布局适用于高度分工合作、场地面积较大、用餐时间相对集中的大型餐企的厨房。

（2）相背型布局。把主要烹调设备，如烹炒设备和蒸煮设备，分别以两组的方式背靠背地组合在厨房内，中间以一矮墙相隔，置于同一抽排油烟罩下，厨师相对而站进行操作。工作台安装在厨师背后，其他公用设备可分布在其附近地方。相背型布局适用于建筑格局呈方形的厨房，厨房分工不一定很细。这种布局由于设备比较集中，只使用一个通风排气罩而比较经济，但另一方面却存在着厨师操作时必须多次转身取工具、原料及必须多走路才能使用其他设备的缺点。

（3）L形布局。L形布局是将厨房设备按英语字母“L”的形状布局，这种布局方法主要用于面积有限、不适于按照直线布局的西式厨房。通常将设备沿墙设置成一个犄角形，把煤气灶、烤炉、扒炉、烤板、炸锅、炒锅等常用设备组合在一边，把一些较大的设备组合在另一边，两边相连成一犄角，集中加热排烟。这种布局方式在一般酒楼厨房或饼房、面点房得到广泛应用。它的特点是方便菜肴的加工和烹调，最适用于服务到桌的餐厅厨房。此外，L形布局方法还有利于提高厨师的工作效率。

（4）相对型布局。将两组设备相对排列，即面对面地排列，中间以工作台隔开但留有通道，便是相对型布局。相对型布局实际上是两组直线型布局，这类布局主要适用于不要求菜肴的制作和供应紧密衔接的厨房，如医院厨房、员工餐厅厨房等。

（5）U形布局。将工作台、冰柜以及加热设备沿四周摆放，留一出口供人员、原料进出，出品可开窗从窗口接递。当厨房面积较小时，可采用此布局，如面点房、冷菜房、火锅原料准备间。U形厨房布局可以充分利用现有的工作空间，提高工作效率。这种布局多用于设备较多、人员较少、产品较集中的厨房部门。

3. 厨房作业间设计布局

厨房作业间是指大厨房（即整体厨房）涵盖的小厨房，是厨房不同工种相对集中、合一的作业场所。集中设计加工厨房的优点是：集中原料领购，有利于集中审核控制；有利于统一加工规格标准，保证出品质量；便于原料综合利用和进行细致的成本控制；便于提高厨房的劳动效率；有利于厨房的垃圾清运和卫生管理。一般餐饮企业为了生产、经营的需要，分别设立了加工厨房，中餐烹调厨房，冷菜、烧烤厨房，面点、点心厨房，包房，饼房，西餐冻房等。

（1）加工厨房的设计要求。加工厨房应设计在靠近原料入口并便于垃圾清运的地方；应有加工本餐饮企业所需的全部生产原料的足够空间与设备；加工厨房与各出品厨房要有方便的货物运输通道；不同性质原料的加工场所要合理分隔，以保证互不污染；加工厨房要有足够的冷藏设施和相应的加热设备。

（2）中餐烹调厨房的设计要求。中餐烹调厨房与相应餐厅在同一楼层；有足够的冷藏和加热设备；抽排烟气效果好；配份与烹调原料的位置便捷；设置急杀活鲜、刺身制作的场地及专门设备。

（3）冷菜、烧烤厨房的设计要求。具备更衣条件；设计成低温、消毒、可防鼠虫的环境；设计配备足够的冷藏设备；紧靠备餐间，并提供出菜便捷的条件。

（4）面点、点心厨房的设计要求。单独分隔或相对独立；配有足够的蒸、煮、烤、炸设备；抽排油烟、蒸汽效果好；便于与出菜沟通，便于监控、督查。

（5）包房。即面包房，负责制作餐饮企业生产、经营所需的各种面包。

（6）饼房。即制作西式小点心的厨房，其生产功能是制作零点、套餐、团队用餐、鸡尾酒会、自助餐、宴会所需的各式糕点。

（7）西餐冻房。即制作西餐冷、凉、生（未经烹调可直接食用）食品的场所，有与中餐冷菜厨房大致相同的功能。在冻房要完成冷头盘、色拉、凉菜、果盘的制作与出品。

4. 厨房相关部门设计布局

（1）备餐间。备餐间是配备开餐用品、创造顺利开餐条件的场所。

①备餐间的作用：便于配备完善厨房出品；方便控制出品次序；创造快捷服务条件；集散销售信息；区分生产与消费区域，创造良好就餐环境。

②备餐间的设计布局要求：备餐间应处于餐厅、厨房过渡地带；厨房与餐厅之间应采取双门双道；备餐间应有足够的空间和设备。

（2）洗碗间。

①洗碗间的作用：洗碗间的工作质量影响到厨房环境及其出品质量；洗碗间的工作效率是餐饮生产和服务效率的重要依托；洗碗间对控制餐具损耗起着决定性的作用。

②洗碗间的设计布局要求：洗碗间应靠近餐厅、厨房，力求与餐厅在同一平面；洗碗间应有可靠的消毒设施；洗碗间通风、排风效果要好。

（3）热食明档、餐厅操作台。热食明档、餐厅操作台是厨房工作在餐厅的延伸或者是将厨房工作部分被转移到餐厅进行。其具体表现形式通常有餐厅煲汤、餐厅时蔬、餐厅布置操作台表演及制作食品等。

①热食明档、餐厅操作台的作用：渲染、活跃餐厅气氛；方便宾客选用食品；宣传饮食文化；扩大产品销售；便于控制出品数量。

②热食明档、餐厅操作台的设计布局要求：设计要整齐美观，进行无后台化处理；简便安全，易于观赏；油烟、噪声不扰客；菜品相对集中，便于宾客取食。

5. 厨房工作岗位布局

根据厨房布局要求和厨房生产特点进行合理的组合，确定各工作岗位的面积、设备和位置。充分利用现有的厨房面积，改善操作环境，提高工作效率。某酒店中餐厨房布局示意图如图6-2所示。

从图6-2中可以看出，厨房的工作岗位布局应考虑以下六个方面：

（1）人流走向。从员工上班到更衣，到最后进入岗位，这条路线是畅通的。

（2）物流走向。从原料的进货、验收、储藏，从领料、发料到加工、切配、烹调直至走菜，这条物流线也是畅通的。

（3）各工作岗位的位置。从图上可看出，加工与切配的距离较远，由于该厨房面积较小，原料从洗涤、宰杀、刀工处理直至上浆、焯水都在加工间完成，配菜区只负责一些小料和配料的刀工处理，其主要任务是配菜，所以配菜区较小。点心操作间紧靠炉灶区的蒸锅，这是因为点心间内无蒸锅，凡上笼蒸的点心都必须在蒸锅上进行。炉灶区呈L形依墙排列，炒灶、炖灶、低灶（用于制汤摆放汤锅或汤桶的一种较低的炉灶）在一边，烤炉、蒸锅及组合在另一边，同置于通风排气罩下。这样厨师能较便利地使用每一组设备，减少行走路线，也便于排风设备的安置和换气。

（4）厨房与餐厅的连接。厨房将菜肴烹制好后送至备餐间，再由服务人员送上餐桌，备餐间是不可忽视的，它是沟通前后台的连接点。从图上可以看到备餐间里有一台制冰机和一台保温箱，制冰机既可方便餐厅使用冰块，又可方便厨房使用冰块，而保温箱是用来

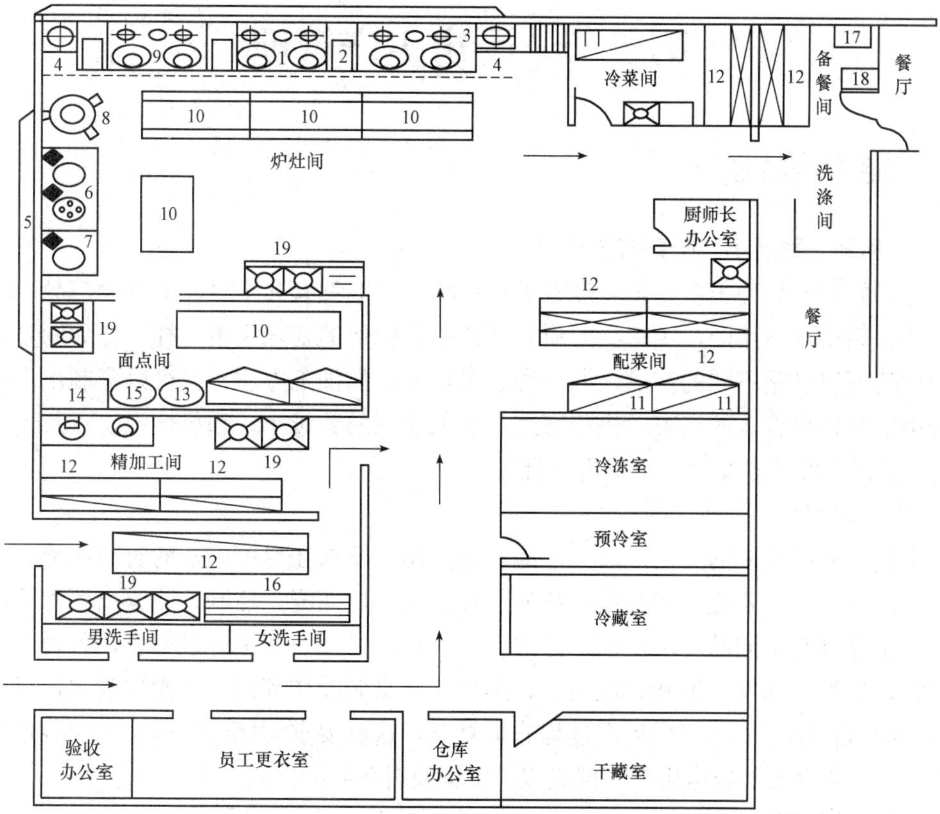

图6-2 某酒店中餐厨房布局示意图

1—双头强力炒灶（连汤锅）；2—调料柜；3—水龙头；4—低灶（又称矮仔灶、汤灶）；5—油烟罩；6—中式蒸灶；7—大锅灶；8—烤鸭炉；9—炖灶；10—工作台；11—冰箱；12—带架工作台；13—和面机；14—电烤箱；15—木面工作台；16—货架；17—制冰机；18—保温箱；19—水池

对某些菜肴成品进行临时保温用的。洗涤区具有双重作用，一是洗涤烹调用具，二是洗涤餐厅用具。当然，洗涤区并不一定要安排在备餐间，它只要能达到方便服务人员的餐具运送、方便厨房用具洗涤等目的即可。

（5）食品仓库与厨房内的冰箱。食品仓库尽可能地靠近厨房，特别是验收处，有些原料（鲜活原料）无须进仓库，就直接进入厨房，因此，验收处应安排在路口或方便进货的地方。食品仓库应尽量安排在一个区域内，以便于发料和储存。

（6）厨师长办公室。厨师长办公室的位置应尽量设在厨房内，要能便利地观察到每一个作业点的工作状况，其目的是：能及时发现问题，解决问题；便于工作的指挥和协调；能有效地控制食品成本；能有效地堵塞各种漏洞。

从图6-2中可以看出，该厨房的不足之处是服务人员能直接进入厨房取菜、取点心，造成厨房内人员增多，服务人员与厨师在过道上相互碰撞；点心间离出菜口距离较远；烧烤炉在厨房内增加了厨房温度等。

知识链接

酒店厨房工程的注意事项

第二节 厨房生产管理

一、厨房的特点

1. 品种多、数量小，个别订制生产

厨房产品花色品种很多，不管经营哪种风味，一般都有几十种、上百种产品。这些产品的品种和规格各不相同，主料、配料和调料配置比例的要求也不一样。比如同是鱼菜，不同的鱼类可以烹制不同的产品，同一种鱼采用不同的加工方法，又可以烹制出众多的口味。厨房主要根据客人的点菜单进行烹制。客人点菜的数量小，随机性强，点菜内容变化大，每个菜品均须单独烹制，不能进行批量生产。

2. 生产时间短

厨房接到餐厅送来的点菜单后，才能开始烹制，要求在尽可能短的时间内将客人的菜点上齐，而厨房生产要先后经过原材料的选择、加工、切配、烹制、装盘出菜等不同的工序，每道工序都有不同的要求，加工方法也不一样。另外，从生产过程看，各种食品原材料的选择、拣洗、涨发、拆卸、粗加工、细加工和烹调制作都以手工操作为主，机械设备大多只起配合作用。所以厨房生产过程非常复杂，这就要求餐厅与厨房及厨房各道工序间协调配合，建立合理的厨房生产管理流程，保证及时顺利地出菜。

3. 菜点质量不稳定

（1）菜点质量因人、因地点、因季节等因素的变化而变化。

（2）菜点生产具有一定的协作性，一道菜或一道点心往往不是一个人所能完成的，需要由多个人来完成。如果上一道工序有问题就会影响到下一道工序，以至于影响菜点的质量。

（3）由于菜点生产是手工操作，每一位厨师的技艺都有差异，即使是同一位厨师，在生产制作中往往因体力、情绪、环境等因素，也会造成菜点质量的差异。

4. 食品原料易变质

食品原料品种多，规格复杂，具有季节性、地域性的特点，多数是鲜活原料，贮存和加工中易发生质量变化，甚至腐败丧失食用价值。

5. 菜点质量要求高

菜点的质量除了要求具有良好的卫生性和营养价值外，还要求具有良好的色、香、味、形、质和器。客人对菜点的感官质量要求高，众口难调。菜点加工烹制后一般不能存放，否则就会使感官品质变差，热食品变凉，冷食品升温。

二、厨房的组织形式

1. 大型厨房的组织形式

大型厨房的管理系统，是由若干个不同职能的厨房组织所构成，通常设加工主厨房

和分厨房。加工主厨房负责所有食品原料的加工，并按规格配份，供应各分厨房进行烹调。分厨房分为中餐厨房和西餐厨房两种类型：中餐厨房由若干不同风味或功能的分厨房组成；西餐厨房可设咖啡厅厨房、西餐厅厨房、包饼房和其他风味的厨房。为便于系统管理，餐饮企业一般会成立厨房中心办公室，它是厨房最高层管理机构，负责指挥整个厨房系统的生产运行，隶属于餐饮部。

厨房中心办公室通常由一名总厨师长、一名成本控制员、一名总厨助理和若干名副总厨师长组成。总厨师长全面负责主持工作，副总厨师长具体分管一个或数个厨房，并分别指挥和监督各分厨房厨师长的工作。各厨房的厨师长负责所在厨房的具体生产和日常运转。而各厨房由厨师、各炉的打荷、助手与杂工组成一个厨房整体。大型厨房的组织形式，如图6-3所示。

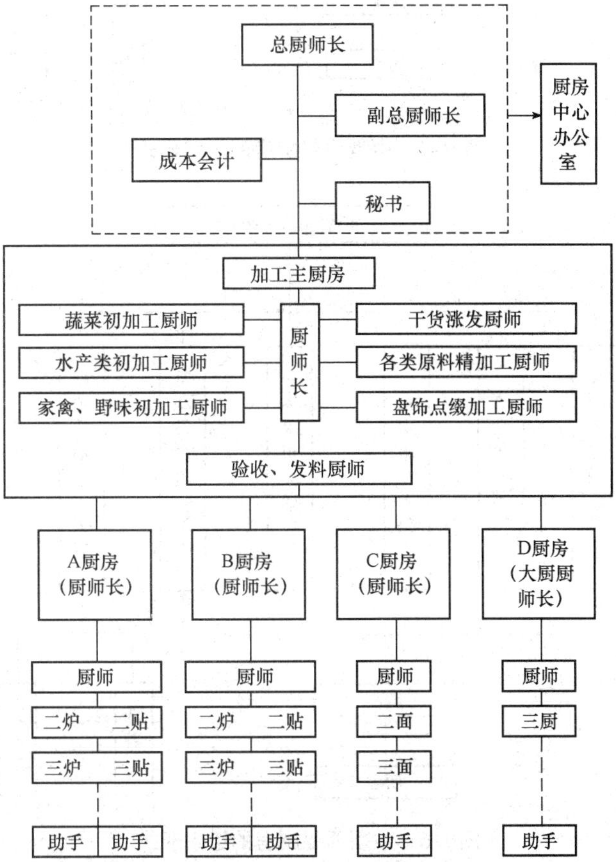

图6-3　大型厨房的组织形式

2. 中型厨房的组织形式

中型厨房与大型厨房相比，其规模、面积、人数、经营的项目等相对小些。中型厨房通常设中餐厨房和西餐厨房两部分，都兼有多种功能：中餐厨房一般设六个区，与大型厨房中的中餐厨房结构相同，如图6-4所示；西餐厨房设原料加工、烹调、扒房、凉菜、面点包饼和勤杂组等，如图6-5所示。

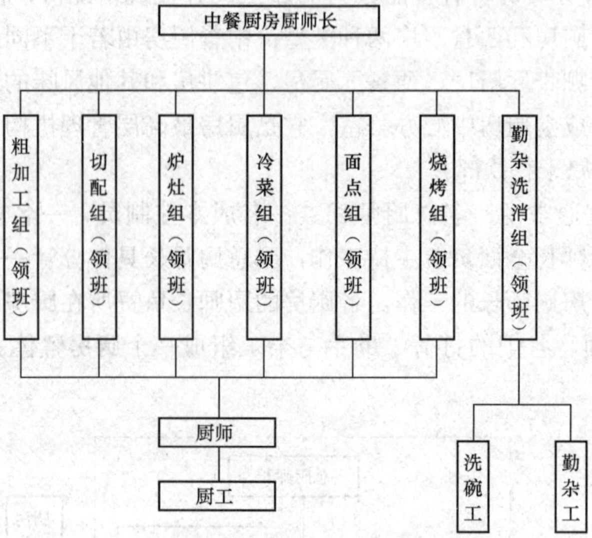

图6-4　中型中餐厨房的组织形式

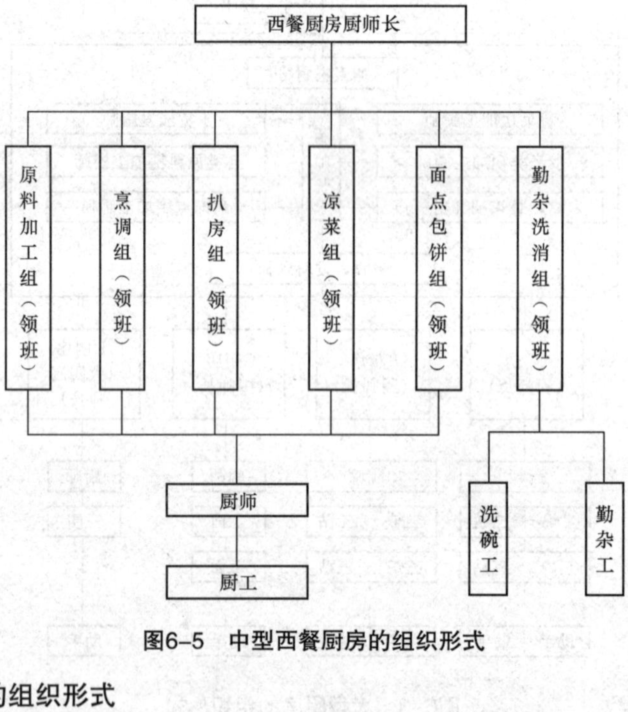

图6-5　中型西餐厨房的组织形式

3. 小型厨房的组织形式

由于有些餐饮企业规模较小，厨房相对面积、人数、厨房的设备等均受到一定的限制，因此，厨房的规模较小，结构也较简单，通常由一名非脱产的厨师长对生产进行监督和指导。在具体的岗位设置上，只设炉灶组、切配组、点心组。有些厨房将冷菜和加工归入切配组负责；有些小型厨房需供应部分的西菜，可设一个西菜组，他们均隶属厨师长领导。另外，由于厨房规模较小，餐饮企业不专设采购部和仓库保管。因此，小型厨房只配1～2名采购员，1～2名仓库保管员和验收员，并大多数由厨师兼任，如图6-6所示。

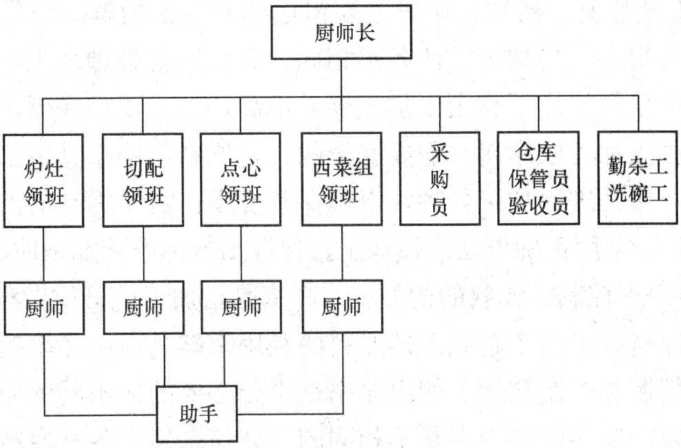

图6-6 小型厨房的组织形式

三、厨房生产管理流程

1. 原材料加工

厨房原料初加工是指对一切购进的原始原料，如鲜活原料等进行初步的整理加工的过程。原料的初加工一般包括对冰冻原料的解冻，对鲜活原料进行宰杀、洗涤和初步整理，对蔬菜、水果进行择叶、削皮、去根须、洗涤，对带骨、带皮的肉类原料进行砍、斩处理等。

原料初加工阶段的工作是整个厨房生产制作的基础。该阶段管理的重点是初加工质量、初加工出净率和初加工数量三个方面。

（1）原料初加工阶段管理的作用。食品原料的初加工阶段表面上看是一项较为简单的工艺过程，实际上它对整个厨房的生产过程都起着决定性作用。

①初加工的加工质量直接关系到原料的出净水平，通常用出净率来表示，原料的出净率直接影响到菜肴的生产成本。

②初加工的加工质量还直接影响到原料的完整性、厚度、老嫩等指标。例如，初加工人员把一条完整的鱼肉剔得零零星星、带刺带骨，对于制作熘鱼片、爆鱼丁一类的菜肴就无法使用。

③原料的分档取料、合理的留用割舍也是由初加工人员完成的。厨房生产讲究的是合理使用食品原料，以免造成浪费，如果初加工人员没有经过专业的训练，没有对原料进行合理的加工，就会严重影响整个厨房的菜点加工，如肥瘦不分、老嫩不分、内外不分、大小不分等。

④原料初加工的速度对厨房的生产也有一定的影响，如果初加工人员的加工速度太慢，所加工的原料就不能满足生产的需要，就会严重影响厨房的出菜效率。尤其是现代酒店中对禽类、水产活料的现场加工，如宾客点选了一条活鱼，水台厨师接到活料后应迅速进行初加工处理，如果加工速度过慢，影响了烹调加热，让宾客等的时间太长，宾客就会不满意。

（2）初加工质量管理。初加工质量主要包括冰冻原料的解冻质量、加工的规格标准等。食品原料种类有很多，初加工方法各不相同，为此，要合理加工，确保质量。具体加工方法为：蔬菜、瓜果等鲜活原料由于加工要求不高，技术要求较低，一般可由学徒工或临时工进行择洗，去皮加工成净料；需要涨发的干货原料，由于其价格昂贵，加工技术要求较高，必须由专业厨师进行加工处理，以确保其涨发；需要拆卸的肉类原料，需组织有经验的厨师按档取料，采用正确方法进行加工，保证出料标准和加工质量。

（3）初加工出净率控制。原料的初加工出净率是指加工后可供做菜的净料和未经加工的原始原料之比。原料的出净率越高，即原料的利用率越高，出净率越低，菜肴的单位成本就越高。因此，把握和控制初加工的出净率是十分必要的。不同的原料、不同的加工方法、不同的菜肴需要，原料的出净率是不相同的。如何来确定各种原料的标准出净率，就成为原料初加工阶段管理的重要内容之一。

原料的标准出净率的确定一般有三种方式：一是参考国家有关部门制定的现行标准；二是借鉴其他企业已有的标准；三是自己根据所使用的原料进行加工测量。现在的大多数酒店一般是将上面的三种方式综合运用，不仅可以节省时间，而且还可以节省大量的人力物力。

控制食品原料出净率的具体措施有：制定各种原料的出净率标准，并张贴于加工厨房，供加工厨师参照执行；定期抽查原料和半成品重量，检查出净率的执行情况，发现问题及时改进；定期或不定期检查垃圾桶和下脚料，检查是否还有可用部分未被利用；加强厨师加工技术的培训，减少因操作失误造成的原料浪费；将原料出净率的执行情况列入加工厨师的考核范围内，以加强加工厨师的责任心。

（4）初加工数量控制。原料的加工数量，应以销售预测为依据，以满足生产为前提，留有适当的储存周转量，避免加工过多而造成质量降低。酒店厨房内部可规定，各需要加工原料的厨房，应视营业情况，于当日统一时间（如中午开餐后、下班前），分别向加工厨房申订次日所需加工原料，再由加工厨房汇总，并折算成各类未加工原料，向采购部申购或去仓库领货，进行集中统一加工，再按各点需要发放。这样可较好地控制各类原料的加工数量，并能做到及时周转发货，保证餐饮生产的正常进行。

2. 菜肴生产管理

厨房生产的特点之一，就是菜肴在整个生产中占的比重比较大。一般情况下，菜肴的生产数量和价值可以占厨房整个食品生产总量的70%左右。有时候，宾客评价一桌宴席水平的高低、优劣，也往往是以宴席中的菜肴质量为主要指标。

菜肴的烹制加工，有赖于菜肴厨房各个岗位的协作。传统菜肴的加工分为切配岗位与烹调岗位，俗称“案”与“灶”两大环节。随着厨房管理水平的不断提高与厨房工作岗位的细化，原来的两大环节已增加到三大环节，即砧板、打荷、占灶。这种分工在很大程度上得益于粤菜厨房管理的交流与传播。由于这种分工的合理性，已被餐饮企业所广泛接受并运用于厨房的实际管理活动中。

（1）制定规范作业程序与质量标准。要确保厨房生产的良好运行和出品优质的菜品，实际上关键在于对菜肴厨房生产上的三大环节进行有效管理。一切厨房生产的有效管理，总是体现在两个方面，即保证生产的运行秩序和菜肴的出品质量。这就需要制定规范作业程序与质量标准。此处仅以砧板规范作业程序与质量标准为例加以介绍。

在规模较大的厨房中，菜肴厨房的砧板岗位实际上是由两部分构成的，一部分是对原料进行切型处理的切制人员；另一部分是负责对菜肴生料进行配份的人员，负责对菜肴生料进行配份的厨师通常称为主配师。在一般的小型厨房中，这两个岗位是合二为一的，但一个岗位的工作内容与两个岗位的工作内容完全相同。

（2）建立菜品规范作业指导书。菜品规范作业指导书也称作菜品规范作业书，一般酒店称之为标准菜谱，是厨房用来规范厨师菜肴烹制时的操作流程的作业性文件，是厨房生产标准化控制的重要环节。标准菜谱是以菜谱的形式，列出菜肴（包括点心）的用料配方，规定制作程序，明确装盘规格，标明成品的特点及质量标准；标准菜谱是厨房每道菜点生产全面的技术规定，是不同时期核算菜肴或点心成本的可靠依据，是配料厨师和烹调厨师技术操作的依据和准则。

①标准菜谱的设计原则。

a．以顾客需求为导向原则。标准菜谱的设计，首先是根据酒店所做的市场调查，确定餐饮食品的种类和质量水平。餐饮产品质量水平必须以能提高顾客满意度为目的。所以，标准菜谱的设计首先要以顾客需求为导向，筛选品种，并设计适应性强的质量水平。

b．体现本餐厅的经营特色，具有较强的竞争力。酒店首先要根据餐厅的经营方针来决定提供什么样的菜品、面点等，例如是鲁菜还是粤菜，是风味菜还是特色菜，是大众化的菜还是高档的菜。标准菜谱的设计要尽可能选择反映本店特色的菜品，并依据市场的竞争情况，制定具体的质量标准，使菜品富有较强的竞争力。

c．根据厨房的生产能力和技术水平设计菜品的质量。厨房生产设备的优劣与齐备程度和厨师的技术水平对于标准菜谱的设计有直接影响。操作工艺复杂、所需工具设备独特的菜品在设计中尤其要在充分了解设备情况的基础上做出决策，不能盲目设计。同时，厨师的技术水平因素也是标准菜谱设计的关键。如果设计的菜品厨师不会烹制，或烹制的成品达不到设计的质量要求，这样的标准菜谱对于生产而言就毫无意义。

d．考虑食品原料的供应情况。标准菜谱的设计虽然内容很多，但其中最主要的内容是食品原料。食品原料的供应往往受到供求关系、采购、运输条件、生产季节、生产地区、生产量等因素的影响。因此，设计标准菜谱时，必须充分考虑这一因素。例如，某酒店地理位置较偏远，或位于某山区风景景点内，交通不是十分便利，且属内陆，如果非要设计使用海鲜活品原料，显然是无法实现的。所以，标准菜谱在设计时要考虑原料的供应情况。

e．适应市场原料价格的变化情况。市场经济时期，食品原料因供求关系的变化、季节的变化、淡旺季的不同、生产量的不同，其价格也随时发生变化。因而，在设计标准成本时就应保持一定的灵活性，留有充分的变动余地，以适应市场的变化，又便于生产成本的控制与管理。

f．求变求新，适应饮食新形式。标准菜谱虽然不能经常变动，但设计时还是以求新求变为原则，注意各种菜品、各类食肴、各种风味的搭配。同时，菜肴在有一部分稳定的基础上，要经常更换，推陈出新，总能给常来就餐的宾客以新鲜感。还要考虑季节因素，安排时令菜肴，同时还应顾及宾客对营养的不同需求。宾客的健康状况、进餐要求等，这些都促使酒店在设计标准菜谱时不能有一劳永逸的观念，必须求变求新，才能吸引更多的宾客。

②标准菜谱的设计内容。一般来说，标准菜谱设计的内容主要有以下七个方面：

a．基本信息。标准菜谱中的基本信息，也可以称为基础技术指标，主要包括菜点的编号、生产方式、盛器规格、烹饪方法、精确度等。它们虽然不是标准菜谱的主要部分，却是不可缺的基本项目，而且它们必须在设计的一开始就要设定好。

b．标准配料及配料量。菜肴质量的好坏和价格的高低很大程度上取决于烹调菜肴所用的主料、配料和调料等的种类与数量。标准菜谱首先在这方面做出规定，就为菜肴的质价相称、物有所值提供了物质基础。

c．规范烹调程序。规范烹调程序是在烹制菜肴所采用的烹调方法、操作步骤和要领等方面所做的技术性规定。这一技术规定是为保证菜肴质量，对厨房生产的最后一道工序进行规范。它全面地规定了烹制某一菜肴所用的炉灶、炊具、原料配份方法、投料次序、型坯处理方式、烹调方法、操作要求、烹制温度和时间、装盘造型和点缀装饰等，使烹制的菜肴质量有了可靠保证。

d．烹制份数和标准份额。厨房烹制的菜肴多数是一份一份单独进行的，有的是多份一起烹制的。标准菜谱对每种菜肴、面点等的烹制份数进行了规定，是以保证菜肴质量为出发点。如一般菜肴为单份制作，也就是其生产方式是单件式；面点的加工一般是多件式，带有批量生产的特征等。

e．每份菜肴标准成本。标准菜谱对每份菜肴标准成本做出规定，就能够对产品生产进行有效地成本控制，可以最大限度地降低成本，提高餐饮产品的市场竞争力。标准菜谱对标准配料及配料量做出了规定，由此可以计算出每份菜肴的标准成本。由于食品原料市场价格不断变化，每份菜肴标准化成本也要及时做出调整。

f．成品质量要求与彩色图片。通过标准菜谱对用料、工艺等的规范，保证了成品的质量，标准菜谱应对出品的质量要求做出规定。但因为菜点的成品质量有些项目目前尚难以量化，如口味的轻重等，所以在设计时，应制作一份标准菜肴，拍成彩色图片，以便作为成品质量最直观的参照标准。

g．食品原料质量标准。只有使用优质的原料，才能加工烹制出好的菜肴。标准菜谱要对所有用料的质量做出规定，如食品原料的规格、数量、感官性状、产地、产时、品牌、包装要求、色泽、含水量等，以确保餐饮产品质量达到最优效果。

③标准菜谱的设计过程。标准菜谱的设计制订是一项十分细致复杂的技术工作，也是厨房生产管理的重要手段，必须认真做好和高度重视。标准菜谱的设计制订应该由简到繁，逐步完成和完善，并充分调动厨师的积极性，反复试验，使标准菜谱中的各项规定科学合理，切实成为厨师生产操作的准则，以规范厨师烹调菜肴过程中的行为。设计制订的标准菜谱要求文字简明易懂，名称、术语确切规范，项目排列合理，易于操作实施。

标准菜谱的设计过程如下：

a．确定菜肴名称。

b．确定烹制份数和规定盛器。

c．确定原料种类、配份与用量。

d．计算出标准成本。

e．确定工艺流程与操作步骤。

f．编制标准菜谱初稿。

g．编制标准菜谱文本。

h．核对编册。

④编制标准食谱的一般程序。

a．确定主配料原料及数量。这是很关键的一步，它确定了产品的基调，决定了该产品的主要成本。数量的确定有的只能批量制作，平均分摊测算，例如点心、菜肴单位较小的品种。但无论如何，都应力求精确。

b．规定调料品种，试验确定每份用量。调料品种、牌号要明确，因为不同厂家、不同牌号的质量差别较大，价格差距也较大。调料只能根据批量分摊的方式测算。

c．根据主料、配料、调料用量，计算成本、毛利及售价。随着市场行情的变化，单价、总成本也会不断变化，每项核算都必须认真全面地进行。

d．规定加工制作步骤。将必需的主要的易产生歧义的步骤加以统一，规定可用术语，精练明白即可。

e．确定盛器，落实盘饰用料及式样。根据菜肴的形态与原料的形状，确定盛装菜肴餐具的规格、样式、色彩等，并根据餐具的色泽与质地选取确定对装盘后的菜肴进行盘饰的要求。

f．明确产品特点及质量标准。标准食谱既是培训、生产制作的依据，又是检查、考核的标准，其质量要求更应明确具体才切实可行。

g．填写标准食谱。将以上的内容，按项填写到标准食谱中。填写标准食谱时，字迹要端正，表达清楚，使员工都能看懂。

h．按标准食谱培训员工，统一生产出品标准。按标准食谱中的技术要求对各个岗位的员工进行操作培训，以规范厨师的作业标准，从根本上确保生产出品标准的统一。

四、厨房生产的标准化管理

知识链接

厨房管理

1．厨房生产的标准

（1）标准菜谱。标准菜谱是对厨房生产的菜品在菜品的份额、烹制份数、配份、烹调方法和原料标准成本等方面的规定，是配料厨师和烹调厨师技术操作的依据和准则。标准菜谱主要包括以下四个方面的内容：

①标准份额和烹制份数。厨房烹制菜肴有的是单独进行的，有

的是多份一起烹制，因此，菜谱对菜品的烹制份数必须明确规定，这样才能正确计算菜肴食品的标准配料量、标准份额和每份菜的标准成本。

标准份额是每份菜品以一定价格销售给顾客的规定的数量。每份菜品每次出售给顾客的数量必须一致。规定和保持标准份额的作用：一是减少顾客不满，使顾客产生公平感，增加回头客；二是防止成本超额。如果菜品饮料的份额不标准，则产品所涉及的原料消耗的成本难以控制，往往导致成本超额，引起餐厅利润的波动。

②标准配料量。标准配料量即规定生产某菜肴所需的各种主料、配料和调味品的数量，它是生产标准化控制的另一个重要环节。在确定标准生产规程以前，首先要确定生产一份标准份额的菜品需要哪些配料，每种配料需要多大用量，每种配料的成本单价和金额是多少。

③标准烹调程序。在标准菜谱上还应规定菜品的标准烹调方法和操作步骤。标准烹调程序要详细具体地规定食品烹调需要什么炊具和工具、原料加工切配的方法、加料的数量和次序、烹调的方法、烹调的温度和时间，同时还要规定盛菜的餐具、菜品的布摆方法等。

④每份菜的标准成本。标准菜谱上应规定每份菜的标准成本。可通过试验，将各种菜肴的每份份额、菜肴的配料及其用量以及烹调方法固定下来，制定出标准，然后执行。

（2）厨房食品生产质量标准控制。食品生产质量控制就是根据食品生产流程，以原料采购、操作规程、烹调技术和质量规格为基础，以产品的色、香、味、形为最终表现形式，对食品生产过程中的质量所进行的控制管理工作。

①原料质量控制。原料选择要求精细、新鲜，部位要准确，以符合产品的风味和质量要求。如“滑熘肉片”必须用上好的里脊；“水煮牛肉”需用牛腿肉或牛胸肉；“北京烤鸭”必须用饲养56天左右的“北京填鸭”等。如果原料质量不符合标准，即使烹调技术再高明，菜品的质量也难以保证。

②原料粗加工控制。大多数原料必须经过粗加工切配才能用于烹调。所谓粗加工就是指对原料进行初步加工处理，如鲜活原料的宰杀、冲洗、切割、整理；干货原料的涨发、漂洗；蔬菜的分拣、洗涤等。对食品原材料的粗加工应采取生产损耗控制。

（3）生产损耗控制。菜品配料的成本往往以净料的用量标准为基础而确定。如果炒肉丝需要200克瘦肉，那么这200克是指加工后的净瘦肉。而厨房进货的原料大多是毛料，一般要经过拣洗、涨发、宰杀、拆卸等加工处理才能得到净料，然后投入使用。一些熟菜在烧煮和烧烤过程中还会发生损耗，原料的净成本和价格要根据熟食成本而定。因此，为了便于成本控制，合理利用原料，必须对食品生产过程中的加工切配和烧煮损耗进行控制。

2. 厨房各生产环节的质量控制

菜点的生产过程由若干生产环节组成，主要包括食品原料加工、配份、烹调等环节。

（1）食品原料加工的质量控制。食品原料加工是菜点质量控制的关键环节，对菜肴、面点的色、香、味、形起着决定性的作用。因此，厨房生产抓好食品原料采购质量管理的同时，必须对食品原料的加工质量进行控制。绝大多数食品原料必须经过粗加工和细加工以后，才能用于食品的烹制过程。

（2）食品原料配份的质量控制。食品原料配份也叫菜肴配份、配菜，是指按照标准菜谱的规定要求，将制作某菜肴需要的原料种类、数量、规格选配成标准的分量，使之成为一份完整菜肴的过程，为烹饪制作做好准备。配份阶段是决定每份菜肴的用料及其相应成本的关键，因此，配份阶段的控制，是保证菜肴出品质量的关键一环。

菜肴配份，首先要保证同样菜名的原料的配份必须相同。例如，在一家当地很有声誉的酒店就发生过这样的事：一位客人两天前在该店就餐，点用的“三鲜汤”的配料为鸡片、火腿片、冬笋片，用料讲究，口味鲜美，而两天后再次点“三鲜汤”时，其配料则换成了青菜、豆腐、鸡蛋皮，色彩悦目，口味也不错。但前后两个同样名字的菜肴的价格是有很大差别的。从烹调技术而言，都是不错的菜肴，客人对此却不理解，究竟该酒店的“三鲜汤”有几种配法、几种价格，这种情况令客人不满意。从厨房生产而言，同名同法制作，而用料殊异，质量难以保证始终如一的高水平。可见，配份不定，不仅影响菜肴的质量稳定，而且还影响到餐饮企业的社会效益和经济效益。因此，配菜必须严格按标准菜谱进行，统一用料规格标准，并且管理人员应加强岗位监督和检查，使菜肴的配份质量得到有效地控制。

（3）食品烹调过程的质量控制。烹调是菜点生产的最后一个阶段，是确定菜肴色泽、口味、形态、质地的关键环节。它直接关系着餐饮产品实物质量的最后形成、生产节奏的快慢程度、出菜过程的井然有序等，因此，烹调是菜点质量控制不可忽视的阶段。菜点烹调阶段质量控制的主要内容包括厨师的操作规范、烹制数量、成品效果、出品速度、成菜温度以及对不合格菜点的处理等方面。

3. 厨房生产标准化的意义

（1）能够确保生产过程的规范统一。中餐菜品的生产过程历来就是一个缺少操作规范的手工技术形式，而手工操作本来就误差较大，加之缺少规范工艺流程，因此造成同一种菜肴烹调后会有较大的特点差异，也就是菜肴质量的差异。这对于在现代餐饮市场树立稳定、优质的产品质量形象是非常不利的。所以，确定中餐厨房的生产标准对于规范厨房生产的规范统一、确保菜品质量的始终如一，具有特别重要的意义。

（2）是菜点质量能够稳定提高的保证。目前，我国餐饮市场的竞争非常激烈，要想不断提高菜点的质量，赢得顾客的欢迎，并始终保持较高的顾客满意度，厨房的生产就需要在确保现有菜点质量稳定的前提下，不断进行菜点创新，不断提高菜品的质量，用现在的话说就是质量创新。

（3）使厨房生产更加科学合理。在中餐厨房中建立或实施厨房生产的标准化，可以使厨房的生产更加科学合理。多年来，传统的中餐厨房生产一直处于定岗定员的模糊性、工作量的无法确定性，生产管理过程中的随意性的状态之中，导致产品质量不稳定。

（4）有利于树立餐饮企业的良好形象。标准化的厨房生产和稳定的菜品质量，有利于树立一个信誉度高、顾客满意度高的餐饮企业形象，这对于创造一个富有影响力的品牌企业是不可缺少的基础工程。

五、厨房的信息沟通

1. 厨师与顾客、厨师与服务人员之间的沟通

为保证厨师烹制出的菜肴符合质量标准，在严格按标准菜谱及顾客要求烹制菜肴的同时，还必须加强与顾客的沟通。比如，对厨师实行编号上岗制度，每位厨师对自己加工烹制好的菜品必须附上自己的号码标签，以示对菜品质量的担保和对顾客的负责。顾客也可根据对某位厨师的信任和喜好指定厨师为其制作，顾客对菜肴不满意时，也可按编号投诉厨师，加强厨师与顾客间的沟通。

部分餐厅服务人员特别是点菜服务人员因为对本餐厅菜肴的烹制方法不熟悉，常常在营业高峰时向顾客推荐一些制作复杂、耗时长的菜点，从而加重了营业高峰期厨房生产的压力。为此，餐厅服务人员应加强与厨师的沟通，增加菜肴烹饪知识。有的餐饮企业组织厨房、餐厅开展“前后台人员交流会”，让厨师向服务人员讲解菜单上各种菜肴的制作方法、成菜时间，说明不同营业时间段应向顾客推荐的适宜菜点，这是加强厨师与服务人员沟通的有效途径。

2. 生产与服务之间的信息沟通

厨房生产所完成的只是有形物质产品的生产，无形服务的完成必须依靠厨房与餐厅的共同协作。只有顾客满意地享用了餐饮产品，餐饮产品的价值才得以最终实现。可见，餐饮产品的提供需要餐饮企业前后台即餐厅和厨房的协调运作，而协调运作的关键在于前后台顺畅的信息沟通。

信息是餐饮生产管理的重要内容。目前，我国拥有大批超大规模的提供点菜服务的餐饮企业，点菜服务是一种定制化或个性化的服务类型，如果厨房不了解顾客信息或餐厅错误传递了顾客信息，会使厨房生产的菜品不符合顾客要求，使顾客对服务的满意度大打折扣，这就意味着餐厅个性化服务的失败。要解决这些问题，就必须加强餐厅与厨房之间的信息沟通。其主要措施如下：

（1）建立餐厅与厨房信息沟通例行制度。

①在进行食品品种选择时，餐厅应将季、月、周营业情况报告给厨房，而厨房则根据餐厅营业性质、档次高低、接待对象的消费需求，选择产品风味和花色品种。在这一过程中，双方的沟通内容包括：高、中、低档产品及特时菜的搭配与适应消费程度；冷菜、热菜、面点、汤类比例协调程度；零点餐厅、自助餐厅的花色、品种、数量适度情况。

②设计菜单时，餐厅应向厨房提供以前用过的特殊菜单以及零点、宴会等菜单的使用情况。厨房应选择专业技术人员负责统筹安排，精心设计好各种菜单，并与餐厅在菜单种类、菜品供应程度及质量标准、主配料的选择等方面进行沟通。

③开餐前，餐厅应了解当日厨房所能提供的各类食品，厨房应把不能提供的食品主动向餐厅经理说明。双方在餐前例会时可就当日主要客源情况、工作程序、特殊服务要求、准备提供的各类食品进行沟通。

④开餐中，对客人提出的特殊要求，餐厅应立即通知厨房，如果发生质量事故，如点错单、上错菜、食品变质、数量不足、温度不对及厨房设备影响营业等情况，餐厅要及时

与厨房和有关部门联系，尽快解决。而厨房推销的特殊食品应有正式的菜单通知餐厅，有质量事故应先满足客人要求，再论是非。

⑤餐后总结时，餐厅应将当日三餐的经营情况提供给厨房，厨房根据当日经营情况预测并制订出次日经营食品规划并通知餐厅。双方可以对当日三餐上座率、高中低档食品营销比例、全日营业额、饮料和食品比例、各类菜肴营销数、人员情况、内消耗数、客人反映、特殊情况、投诉情况、好人好事、以后注意事项等问题进行沟通。

（2）建立完善合理的生产服务信息流程。从餐厅服务人员写点菜单到客人所需的菜品端上桌，这是一条完整的生产服务信息流程。如果这一流程不通畅，将会出现一系列的服务问题。这些问题主要体现在：

①上菜速度慢。出现这一问题的原因主要有两方面：一是厨房烹制菜肴耗时太长导致的速度较慢；二是厨房烹调速度并不慢，但由于烹制菜肴的次序不合理，导致一部分客人的菜肴上得过快而另一部分客人的菜被迟滞，使他们感到上菜慢。

②不能满足顾客对菜肴的特殊要求，如加辣、少放盐或增加某种配料等。

③上错菜。如A桌的菜上到了B桌；包厢的菜肴上到了大厅的餐台上。

（3）完善餐厨服务管理制度，按程序提供就餐服务。厨房应设备齐全，布局合理，提高出菜速度，尽量避免因上菜速度慢而导致客人与餐厅服务人员发生冲突。

知识链接

酒店厨房5S
管理案例

第三节　厨房卫生与安全管理

一、厨房卫生管理

1. 厨房环境卫生管理

厨房环境卫生是指菜品加工过程中的空间环境，一般包括室内建筑环境卫生、废弃物处理情况、员工洗手间和厨房室外的环境卫生等。如果厨房环境清洁处理达不到卫生标准的要求，不仅会造成菜品加工过程的污染，也会影响加工人员的身体健康。

（1）室内建筑环境卫生。室内建筑环境包括地面、天花、墙壁、门窗等与建筑紧密结合的设施。这些设施如果不能保持良好的卫生状况，则会对厨房的整体卫生产生严重的影响，甚至对食品的加工卫生构成威胁。因此，厨房室内的环境卫生必须要经常进行清洁、清洗和消毒处理。

（2）废弃物处理情况。厨房因每天都要进行菜品的制作，每天都会产生大量的垃圾及废弃的各种余料，如果不能及时得到妥善处理，特别是在高温的天气，不仅会产生腐败的臭味，也极易招来蚊、蝇、蟑螂、老鼠等，它们都是病菌的传播者，会造成菜品等食品的污染。

（3）厨房环境卫生指标。这里所说的厨房环境指标是指对厨房卫生直接产生影响的一些因素，如设备的摆放与卫生，通风照明、温度湿度以及对空气、细菌含量等方面的规定。而厨房卫生指标则是指国家有关部门对厨房内食品加工的一些具体的卫生要求。

2. 厨房食品卫生管理

菜品原料由于在生产、收购、运输、加工、包装、储藏时受到微生物污染而常常带有各种微生物。当放置一段时间后，受食品中微生物和环境条件的影响和作用，食品会出现长霉、变色变味、腐烂等现象。

（1）食品腐败变质的原因。食品变质的原因是多方面的，一般可从食品本身、微生物污染和环境因素等三个方面来考虑。

①食品本身的成分和性质。食品的营养成分构成、水分含量、pH值及渗透压等对食品中微生物的繁殖、菌相构成及优势菌种均有重要影响，从而决定食品腐败变质的进程及特征。食品的状态及所含的不稳定物质也对食品的腐败变质起作用。

②微生物污染。在食品腐败变质过程中起主要作用的是细菌、酵母和霉菌，尤其是细菌更占优势。

③环境因素。无论是食品自身的性质变化，还是微生物引起的变化而导致的食品腐败变质，都与环境条件如温度、湿度、氧气、光照等密切相关。

（2）食品腐败变质的危害。食品腐败变质时，因组织的改变与崩溃产生黏液，出现异常色调，或强烈的刺激气味与特殊的味道等，这些都会使人产生厌恶的感觉。如蛋白质腐败形成的有机胺类、硫化氢、吲哚、粪臭素等。腐败变质的食品对人体健康的威胁，主要是微生物污染的问题。

腐败变质的食品中含有大量的污染严重的微生物，污染了的微生物中就有可能存在大量的病源菌，包括致病菌或致病性大肠杆菌或产毒霉菌等，食用后会引起食物中毒或消化道传染病等。

此外，食品腐败变质过程中，其他一些分解产物，如有一些鱼类的组织胺也可引起食物中毒。因此，应该重视食品腐败变质对人体健康的危害性。

（3）防止食品腐败变质的措施。防止食品腐败变质的预防措施主要是消除和减少微生物的污染，控制微生物的繁殖。为此，在食品生产、加工、运输、储存和销售的各个环节中，要保证食品所接触的环境保持清洁卫生，尽可能减少微生物对食品污染的机会，对食品采取抑菌或灭菌的措施、抑制酶活动等，以防止或延缓食品质量的变化。

3. 厨房用具卫生管理

厨房内有各种各样的用具，这些小的用具如果管理或使用不当，而厨师使用这些不干净的烹饪用具来加工、烹制菜品，同样会使本来干净的菜品原料被有害物质污染。因此，烹饪用具的卫生安全也是不可忽视的一个环节。

厨房里的烹饪用具种类繁多、用途不一，主要有灶台用具、砧板用具以及划菜台和其他用具。灶台用具如调料盆罐、手勺、炊帚、锅铲、漏网、漏勺等，砧板用具如木墩、案板、各种刀具、配菜盘等，在每次使用结束后都要进行洗净与消毒处理。

（1）灶台用具卫生。炉灶，特别是炒菜灶上的烹饪用具，品种繁多，常用就有炒锅（或勺）、锅铲、铁筷子、漏勺（漏网）、锅垫、油缸等，一般都是金属制品，比较容易清洗。

（2）调理台用具卫生。调理台的用具也有很多，包括盛装生料的料盘及盛装各种调料的料罐。这些用具是非常容易形成交叉污染的，因此，每餐用后一定要进行严格的清洗消毒处理。特别是盛装调料的盆罐，收台时，必须将剩余的调料倒出，对料罐进行认真的清洗，消毒后放置在专门的柜内存放。

（3）砧板卫生。用于切割食品原料的砧板，也称菜墩、菜板。若使用不当，或者未清洗干净，则很容易导致食品原料与饭菜成品污染，尤其会导致交叉污染，因此必须加强对砧板的卫生清洁管理。

（4）餐具卫生。所有的餐具不仅要经过清洗冲刷，还必须经过严格的消毒处理，尤其是尚未使用洗碗机的厨房更要严格消毒管理。常用的餐具消毒方法有物理消毒法（包括煮沸消毒法、蒸汽消毒法、远红外线消毒法和紫外线消毒法）和化学消毒法两种。

（5）抹布卫生。在厨房所有的工具中，厨师手中的抹布是使用频率最高也是卫生状况最差的用具，是厨师手中最容易造成微生物的传播与污染的用具。厨房有些菜品形成的有害物质的交叉污染，往往是由厨师手中的抹布引起的，因此，必须对抹布的清洁卫生和消毒处理进行严格的管理，每次使用结束后进行严格的洗净与消毒处理。

（6）卫生用具卫生。卫生用具是指厨房在整理打扫卫生时所使用的各种工具，这些卫生工具，如毛刷、拖把、笤帚、铁簸箕、洗涤剂等不能妥善处理的话，也会造成污染。因此，厨房所使用的各种卫生工具必须由专人负责管理，每次用完后一定要清洗干净、消毒后晾干，存放于厨房以外的专门位置，不得放在厨房内。

4. 厨房人员卫生管理

由于厨房工作人员的作业对象是菜品等食品的加工或者菜品消费过程的服务，其中心点是围绕以菜品等食品为内容而从事的活动。因此，当厨房工作人员自身的卫生标准不达标或者从事菜品加工过程中不能按规定的卫生安全标准执行时，就会首先使菜品的卫生受到影响，甚至造成菜品被直接或间接的污染，给宾客的身体健康或安全带来危害。所以，对厨房工作人员的卫生安全标准必须做出严格而明确的规定，并使厨房工作人员在从事厨房工作时能得到落实与执行。

（1）厨房工作人员的卫生要求。一般来说，对厨房工作人员的卫生要求是最为严格的，因为厨房工作人员，也就是厨师，在工作中每时每刻都在与菜品等食品打交道，对菜品的卫生影响最为直接。为确保宾客的就餐卫生安全，必须对厨房工作人员的卫生要求做出严格的规定。

①厨房工作人员必须持有国家卫生防疫部门颁发的健康证书。

②熟悉《食品安全法》的相关内容，并能在工作中严格执行。

③养成良好的个人卫生习惯，加强个人卫生管理。

④严格操作规程中的卫生管理，确保菜品符合卫生要求。

（2）加强个人卫生健康管理。厨房工作人员的个人卫生健康管理是厨房卫生安全的基础内容，也是厨房卫生健全发展的基本点。《食品安全法》第34条对此有明确的规定："食品生产经营人员每年应当进行健康检查，取得健康证明后方可参加工作。"本条款中还明确规定："患有痢疾、伤寒、病毒性肝炎等消化道传染病的人员，以及患有活动性肺结核、化脓性或者渗出性皮肤病等有碍食品安全的疾病的人员，不得从事接触直接入口食品的工作。"

这就非常明确地规定了所有食品和厨房工作人员必须接受国家卫生防疫管理监督机构的健康查体，而且工作人员的健康查体还分为新进人员的查体和对原从事食品行业人员的定期健康查体。只有这样才能使工作人员随时了解自己的健康状况，保证厨房工作人员自身的身体健康，确保厨房消费者的卫生安全。

（3）培养良好的工作卫生习惯。从严格的卫生安全意义上看，从事厨房菜品加工的工作人员，必须要养成良好的工作卫生习惯。企业应该加强对工作人员工作习惯卫生的管理，这样可以防止工作人员因不良的工作习惯与意外疏忽而导致菜品、餐具、器具等遭受有害物质的污染，确保菜品的卫生安全。

5. 菜品加工过程卫生管理

（1）厨房粗加工间的卫生控制。

①各种刀具、砧板、工作台面、抹布、拖把应保持清洁，及时清除解冻水池、洗涤水池的物料及垃圾，以防堵塞。

②购进各类食品原料时，应按不同要求分类加工。对易腐败变质的原料，应缩短加工时间。不同原料应该分别解冻、分别盛装，再用保鲜膜封存，放入相应冷库待用。食品原料入冷库后，分类摆放在食品架上以便取用。要及时消除冷库地面污物、积水，定时整理食品架，食物不得超期存放。

③各类食品机械使用完毕以后，应去除食物残渣，及时清洁，使其处于最佳使用状态。

（2）厨房配菜间的卫生控制。

①每日开餐前，彻底清理冰箱，检查原料是否变质；清洁刀具、砧板、抹布、配菜盘等用具，做到无污迹、无异味。

②注意配料、小料要分别盛装，摆放整齐，配料的水盆要定时换水。需冷藏保鲜的原料应放置在相应的冰箱内。在开启罐头食品时，首先要把罐头表面清洁一下，再用专用开启刀打开，避免金属或玻璃碎片掉入。破碎的玻璃罐头食品不能食用。在配菜过程中，随时注意食品原料的新鲜度及卫生状况，认真配菜，严格把关。营业结束以后，要及时清洁各种用具，归位放置，剩余的食品原料按不同的储存要求分别存放。

（3）厨房炉灶区的卫生控制。

①每日开餐前彻底清洗各类用品，检查调味瓶内的调料是否变质；淀粉要经常换水；油钵要每日过滤；新油、老油要分开存放；检查酱油、醋、料酒，以防变质及挥发；精盐、食糖、味精等要注意防潮、防污染；开餐结束后，调味容器均需加盖。

②在符合菜肴烹调要求的前提下，食品原料要充分烧透煮透，达到杀灭细菌的目的，

防止外熟里生。

③切配和烹调要实行双盘制。配菜应使用专用配菜盘、碗，当原料下锅后应当立即撤掉，换用消毒后的盘、碗盛装烹调后的菜肴。

④在烹调操作时，试尝口味应使用小碗和汤匙，尝后余汁切忌倒入锅内。用手勺尝味时，手勺需清洁后再用，用后要清洗消毒。

⑤营业结束后，清洁用具归位摆放，清洗汤锅，清理调料。每日用洗涤剂擦拭吸烟罩及灶面的油腻及污垢，做到卫生、光洁。清理烤箱、蒸笼内的剩余食品，去除烤箱内的油污，放掉蒸笼内的水。

（4）厨房冷菜间的卫生控制。

①冷菜间要做到“五专”，即专室、专人、专用具、专消毒、专冷藏。室内要有紫外线消毒设备。防蝇、防尘设备要健全、良好。

②定期对冰箱进行清洗、消毒。冰箱把手要用消过毒的小方巾捆好。每天对案板清洗消毒，对刀具定时煮沸消毒，对储存柜定期消毒。

③要坚持双刀、双板、双抹布制度。严格操作规程，做到生、熟食品的刀、砧板、盛器、抹布严格分开，不能混用。尤其在制作凉拌菜、冷荤菜时，一定要用经过消毒处理的专用工具制作，防止交叉污染。各种食品、半成品生熟分开、荤素分开，专柜存放，盖好保鲜膜。每天对出售的冷荤食品进行化验，保证卫生，化验率不低于95%。

④冷菜间的员工应穿工作服上岗，进入操作间前要洗手消毒，并戴口罩。

⑤营业结束后，要将各种调味汁和食品原料放置在相应的冰箱内储藏，彻底清洗用具，归位摆放，工作台保持清洁、光亮、无油污。一些机械设备，如切片机要拆卸清洗，彻底清除食物残渣，以防机械损坏和设备污染。

（5）厨房点心间的卫生控制。

①保证各种原料和馅料的新鲜卫生，定时检查所属冰箱；要保持刀、砧板、面案的清洁，抹布白净；各种花式模具、面杖随用随清洁，以防面粉、油脂等残留物腐败而污染食品。

②营业结束后，清洗各类用具，归类摆放。蒸笼锅放尽水，取出剩余食物，用洁布擦尽油污和水分；切断烤箱电源，取出剩余食物，清洗烤盘，擦干水；清理水面的调料和用具，清洁灶面、吸烟罩；各类馅料、原料按不同储存要求分别放入冰箱储藏。

知识链接

厨房卫生管理制度

案例分析

>> 怎样做好菜品卫生服务

案例

一位客人在用早餐时投诉所点的两份白米粥中有蚊虫。

分析

（1）及时地给客人进行更换，并向客人道歉。

（2）查明原因，对出品厨师予以批评与处罚。

（3）加强厨房及餐厅的灭蚊工作。

餐饮部在做好楼面服务人员培训的同时，对厨房厨师的培训也是一个重要的课题。此类投诉往往都是因为厨师责任心不强、工作不细致所造成的。因此，厨师长及行政总厨应不定期的召开厨师会议，分析问题、解决问题，全面提高厨师素质。另外，传菜员、服务人员在菜式上桌之前要认真检查，发现问题及时处理。

二、厨房安全管理

1. 厨房防火管理

（1）厨房起火的原因。通常情况下，厨房起火有以下五种原因：

①厨房员工在使用煤气或液化石油气时，因设备破损、管道铺设不当、忘记关闭阀门等而造成可燃气体泄漏，遇到明火或高温发生燃烧。

②厨师在制作油炸食品时，因油炸食品锅内食用油放得太满，以致食用油溢出，遇明火后发生燃烧，或厨师操作时，因油锅加温过高，或厨师离开炉灶时间过长而发生燃烧。

③因厨房内油渣等处置不妥，聚热后发生燃烧。

④因各种烤箱使用不当或开关失灵而发生燃烧。

⑤排烟管道油污垢太多、太厚，遇明火发生燃烧。

（2）火灾预防措施。

①对厨房内的易燃气体管道、接头、仪表、阀门必须定期检查。发现有易燃气体跑漏现象，要立刻关闭阀门，及时通风，并严禁使用明火。

②使用瓶装液化石油气时，冬天不得使用明火烘烤气罐，以防发生爆炸。在房内的煤气通道及各种灶具附近不准堆放可燃、易燃、易爆物品。应指定专人负责各种灶具及煤气罐的维修与保养。液化石油气罐即使气用完，也不能乱倒罐内的水。

③必须制订厨房各种电器设备的使用和操作规程，并严格执行。各种电动设备的安装和使用必须符合防火安全要求，严禁野蛮操作。各种电器绝缘要好，接头要牢，要有严格的保险装置。

④要保持炉灶清洁，定期擦洗、保养排油烟罩，保证设备正常运转。油炸、烘烤食物时，油锅及烤箱温度应控制得法，油锅内的油量不得超过最大限度。

⑤正常使用火源的工作人员不得随意离开自己的岗位，不得粗心大意，以防发生意外。下班前，各岗位要有专人负责关闭能源阀门及开关，负责检查火种是否已全部熄灭。厨房必须备有足够的灭火设备，每个厨房员工都应知道灭火器材的摆放位置和使用方法。

2. 厨房食品安全

菜品食品从生产加工到销售的整个过程，有很多情况和因素可以使菜品成为具有“毒性”的食品，而且使食品产生“毒性”的有害物质是多种多样的，菜品食品被污染的方式和程度也是非常复杂的。虽然这些具有“毒性”的菜品食品对人体健康所造成的危害程度和性质各不相同，但是对人类的身体健康和人身安全却构成了很大的威胁，因而必须引起人们的足够重视，并能加强其预防措施。

（1）食物中毒的含义。人们在日常生活中由于吃了被细菌、细菌毒素、化学物质污染的食物或含有毒性物质的食物，而引起的急性疾病，就是食物中毒。

因此，摄取不可食状态的食品（如未熟水果）、摄取非正常数量食品（如暴饮暴食而引起的急性胃肠炎）、非经口摄取而由其他方式引入体内、食用者是特异体质而对某种食品（如鱼虾、牛奶等）发生变态反应性疾病、经食物而感染的肠道传染病（如伤寒、痢疾等）和寄生虫病（如旋毛虫病、囊虫病等），这些都不属于食物中毒的范围，也不能把这些引起发病的食品认为是有毒食品。所以，正确理解有毒食品和食物中毒的概念，对于病人是否按食物中毒患者急救治疗，对于引起发病的食物是否按有毒的食物进行处理及是否按《食品安全法》追究责任，在实际工作中有重要意义。

（2）食物中毒的特点。

①有共同的致病食物。所有的病人都在相近的时间内吃过某种共同的致病食物，与食物关系比较明显；没有进食这种食物的人，即使同桌进餐或同屋居住也不发病。发病范围局限在食用该种有毒食物的人群中，停止食用这种有毒食物后，发病就很快停止。

②潜伏期短。发病呈急性暴发过程，集体爆发食物中毒时，很多人在短时间内同时或先后相继发病，在短时间内达到高峰。一般潜伏期在24~48小时以内。

③患者的临床表现和治疗方法大致相同。大部分病人的症状相似，多为急性胃肠炎症状。

④没有传染性。停止食用有毒食物或污染源被清除后不再出现新的患者，人与人之间没有直接传染。

（3）引发食物中毒的主要原因。

①冷藏不当。

②烹调处理后放置过久。

③被已感染病毒的人接触过。

④加热处理不当。

⑤含有毒素的食物再加热不当。

⑥保温储存不当。

⑦交叉感染。

⑧容器、器具清洗不干净。

⑨不良发酵。

⑩添加物的误用或不当使用。

夏季高温多湿，利于细菌的繁殖，很容易发生食物中毒。因此，在夏季应更加注意食品卫生，有针对性地采取相应措施，及时做好预防食物中毒的工作。

（4）食物中毒的预防措施。减少或完全杜绝餐饮业在经营中引发的食物中毒，关键是在菜肴食品的加工、保存、销售过程中做好预防工作，尤其是厨房工作人员，更应把食物中毒的预防工作放在首要位置。预防食物中毒的三个主要方面如下：

①清洁。厨房加工人员在开始烹饪前，一定要把手部彻底洗干净。餐具、砧板、抹布等厨房用品应该以水或消毒药水洗涤，砧板在洗干后晒太阳也很有效。抹布必须经常用清洁剂、餐洗净充分洗净后保持干燥，否则消毒过的餐具再用脏的抹布来擦拭，便会功亏一篑。手指如果有伤口或脓疮的话，应该套上手套或指套后再从事烹饪的工作，否则伤口或脓疮里面的细菌会污染到食品而引起食品中毒。食品应该注意保存，以免受到老鼠、蟑螂、苍蝇等病媒的接触而被污染。

②迅速。食品买回来以后，不要放得太久，应该尽快烹饪供食，尤其是生食的食品原料越快处理越好，做好的食品也要赶快吃掉。由于细菌需要一段时间才能够繁殖到引起食品中毒的程度，所以时间越短越可以避免食品中毒。烹饪后的食品很容易繁殖细菌，所以最好不要做得太多，以每次能够吃完的量为限。

③加热与冷藏。细菌通常不耐热，加热到70 ℃以上，大部分的细菌都会被杀死，因此把食品加热以后再食用比较安全。细菌比较耐冷，但是冷却以后不容易繁殖，能够防止细菌繁殖的温度是在5 ℃以下。因此原料可以冷藏储存。

3. 安全事故预防

厨房是食品的生产车间，生产所使用的各种刀具、锐器、热源、电动设备等，在操作时如不采取安全防范措施，随时可能造成事故。厨房常见事故有割伤、跌伤、砸伤、扭伤、烧烫伤、触电、盗窃等。

（1）用具割伤。割伤主要是由于使用刀具和电动设备不当而造成的，其预防措施如下：

①对厨房中所有电器设备实行包机制，操作人员必须严守操作规程和安全制度，切实做到“谁用、谁管、谁养”，坚持设备“用、管、养合一”的制度。

②厨师操作时注意力要集中，方法要正确，不得用刀指手画脚，不得将刀随意乱放，更不能拿着刀边走路边甩膀子。刀具等所有切割用具应当保持锋利。在实际工作中，钝刀更易伤手；不要把刀放在工作台或砧板的边缘，以免震动时滑落砸到脚上。清洗刀具时，要一件一件进行，切不可将刀具浸没在放满水的水池中。为加强刀具管理，厨房中要设置刀具柜和刀具架，上班时专人定点使用，下班后集中存放保管。厨房内如有破碎的玻璃器皿和陶瓷残片，要及时处理，应用扫帚等工具清扫，不要用手去捡。

③安全使用机动设备。使用绞肉机时必须有专用的填料器推压食品，清洗设备前应先切断电源，清洁锐利的刀片时要格外小心，洗擦时要将抹布折叠到一定的厚度，从刀的中间部位向刀口擦拭。

④发现工作区域有暴露的金属丝头、铁钉之类的东西，要及时敲掉或取下，以免划伤人。

（2）跌伤和砸伤。由于厨房内地面潮湿、油腻，行走通道狭窄，搬运货物较重等因素，非常容易造成跌伤和砸伤。其预防措施如下：

①工作区域及周围地面要保持清洁、干燥；油、汤、水撒在地上，要立即擦掉，尤其是在炉灶操作区。

②合理安排生产流程，使动线分明，生产作业线、垃圾清除线、餐具洗涤消毒线和出品传送线互不交叉、互不干扰，以防人员碰撞。清除所有活动线路上的障碍物，在通道、阶梯拐弯处设置明显标志。

③厨房地面应略呈龟背状倾斜，以便冲洗。在靠墙处设排水明沟，地面用防滑材料铺设。如发现地砖移动，要立即修理。排水沟格栅铸铁栅要将水沟全部覆盖。

④厨师的工作鞋要具有防滑性能，不得穿薄底鞋、已磨损的鞋、高跟鞋、拖鞋、凉鞋上班，要系紧鞋带，脚不外露。严禁在厨房内跑跳。

⑤不要把较重的箱子、盒子置于高处，存取高处物品时，应使用专门的梯子。

（3）扭伤。扭伤多数是因为搬运重物的方法不正确而引起的，其预防措施如下：

①搬物前脚跟要站稳，保持腰背挺直，不要向前倾斜或向侧面弯曲。

②举重物时缓缓举起，使所举物件紧靠身体，不要骤然一下猛举。

③从地面取物时，注意要膝盖弯曲，全身重心放在腿部而不在腰背部。

④搬运物品切忌超负荷，超重物品要用手推车运送或请同事帮助。

（4）烧烫伤。烧烫伤主要发生在炉灶部门，其预防措施如下：

①在烤、烧、蒸、煮等设备的周围应留出足够的空间，以免因空间拥挤、不及避让而烫伤。在拿取温度较高的烤盘、铁锅或其他物品时，手上应垫上一层厚抹布。撇下的热烫烤盘、铁锅等工具应及时做降温处理，不得随意放置。

在使用油锅或油炸炉时，特别是当油温较高时，不能有水滴进入油锅，否则热油飞溅，极易烫伤人。热油冷却时应单独放置并设有一定的标志。使用烤箱、蒸笼等加热设备时，应避免人体过分靠近炉体或灶体。从蒸笼内拿取食物时，首先应关闭气阀，打开笼盖，让蒸汽散发后再使用抹布拿取，以防被热蒸汽灼伤。

②在炉灶上操作时，应注意用具的摆放。炒锅、手勺、漏勺、铁筷等用具如果摆放不当，极易被炉灶上的火焰烤烫，造成烫伤。在烹制菜肴时，要正确掌握油温和操作程序，要防止油温过高和原料投入过多，否则油溢出锅流入炉膛会使火焰加大，极易造成烧烫伤事故。

③在端离热油锅或热火锅菜时，要提醒其他员工注意避开，切勿碰撞。清洗设备必须待冷却后再进行。严禁在炉灶间和热源处嬉戏打闹。

（5）触电事故。厨房中电器设备多，极易造成触电事故，其预防措施如下：

①电源装置必须在1.5米以上靠墙壁安装，电器机械和设备必须装有安全的接地线。

②使用机电设备前，首先检查设备的安全状况，如闸盒、线路接头、绝缘状况是否良好，有无损伤、脱落或老化现象，使用中如发现异常应立即切断电源，请专职电工检修。

③严禁湿手接触电源插座和电源设备。清洁设备时要先切断电源后操作。禁止厨房人员对电路和设备擅自进行拆卸维修，已有隐患的设备要立即取走送修。

（6）盗窃事故。厨房盗窃的主要目标：一是食品仓库；二是高档餐用具。要防止盗窃，就要加强安全保卫措施。

①对食品仓库要挂警示牌，仓库的门钩、锁扣都必须牢固，墙壁坚实，门窗上要有防

护设备、报警器等。仓库的周围禁止堆放易燃、易爆、易污染的物品。

②厨房内的防卫措施要落实到人。各作业区的工作人员下班前要清点、整理本作业区炊事用具，有些较贵重的用具一定要放入橱柜中上锁保管。剩余的食品、饮料，尤其是贵重食品原料在供应结束后，必须妥善放置。需冷藏的放进冰箱，无须冷藏的放入小仓库内。仓库、冰箱钥匙归专人保管。加强内部的互相监督，发现问题及时汇报，及时查处，切不可隐瞒事故，以防后患。

知识链接

厨房安全管理制度

案例分析

>> 厨房灶台吸烟罩起火

案例

2017年4月20日，某宾馆的厨房内十分忙碌，一只灶上正在炸臭豆腐，由于锅内放油较多且油温过高，油锅突然起火，由于扑救不及时火苗又被强力的排烟风吸进了管道，引燃了排风管道内的油污，形成较大的火势。

分析

立即报警由消防队出警扑救，事后对事故进行了调查并对相关人员进行了处理。

课堂练习

1．厨房的设计原则是什么?

2．厨房有哪些组织形式?

3．厨房食品卫生管理包括哪些内容?

4．厨房起火的原因有哪些?

技能操作

1．选择当地知名酒店的厨房，结合教材，分析厨房设计中的优点与缺点。

2．选择当地知名酒店的标准菜谱，对标准菜谱的设计内容进行分析。

第七章　餐饮市场营销

本章导读

➡ 本章主要阐述了餐饮市场营销概述、营销策略及发展方向。在餐饮市场营销概述中，讲述了餐饮营销的概念、理念、特征、环境等内容。在餐饮市场营销策略中，还着重讲解了餐饮营销的内部策略及外部策略，并总结和展望了餐饮营销的新发展。

学习目标

➡ 熟悉餐饮营销的概念与理念。
➡ 掌握餐饮营销的特征、环境。
➡ 掌握餐饮对内营销策略及对外营销策略。
➡ 了解餐饮营销的新发展。

章前案例

>> 衣着讲究的男士

某五星级酒店的中餐厅来了两位衣着讲究的男士，根据他们的要求，服务人员把他们带到幽静角落的6号餐台。入座后，服务人员小王忙着为他们送上迎宾热茶、热毛巾，并热情地询问是否可以点菜。客人示意先要两杯X.O白兰地，过一会儿再点菜。小王把酒送来后，在他们背后站了一会儿，仍不见他们有点菜的意图，就又上前询问。一位客人不耐烦地说："请不要打扰我们，需要时我叫你，你再来。"小王见状便退身去为其他客人服务了。

过了一会儿小王正在忙着，一位服务人员突然告诉小王："6号台的客人正找你呢！"小王连忙走过去。"你怎么这么晚才来？"客人不高兴地说。小王忙道"对不起"，并微笑着问客人要点什么菜。根据客人点X.O酒的情况和他们的衣着、举止，小王判断客人一定很有钱，便在他们看菜单的时候推介："我们这里海鲜很有名，有鲍鱼、龙虾、飞蟹、象拔蚌……""好了，你说的这些菜我们天天吃，今天想要一些清淡的菜。有没有推荐的？""有，我们这里有凉拌海蜇、蘸酱海参、清蒸海胆……"小王又积极推荐道。"不，不，我们不要海鲜，我们想要花生米、青椒土豆丝之类的菜。"客人摆着手说道。小王心里纳闷，这么有身份的人怎么就点这样便宜的菜。于是，又为客人推荐了扒鱼腐、生菜乳鸽包、鼎湖上素等菜，但客人仍不同意。没办法，小王只好按客人的意思点了几样简单的菜。进餐完毕时，客人把小王叫来说："你的微笑服务很好，但总想让我们吃龙虾、鲍鱼，干脆就叫你龙虾小姐吧！"客人的话使小王十分尴尬。

问题

小王的做法为什么让人有被宰的感觉？

案例分析

服务人员在点菜前应该观察客人的衣着打扮和言谈举止，大致判断其消费水平，便于介绍菜品。但也须知道，人不可貌相，所以在点菜时如果不是熟悉的客人，知道其饮食消费习惯的话，介绍菜品应从中档价位开始；如果客人说希望推荐些好点的，就要心里有数，把推介菜品的档次往上调；如果客人表示不喜欢，或者沉默、说有没有别的之类，那就要介绍一些更加实惠大众化的菜式。总之，向不熟悉的顾客介绍菜品时切不可以一上来就推荐贵价菜，让人有被宰的感觉，如果是熟悉的顾客则应根据其平时的饮食爱好和消费习惯来推荐。此外，服务人员要明白，与顾客保持长远的良好关系才是让酒店财源不断的明智做法。

第一节　餐饮市场营销概述

一、餐饮营销的概念与理念

1. 餐饮营销的概念

餐饮营销主要研究餐饮企业在激烈竞争和不断变化的市场环境中如何识别、分析、评价、选择和利用市场机会，如何开发适销对路的产品，探求餐饮企业生产和销售的最佳形式和最合理途径。它包括餐饮市场营销的理念、营销的方法与途径等方面的内容，其核心是理念和方法。餐饮企业营销也可以说就是研究市场需求的经营理念。有什么样的营销理念就有与之相适应的营销方法与途径。

2. 餐饮营销的理念

随着生产的发展和社会的进步，传统餐饮营销中坐客上门的"营销观念"时代已经过去，代之而起的是"社会营销观念"时代。随着经济的发展以及餐饮市场规模的扩大和竞争的加剧，消费者在餐饮上具有更多的选择，这更促成了餐饮企业营销观念的成熟。

餐厅营销是指餐厅经营者为了使顾客满意，并实现餐厅经营目标而展开的一系列有计划、有组织的活动，它是一个完整的过程，而不是一些零碎的推销活动。考察餐饮营销，首先必须对餐饮营销有一个全过程的理解。具体而言，在餐饮发展过程中，由于供需关系的变化，餐饮营销基本上经历了以下五种营销观念的转变。

（1）生产导向的营销理念。餐厅能提供什么，就营销什么。其理念植根于供需严重失衡，餐饮产品的供给和市场需求不对等，产品供不应求。所以以生产导向的餐饮营销理念只注重于满足市场需求的量，而无暇顾及餐饮产品的质，更无法考虑市场需求的差异化。

（2）产品导向的营销理念。客人喜欢良好的设施和优质的服务，餐饮企业的核心就是提供良好的设施和优质的服务。该理念比生产导向理念有较大进步，因为其注重餐饮产品的质量，但是其出发点仍然是站在卖方立场，餐饮产品较少考虑到顾客的真实需求，忽略了餐饮产品市场需求消费群体的差别。

（3）营销导向的营销理念。顾客对购买餐饮产品存在抗衡心理，企业必须采取有效的推销技巧和强有力的推销手段刺激消费，所以餐厅既要增加设施、改进服务，同时要外出推销，使顾客了解产品。虽然企业开始重视与消费者沟通，通过诱导方式推销，以增加餐饮产品的营销量，但其注重的是将现有产品推销出去，而不是生产消费者所需要的潜在产品。

（4）绿色营销的营销理念。要实现餐饮企业的目标，关键在于真正了解顾客的需求和欲望，满足顾客的需要是餐厅应优先考虑的。企业要以市场需求为出发点，以满足市场需求作为餐饮企业经营的中心，企业生产和营销取决于市场顾客需要什么。该营销理念包含了以下三个方面的根本变化：

①餐饮产品市场的交换性。餐饮市场营销是一种餐饮产品和服务的交换活动，因此也是一种社会性的管理活动。营销最根本的目的是实现企业与顾客之间产品或者服务的交换。

②餐饮产品市场的需要性。餐饮市场营销是以满足顾客需要为出发点和归宿点的交换活动。因此，如何满足顾客需要成为餐饮市场营销的核心。营销活动是一个双方共赢的活动，必须随时着眼于顾客需要。

③餐饮产品市场的完整性。餐饮市场营销是一个完整的产销与服务活动过程，而不是一些支离破碎的零星活动，更不是零碎的推销活动。因此，这种完整性促进了餐饮营销向市场化推进。

（5）社会营销导向。置身于社会这个整体中的餐饮企业，不能孤立地追求自身的利益，而必须使自身的行为符合整个社会与经济发展的需要，力求在创造餐饮企业经济效益的同时，能为整个社会的发展做出贡献，创造社会效益。社会营销理念的基本原则是：

①社会营销的基本目的是帮助生产者更好地营销产品，帮助消费者更好地购买产品，帮助政府部门更好地履行管理职能，从而使市场机制日益健全，保证市场运行畅通。

②外部各类经济和非经济的团体（诸如政府部门、保护消费者权益团体等）都应参与购买方的决策过程。

③生产者不仅要满足消费者的需求，更应指导其正确的消费行为，为消费者的长期利益服务。

④生产者不宜过多地细分市场去生产无本质差别的产品，而应根据消费者的基本需求类型进行产品生产。

社会营销观念以市场需求和社会利益为核心，要求餐饮企业在制定营销策略时，不仅要考虑通过对顾客需求的满足来追求自身利益最大化，而且要兼顾社会的长远利益，把顾客、餐饮企业和社会利益有机结合起来。

二、餐饮营销的特征

1. 服务的无形性

服务具有无形性。服务是一种行为或活动，是非实体的、无形的、抽象的。餐饮行业属于服务行业，向顾客提供的是烹饪菜品、点心制作和助餐服务，在向顾客销售的产品中含有较多的无形成分。

餐饮产品的内涵除包括菜品、装修和设施外，还包括助餐服务、环境、形象等诸多要素，在整个餐饮产品中，满足顾客的基本要求同时来自于有形和无形两个部分。

2. 服务的不可分离性

服务具有不可分离性。服务的生产、交易和消费是同时发生的。在服务过程中，生产者（或营销者）与消费者之间是不可分离的，消费者参与服务产品的生产，服务的价值在生产者与消费者的接触中产生。例如，顾客进入餐厅的同时，餐厅的服务也就开始了，当顾客用餐完毕离开餐厅时，餐厅的服务也同时结束。在顾客进入和离开餐厅这段时间内，菜肴的生产（烹饪）、顾客的消费及结账（交易）都是在同一时段进行的。顾客参与菜肴的生产：如顾客点菜和对菜肴的烹饪提出一些要求，甚至像有的餐厅那样点名要某位厨师掌勺，有的菜肴（像火锅）的生产必须让顾客动手参与。另外，顾客的口味特殊，还可能让厨师再加工等。餐饮服务的价值在顾客与餐厅接触中产生，即价值不仅体现在餐饮菜品上，也体现在顾客接触的餐厅环境、餐厅人员上。

3. 服务的易变性

服务具有易变性，又称波动性。服务是人的一种活动，既有服务人员参与，又有顾客的参与，人的因素常常干扰服务活动，使得服务活动容易“走样”。一是因人而异，即不同的服务人员在同一服务岗位所提供的服务产品有差异，如厨师手工制作菜品的差异，服务人员因知识、技能、经验、体力所造成的差异等；二是因时而异，即同一个服务人员在不同时间所提供的服务产品有差异，如服务人员因心情的好坏所造成的差异等；三是因地而异，即同一家餐饮服务机构在不同网点所提供的服务产品有差异，如不同地区或种族的消费者对同一餐饮产品和服务的评价可能不同等。

4. 服务的不可储存性

服务具有不可储存性。一方面，服务的生产和消费是同时发生的，生产的起始和结束就是消费的起始和结束，不存在生产结束与消费起始之间的储存期；另一方面，餐饮产品不能通过仓储方式储存或在销售现场保值留置，餐饮产品的构成除了包括菜品外，还包括服务、设施、环境、形象等多项要素，由于餐饮产品实物部分的菜品不能储存，因此餐饮企业就不可能大量事先生产，只能是以销定产，现产现销。这就容易导致客源不足时每天的固定成本得不到及时、充分的回收，又无法通过储存进行调控。

三、餐饮营销的环境

（一）餐饮市场营销环境的概念、构成及其分析的意义

1. 餐饮市场营销环境的概念

餐饮市场营销环境是指与餐饮企业市场营销活动有关的一切内外部因素和力量的总和。一个企业的营销环境是由企业营销管理机能外部的行动者和力量所组成，这些行动者和力量冲击着企业管理者发展和维持同目标顾客进行成功交易的能力。正确理解餐饮市场营销环境的概念，应明确它的两个基本内涵：

（1）市场营销环境是一个开放性、多变性、多因素的复杂系统。

（2）市场营销环境对餐饮营销的影响，包括企业内部和外部环境形式的影响。

2. 餐饮市场营销环境的构成

一个企业的营销环境是由一整套相互影响、相互作用的重要参加者、市场和其他相关力量构成的，通常可分成宏观环境和微观环境两个部分：微观环境包括企业自身的经营条件、自身所处的市场的外部营销渠道、目标顾客与顾客群、同行业的竞争者和社会公众的影响；宏观环境包括社会的政治因素、经济因素、文化因素、自然因素、科技因素、人口等方面综合因素的影响，如图7-1所示。

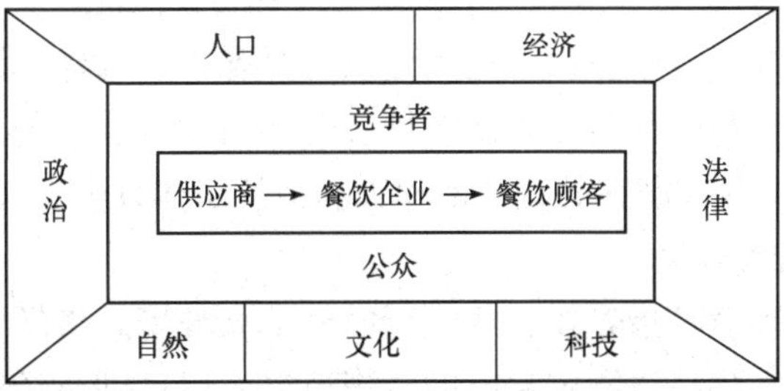

图7-1　企业的营销环境构成示意图

3. 餐饮市场营销环境分析的意义

（1）餐饮市场营销环境分析是餐饮企业市场营销活动的立足点。餐饮企业是社会生产经济活动的一类基本单位，企业的生产经营活动离不开社会的政治经济技术环境。

（2）餐饮企业市场经营受到诸多环境因素的制约，是一个复杂的系统。餐饮企业市场营销环境的变化和发展，集中反映在企业产品的市场需求与供给的关系上。市场营销环境分析是发现经营机会、确定目标企业目标细分、实现和扩大营销的切入点。

（3）通过餐饮市场营销环境分析，使企业经营决策具有科学依据，为科学预测产品市

场的发展趋势提供强有力的支撑。

（二）餐饮市场营销环境的分类

1. 餐饮市场营销微观环境

餐饮市场营销的微观环境是指与餐饮企业直接紧密相连、直接影响餐饮企业市场营销能力的各种因素和力量的综合，主要包括餐饮企业本身、供应商、中介机构、顾客、竞争者以及社会公众等因素。

（1）餐饮企业。餐饮企业的经营理念、管理体制和方法、所规定的宗旨与使命、组织机构、营销部门与其他部门的协调、资源等，都将对其市场营销活动的成效产生直接影响。

（2）供应商。餐饮企业的供应商是向餐饮企业及其竞争对手供应为生产特定的餐饮实物产品和无形服务产品所需的各种资源的工商企业或其他组织与个人。

（3）市场营销中介机构。市场营销中介机构主要包括中间商（批发商、零售商）、中转商、物流公司、市场营销服务机构和金融服务机构等。

（4）顾客。顾客就是企业的目标市场，是企业服务的对象，也是市场营销活动的出发点和归宿点。企业的一切市场营销活动都应以满足顾客的需要为中心。因此，顾客是企业最重要的环境因素。

（5）竞争者。竞争者主要包括以下四类：差异愿望竞争者，是指提供不同产品以满足不同需要的竞争者，这个市场可以根据潜在的目标市场进行细化；愿望竞争者，是指提供不同类产品以满足同一种需要的竞争者；产品形式竞争者，是指满足同一需要的产品的各种形式间的竞争；产品品牌竞争者，是指满足同一需要的同种形式的产品不同品牌之间的竞争，品牌效应是激发市场消费最明显的方式。

（6）社会公众。社会公众是指对一个组织实现其目标的能力具有实际或潜在利害关系和影响力的一切团体和个人。企业面临七类公众：金融界、媒体、政府、群众团体、地方（社团）公众、一般公众和内部公众。从餐饮企业的角度来看，公众是指对餐饮企业实现市场营销目标的能力有实际或潜在利害关系和影响力的团体或个人。

2. 餐饮市场营销宏观环境

餐饮市场营销宏观环境是指餐饮企业运行的外部大环境。市场营销人员必须根据外部环境中的各种因素及其变化趋势制定自己的营销策略，以达到市场经营的目的。在餐饮营销中，宏观环境主要包括政治法律因素、社会文化因素、经济因素、技术水平因素及人口地理因素等方面。

（1）政治法律环境。政治法律环境是强制和约束企业市场营销活动的各种社会力量的总和，包括一个国家的政治形势、经济政策、贸易立法和消费者利益保护组织等。政治环境是企业市场营销的外部政治形式；法律环境是指国家或地方政府颁布的各项法规、法令和条例，其直接规范和制约人们的社会生活。

（2）社会文化环境。社会文化环境是指一个国家、地区的民族特征、价值观念、生活方式、风俗习惯、宗教信仰、伦理道德、教育水平、语言文字等的总和。文化对企业营销的影响是多层次、全方位、渗透性的，支配着人们的生活方式、消费结构、主导需求以及消费方式。

就文化而言，餐饮营销人员应当具备两类知识：一类是关于某种文化的具体知识；另一类是抽象知识，抽象知识要求具有一定深度的洞察力，要站在餐饮业角度上考虑到底什么样的餐厅才是受欢迎的。

（3）人口环境。从市场营销的角度来看，市场是由具有购买兴趣和购买力的人所组成的，人口的数量直接决定市场的规模，而有关人口的一系列因素，如人口数量和增长速度、人口的地区分布和流动、人口的年龄结构、人口的性别结构、人口的家庭规模、人口的预期寿命等都将对市场需求的变化产生深刻的影响。

（4）经济环境。经济环境是影响和制约社会购买力形成的主要环境力量。其中，最重要的是社会购买力。

社会购买力是一系列经济因素的函数，取决于国民经济的发展水平以及由此决定的国民平均收入的水平，并直接或间接地受消费者收入、价格水平、消费者支出状况、储蓄和消费者信贷等经济因素的影响。

（5）自然环境。自然环境是指自然资源、地形地貌和气候条件等因素，餐饮业的原料、燃料来源都与自然资源有密不可分的关系。餐饮业是高能耗和高污染的行业，在环境保护日益受到重视的今天，要求餐饮营销者必须顺应保护环境、节约能源的世界潮流，大力推行“绿色营销”，使经济效益和环境效益相结合，保持人与自然环境的和谐。

（三）餐饮市场营销环境因素分析

餐饮市场营销环境因素综合分析的内容包括：明确产业和企业的关键因素，识别企业未来的机会和威胁，识别企业自身的优势和劣势，将关键因素、机会威胁、优势劣势紧密结合起来，进行综合形势分析，为目标和战略的制定提供依据。餐饮市场营销环境因素综合分析通常采用SWOT分析方法。

（1）优势劣势分析。

①优势劣势的评价标准。历史的标准就是将餐饮企业过去积累的历史资料同其现实情况相比较，并预测其发展变化，即进行时间序列分析或趋势分析。规范的标准是被认为合理的、理论的或理想的标准，它来自书刊、顾问报告、产业实践或个人的认定。竞争的标准就是利用成功的竞争者或潜在的竞争者的行动作为评定依据，其假定是企业最低限度要同那些竞争者的行动相适应。关键领域的标准就是以前述关键因素作为评定依据。

②优势劣势的表述方法。定性的表述方法即用文字来表述企业具有的特征。有效性的表述法是要表明企业完成特定工作任务或目标的能力如何。效率则是反映企业将投入转换成产出的能力，主要表述产量的增长、质量的提高、消耗和成本的下降、利润的上升、能力的利用程度等。

③创造和保持竞争优势。所谓竞争优势就是企业优势的高度概括或集中体现。餐饮企业的优势代表它相对于竞争对手的强项。竞争优势可概括为以下四种：低成本、差异化、

既低成本又差异化和快速回应。

（2）餐饮企业对环境威胁的策略和对策。

①企业对环境威胁的策略。餐饮企业需要在对旅游市场环境分析的基础上，找出环境机会或环境威胁，并作出正确的经营决策。餐饮企业遇到风险是常态，经营者对环境威胁要予以足够重视，同时要创造机会，运用概率发生的可能性，采取经营适当的优化策略。

a．环境机会的运筹。餐饮企业与旅游经营者要善于发现机会、把握机会、运筹机会。市场机会对企业来说是难得的宝贵资源，应好好地加以利用。

b．创造机会对行动的要求。一是抢先。企业在利用市场机会的过程中必须抢先一步、争取主动，做到“人无我有”；二是创新。企业在利用市场机会时要大胆创新、突出特色，做到“人有我优”。三是应变。市场机会具有均等性和可变性，企业应有预见性的应变对策，做到“人优我变”。只有这样，企业才能充满发展的生机和活力。

②应对环境威胁的策略。当遇到重大环境威胁时，餐饮企业可根据实际情况，采取如下措施：

a．反抗。企业设法限制或扭转不利因素的发展。

b．减轻。对客观存在的威胁设法减轻其危害性。

c．转移。躲开环境威胁，进攻竞争对手的薄弱环节和空当。

d．改良。改进自身产品，增强对环境威胁的防御能力。

e．利用。因势利导，利用环境变化将威胁因素转化为市场机会。

f．防备。防患于未然，杜绝威胁的产生。

知识链接

夏季火锅店的淡季营销策略

第二节　餐饮市场营销策略

餐饮市场营销分为两大类，即内部营销和外部营销。内部营销是指采取措施使来到餐厅的宾客最大限度地消费，不断光顾，为饭店做宣传；外部营销是指为招揽宾客所做的一切工作。

一、餐饮主要内部营销策略

（一）菜单推销

菜单不仅是餐饮实体生产的目录，同时也是餐饮实体重要的营销工具。一份好的菜单应该令人读后增加食欲，起到促销的作用。

1．通过各种形式的菜单进行推销

餐厅可通过各种形式的菜单向前来餐厅就餐消费的宾客进行餐饮推销。如通过各种形式各异、风格独特的固定式菜单、循环式菜单、特选菜单、今日特选、厨师特选、每周特选、本月新菜、儿童菜单、中老年人菜单、情侣菜单、双休日菜单、美食节菜单等来进行宣传和营销。

2. 通过不同设计风格的菜单进行推销

各种菜单也可以根据情况来选择不同材料，设计出意境不同、情趣各异的封面，格式、大小灵活变化，并可以分别制作成纸垫式、台卡式、招贴式、悬挂式、帐篷式等；色彩或艳丽，或淡雅，式样或豪华气派，或玲珑秀气，都可让宾客在欣赏中爱不释手，无形中产生了购买欲，并付诸行动。这些菜单实际上起到了无言的广告作用。

知识链接 **美国万丽湾景酒店**

美国巴尔的摩市五星级的万丽湾景酒店（Renaissance Harborplace Hotel）餐厅备有精美的儿童菜单（Kids Menu），列在菜单上的食品和饮料品种并不是很多，都集中印在一张色彩鲜艳的纸上，字体活泼，而且字号较大，便于儿童阅读。菜单的封面是请曾在餐厅用过餐的小客人设计的，活泼可爱。儿童菜单里还有一本当月的《儿童体育书报》（Sports illustrated for Kids）。每次有儿童客人在父母的带领下来餐厅用餐时，服务人员都会先为小客人送上干净整洁的儿童菜单，令小朋友们喜出望外。

3. 通过菜单上菜品的特殊处理进行重点菜肴的推销

从餐厅经营的角度出发，菜单上的所有食品中有两类菜品应得到特殊对待：一类是能使餐厅扬名的菜品，这些菜有独到的特色且价格不是最贵；另一类是餐厅愿意多销售的菜品，它们价格高、毛利大、容易烹调。对这些菜应对字体、色彩、位置以及文字、图片等作特殊处理。

（二）餐厅员工推销

餐厅的每一个员工都是推销员，他们的外表、服务质量和工作态度都是对餐饮产品的无形推销。

（1）制服。餐厅员工穿着制服，会给人以清洁、整齐的感觉。制服还有广告的作用，经特别设计又有创意的制服对宾客可产生促销的效果。

（2）个人卫生。宾客对为其服务的员工的个人卫生要求很高，良好的个人习惯和清新精神的外表，能感染宾客使其乐意接受服务并经常光临餐厅。

（3）举止和言谈。这主要体现员工的内在素质和精神面貌，是体现餐厅管理水平的重要方面，也是人员推销的重要前提和手段。

（4）服务质量。餐厅服务质量高，使宾客的心情舒畅，乐于消费；餐厅服务质量低，会使宾客不满，甚至投诉或不再光顾。因此，要注重服务质量的提高和员工素质的培养，以优质服务吸引更多的客源。

（三）环境推销

餐厅的环境要求设法制造适应经营范围和经营方式的气氛和情调，餐厅要针对不同的装潢、布局、家具与陈列品、照明与色彩、餐厅的客户和音乐选择不同的环境。经营特色菜肴还要有与特色相协调的环境。

（1）环境能体现理念。在激烈的餐饮市场竞争中，餐饮企业越来越讲究经营理念和服务理念，而抽象的理念通过有形的环境可以得到具体的体现，从而有利于顾客的识别。例如，国外一些绿色饭店的环境设计也是“绿色”的。在餐厅内种植树木、竹子；餐厅内始终保持沁人心脾的味道；餐厅的铺地材料采用可再利用的花岗岩；餐厅墙面采用无污染的材料或天然材料；餐桌、餐椅的材料部分回收的材料；厨房设备采用绿色家电等。

（2）环境能体现特色。餐饮企业的特色，不仅要体现在菜肴、点心和自配饮料上，还要体现在环境上，餐饮环境的各种要素都可以体现餐饮企业的特色。例如，传统中餐厅，根据顾客进餐心理，要求灯火辉煌，喜气洋洋，在环境上就可以通过中国宫灯和富有民族装饰风味的灯饰和中式家具，以及富有民族特色的竹器、瓷器、盆景陈设，结合室外中国式庭园景色，来让顾客感受到浓郁的中国风味。

（3）环境能烘托质量。由于服务的无形性，餐饮质量较难被顾客识别，而餐饮环境作为一种包装，可以体现餐饮质量，增大其识别度。例如，高质量的餐饮设施和工具，如餐椅、餐桌、餐具、洗手间等，都可以向顾客展现高质量的服务。

（4）环境有利于拓展网点。发展餐饮网点，关键之一就是餐饮环境的选择和设计。例如，肯德基快餐网点在全球的发展，与它对快餐网点的包装或对环境的精心设计和管理有关，如建筑环境，所有网点的内装修都按统一的七套图进行，都有统一的装修形象；又如人员环境，对分布在世界各地的肯德基快餐店员工都按统一的规范进行服务培训等。

（5）环境能起到沟通的作用。服务的无形性使得餐饮广告比较难做，而如果尽量发挥餐饮环境的广告作用，就可以弥补以上不足。例如：麦当劳就十分重视利用餐饮环境来做广告。麦当劳的餐具或食品包装上就有广告，像麦当劳的热饮料杯子上印有“热饮烫口”的字样，既是一种安全提示，也是一种包装广告，热饮就是要热一点，且热到“烫口”的程度，其“热”的质量自然就有保证，从而对喜欢热饮的顾客就有吸引力。

（6）环境有利于满足顾客的需要。满足顾客需要是营销的核心，也是餐饮环境设计和管理的一个原则。例如，海边酒店为满足客人观赏海景的需要，精心推出临海餐厅，面向广阔无垠湛蓝的大海，椰风海韵，繁华锦绣，结合以烧烤为特色的餐饮、特色自助餐或大型特色冷餐会，别有一番情调，令人回味无穷。

（四）特殊活动推销

“特殊活动”在餐饮推销学上被称为“EVENT”，餐厅出于销售上的需要，根据目标顾客的特点和爱好，在不同的场合举办多种类型的推销活动。

1. 特殊活动推销的时机

（1）节假日推销。节假日时间充裕，人们喜欢与亲朋好友聚会或出外度假，是餐饮经营举办特殊活动推销的大好时机。如春节、元宵节、圣诞节、国庆节、情人节、中秋节等，都可以举办各种主题的促销活动，以吸引新老宾客群体。

①春节。这是中华民族的传统节日，也是让在中国过年的外宾领略中国民族文化的节日。利用这个节日可推销中国传统的饺子宴，特别推广年糕、饺子等，同时，举办守岁、喝春酒、谢神、戏曲表演等活动，丰富春节的生活，用生肖象征动物拜年来渲染气氛。

②元宵节。农历正月十五，可在店内店外组织客人看花灯、猜灯谜、舞狮子、踩高跷、划旱船、扭秧歌等，参加民族传统庆祝活动，可特别推销各式元宵。

③圣诞节。12月25日，是西方第一大节日，人们穿着盛装，互赠礼品，尽情享受节日美餐。在餐厅里，一般都布置圣诞树和小鹿，有圣诞老人赠送礼品。这个节日是餐饮部门进行推销的大好时机，一般都以圣诞自助餐、套餐的形式招揽客人，推出圣诞特选菜肴，如火鸡、圣诞蛋糕、李子布丁、碎肉饼等，组织各种庆祝活动，唱圣诞歌，举办化装舞会，进行抽奖活动等。圣诞活动可持续几天，餐饮部门还可用外卖的形式推销圣诞餐，以扩大销量。

④情人节。2月14日，这是西方一个较浪漫的节日。餐厅可推出情人节套餐。推销"心"形高级巧克力，展销各式情人节糕点，酒吧也特制情人鸡尾酒，一根双头心形吸管可增添许多乐趣。餐厅还可增加一个卖花女，卖鲜花也可以得到一笔可观的收入。同时，举办情人节舞会或化装舞会，举行各种文艺活动、抒情音乐会及舞蹈，如"梁山伯与祝英台""罗密欧与朱丽叶"等。

（2）清淡时段推销。为增加清淡时段的客源，有些餐厅将推销活动称为"快乐时光"（Happy Hour）活动，在这段时间对饮料进行"买一送一"的销售活动，并有各种演出活动。

（3）季节性推销。根据宾客在不同季节中的就餐习惯和应时的新鲜原料来策划。比如，在酷热的夏天推出清凉菜、清淡菜；在严寒的冬天推出砂锅系列菜、火锅系列菜以及味浓的辛辣菜等。

2. 特殊活动推销的类别

推销活动的类别要多样化，常见的有以下四种：

（1）演出型。为给用餐宾客助兴，餐厅聘请专业文艺团体来演出。演出的内容有多种，例如卡拉OK、爵士音乐、轻音乐、钢琴演奏、民族歌舞等。

（2）艺术型。餐厅可举办书法表演、国画展览、古董陈列等，能吸引很多感兴趣的宾客。

（3）娱乐型。为活跃餐厅气氛，可举办一些娱乐活动，例如猜谜、抽奖、游戏等。

（4）实惠型。利用宾客追求实惠的心理，进行折价推销、免费送礼等活动。例如，在某餐厅订一份乳猪，下次就餐时可免费赠送一份乳猪；某餐厅在情人节的当周，对光顾餐厅的情侣免费赠送巧克力或鲜花。让宾客得到实惠的推销措施通常是很有吸引力的。

3. 特殊活动推销的要点

所举办的活动必须具备下列特性：

（1）话题性。举办的活动具有新闻性，易产生话题，能引起大众传播的兴趣，间接带动宾客消费。

（2）新潮性。即要具有现代感，避免陈词滥调。比如以“环境保护”为主题的活动，在环境污染日趋严重的情况下，能够唤起宾客的心理共鸣。

（3）新奇性。以奇取胜、与众不同的活动，能充分引起大家的注意。

（4）单纯性。餐饮推销活动不宜承载复杂化和重大性主题。

（5）参与性。有歌星演唱、钢琴演奏的餐厅，不如有卡拉OK的餐厅参与性高。同样，画廊餐厅也比不上涂鸦餐厅参与性高。

（五）展示推销

展示食品是一种有效的推销形式。这种方法是利用视觉效应，激发宾客的购买欲望，吸引宾客就餐，并且刺激宾客追加消费。

1. 原料展示推销

强调陈列原料的“鲜”“活”“贵”，一些餐厅在门口用水族箱养殖鲜鱼活虾，由宾客自由挑选，厨师按宾客的要求加工烹调。由于顾客亲自选择原料，容易对质量产生满意感。有的餐厅陈列鲍、翅等八珍，显示餐厅档次，并介绍传统珍贵原料的知识和营养价值以吸引消费者。

2. 成品陈列推销

将烹调装点后十分美观的菜点展示在陈列柜里，胜于很多文字的描绘。宾客对厨房产品直接观察，消费决策和点菜速度会加快。餐厅中陈列一些名酒，也会增加酒水的销售机会。

3. 餐车推销

由服务人员推着菜点车、点心车，巡回于座位之间向宾客推销。餐车推销的菜点多半是价格不太贵且放置后质量不易下降的冷菜、糕点类。有时，宾客点的菜不够充足，但又怕再点菜等待时间过久，这时推车服务就方便了宾客。餐车推销是增加餐厅额外收入的有效措施。

4. 现场烹调推销

在宾客面前展示烹炒等技艺绝活，会使宾客产生兴趣，诱导宾客消费。这种形式能减少菜点加工后的放置时间，使宾客当场品尝，味道更加鲜美，还能利用食品烹调过程中散发出的香味和声音来刺激宾客的食欲。一些餐厅让宾客选择配料，按宾客的意愿进行现场烹调，更能够满足宾客不同口味的需要。

（六）其他推销

1. 针对儿童的推销

家庭饮宴活动中，儿童可成为决策者。因此，不失时机地针对儿童进行推销，往往效果较佳。

（1）提供儿童菜单和儿童份额的餐饮品，多给儿童一些特别关照。

（2）提供为儿童服务的设施，如儿童座椅、儿童餐具、围兜，一视同仁地接待小客人。

（3）赠送儿童小礼物，尤其要注意送一些他们喜欢的与餐厅宣传密切联系的礼品。

（4）娱乐活动。儿童对新奇好玩的东西较感兴趣，餐厅常在一角设有儿童游戏场，放置一些木马、积木、跷跷板之类的玩具，还有专门为儿童开设专场木偶戏表演、魔术和小丑表演，或放映卡通片、讲故事等。尤其在周末和儿童节日，这是吸引全家用餐的好方法。

（5）儿童生日推销。餐厅可以印制生日菜单进行宣传，给予一定的优惠。例如，麦当劳日本汉堡店记载了约60万名小朋友的出生日期，在每个小朋友生日前几天，会收到麦当劳汉堡店寄来的电脑生日卡，到了生日那天，小朋友便持卡到麦当劳来。这时，店里的工作人员除了对小寿星说一声“生日快乐”以外，还鼓掌欢迎他们的光临。餐厅还推销生日宴如“宝宝满月”“周岁宴会”等，从长远分析，这些小朋友是餐厅的潜在顾客。

（6）颁奖与赠品。常见的做法是发给每位儿童一张动物画，让儿童用蜡笔涂上颜色，进行比赛，给获奖者颁发奖品，增加了儿童的不少乐趣。

（7）赞助儿童事业，树立餐厅形象。餐厅可以给孤儿院等儿童慈善机构进行募捐，设立奖学金，赞助儿童体育比赛、绘画比赛、音乐比赛等，可以吸引新闻焦点，树立企业在公众中的形象。

2. 试吃

在特别推销某道菜前，采用让顾客试吃的方法促销。用菜点车将菜点推到宾客的桌边，让宾客先品尝，如喜欢可现点，不合口味再点其他菜点。这既是一种特别的推销，也体现了良好的服务。

3. 宾客参与推销

让宾客亲自参与食品原料的种植、养殖、采摘、捕捞、加工、烹调等，能起到良好的促销效果。

4. 酒瓶挂牌推销

光顾酒吧的宾客，对在其用过的名酒酒瓶上挂上其“尊姓大名”的牌子，然后将余酒瓶陈列在酒柜里。高贵名酒与宾客身份相映生辉。当宾客再次光顾时，必定与亲朋结伴，“故地重游”。各类名酒摆设越多越有名气。这是充分利用宾客的炫耀心理进行推销的方式之一。

5. 知识性服务

在餐厅里备一些报纸、杂志、书籍等，以方便宾客阅读。或者播放新闻、外语会话等节目，或者将餐厅布置成有图书馆意味的吧厅等，这些方式往往可以吸引文艺界、新闻界、学术界的宾客。

6. 餐饮特色促销

许多餐厅因为菜点有特色、用餐形式有特色、服务方式超前、餐厅建筑装饰新奇，而成为促销的方式。

（1）菜品特色鲜明。凡是经营成功的餐厅都有自己的当家菜或独特菜。随着时代的变化，人们的口味也在变化。特别是年轻消费者，求新求变的心理非常强烈。因此，要求餐饮产品不断创新，变化出新口味或新品种来吸引宾客。

（2）餐厅新奇。针对宾客的猎奇心理，在餐厅装饰、用餐形式上标新立异，以吸引宾客。日本松本市有一家倒立餐厅。外墙倾斜呈50°，屋内的装饰摆设都是倒置的。桌上的电视，其图像和字幕是反字反像；墙上的时钟朝逆时针方向旋转；茶杯和茶壶一律口在下底朝上。大门口放着一面哈哈镜，一进门就看见自己脚上头下的模样，仿佛进入了一个奇妙的倒立世界。

（3）餐厅建筑新颖。新颖的建筑本身就是吸引宾客的资源之一。有很多宾客就是因为想亲眼看见某餐厅新颖的建筑而光顾的。

（4）特色服务。在既定的餐饮服务规范和标准的基础上通过展示一个地域的饮食风俗或一个地域的文化、宗教信仰等，来开展特色服务。

二、餐饮主要外部营销策略

（一）餐饮广告推销

1. 电视广告

电视广告的特点是传播速度快，覆盖面广，已深入到人们的日常生活之中。电视广告表现手段丰富多彩，声像、文字、色彩、动感并用，可谓是感染力很强的一种广告形式。但此种方法成本昂贵，制作起来费工、费时，同时还受时间、播放频道、储存等因素的限制和影响，信息只能被动地单向传播，稍纵即逝，不便储存查找。一般晚上六点半至十点半，被认为是播出广告的最佳时间，但是费用也相当高，一般餐饮企业难以承受。当商家们正不亦乐乎地为争夺“黄金档”“黄金时间”而进行广告大战之时，观众们却由于过多过频地被动接受视觉上的广告刺激，对产品的期望过高，一旦在现实消费中“按图索骥”之后，深受某些虚假广告之苦，反而对那些大做广告的餐饮产品产生不信任感；也有的因为不合时宜的或者粗制滥造的广告的插播，引起人们的厌倦和逆反心理，而与广告的初衷背道而驰。

2. 电台广告

电台广告是适于本地或者周边地区的消费群体的一种餐饮广告形式。其优点有：成本较低、效率较高、大众性强，而且现在广播有很大的参与性，一般可以通过热线点播、邀请嘉宾对话、点歌台等形式，来刺激听众参与，从而增强广告效果。但是这种方式同样也存在着不少缺陷，如：传播手段受技术的限制；信息稍纵即逝，不具备资料性、可视性；单一口语化的信息不易对听众形成深刻印象。另外，听众完全按照广播电台所事先安排的播音时间、播音速度收听，被动性较强，同时广播形象性差，不能造成直观印象。在策划电台广告时，应注意不同的节目拥有不同的听众，不同的时间其广告吸引的对象也不同。如：针对年轻人的广告可穿插在轻音乐等节目中，为吸引老年人和家庭主妇的广告应在白天播出。

3. 报纸、杂志广告

报纸、杂志具有资料性，便于保存、剪贴、编辑，成本也较低。但它们形象性较差，传播速度慢于电视、电台，范围也小于电视、电台，且受文化程度的限制。这类广告适于做食品节、特别活动等餐饮广告，也可以登载一些优惠券，让读者剪下来凭券享受餐饮优惠服务。

4. 其他印刷品、出版物上的广告

例如，可在电话号码本、旅游指南、市区地图、旅游景点门票等处登载餐饮广告。

5. 户外广告

通过户外的道路指示牌、建筑物、交通工具、灯箱等所做的餐饮广告。如在商业中心区、主要交通路线两旁、车站、码头、机场、广场等行人聚集较多的地带所做的各种霓虹灯牌、灯箱广告、屋顶标牌、墙体广告、布告栏等；高速公路等道路两旁的广告标牌；汽车、火车等交通工具内外车身上的广告；设置在餐饮设施现场的广告等；甚至包括广告衫、打火机等都可以成为广告的载体。户外广告的优点是显露的时间长、费用低，适合于做宣传餐饮设施、树立形象的广告。例如，某饭店在一些交通枢纽处的路牌上写上其名称，目的是让游客记住该饭店的名称。要使户外广告有效果，营销人员必须使它具有清晰、新奇独特、体现产品、反映餐厅地理位置等特点。

（二）人员推销

人员推销是指推销人员通过面对面的洽谈，向宾客提供信息，引导宾客光顾本餐饮实体。人员推销是最传统的一种促销，也是现代酒店常用的促销方式。在我国，虽然许多饭店设有销售部或市场营销部，但由于种种原因，人员推销往往被置于无足轻重的地位，推销人员的作用也得不到充分发挥。其实，人员推销是强有力的可靠的促销手段。特别是对于向餐厅的客户提供信息，劝说客户购买不熟悉、价格昂贵的饭店产品和服务，如会议设施、多功能厅、宴会厅等时，人员推销更不失为一种行之有效的推销方式。人员推销有着一般宣传和广告无法替代的优点。首先，人员推销可以直接接触顾客，有助于双向沟通信息，给客人留下较好的印象，饭店推销人员可以把饭店的设施、服务、价格等信息传递给潜在的顾客，并针对消费者的要求和建议，纠正他们对饭店产品服务的偏见，同时改进饭店工作。其次，人员推销可以加深宾客对餐饮产品和服务的了解，有助于获取反馈信息，调整饭店营销策略。人员推销使消费者与饭店之间联系直接化，有助于直接了解产品在消费者心目中的定位，了解市场有关方面的信息。再次，人员推销有助于开拓饭店市场的回头客。人员推销是面对面的推销，能够沟通思想与情感，建立友谊，取得客人对产品的信任，增强饭店的吸引力，同时，人员推销能做到因人而异和因地制宜，对不同消费者能采取不同的推销方法以争取长期主顾。但人员推销也是成本费用较高、覆盖面较小的一种推销方法。它需要投入大量的人力、物力和财力，对销售人员的业务技能要求也较高。在人员推销中，推销人员起着决定性作用，这就要求对推销人员加强培训和锻炼，使其熟悉餐饮产品和服务，了解市场顾客的需求，树立良好的自我形象，使他们掌握推销技巧，善于推销。这是人员推销成功的关键。

（三）电话推销

电话推销是餐饮营销人员时常采用的手法。即营销人员利用电话与客人进行交流，推销餐饮产品和服务。这种推销方式只是通过声音进行沟通，交流双方只闻其声，不见其人，而不像人员推销那样与客人面对面进行交流。因此，就需要特别注意运用自己的听觉，要在很短的时间内对宾客的要求、意图、情绪等方面有大致的了解和判断，推销自己的餐饮产品和服务时力求精确，突出重点，同时准确做好电话记录，对话时要注意礼貌，迅速接听电话，中途不要让客人久等，语音语调应委婉、悦耳，同时不要忘记商定面谈，以及进一步确认时间、地点等细节，最后向宾客致谢。

（四）邮寄推销

所谓直接邮寄就是指营销人员通过邮寄品与餐厅潜在使用者和购买者之间进行交流，以便创造一定的销售成绩。邮寄内容通常有商业性信件、宣传小册子、餐厅新闻信、明信片、生日卡或节日卡、优惠券、免费小礼物、客人调查表等。它比较适合于一些特殊餐饮活动、新产品的推出，对象为本地的一些大公司、企事业单位、常驻饭店机构等。这种方式较为灵活，竞争较少，带有私人交往性质，容易引起客人的兴趣，但是费用较高，且费时费工。

知识链接

餐饮市场营销策划书

知识链接 春节期间餐厅的营销策划

（1）分时段就餐。为了接待更多的客人，酒店在除夕那天，纷纷采用分批进店、定时就餐的办法：第一批客人于晚上5：00到6：30之间入席就餐，第二批顾客于晚7：00到9：00之间就餐。在我国一些南方城市，酒店还可以在晚上10：00到12：00之间接待第三批客人，客人在酒店迎接新年的到来。

但这种分批就餐的办法，也带来了不少麻烦，一是前后两批客人，在时间上不能衔接得很好，往往第一批客人还未吃完，第二批客人已在一边焦急等候，甚至为此还发生了口角。二是卫生问题，第一批客人离席后，尽管桌面马上有服务人员收拾干净，但掉在地上的食物残渣或酒水残液，仍使下一批客人感到不快。三是顾客数量加大，厨师应接不暇，容易造成出菜滞迟、送错菜的现象。有的消费者高兴而来，却带着一肚子气而去。所以，实行分时段分批就餐，应该提前做好准备，尽量避免这些问题的发生。

（2）外卖半成品。上海一些老字号酒店，除堂食外，纷纷推出了外卖年夜饭家宴套餐。就是把年夜饭做成半成品，客人带回家稍微加工即可，可以单点、自由搭配；也可以购买套餐。

外卖年夜饭的卖点应该推出技术含量较高的菜品，突出一般家庭不易做的品种，如用大油锅炸的半成品；增加冷盘菜肴的品种，打破过去套餐品种变化不多的框架；进一步在包装方面下功夫，随套餐赠送吉祥小礼物。某饭店针对冷菜年夜饭家庭比较难做的特点，专做冷菜年夜饭，将冷菜根据图形拼摆，深浅色交错，用礼盒包装，开盖即可食，颇受欢迎。

（3）“出租”厨师。某市的一些酒店，推出春节包厨师回家做年夜饭的服务，可以按酒店标准将整桌宴席预订回家，价格和酒店相同。另外，给厨师付“上门加工费”。

某些家宴服务公司也推出了“租个厨师回家过年”的消费方式，顾客只需要打个电话或上网预订，酒店就会派厨师上门做年夜饭。厨师有中级以上的厨师证书，其中不乏高级厨师，兼职和专职的都有。

请厨师上门做年夜饭的价格，大致为300～1 500元，视厨师级别、备料复杂程度等情况而定。

（4）展示性销售。在销售方面，酒店可在春节前一两个月做宣传攻势，比如在报纸上刊登年夜饭菜单及菜品展示；还可在酒店举办“年夜饭套餐与特色菜展示会”，采用展示、销售、预订相结合的方法，让客人提前了解年夜饭，促使客人提前预订。

（5）套餐礼盒。套餐礼盒年夜饭，客人既可带回家自己用，还可作为春节礼物赠送给亲朋好友。南京一家酒店做新春外带套餐礼盒，有598元、998元、1 298元三种，都是按照10人/桌的标准配菜。其中，598元礼盒包括8个冷菜、5个热菜，还有甜点、点心等；1 298元套餐里包含了鲍鱼、鱼翅等高档菜。另一家店推出的“聚贤堂”礼盒，价格为518元一盒，包括8个冷菜、一种点心，还有金陵名厨独家秘制的金陵盐水鸭、田园酱、鲤鱼跳龙门、新年喜庆年糕、烟熏鳜鱼等，可任意选择搭配。

（6）联动消费。大部分星级酒店的年夜饭只有50%预约率。业内人士分析，尽管星级酒店服务水准一流，但价格相对较高，一般人均消费要达到150元以上，与社会餐饮店每人平均100元相比，确实贵了些。但对于一些收入较高的家庭来说，在星级酒店享用年夜饭，既气派又高雅，绝无社会餐饮店那种人声鼎沸的嘈杂，可以避免发生高兴而来，扫兴而去的尴尬情况。

因此，一些社会餐饮可以考虑与星级酒店联合，利用星级酒店的环境和客房优势，联合做年夜饭市场。比如某餐饮店与星级酒店一起推出“一家三口除夕夜，入住豪华特价房、吃年夜饭”，享受房价八折、无限畅饮鲜啤的优惠。

（7）娱乐就餐。春节聚餐往往是全家出动，有老有少。酒店可以开发出一些适合家庭的娱乐项目，比如家庭和睦小游戏，让服务人员帮助一起做；或者家庭之间进行比赛，由酒店出面组织，开展娱乐比赛，并赠送小型礼品等，既活跃了气氛，还让顾客感受到“年味”。把顾客从单纯的吃饭转变为娱乐就餐，这样会收到意想不到的效果。

（8）销售年味。在店里做出“年味”，并把这种“年味”销售出去，会实现二次盈利。

某酒店在春节期间贴出这样的宣传单：除夕守岁是中国“年文化”的传统习俗，守岁从年夜饭开始。守岁既有对逝去岁月的惜别留恋之情，又有对即将来临的新年寄以美好希望之意。守岁时，所备瓜果小吃也有讲究，如：吃枣（春来早），吃柿饼（事事如意），吃杏仁（幸福人），吃长生果（长生不老），吃年糕（一年比一年高）。我们店将在春节期间给大家奉上这些美食。结果，不仅年夜饭全部销售完毕，此店准备的这些小食品也销售一空。

（9）燃放鞭炮。过年放爆竹是我国“年文化”的一个重要传统习俗，但在我国很多城市中，出于安全、环保等方面的考虑，城区内禁放烟花爆竹。这让很多顾客感叹年味越来越淡。如果在年夜饭结束后，附带组织大家去郊区燃放烟花、爆竹，相信又会增加一些吸引力。

第三节　餐饮市场营销的新发展

一、绿色营销

在生态环境逐渐恶化、绿色资源日渐衰竭的21世纪，更多的人已经意识到保护地球环境的重要性。营造绿色空间、赢得可持续发展已成为人类的迫切需求。餐饮绿色营销的核心是建立在绿色技术、绿色市场和绿色经济的基础上，按照环保与生态原则来选择和确定营销组合的策略，其最终目的是在化解环境危机的过程中为餐厅获得商业机会，在实现餐厅利润和消费者满意的同时，达成餐厅与自然、社会的和谐相处、共存共荣。

1. 开发绿色产品，扩大产品宣传

餐厅绿色产品的开发是餐厅绿色营销的关键，真正意义上的绿色产品要求质量合格，而且从生产、使用到处理、处置均符合特定的环境保护要求，其应对生态环境无害或危害极小，具有节约资源等环境优势，并有利于资源再生。餐厅开发绿色产品，要做好以下几点：在产品设计时，考虑到产品、资源与能源的保护和利用；在生产与服务过程中，要采用无废、少废技术和清洁生产工艺，以有益于公众健康；在产品使用后，应考虑产品的易于回收和处理。

餐厅可以利用新闻媒体做好绿色产品的宣传工作，扩大环境保护的宣传力度，提高全民的环保意识。餐厅还可以开展各项专题活动，例如，让顾客在庭院里种蔬菜花果，成熟后通知顾客来收；鼓励顾客美化环境，向顾客颁发绿色消费证书；制作绿色食品菜单，举办绿色食品节活动等。

2. 利用绿色资源，绿化餐饮设施

利用绿色资源，对餐饮设施进行绿化，即要高效利用水、电等能源，节约用水、积极引入新型节水设备，采取多种节水措施，加强水资源的回收利用；积极采用节能新技术，有条件的餐饮企业可以使用可再利用的能源（太阳能供热装置、地热等）系统；餐厅污水排污、锅炉烟尘排放、废热气排放、厨房大气污染物排放、噪声控制达到国家有关标准；洗浴与洗涤用品不能含磷，使用正确和用量适中，把对环境的影响降到最低；冰箱、空调、冷水机组等积极采用环保型设备用品；饭店采用垃圾分类收集设备以便回收利用，员工能将垃圾按照细化的标准分类；无装饰装修污染，空气质量符合国家标准。

知识链接 英国的Penrhos

在英国，建于1280年爱德华一世时期的Penrhos，700多年来一直作为一家农场屹立于赫里福郡与威尔士的交界线上。现今这家农场旅店以提供全方位的有机食物而闻名于世，这里产肉的牛、羊、猪和产蛋的鸡、鸭等都是用天然饲料喂养的，而蔬菜也绝对不用化学肥料来施肥，就连每天供应的面包也是面包师按照传统工艺，使用有机面粉和野生酵母经过慢速发酵过程烘焙出来的有机面包，比起一般超市中以廉价面粉和人工酵母为原料，通过快速发酵和快速烘焙烤制出来的品种，多富含了50%的镁和46%的锌。Penrhos于2002年获得了英国首屈一指的有机食物推广及认证机构Soil Association的认可，这并非偶然。旅店的主厨Daphne Lambert是一位有机食物拥护者和经验丰富的营养师，她在旅店开设了“绿色烹饪”的课程，在倡导有机食物理念的同时，还教授如何用有机食物烹饪出美味可口的菜肴，颠覆了人们一般所认为的有机食物营养却不好吃的观念。

3. 采用绿色标志，树立绿色形象

采用绿色标志是绿色营销的重要特点。我国现行的绿色标志，是由国家指定的机构或民间组织依据环境标志产品的技术要求及有关规定，对产品或服务的环境性能及生产过程进行确认，并以标志图形的形式告知消费者哪些产品和服务符合环境保护的要求，对生态环境更为有利，如绿色酒店标志、绿色食品标志等。绿色标志可以引导消费者参与环境保护活动，帮助他们选购产品，是酒店市场重要的竞争因素，是衡量酒店环保生产的标准，是酒店通向市场的通行证。

酒店形象是酒店重要的无形资产，树立酒店绿色形象，能为酒店赢得经济效益、社会效益和环境效益的统一。酒店可以把环保理念纳入产品和服务的广告活动中，通过强调酒店在环保方面的行动来改善和加强企业的绿色形象，更有效地推销绿色产品。比如：餐饮部针对客人的不同需求生产不同的绿色食品套餐；在客人活动区域以告示、宣传牌等形式鼓励并引导顾客进行绿色消费，使顾客关心绿色行动；不出售国家禁止销售的野生保护动物；制订绿色服务规范，倡导绿色消费，提供剩余食品打包、存酒等服务；不使用一次性发泡塑料餐具、一次性木制筷子，积极减少一次性毛巾的使用等。

4. 培育绿色文化，营造绿色环境

绿色营销以绿色文化观念作为价值导向，绿色文化是绿色营销的支撑。随着绿色营销的开展，在绿色文化的建设中，酒店目标开始了与环境目标的融合；酒店管理理念、营销理念开始了与绿色生态理念的融合。培育绿色文化，营造绿色环境，需要全体员工的共同努力，餐饮企业最高管理者应任命专人（绿色代表）负责本企业的创绿任务，餐厅有绿色工作计划，明确环境目标和行动措施，健全有关公共安全、食品安全、节能降耗、环保的规章制度，并且不断更新和发展，餐饮企业管理者要定期检查目标的实现情况及规章制度的执行情况；餐厅有关公共安全、食品安全、环境保护的培训计划要全员参与，以提高员工的安全和环保意识；分管创建绿色饭店工作的负责人必须参加有关安全、环境问题的培

训和教育。活动只有企业全体员工齐心协力，才能培育发展餐饮企业绿色文化，打造名副其实的绿色环境。

5. 采用绿色营销组合，实施组合战略

酒店绿色营销组合包括四大策略。一是绿色产品策略：包括产品的绿色设计、绿色包装、绿色标志。二是绿色定价策略：酒店进行定价时要考虑到环境成本和社会责任定价。三是绿色分销策略：改进分销环境，确保产品和营销的绿色化；减少分销过程中的浪费，增加营销的绿色程度；改进运输工具，减少营销过程中的资源消耗；缩短供应渠道，减少资源使用量；开辟新的销售渠道。四是绿色传播策略：确定绿色营销传播目标；确定绿色营销传播资金；识别和确认目标受众；收集和整理营销信息；选择营销信息传播方法；选择营销信息传播渠道等。

知识链接　南京金陵饭店的绿色食品

南京金陵饭店自1983年开业以来，就一直大力推广绿色食品。推出的绿色食品均选用国家专门等级评定机构认证的无公害农产品、绿色农产品和有机农产品，这些产品均出自良好的生态环境。如深受宾客喜爱的“葱爆牛柳”采用的牛肉就来自山东郓城，“宫保鸡丁”所采用的鸡肉来自山东沂南，而广为称道的“东坡肉”“金陵排骨”等所采用的猪肉来自苏州著名品牌产品“苏太猪”。连最常见的大米使用的都是来自淮北地区的有机大米，这种大米完全采用自然农耕法栽培，种植的土壤三年都没有碰到一点化学农药，用这种大米煮出的饭晶莹剔透，香润软糯，一直得到客人的赞赏。“金陵盐水鸭”则严格选用2千克左右、生长在无污染环境中的麻鸭的鸭胚精制而成。这款“招牌菜”招待过无数政要名流，广受好评。除此之外，芋头来自江苏靖江、玉米来自江苏宜兴、鱼虾选自洪泽湖、羊肉则来自无污染的内蒙古大草原。金陵饭店还根据不同的节气、节日适时推出不同的“厨师长特选”，要求餐饮服务人员和厨师学会做客人的“营养师”，前台的服务人员在为客人点餐的时候都会根据客人的需求，为客人建议菜肴合理、健康的搭配，减少浪费。

二、体验营销

21世纪，人类走过产品经济时代和服务经济时代之后，进入了体验经济时代，体验营销应运而生。美国哥伦比亚大学商学院教授施密特率先提出了体验营销（experiential marketing）的观念。施密特博士在《体验式营销》一书中指出，体验式营销是从顾客的情感、感官、思考、行动、关联五个方面的角度，重新定义、设计营销的方式。而这种方式则是在顾客消费时理性与感性结合的前提下建立的。在这种前提下，顾客在进行消费时往往带有许多感性的成分，很容易受环境氛围的影响。甚至很多人在饮食上不太注重饮食的味道，而非常注重进餐时的环境与氛围。他们要求进食的环境“场景化”“情绪化”，从而能更好地满足他们的感性需求。

知识链接　星巴克体验式营销

星巴克咖啡确实非常美味，美味到要我们毫不犹豫地付出高出一杯同样的咖啡5倍甚至10倍的价格走进星巴克。实际上星巴克的咖啡也许没有雀巢的更美味，甚至可能没有自己亲手泡的更合口味，那为什么还要排队花这么高的价格去喝一杯并非十分美味的咖啡呢？因为去星巴克的人并不是去购买咖啡，而是去购买一种心情，一种愉悦的体验，这种愉悦的体验不要说10美元，就是20美元、50美元，甚至100美元，人们也可能愿意付出，因为一份好心情是无法用金钱来衡量的，尤其在经济高度发达的地区。“星巴克”的成功就在于把自己定位为一间顾客至上的咖啡店，把满足顾客情感上的体验放在了第一位，于是“星巴克”咖啡的香气弥漫了全球。

体验营销主要有以下三种形式。

1. 感官体验

感官体验是通过视觉、听觉、触觉与嗅觉建立感官上的体验。感官体验可区分为公司和产品的识别、引发消费者购买动机和增加产品的附加价值等。以星巴克为例，它通过准确的选址定位，辅以高级设计团队的精心打造，将星巴克咖啡店与周围环境恰当地融合在一起，既凸显了自己独有的咖啡文化，又和谐地融入了周边环境。在触觉体验上，星巴克选择符合品牌特征的装饰，比如在桌椅及柜子，甚至还包括地板的选择上都倾向使用木质材料，让消费者体验到高雅、稳重及温馨的感觉。

2. 情感体验

情感体验，是要触动消费者的内心情感，创造一种情感上的体验，其范围可以是一个温和、柔情的正面心情，如欢乐、自豪，甚至是强烈的激动情绪。它需要真正了解什么刺激可以引起某种情绪，以及能使消费者自然地受到感染，并融入这种情景中来。如星巴克致力推动所谓的第三好去处，让忙于工作的现代人有个可以喘息的场所；而萧兹在杂志专访中也曾经提到：“星巴克就是现在生活中的绿洲，你可以一个人也可以跟朋友或家人一起去星巴克，喝一杯咖啡、听听店里的音乐、沉浸在店里优美的环境中，重新整理自己的思绪，星巴克就是家庭与办公室之外的‘第三好去处’。”

3. 思维体验

思维体验即以创意的方式引起消费者的惊奇、兴趣以及对问题进行集中或分散的思考，为消费者创造认知和解决问题的体验。如星巴克为了引导中国的消费者饮用咖啡，采取的引导方式相当新颖和轻松，它常通过自己的店面以及到一些公司去开“咖啡教室”。

三、网络营销

随着社会的不断进步，信息化的应用已在各个领域大行其道。餐饮业也正在由传统的营销方式逐渐转向网络营销。餐饮网络营销，是指餐厅以互联网为传播手段，通过市场的循环营销传播，达到满足消费者需求和商家需求的过程。它可以使从生产者到消费者之间的价值交换更便利、更充分、更有效率。网络营销可使餐厅不受地理因素和时间因素的限制而扩大市场，更大地便利顾客，使顾客随时随地都能获得服务；还能满足顾客个性化的需求。通过网络，餐厅可以大大增加原料和半成品供应的来源，并由此扩大原料挑选的余地和提高原料的质量，降低了交易成本。同时采用网络以后，餐厅还可以通过共享信息资源，协同行动，最终实现与顾客更好的交流。

目前我国餐饮业的网络营销形式主要有如下四种。

1. 个别餐饮企业建立自己的网站，进行产品菜肴的介绍

这种各自为政的小而全的网站在企业宣传等方面能起到一定作用，但由于只是停留在以介绍为主上，不存在网上交易，对原材料成本的降低和市场的拓展起的作用不大。

2. 由第三方建立的餐饮综合性网站

这一类网站主要是介绍饮食文化、营养保健、各家菜系、有名的餐馆等。如中国饮食文化网，是中国烹饪协会主办的饮食类权威网站，主要介绍中国菜系、名菜及名厨等，为全社会餐饮业提供多方位的服务。

3. 大型连锁餐饮企业的电子商务网站

这种形式发展得较成熟，从原料采购到网络营销。如必胜客餐厅的网站，有网上订餐、下载优惠券等服务。但这样的网站局限于大型的连锁企业。

4. 餐饮电子商务

这种电子商务网站主要由第三方建立操作，实现网上订餐。如杭州饭邦德企业订餐平台成立于2007年10月，专门向企业及其员工提供工作餐（业务已拓展至鲜花、礼品等商品）的网上预订服务，整套服务通过流程化结算、加强支出管理、削减管理费用来帮助企业明显提升管理质量。饭邦德还向那些自建食堂的企业提供一种全新的选择，帮助中小型企业增加其内部供餐设施的收益，还能够显著提高大型企业的自助餐厅的效益。从开业到现在，杭州市已经有百余家企业在饭邦德的服务中受益。

课堂练习

某餐厅周一至周五生意红火，但周六和周日生意惨淡，如何解决这一问题?

技能操作

考察市内一家酒店，对其一周内的销售状况进行统计并分析，根据统计结果提出你的餐饮销售方案。

第八章　餐饮服务质量管理

本章导读

- 本章主要介绍了餐饮服务质量的概述、质量分析、控制及员工培训。在餐饮服务质量概述中，讲述了餐饮服务质量的特点、内容及意义。在餐饮服务质量分析及控制中，还着重讲述了提高餐饮服务质量的措施。在餐饮员工培训中，讲述了培训的作用、培训的内容、培训的形式、培训的计划及实施等。

学习目标

- 熟悉餐饮服务质量的特点及意义。
- 掌握餐饮服务质量的内容。
- 掌握餐饮服务质量的分析及控制。
- 熟悉提高餐饮服务质量的措施。
- 熟悉餐饮员工培训的内容。
- 掌握餐饮员工培训的方法。

章前案例

>> 如此服务

某天晚上，老汪正在宴请远道而来的老朋友小李一行人。在点菜时，服务人员小陈热心地向老汪推荐应时的大闸蟹，老汪欣然接受。当大闸蟹上桌时，小陈又热情地向小李等人介绍本地大闸蟹的特色，在座的客人们非常满意小陈的服务。

在客人们津津有味地品尝大闸蟹时，小陈走近小李对他说："对不起，先生，给您换一下餐碟好吗？"此时的小李右手拿着半只螃蟹，见状后忙侧身让开，为避免碰到小陈，小李还把右手举过了肩膀，小陈发现餐碟中还有半只螃蟹时，便提醒小李："先生，还有半只螃蟹呢。"小李又连忙用左手拿起另半只螃蟹。双手各拿半只螃蟹的小李为不影响小陈更换餐碟而成举手投降状，一旁的老汪看到后便打趣地说："小李，是不是喝不下酒而向我投降了？”小李一听，忙自嘲地说：“我是向漂亮的服务人员小姐投降。要说到喝酒，我哪会怕你。等小姐换好餐碟，我好好与你喝几杯。”等小陈换好餐碟，小李果真要与老汪喝酒，老汪也不甘示弱。当两人干完第一杯后正凑在一起说着话时，小陈过来说：“对不起，先生，给您倒酒。”小李和老汪不约而同地向两边闪，小陈麻利地为两人斟满酒，两人又干了一杯，然后又凑在一起说话，小陈又不失时机地上前说：“对不起，先生，给您倒酒。”此时的小李忽然对着小陈大声怒吼道：“没看到我们正说着话吗？”小陈一脸茫然，不知该怎么办才好。

问题

什么样的服务才是客人满意的服务呢？

案例分析

大多数饭店的餐厅服务规程明确规定：当客人餐碟中的骨刺杂物超过三分之一时必须及时撤换；当宾客杯中酒水不足三分之一时应及时添至八分满等。这些规定对保证饭店的服务质量有一定的作用，但关键是饭店的服务应以不打扰客人为原则，否则，服务规程就显得毫无意义。

第一节　餐饮服务质量概述

一、餐饮服务质量的特点

餐饮服务质量是指餐饮企业以其所拥有的设施、设备为依托，为宾客所提供的服务在使用价值上适合和满足宾客物质及心理需要的程度。狭义的服务质量是指餐饮劳务服务的质量，它纯粹指由服务人员的服务劳动所提供的，不包括以事务形态提供的使用价值。餐饮服务质量主要表现为以下特点。

1. 餐饮服务质量构成的综合性

餐饮服务的实现有赖于餐饮的计划、业务控制、设备、物资、劳动组合、服务人员的综合素质、财务控制与其他部门的协同配合，以及餐饮环境、餐饮营销策略、餐饮价格策略等多方面的保证与顺利运转。

餐饮产品现生产、现销售，生产与消费几乎同步进行。餐饮服务质量是由一次又一次的内容不同的具体服务组成的，而每一次具体服务的使用价值均只有短暂的显现时间，即使用价值的一次性，如微笑问好、介绍菜点等。这类具体服务不能储存，一结束就失去了其使用价值，留下的也只有客人的感受。因此，餐饮服务质量的显现是短暂的，不像实物产品那样可以返工、返修或退换。这就要求餐厅员工做好每一次服务工作，争取使每一次服务都能让客人感到非常满意，从而提高餐饮的整体服务质量。

2. 餐饮服务质量内容的关联性

从饮食产品生产的后台服务到为宾客提供餐饮产品的前台服务有众多环节，而每个环节的好坏都关系到服务质量的优劣。在餐饮服务质量管理中有一流行公式：100-1=0，即100次服务中只要有1次服务不能令客人满意，客人就会全盘否定以前的99次优质服务，还会影响餐饮部的声誉。这就要求餐饮各部门、各服务过程、各服务环节之间协作配合，并做好充分的服务准备，确保每项服务的优质、高效，确保餐饮服务全过程和全方位的“零缺点”。

3. 餐饮服务质量对员工素质的依赖性

餐饮产品生产、销售、消费同时性的特点决定了餐饮服务质量与餐饮服务人员表现的直接关联性。餐饮服务质量是在有形产品的基础上通过员工的劳务服务创造并表现出来的，这种创造和表现能满足客人需要的程度，取决于服务人员素质的高低和管理人员水平的高低。因此，餐饮服务质量对员工素质有较强的依赖性。

4. 餐饮服务质量评价的主观性

由于餐饮服务质量的评价是顾客享受了服务后，根据其物质和心理满足程度做出的评价，因而带有很强的个人主观性。这就要求餐饮管理者在服务过程中通过细心观察，了解并掌握顾客的物质和心理需要，不断改善对顾客的服务，为顾客提供有针对性的个性化服务，用符合顾客需要的服务来提高顾客的满意程度，从而提高并保持良好的餐饮服务质量。

二、餐饮服务质量的内容

餐饮服务是有形产品和无形劳务的有机结合，餐饮服务质量则是有形产品质量和无形劳务质量的完美统一，有形产品质量是无形劳务质量的凭借和依托，无形劳务质量是有形产品质量的完善和体现，两者相辅相成，即构成完整的餐饮服务质量内容。

（一）有形产品质量

有形产品质量是指餐饮企业提供的设施、设备和食物产品以及服务环境的质量，主要满足宾客物质上的需要。

（1）餐饮设施、设备的质量。餐饮企业是凭借其设施、设备来为客人提供服务的，所以，餐饮设施、设备是餐饮企业赖以存在的基础，是餐饮劳务服务的依托，其可以反映出一家餐厅的接待能力。同时，餐饮设施、设备质量也是服务质量的基础和重要组成部分，是餐饮服务质量高低的决定性因素之一。餐饮设施设备包括客用设施、设备和供应用设施、设备。

①客用设施、设备又称前台设备，是指直接提供宾客使用的那些设施、设备，如餐厅、吧台的各种设施、设备等，它要求做到设置科学、结构合理、配套齐全、舒适美观、操作简单、使用安全、完好无损、性能良好。

②供应用设施、设备，是指餐饮经营管理所需要的生产性设施、设备，如厨房设备等，供应用设施、设备又称后台设施、设备，要求做到安全运行、保证供应，否则也会影响服务质量。

（2）餐饮实物产品的质量。实物产品可直接满足餐饮宾客的物质消费需要，其质量高低也是影响宾客满意程度的一个重要因素。因此，实物产品质量也是餐饮服务质量的重要组成部分之一，包括菜点酒水的质量、客用品质量、服务用品质量。

（3）服务环境质量。服务环境质量是指餐饮设施的服务气氛给宾客带来的感觉上的享受感和心理上的满足感。独具特色的餐厅建筑和装潢，布局合理且便于达到的餐饮服务设施和服务场所，充满情趣并富于特色的装饰风格以及洁净无尘、温度适宜的餐饮环境和仪表仪容端庄大方的餐饮服务人员，所有这些均构成了餐饮所特有的环境氛围，它在满足宾客物质方面需求的同时又可以满足其精神享受的需要。服务环境质量的要求是整洁、美观、有秩序和安全。由于第一印象的好坏很大程度上是受餐饮环境气氛影响的，为了使餐厅能够产生先声夺人的效果，管理者应格外重视餐饮服务环境的管理。

（二）无形劳务质量

无形劳务质量是指餐饮提供的劳务服务的使用价值的质量，即劳务服务质量，主要满足宾客心理上、精神上的需求。

1. 礼节礼貌

礼节礼貌是以一定的形式通过信息传输向对方表示尊重、谦虚、欢迎、友好等态度的一种方式。礼节偏重于仪式，礼貌偏重于语言行动。礼节礼貌表明了餐饮的基本态度和意愿。餐饮礼节礼貌主要要求服务人员具有端庄的仪表仪容、文雅的语言谈吐、得体的行为举止等。

2. 职业道德

餐饮服务过程中，许多服务质量是否到位主要取决于员工的良心和责任感，因此，遵守职业道德也是餐饮服务质量的最基本构成之一，它不可避免地影响着餐饮的服务质量。作为餐饮员工，应该遵循“热情友好、真诚公道、信誉第一、文明礼貌、不卑不亢、一视同仁、团结协作、顾全大局、遵纪守法、廉洁奉公、钻研业务、提高技能”的职业道德规范，真正做到敬业、乐业和勤业。

3. 服务态度

服务态度是指餐饮服务人员在对客服务中所体现出来的主观意向和心理状态，其好坏是由员工的主动性、创造性、积极性、责任感和素质高低决定的，因而餐饮要求服务人员应具有“宾客至上”的服务意识并能够主动、热情、耐心、周到地为宾客提供服务。餐饮员工服务态度的好坏是很多宾客关注的焦点，尤其当问题出现时，服务态度常常成为解决问题的关键。宾客可以原谅许多过错，但往往不能忍受餐饮服务人员恶劣的服务态度。因此，服务态度是无形劳务质量的关键所在，直接影响着餐饮的服务质量。

4. 服务技能

服务技能是餐饮部门提高服务质量的技术保证，是指在不同场合、不同时间，对不同宾客提供服务时，餐饮服务人员在视具体情况而灵活、恰当地运用其操作方法和作业技能以取得最佳的服务效果过程中，所显现出的技巧和能力。

5. 服务效率

服务效率是指在服务过程中的时间概念和工作节奏。餐饮服务效率有三类：一是用工时定额来表示的固定服务效率；二是用时限来表示的服务效率；三是指有时间概念，但没有明确的时限规定，是用宾客的感觉来衡量的服务效率，如点菜后多长时间上菜等，这类服务效率在餐饮中大量存在，若使客人等候时间过长，很容易让客人产生烦躁心理，并会引起不安定感，进而直接影响着客人对餐饮企业的印象和对服务的评价。但服务效率并非仅指快速，而是强调适时服务，它根据宾客的实际需要灵活掌握，要求在宾客最需要某项服务的时候及时提供。

6. 安全卫生

餐饮安全现状一般是宾客考虑的首要问题，因此，餐饮部在环境气氛上要制造出一种安全的气氛，给宾客心理上的安全感。餐饮清洁卫生主要包括餐饮部各区域的清洁卫生、食品饮料卫生、用品卫生、个人卫生等。

上述有形产品质量和无形劳务质量的最终结果是宾客的满意程度。宾客满意程度是指宾客享受餐饮服务后得到的感受、印象和评价。它是餐饮服务质量的最终体现，也是餐饮服务管理努力的目标。宾客满意程度主要取决于餐饮服务的内容是否适合和满足宾客的需要，能否为宾客带来享受感，餐饮管理重视宾客满意度自然也就必须重视餐饮服务质量构成的所有内容。

知识链接　顾客满意度的衡量标准

顾客满意度是衡量餐厅服务质量的根本，通常客人的满意度可以用以下标准来衡量。

（1）及时——在为客人提供服务的过程中的时间概念。如：顾客点菜后等待第一道菜上菜的时间、客人等待服务人员办理结账的时间等。

（2）准确——无论在什么程度上，服务都要达到客人的要求和期望。如：客人要求的菜品口味。

（3）一贯性——在与客人接触中，始终保持同一水准，即使面临困难。如：始终保持微笑、对客人一视同仁。

（4）可见性——客人能见到的设备状况、个人面貌等。如：餐厅大门、就餐环境、员工制服。

（5）负责——愿意帮助客人，回应客人的特殊要求。如：客人要求改变菜品口味、配料，客人要求改变上菜顺序等。

（6）同理心——在服务过程中做到周到、尊重客人、认同客人感受。如：客人对食物有特殊要求等。

（7）有能力——按照客人的要求掌握相关的知识与技能。如：能灵活地处理客人问题、能否预计客人需求等。

（8）保证——对客人提出的服务要求给予承诺，对客人输送理解与信任的信息。如：请您放心，我们一定会按您的要求准时准备好美味的菜肴。

三、餐饮服务质量的意义

提高酒店的餐饮服务质量，把精湛的烹饪技术与完美的服务艺术有机地结合起来，是规范酒店企业经营和管理、赢得酒店企业餐饮消费的市场信誉和知名度、扩大企业经营、取得企业经济效益和社会效益的根本所在。在餐饮管理工作中确保食品制作和相关服务的质量，主要表现在如下方面。

1. 服务质量是酒店企业餐饮经营的生命线

著名旅游经济学家罗斯德对服务质量在酒店餐饮经营的重要作用有非常精辟的论述，他建立的“恶性循环分析理论”，即“餐饮服务质量下降→服务标准降低→顾客投诉增加→餐饮营业下降→销售收入减少→经营利润降低→资金周转不足→餐饮服务质量恶化”，充分说明恶性循环的关键点是“服务标准和服务质量降低”。要想突破恶性循环链，关键在于提高服务质量。

2. 提高服务质量是酒店企业参与市场竞争的需要

餐饮企业之间的竞争包含着不同的方面和不同的内容，它可以在地理位置、外观装饰、宣传广告方面进行，也可以在服务项目、商品推销、价格优惠等方面进行。但无论如何，餐饮企业的竞争以质量竞争为首。谁能够为顾客提供全面的最佳服务，谁就能取得优势地位，谁就能招揽更多的顾客。

3. 服务质量是促进企业提高管理水平的重要标志

餐饮管理的目标是利用企业的人力资源、物资资源和信息资源为顾客提供第一流的服务，以获得利润，并训练和培养一批高水准的从业人员和管理人员。因此，餐饮管理以提高服务质量为中心。要提高服务质量，就必须使管理的职能充分发挥作用并相互配合协调。

第二节　餐饮服务质量分析及控制

一、餐饮服务质量的分析

1. 服务质量曲线图分析法

服务质量分析图是用百分数来表示影响质量的各种因素，按频数的高低从左到右依次画出长柱排列图，然后按比率逐项相加并用曲线表示服务质量的分析方法。具体分析步骤如下：

（1）确定分析对象。如原始记录内容中的服务人员工作记录、顾客意见记录、质量检查记录、顾客投诉记录等如实反映质量问题的数据，并根据质量问题分类画出排列图。

（2）通过各类问题所占比例画出排列图，并计算各类问题所占比例，找出主要问题。

（3）对总结出的问题分别采取措施进行处理。

知识链接　向顾客进行服务质量问题的意见征询

某餐饮企业利用调查表向顾客进行服务质量问题的意见征询，共发出150份，收回120份，其中反映服务态度较差的有55份，服务人员外语水平差的有36份，餐饮菜肴质量差的有24份，餐饮设备差的有4份，发生失窃问题的有1份。

针对以上情况进行分析，作服务质量分析图，如图8-1所示。此图是个直角坐标图，左纵坐标为频数，即某质量问题出现次数用绝对数表示；右纵坐标为频率，常用百分数来表示影响质量的各种因素，按频数的高低从左到右依次画出长柱排列图，然后按比率逐项相加并用曲线表示。累计频率在75.8%以内的为A类因素，即是亟待解决的质量问题；累计频率分别在55%、36%、24%以内的是需要逐步处理的服务质量问题。

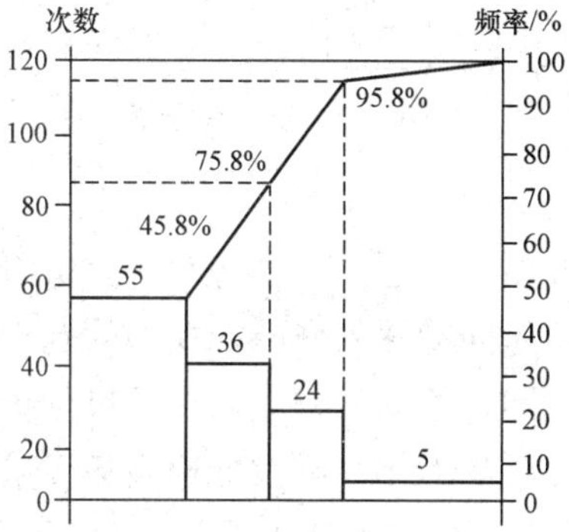

图8-1　服务质量分析图

2. 扇形百分比分析图

某餐饮企业在一个星期内随机调查了100位顾客的餐饮服务意见，根据数据统计出扇形百分比图，如图8-2所示。

由图8-2所示可知，该餐饮企业当前需要重点解决的服务质量问题是增加餐饮服务项目、提高餐饮服务技能；然后逐步处理其他的服务质量问题。

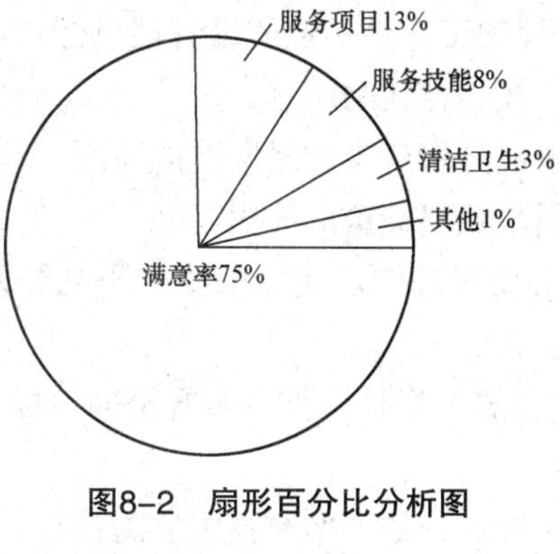

图8-2　扇形百分比分析图

3. 因果分析图法

这是利用因果分析图对质量问题产生的原因进行分析的一种方法。由于该图类似鱼骨，因此又称为鱼骨图。在餐饮经营管理过程中，影响服务质量的因素是错综复杂且多方面的。因果是整理分析影响服务质量各因素之间关系的一种方法，它通过带箭头线，将各个质量问题和原因之间的关系表示出来，如图8-3所示。

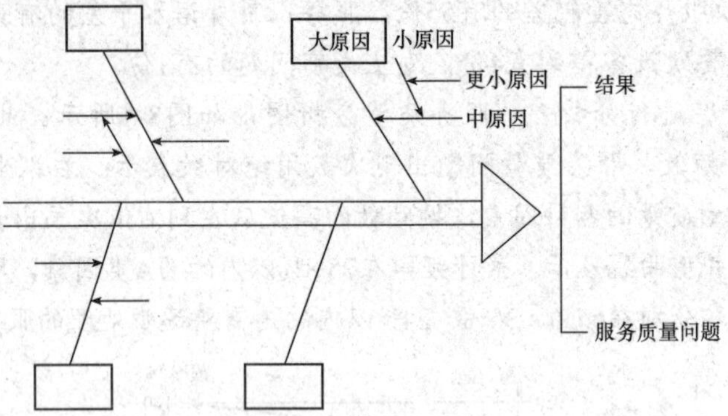

图8-3　因果分析图

分析问题的程序如下：

（1）找出存在的餐饮服务质量问题，并进行对比分析研究。

（2）对存在的餐饮服务质量问题深入研究，找出问题产生的原因。

（3）将找出问题产生的原因，根据其程度列在因果分析图上。

（4）针对因果分析图上问题的大小，寻找处理服务质量问题的措施。

在进行分析时，要深入调查，请各方面人员参加分析，以听取不同意见。对原因的分析应细到能采取具体解决措施为止。对影响服务质量的大原因可以从人力、设备、原料、方法、环境等角度加以分析，其中人力是最关键的因素，因为人员涉及心理、卫生健康等问题，可变性大，因此人力状况对改善服务质量起着非常重要的作用。

4. PDCA连环法

任何时候处理问题都有一个相互配合的过程，处理服务质量问题更是如此，在餐饮服务质量的处理过程中是分别按照计划（Plan）、实施（Do）、检查（Check）、处理（Act）四个阶段连环进行的，其活动过程有如下内容：

（1）计划过程。这一过程的工作是制定质量管理目标，包含以下四个步骤：

步骤一：分析质量现状，找出存在的问题。

步骤二：运用因果分析法，分析产生质量问题的原因。

步骤三：从分析出的原因中找出关键的原因。

步骤四：对所提出的主要质量问题，制定解决质量问题要达到的目标和计划，提出解决质量问题的具体措施和方法。

（2）实施过程。这一过程的工作是严格按照既定的目标和计划，认真付诸实施。具体步骤为：

步骤五：按既定的质量目标、计划方案和措施实施执行。

（3）检查过程。这一过程的工作是对质量计划实施后产生的效果进行检查。通过检查发现质量计划方案和措施实施执行中的问题。具体包含以下三个步骤：

步骤六：运用ABC分析法，将分析结果与步骤一起发现的质量问题进行对比，以检查在步骤四中提出的提高和改进质量的各种措施和方法的效果。在这一过程中，要把成功的经验形成标准，并总结失败的教训。

步骤七：对已解决的质量问题提出巩固措施，并使之标准化，以防止类似问题再次出现。对未取得成效的质量问题，也要总结经验教训，提出新的改进措施。

步骤八：提出在步骤一中出现而尚未解决的其他质量问题，并将这些问题转入下一个连环中去求得解决，从而与下一连环的步骤一衔接起来。

需要说明的是，PDCA连环法的八个步骤，必须按顺序进行，既不能缺少，也不能颠倒，要按其规律性实施。

二、餐饮服务质量的控制

（一）建立餐厅服务质量控制的保证体系

餐厅服务质量控制的保证体系是餐厅系统的一个子系统，这一子系统是一个以提高餐厅服务质量为目标，具有明确的任务、职责、权限的有机整体。建立服务质量保证体系有如下三个层次。

第一层次：应设立以餐厅总经理为首的服务质量管理领导机构，建立服务质量监督网，负责确立餐厅服务质量管理目标，研究制订服务质量管理计划，并负责组织、协调、督促、检查各部门服务质量管理动态。

第二层次：各部门根据业务范围设立服务质量管理小组，主要负责本部门服务质量管理计划的制订和落实。

第三层次：班组开展服务质量小组活动，重点是根据服务质量管理工作的要求，抓好标准化、程序化、制度化、原始记录等各项工作的具体落实，及时收集和解决服务质量管理工作中的问题。

（二）餐饮服务质量控制的基础

要进行有效的餐饮服务质量控制，就必须具备以下三个基本条件。

1. 建立餐饮服务的标准规程

制定服务规程时，首先确定服务的环节程序，再确定每个环节统一的动作、语言、时间、用具，包括对意外事件、临时要求的化解方式、方法等。管理人员的任务是执行和控制规程，特别要抓好各套规程之间的薄弱环节，用服务规程来统一各项服务工作，从而使之达到服务质量标准化、服务岗位规范化和服务工作程序化、系列化。

2. 抓好员工培训

企业之间服务质量的竞争主要是员工素质的竞争，很难想象，没有经过严格训练的员工能有多高的服务质量。因此，新员工上岗前，必须进行严格的基本功训练和业务知识培训，不允许未经职业技术培训、没有取得一定的资格的人上岗。在职职工也必须利用淡季和空闲时间进行培训，以提高业务技术，丰富业务知识。

3. 收集质量信息

餐厅管理人员应该根据餐饮服务的目标和服务规程，通过巡视、定量抽查、统计报表、听取宾客意见等方式来收集服务质量信息。通过收集服务质量信息，餐厅管理人员可以了解服务的效果如何，即宾客的满意程度，从而采取改进服务、提高质量的措施。

（三）餐饮服务质量控制的类型

根据餐饮服务的三个阶段（准备阶段、执行阶段和结果阶段），餐饮服务质量可相应地分为预先控制、现场控制和反馈控制。

1. 餐饮服务质量的预先控制

所谓预先控制，就是为使服务质量达到预定的目标，在开餐前所做的一切管理上的努力和准备，其目的是防止开餐服务中各种资源在质和量上产生偏差。预先控制的主要内容如下：

（1）人力资源的预先控制。餐厅应根据自己的特点，灵活安排人员班次，以保证有足够的人力资源。在开餐前，必须对员工进行仪容仪表的检查，开餐前所有员工必须进入各自岗位，面对餐厅入口迎候客人，给客人一个良好的印象。

（2）物资资源的预先控制。开餐前，必须按规格摆好餐台；准备好餐车、托盘、菜单、点菜单、酒水、开瓶工具及工作台小物件等。另外，还必须备足相当数量的“翻台”用品，包括桌布、餐纸、刀叉、调料、火柴、牙签、烟灰缸等物品。

（3）卫生质量的预先控制。开餐前半小时，对餐厅卫生从墙、天花板、灯具、通风口、地毯到餐具、转台、台布、餐椅等都要进行最后一遍检查。一旦发现不符合要求的，要迅速安排返工。

（4）事故的预先控制。开餐前，餐厅主管必须与厨师长联系，核对前后台所接到的客情预报或宴会通知单是否一致，以避免因信息的传递失误而造成事故。另外，还要了解当天的菜肴供应情况，如个别菜肴的原料缺货，应让全体服务人员知道。这样，一旦宾客点到该菜，服务人员就可以及时向宾客说明情况并道歉，避免引起宾客不满。

2. 餐饮服务质量的现场控制

现场控制是指现场监督正在进行的餐饮服务，使其规范化、程序化，并迅速妥善处理意外事件。现场控制的内容主要如下：

（1）服务程序的控制。开餐期间，餐厅管理人员应通过观察、判断、监督、指挥服务人员按标准服务程序服务，发现偏差，及时纠正。

（2）上菜时机的控制。根据宾客用餐的速度、菜肴的烹制时间掌握好上菜节奏。

（3）意外事件的控制。餐饮服务是面对面的直接服务，容易引起宾客的投诉。一旦引起投诉，主管一定要迅速采取弥补措施，以防止事态扩大，影响其他宾客的用餐情绪。

知识链接 从顾客心理谈处理投诉的艺术

当顾客期望和餐厅实际提供的产品、服务出现偏差时，如果顾客不能理解并接受这种偏差，顾客就会不满意而进行投诉。投诉的种类很多，涉及面也很广。从顾客心理来看投诉，可以将投诉分为三类：一是挑剔型顾客的意见投诉；二是谈判型顾客的索赔投诉；三是宣泄型顾客的抱怨投诉。如果我们能够了解顾客的心理，能够关注顾客的心理需求，投诉的处理就会变得容易一些，轻松一些。

挑剔型的顾客经常到餐厅消费，他们会比较各个餐厅，也会比较同一家餐厅的现状和过去，所以他们很容易以挑剔的眼光看待餐厅的现状。这类顾客事实上非常关心餐厅，希望餐厅能够认识到存在的问题并予以改进。这类顾客在投诉后还会再来餐厅，来看看餐厅是否有了改进。如果餐厅能够重视挑剔型投诉并积极改进存在的问题，这类顾客将会成为餐厅的忠实顾客和朋友，会为餐厅带来稳定的客源和收入。

谈判型的顾客非常理智，会列举种种事实和理由证明自己的合法权益受到了损害，要求餐厅进行赔偿。处理这类投诉，合理的赔偿制度就非常重要了。例如，当班主管有多大权限，值班经理有多大权限，索赔金额超过多少的投诉由总经理处理，处理索赔的时限是以分钟、小时还是天数来计等。餐厅不要试图对这类投诉采用拖延战略，不要假想可以大事化小、小事化无。如果效率低下，拖延时间长，餐厅即使最终按照顾客的要求进行了赔偿，也无法让顾客满意，因为时间是有价值的，效率代表了重视程度。

宣泄型的顾客在餐厅遇到不公正待遇时，会进行抱怨式的投诉。这时顾客需要的是有人能够耐心地倾听他们的抱怨和不满，希望可以获得同情和理解。解决这类抱怨式的投诉需要有耐心、爱心、细心，能够给予顾客关心，有时仅仅是一两句安慰就可以化解顾客所有的不满。

处理顾客投诉是一种非正常状态的信息沟通，是餐厅营销的一个重要部分。留住老顾客和吸引新顾客相比来说，成本要低一些、难度更小一些。在当前竞争对手不断增加、客源却没有明显扩大趋势的情况下，有效地处理好顾客投诉，留住老顾客的意义不言自明。

（4）人力控制。开餐期间，服务人员虽然实行分区看台责任制，在固定区域服务（一般是按每个服务人员每小时能接待20名散客的工作量来安排服务区域）。但是主管应根据客人情况的变化进行第二次、第三次分工，做到人员的合理使用。

3. 餐饮服务质量的反馈控制

反馈控制就是通过质量信息的反馈，找出服务工作的不足之处，采取措施加强预先控制和现场控制，提高服务质量。信息反馈系统由内部系统和外部系统构成。内部系统是指信息来自服务人员和经理等有关人员。因此，每餐结束后，应召开简短的总结会，以不断改进服务质量。信息反馈的外部系统是指信息来自于宾客。为了及时得到宾客的意见，餐桌上可放置“宾客意见表”，在宾客用餐后，也可主动征求客人意见。宾客通过大堂、旅行社等反馈回来的投诉，属于强反馈，应予以高度重视，保证以后不再发生类似的质量偏差。

三、提高餐饮服务质量的措施

餐饮服务是餐饮工作人员为就餐客人提供餐饮产品的一系列行为的总和。优质的餐饮服务是以一流的餐饮管理为基础的，而餐饮服务质量是餐饮管理体系的重要组成部分，它是搞好酒店餐饮管理的重要内容，对其控制和监督的目的是为顾客提供满意的服务。因此，为创造酒店良好的社会效益和经济效益，可以采取以下措施。

1. 重视菜单的作用

对任何餐饮企业来讲，菜单也是一个关键因素。它不仅能使餐饮服务产品“有形化”满足现代消费者越来越渴求在饮食消费中得到更多信息的需要，还能反映企业经营的形象，传递企业对质量管理的综合思想和态度。

菜单可以加强与顾客的沟通，减少服务差错。在大多数餐馆没有模型食物展示、服务人员又不可能逐一进行介绍的情况下，一份制作精致、印刷精美、叙述翔实的菜单，便成为各式菜肴最佳的代言人、餐厅与顾客间沟通的桥梁。现代菜单最基本的功能是，向顾客提供菜名、叙述和价格。菜名要清晰易懂，突出菜肴特色，能让顾客一目了然，在头脑中迅速想象出成品菜肴的外观。除了菜名外，最好能进一步说明主要原料、分量、烹调方法及味感类型，增加菜肴的“透明度”。用文字叙述来说明菜肴的制作程序，可以帮助顾客更好地了解菜肴的口味。价格是顾客购买的重要依据，在做出购买决定以前，顾客往往会对餐饮产品和价值进行对照。要进一步增加顾客的感觉，还可配以精美的图片。总之，提供的有形证据越多，顾客获得的信息越丰富，顾客感觉中的服务可靠性就越高。

2. 提高服务人员的素质

服务人员的素质对餐饮服务质量可靠性的影响值得高度重视。餐饮业应通过不断培训，激励服务人员不断自觉地学习，掌握专业技能，包括操作程序、服务细节、沟通技巧、对抱怨的处理等，还要懂得礼仪知识，提高敬业精神，发掘工作潜能，增强自信心，消除工作压力，增加工作的安全感，降低意外的发生，高效顺利地完成服务工作。餐饮企业还可以通过内部营销全面解决服务第一线员工的各种困难，为他们提供愉快的工作环境，保证服务程序的稳定性；通过内部沟通，使服务人员理解企业的经营理念，懂得服务质量对企业实现目标的重要性以及劣质服务给企业带来的严重后果，并把自我价值实现的理想同企业目标结合起来，积极主动提供高质量的服务。管理人员还要帮助服务人员深刻理解顾客导向的经营哲学。除保证服务程序的稳定顺畅外，还要尽力提供超过顾客期望的服务。

3. 正确处理客人的投诉

（1）正确认识客人投诉。

①投诉是企业发现差错的难得机会。顾客投诉虽然给企业带来一定的经济损失，但企业可以通过投诉发现差错，进而改进服务。

②新探索过程往往会有差错。餐饮企业要跳出恶性竞争的圈子，创造广阔的市场空间，只有进行一系列的创新活动以区别于竞争对手，其中服务创新是重要内容之一。新的服务有一个成熟的过程，这一过程往往是反复改进的过程，没有失败是不可能的。

③对产生差错的服务人员要有正确的态度。不能单纯追究服务人员的责任，采取重惩重罚的方式，而应使他们认识差错，帮助他们找出差错的原因，引导他们正确服务，鼓励他们通过学习不断提高服务质量。

（2）正确处理顾客投诉。处理顾客投诉就是对不满的顾客实施补救性服务。有效的补救性服务往往会提高顾客感觉中的服务可靠性。

①道歉。这是补救性服务的首要步骤。服务人员对抱怨的顾客要首先道歉，并表示同情，才能安抚顾客的情绪。

②主动性。在出现服务差错后，很多顾客都会表示不满，但因种种原因而不愿投诉。服务人员一旦发现差错，就应主动采取补救性服务措施，让顾客感觉到服务人员的真诚服务，这不但能极大地提高顾客感觉中的服务可靠性，同时也为企业塑造了提供优质服务的市场形象，更能留住常客。

③反应速度。服务人员处理顾客投诉的时间，会影响顾客对投诉处理质量的看法。顾客等待的时间越长，补救性服务的效果就越差，即使最后顾客得到了补偿，但他们未必会重新相信企业服务的可靠性。服务人员只有尽快为顾客解决问题，才有可能留住顾客。

④补偿。餐饮业应为服务差错给顾客造成的损失负责，并进行公平的补偿。补偿的方式有价格折扣、免费产品和服务、退款、优惠券等。

第三节　餐饮员工培训

一、培训的作用

一个餐饮企业能不能在激烈的餐饮市场竞争中持续、稳定地发展，能否成为品牌企业，菜品、服务、环境三大支柱缺一不可。菜品和环境的提升需要花费人力、财力及较长时间的投入。随着就餐观念的变化，如今人们越来越重视餐馆的服务水平，甚至把服务水平的高低作为选择餐馆的重要依据。因此，提升服务水平是投入少、见效快的主要手段。培训的主要作用表现在以下七个方面：

（1）增强员工对企业的了解。培训可使员工更快地走上工作正轨，更好地胜任工作，增加企业的认同感。

（2）改变员工的精神面貌。培训可使员工很好地了解仪容仪表、言行举止、职业道德的要求，从而敬业乐业，养成良好的职业习惯。

（3）降低损耗。一个未经培训的员工，可能会因不能正确使用和维护餐饮设备、设施、用具、用品，而出现失误或操作事故，从而使企业蒙受损失。

（4）减少事故的发生。有研究表明，未受过培训的员工所造成的事故数量是受过培训员工的3倍。例如，从未受过培训的员工在使用和维护冰箱或吸尘器时，就很容易造成事故。一个未受过培训的员工，不但容易做错事，而且不善于处理突发事件。通过培训，就可以减少事故的发生。

（5）增强员工的纪律性。通过培训，员工能了解自己的工作与其他工作的联系，增强遵守纪律的自觉性，如按时上下班、主动配合工作等。

（6）提高团体协作能力。培训能增强员工的统一和服从意识，增进沟通和了解，增强协作意识并获得相关方法，这一切将使团体更加优化，团队合作精神更强。

（7）提高劳动效率。培训可使员工在同等劳动条件和劳动时间内完成更多的工作，提高工作效率。对员工来说，培训亦是一种福利和激励，通过培训能够更好地胜任自己的工作，增强就业能力，工作也更为安全和愉快，有利于其未来的发展。

二、培训的内容

（1）职业道德、仪容仪表、礼节礼貌、从业素质、团体精神。

（2）餐厅的基本概念、专业知识，本餐厅须知。

（3）服务技能、行业规范的训练。

（4）员工守则、岗位职责、操作规则。

（5）餐饮工作所需的各种知识，包括卫生知识、安全知识、推销知识、酒品知识、政策法规知识、菜肴知识以及有关的经济、地理、历史和民族风俗习惯知识等。

（6）宾客投诉的处理、各种工作情况的应对、人际沟通、案例分析。

（7）设备、器具、工具的使用与保养。

（8）对管理人员还应着重运用知识、领导艺术、协调与督导知识等的培训。

三、培训的形式

1. 入职培训

入职培训是指新入职员工在上岗前必须进行的培训，这是员工受聘后的第一课，也是非常重要的一课。通常由饭店人力资源部负责培训，根据具体情况，时间可长可短，以一天到一周不等。培训的内容主要包括：

（1）餐厅（或酒店，下同）概况。

（2）工作状况。上班时间、就餐时间、假期安排、考勤制度、薪酬管理办法、退休金制度以及保险制度等。

（3）生活设施。洗手间、宿舍、食堂、休息室、更衣室等生活设施。

（4）工作同事、管理人员与同事的姓名和人员安排情况，部门联系、工作内容和岗位职责及其重要性等。

（5）规章制度、店纪、店规。如上下班打卡、走员工通道、有关饮酒抽烟的禁令、仪表仪容的要求、安全卫生事项、违反规章制度的处罚等内容。

（6）思想方面。职业道德、礼貌礼节等。

新员工通过有效的入职培训，可以很快适应新的工作环境，也能很快被老员工所接受，从而成为集体中的一分子，在短时间内胜任工作并充满信心。因此，新员工入职教育必须引起餐饮管理者的足够重视。

2. 在岗培训

在岗培训是指在职员工以提高本岗位工作能力为主的不脱产的培训活动。餐饮员工经过岗位培训并经考核合格上岗后，虽已具备了单独工作的能力，但并不意味着能一劳永逸，还应不断地进行持续培训。这种有针对性的反复培训，可使受训者的业务素质提到更高的层次。当然，随着时间的推移和环境、条件的变化以及顾客需求的变化，饭店餐饮服务规范和操作方法等有了新的内容时，还需要对服务人员进行再培训。

在岗培训的特点：一是培训对象是已具有一定理论知识和岗位实践经验的在职员工，参加培训一般不离岗；二是培训内容以解决岗位工作所需的知识、技能为主，有针对性，培训内容比岗前培训更深一个层次，是岗前培训的继续和发展；三是在岗培训贯穿员工工作的全过程，饭店开展在岗培训是一项长期性、经常性的任务。

3. 转岗培训

转岗培训是指因工作需要或其他原因将餐饮员工从一个岗位转向另一个岗位，为使转岗人员尽快适应新的工作环境，取得新岗位资格所进行的训练活动。转岗培训的对象都有一定的工作经历，或因知识老化、工作能力下降、服务方法无法满足客人需要；或因年龄偏大，身体素质下降；或因人员调动升迁以及其他各种原因需要转岗。对转岗人员的培训，要根据转岗人员的具体情况而定。有的要进行全方位的系统培训，有的则需要对某一方面进行培训。

4. 晋级培训

晋级培训是指餐饮员工提拔到更高职位前，使晋升人员的能力达到晋升职位的规范要求而进行的训练活动。一般来说，新晋升的职位与原岗位应有内在的联系，因而对其培训是在原有水平基础上的提高。如果所晋升的职位和原岗位不属于同一系列，那么应该对其进行转岗的晋升培训。

5. 脱产培训

脱产培训是指让部分员工暂时离开工作岗位，就某个专题有计划、有系统地进行培训，多用于在职管理人员和员工中潜质较好、各方面表现都比较优秀的人员。其方式是送到国内外院校进行专业知识的进修学习，或送到国内外著名的餐厅或酒店实习研修。

6. 其他培训形式

其他培训形式有自学、开业前培训、补救性培训等。

知识链接 肯德基的员工培训

肯德基在中国建有适用于当地餐厅管理的专业训练系统及教育基地——教育发展中心。该基地专为餐厅管理人员设立，每年为来自全国各地的肯德基餐厅管理人员提供上千次的培训课程，中心大约每两年会对原有教材进行重新审定和编写。培训课程包括品质管理、产品品质评估、服务沟通、有效管理时间、领导风格、人力成本管理和团队精神等。总结起来，肯德基的员工培训体系具备系统性、长期性、多样性、独立性、岗位性的特点。

职能部门专业培训

肯德基隶属于百胜全球餐饮集团，中国百胜餐饮集团设有专业职能部门，分别管理着肯德基的市场开发、营建、企划、技术品控、采购、配送物流系统等专业工作。为配合公司整个系统的运作与发展，中国百胜餐饮集团建立了专门的培训与发展策略。每位职员进入公司之后要去肯德基餐厅实习7天，以了解餐厅营运和公司企业精神的内涵。职员一旦接受相应的管理工作，就能很快地胜任新工作。公司还开设了传递公司企业文化的培训课程，一方面提高了员工的工作能力，为企业及国家培养了合适的管理人才；另一方面使员工对公司的企业文化也有了深刻的了解，从而实现公司和员工的共同成长。

餐厅员工岗位基础培训

作为直接面对顾客的餐厅服务人员，从进店的第一天开始，每个人就都要严格学习工作基本的操作技能。从不会到能够胜任每一项操作，新进员工会接受公司安排的平均近200个工作小时的培训。通过考试取得结业证书。从见习助理、二级助理、餐厅经理到区域经理，随后每一段的晋升，都要进入肯德基教育发展中心修习5天的课程。根据粗略估计，光是培训一名经理，肯德基就要花上好几万元。如此耗资，可见肯德基对员工培训的重视程度。

餐厅管理技能培训

针对不同的管理职位，肯德基都配有不同的学习课程，学习与成长的相辅相成是肯德基管理技能培训的一个特点。当一名普通的餐厅服务人员经过多年的努力成长为管理数家肯德基餐厅的区域经理时，不但要学习领导入门的分区管理手册，同时还要接受公司的高级知识技能培训，并具备获得被送往其他国家接受新观念以开拓思路的资格的机会。除此之外，这些餐厅管理人员还要不定期地观摩录像资料，进行管理技能考核竞赛等。

四、培训的计划及实施

要想获得良好的培训效果，就必须进行培训需求分析，制订周密的培训计划。制订培训计划，要综合考虑员工的个人素质、心理状态、营业情况、服务质量等方面的因素，选择合适的培训方式，确定培训项目以及考核培训效果的标准等。

（一）培训需求分析

新餐厅在开业前，从经理到各级管理人员，必须有一个明确的经营管理目标。为了达到这个目标，必须制定相应的标准，这就需要对所有人员进行培训。

开业后的餐饮企业管理者。在管理过程中必须依据这些标准进行检查和督导，若发现有违反和降低这些标准的现象或与实现这些标准有距离的行为，就需要组织员工进行有针对性的培训。

经营中的餐饮企业是否需要培训可从以下三个方面分析：

（1）回首过去。从人员素质、精神面貌、工作规程、工作效率、营业状况、完成工作的指标、餐具损耗等方面进行分析和比较，从而决定是否需要进行再次培训。

（2）观察现在。从员工的工作状况、工作效率、服务态度、客人意见、基层管理人员管理督导的情况、人际关系的变化来考察培训是否必要。

（3）展望将来。社会的进步、科学的发展、人们生活水平的提高，必然要采用新技术、新方法，使餐饮的管理、接待服务不断达到一个新的高度。餐饮管理者必须有远见，提前抓好培训工作，紧跟社会潮流。

（二）选择培训者

一位优秀的餐饮培训教师，除了要熟知所传授的知识和技能之外，还应具备培训员工的良好素质和才能。一般来说，一位合格的培训教师应具备如下条件：

（1）具有同情心，乐于助人。

（2）精通本行。

（3）善于了解受训者的需求和问题所在。

（4）懂得教学方法和技巧。

（5）行为方式、语言表达和思维方式能被受训者所接受。

（6）具有自我解剖、自我批评的精神。

大多数餐饮培训教师一般都是餐饮部素质较高的管理人员和服务骨干。这些人员往往非常重视培训他人的机会，并且能通过培训达到“教学相长”的目的，以利于其自身的发展，餐饮部或饭店有重点地培养自己的培训教师或必要时外请专家培训都是可取的。无论哪类培训教师，要想获得良好的培训效果，则需注意下列事项：

（1）明确培训的目的和要求。

（2）洞察受训者的心态。

（3）善于把握日常工作中的培训机会并及时施教。

（4）善于把握工作任务中的关键环节。

（5）善于观察和发现受训者工作中的薄弱环节。

（6）按计划实施培训。

（7）有准备地进行指导。

（8）善于利用教具。

（9）严格掌握培训标准。

（10）做好培训记录，检查培训效果。

（三）确定培训项目

实施员工培训的目的在于缩小员工实际工作能力与企业期望之间的差距。对于餐厅每一岗位的具体工作来说，确定培训项目的主要依据是员工的表现、客人的反应、设备的更新以及营业情况的变化等。

针对餐厅的经营情况确定培训项目，餐厅应综合采用员工问卷调查、宾客投诉统计分析以及管理者评议等方法，切实找出影响餐厅经营的薄弱环节，使培训工作有的放矢。

（四）确定培训方式

根据培训项目和培训对象选择灵活的培训方式，以保证培训的效果。培训项目往往决定着培训方式的选择，对于知识类培训，如餐饮服务常识、管理知识、职业道德知识等，可以选用教学讲授式；对于技能性培训，则应考虑采用现场指导或情景分析等方式培训。总之，以提高素质为第一才能获得理想的培训效果。

（五）培训工作的实施

1. 指导性培训

作为员工培训的主要形式——指导性培训，其实施的程序与步骤为：

（1）确定培训目标。培训主管人员首先要明确培训要达到的目的是什么。培训目标是培训工作的“导航灯”，决定了培训工作的实施步骤，并贯穿于培训的全过程。

（2）分解培训项目。根据培训工作目标，将培训项目分解为若干环节，区分重点、难点和一般内容，并按培训工作的连贯性、系统性及节奏性安排各个环节。合理分解培训项目是确保培训顺利进行的关键。

（3）落实具体的培训工作。上述工作完成后，还要对每项培训内容进行具体落实，其中包括时间分配、培训考核要点、培训方法、培训地点和培训用具等。

指导性培训所采用的方法是四步培训法，是将培训过程划分为四个步骤，每项内容都依据此程序进行训练。这四个步骤分为：

①讲解。讲解工作情况。说明餐厅服务工作的目的及重要性，以增强学员对餐厅服务工作的兴趣与认识，达到安心学习的良好学习状态。

②示范。表演、示范餐厅服务各岗位工作流程、各环节动作。强调规范服务标准的要点，动作力求缓慢，对重点、难点要反复示范，注意示范的动作不要超过学员一次性接受能力。

③尝试。让学员试着进行餐厅实际工作操作练习。教员在旁观察和指正，让学员反复操作，理解重点，直到正确掌握该项服务工作标准为止。

④跟踪辅导。让学员独立上岗进行实际餐厅服务操作，教员和管理人员经常在餐厅进

行检查督导，并及时解答疑难问题，直至学员熟练掌握餐厅各项服务工作。

（4）进行培训考核。考核不仅有利于激励员工积极参与培训，努力掌握新知识，而且还有利于主管人员考查员工对所培训知识与技能的掌握程度，完善培训方法。对于考核结果良好的员工，可以安排上岗工作；对于考核不合格者，则应安排重新培训或改换工作甚至终止工作。

2. 知识性培训

知识性培训在培训内容中占有很大比例，主要包括思想品德、服务意识培训和业务知识讲授。由于知识性培训主要以讲座形式进行，因此具有独特的规律、方法和要求。

培训老师要善于运用考试手段，强化培训效果和检查学员的掌握程度。考试的形式可以灵活多样，如口试、笔试、阶段测验、期末总评等。无论采用哪种形式，考试给学员造成的心理压力和紧张程度都将会促进其对所学知识的掌握。

3. 专题性培训

（1）角色扮演法。这是一种趣味性很强的培训方法。培训老师将员工服务中存在的有代表性的问题加以总结提炼并编排成剧目。如让一些服务人员分别扮演顾客和当值服务人员，并演示正确与错误的服务方式，在情景再现中让学员深刻认识和牢固掌握正确的工作方法。

（2）情景培训法。情景培训法是指培训老师提出一些工作中有代表性的问题，并假设几种解决问题的方法，这些方法的正误有一定的代表性，让学员讨论和选择正确答案，并申述理由。最后培训老师做出综合分析。

（3）对话训练法。对话训练法就是把员工在工作中与顾客的对话录下来，在培训课上放映或模拟训练，进行讨论分析，以增强员工的语言能力和处理典型事例的能力。对话的内容主要针对员工缺乏礼貌、态度粗暴、不懂业务、不懂推销常识等表现。这些对话来自顾客与服务人员、管理人员与服务人员的实际接触，是实际生活中发生的问题。通过放录音和幻灯片，可提高员工的学习兴趣、增强学习效果、加深印象、增强员工工作信心、提高工作能力。

（六）培训效果的评估

培训工作结束后，应对培训的效果进行客观评估，以总结经验、改进不足并进一步推进培训工作。对每一项培训工作的评估应该综合考虑以下六个方面：

（1）培训内容是否按原计划顺利完成。

（2）受训者对培训内容掌握的程度如何。

（3）受训者实际接受的程度如何。

（4）受训者在培训后有哪些变化。

（5）受训者在岗位和部门的工作有何改观。

（6）培训中的成功与不足之处有哪些。

餐饮经营人员在员工培训中负有重要的责任，应该经常亲临培训现场督促、检查培训工作。

（七）培训注意事项

1. 注意技能培训与思想教育相结合

餐饮员工培训不仅要解决员工如何在技术上进步的问题，同时还要密切结合员工的思想状况，穿插职业道德思想教育的内容，并采取有效的激励手段，增强员工努力工作的内动力。

2. 注意培训内容的针对性和实用性

无论采取什么样的培训方式，培训内容都要紧密结合实际针对餐饮经营服务中的某一环节而定，使员工学以致用，要避免那些目标不明确、漫无边际的学习与培训。

3. 注意员工整体差异

应针对由员工不同的知识结构、文化程度、性格特征、品质修养、智商以及直接环境所导致的能力差异做出正确的认识并因材施教。要放弃使所有员工经过培训都达到同等优良水平的幻想。当员工没有达到理想的目标时，认真分析原因，以采取进一步的措施，使培训达到良好效果。

4. 注意分散性培训优于集中培训的规律

在员工培训过程中，特别是在职培训过程中，必须注意培训的时间及节奏。应将某项内容分几个阶段，短时间学习，其效果远优于集中一天甚至几天的学习。因为时间的延长将导致兴趣的降低和精力的分散。

5. 注意考核结果的应用

考核是对一段时期内培训效果的总结和评估。在员工培训中，经常考核员工的学习效果是激励员工学习和提高学习兴趣的有效方法和措施。

知识链接

餐饮员工培训计划

6. 注意培训中激励手段的运用

培训中要对员工进行激励，增进其对培训内容的兴趣。员工之所以接受培训，原因有很多，归纳起来主要有受人尊重和自我实现两点。每一位主管培训的人员都应了解和掌握员工接受培训的原因，使之与培训紧密联系在一起，以激励员工加倍努力学习。

案例分析

>> 服务人员不能及时地解决客人的需求

案例

客人投诉餐厅服务人员在服务过程中缺乏微笑服务，且不能及时地解决客人的多种需求，令客人在用餐过程中有感不快。

分析

部门经理在例会上做出指示：

（1）餐厅主管在员工例会前要求服务人员站立微笑五分钟。

（2）对餐厅服务人员加强培训，提高服务质量，通过考核优胜劣汰。

（3）要求管理人员及服务人员做到“五步微笑法”，在至少五步之内面对客人时，必须对客人报以真诚的微笑，致以亲切的问候。

管理人员及服务人员应从根本上去挖掘“微笑服务”的内涵。世界著名饭店之王希尔顿曾深刻剖析了“服务中的微笑”所带给他的成功秘诀。在激烈的市场竞争中，酒店服务者唯有用心去体会客人的感受，为其提供特色服务并持之以恒地坚持下去，才能赢得更多的客人。

课堂练习

1．一个周末的晚上，在某大酒店餐厅，一位在当地小有名气的企业家为他的母亲做八十大寿。服务人员的服务工作非常规范，每道菜都按饭店规定的服务程序为客人派菜，菜也做得不错，但客人并不满意，意见有三：第一，这顿饭很精致，但都没有吃饱；第二，今天母亲大寿，原想多拍几张照片，但因桌上多是空盘，照片效果不佳，所以只拍了几张；第三，原想搞得热热闹闹，但因服务人员包下了派菜，所以整个过程冷冷清清。针对该客人的意见，如果你是服务人员，你该怎么办？

2．蓝天宾馆餐厅，钟先生夫妇正在盛情宴请他们多年未见的好友许经理。钟先生为尽地主之谊，一口气点了七八个菜，两道点心，再加上四小碟冷菜和饮料，三人都已经吃饱。钟先生夫妇眼看桌上还剩有不少好菜，不免觉得有点惋惜。针对这种情况，服务人员该怎么办？

技能操作

分组模拟餐厅迎宾、接待、点菜、值台、送客服务，中间穿插在三个服务案例情景，并现场演示解决方法。

第九章　餐厅服务中常见的问题

本章导读

本章主要介绍了餐厅服务中处理问题的指导思想，较全面地阐述了客人的投诉心理及客人投诉的原因，重点讲解了处理客人投诉的原则、程序，并运用实例有针对性地讲解了餐厅常见问题的处理方法。

学习目标

- 树立处理餐厅服务中常见问题的正确思想。
- 掌握餐厅服务的礼貌服务语言。
- 了解客人的投诉心理，掌握处理顾客投诉的原则及程序。
- 掌握常见问题的处理方法。

章前案例

>> 味碟里的苍蝇

一天中午，一雅间客人就餐时发现一味碟里有一只苍蝇，于是火冒三丈，大发雷霆：“我是冲着你们是知名品牌餐饮才来消费的，你们是怎么管理的，卫生条件这么差。”由于味碟里有很多辣椒油和各种调料，服务人员一时难以分辨，并说没看见。这时客人更火了：“明明有苍蝇，你还不承认，你说没有那你把它喝了！”当时这位服务人员可能是为了维护酒店声誉和平息此事，就毫不犹豫地端起一饮而尽。苍蝇虽然被消灭掉了，但客人的投诉并没有结束，后来客人直接找大堂经理投诉。

问题

如果你是大堂经理，你会如何处理？

案例分析

对这一投诉大堂经理应该采取以下处理措施：

（1）确认事实后，诚恳道歉，安抚客人。

（2）与客人协商解决办法。

（3）加强员工培训，树立质量至上、信誉至上的原则，提供优质服务。

第一节　处理餐厅服务问题的指导思想

在餐厅服务中处理各种矛盾和问题，必须坚持“宾客第一”的原则，树立“想宾客之所想，急宾客之所急”的服务观念，掌握处理问题所必须具备的技能和素质。

知识链接

餐饮服务疑难问题处理

一、树立主人翁意识和宾客至上的思想

服务人员要正确认识自己在餐厅服务工作中的地位，树立主人翁的意识。服务人员无论是在大厅，还是在雅座做服务工作，无论是担任引座，还是上菜工作，都是代表餐厅向宾客提供服务。从这个意义上讲，每个服务人员都是餐厅的主人。因为宾客对于餐厅工作和就餐的意见总是向服务人员直接提出，一般不会直接去找餐厅经理，服务人员就应当以主人翁的身份认真听取宾客意见，有义务满足宾客提出的合理要求，而不能不理不睬或敷衍推诿。如宾客反映菜肴口味咸淡、上菜速度快慢等问题是常见之事，服务人员在遇到这类问题时，首先应该表示虚心接受意见，并耐心做出解释，及时向厨师转达意见。有的服务人员对宾客说：“这不关我的事，菜是厨师烧的。”这样势必引起宾客更大的不满，有可能激化矛盾，这就是缺乏主人翁意识的行为。

树立主人翁的意识，还表现在坚持把宾客置于首要位置，处处为宾客着想，千方百计为宾客做好服务工作。不少优秀服务人员之所以能够做出优异的工作成绩，就在于他们经常设想“假如我是一个宾客”，这样就必然会设身处地从宾客的角度和宾客心理来考虑问题，从而妥善地处理好服务者与被服务者之间的关系和各种矛盾。

二、具备良好的职业道德和公关意识

所谓职业道德，主要表现为诚实经营、礼貌待人。俗话说：“诚招天下客。”作为社会主义餐饮服务业，更要做到以“诚”待客，服务人员在服务工作中要坚持实事求是，决不可弄虚作假欺诈宾客，切实维护消费者的合法权益，这样就可避免很多矛盾的出现。某些个体私营酒家在经营中以次充好、以少充多的“宰客”现象决不能出现在餐厅服务中，

因为这是引发矛盾的根源。在餐厅工作中难免出现一些失误，如某种菜肴口味不符合宾客习惯，宾客提出退换，经服务人员热情、耐心协商，结果拿回厨房按宾客口味重新加工制作，结果使宾客满意，也减少了餐厅损失。

三、注重语言表达艺术

服务语言是餐厅服务人员为宾客服务的工具。礼貌服务用语伴随着主动、热情、耐心、周到的服务，显示了服务人员良好的素质和餐厅的服务水平。注意服务用语的艺术性，一要注意言辞的礼貌性，做到彬彬有礼、热情庄重，如经常使用“对不起”等敬语，创造服务人员与宾客之间的和谐关系，可以避免矛盾的发生；二是注意措辞的修饰性，如对宾客提出的不尽合理的要求一时难以满足，可以说“您提出的要求是可以理解的，我一定尽力而为”，这样可使宾客接受“可以理解”这一表达方式；三是注意语言的生动性，在可能发生矛盾的时候，一句幽默生动的语言可以迅速化解服务人员与宾客彼此之间的对立情绪；四是注意语言表达的灵活性，要针对不同的宾客和不同的场合灵活运用不同的表达用语，从而避免矛盾的产生或使矛盾得到缓解。

四、掌握丰富的社会及业务知识

餐厅服务人员面对各种各样的宾客，在服务过程中也会遇到各式各样的问题，要解决好这些问题并处理好服务人员与宾客之间的关系需要服务人员掌握丰富的社会知识和业务知识。对不同的服务对象介绍不同的菜肴品种、了解不同宾客的就餐需求、尊重特殊宾客的特殊习惯等是社会知识的内容；鉴别菜肴原料质量、了解本餐厅的风味特色菜肴品种及其特点、有条不紊地做好营业高峰的工作等则是业务知识的内容。具备丰富的社会知识和业务知识，就可以积极预防和正确处理服务工作中可能发生或已经发生的各种矛盾。

知识链接 酒店餐厅服务的创新

1. 服务语言创新

现代酒店均已形成了一套规范化、标准化的服务语言体系。但这种千篇一律的单调语言正受到挑战，不少客人已明确表示对这种毫无新意的服务语言表示反感或厌烦。餐饮服务主要借助于语言进行，因此，进行服务语言创新应是服务创新的重要内容。

2. 服务内容创新

服务内容创新的关键在于餐饮经营者应突破纯粹餐饮消费的观念，追求餐饮内涵的延伸，尤其是餐饮文化内涵的拓展和延伸，只有这样，服务创新的天地才会变得无限宽广。

3. 服务人员创新

餐厅服务中服务人员是服务的主体，其素质的高低直接影响着服务质量的高低，因此，酒店应以新知识、新技术武装员工，用高素质员工创新的头脑全方位服务于客人。如一些星级酒店中的主题餐厅，其服务人员不仅通晓基本的服务之道，而且还是这一主题的专家，不仅能很好地为客人提供周到的服务，而且还担当了主题知识传播者的角色，使消费者在用餐的同时还能增长见识。

4. 服务过程创新

实施服务过程创新，首先要认识客人的消费过程，即对组成餐饮消费过程的各项消费活动（如订座、引位、点菜、桌边服务、结账等）进行区别；其次是要对消费过程进行系统分析，即不仅要对每项消费活动发生的地点、时间、人员构成和活动现状进行分析，而且还要深入理解客人是否具有改变活动现状的需求和改变活动现状的趋势方向；最后要通过积极调整餐厅内部的价值活动帮助客人改善消费活动，使其在时间、地点、价格和方式等方面更能满足客人的需要。服务过程的创新将给酒店服务模式的创新带来极大的发展空间。

5. 服务组织创新

在一家酒店里，并不一定只选择一种组织结构，工作性质、工作内容不同的部门可以选择不同的组织结构，甚至在同一部门的不同工作层次中也可以有组织结构的差别。以餐饮部为例，完全可以根据经营任务的轻重、从业人员的多少、服务范围的大小，根据命令统一原则、分工协作原则、精简高效原则确定合理的组织结构，对内部岗位人员进行优化配置。

第二节　客人投诉的原因及处理原则

每一位餐饮业的工作人员都希望向客人提供完美的服务，但是也难免因某些工作上的差错或误解而引起客人投诉。在处理过程中，餐厅员工既要以诚恳热情、实事求是的态度为客人排忧解难，又要正确维护酒店的形象。

一、客人投诉心理

（1）求尊重的心理：客人在投诉时，一般都会希望别人认为自己是对的，除了同情，还希望有关部门重视自己的意见，向自己表示歉意，并立即采取补救行动。

（2）求发泄的心理：客人在碰到令人恼火的事情后，心中充满了怨气，要利用投诉的机会发泄出来，以维持心理的平衡。

（3）求补偿的心理：客人在受了一定的损失后，向酒店投诉

知识链接

餐饮服务客人投诉及突发事件

时，是希望得到一定程度的经济补偿，这是很普遍的心理。

二、客人的预期需求

顾客每进入一家餐厅，内心都有一种潜在的期望，这个期望来源于市场的宣传、餐厅的形象、顾客的需求和餐厅的高质量服务等。高质量服务是指在服务中寻找一种最佳的结合点，服务过程中除了规范、效率、态度令客人满意外，最重要的就是通过餐厅工作人员的服务，使客人的问题得到妥善的解决，因此要注意以下一些问题：

（1）餐厅员工应重视与顾客的每一次接触。

（2）加强与客人的沟通，了解客人的潜在需求。

（3）注意在每一次为客人服务时都要留下好印象。

（4）了解客人投诉的原因。客人投诉的原因是处理客人投诉的基础，一般来说，客人投诉主要有以下六个原因：

①订餐环节错误；

②上菜、上饮料的速度不及时；

③菜品的质量、饮料的质量有偏差；

④服务过程出错；

⑤结账不及时；

⑥离开时发现随身物品缺少。

知识链接 关键的五分钟

在餐厅酒楼的整个服务过程中，顾客入座的三分钟和离开前的两分钟十分重要，如果这时服务不到位，很容易让顾客产生被怠慢的感觉。那么，如何做好这五分钟的服务呢？

进门三分钟

一是顾客等候不要超过60秒。如果顾客走进餐厅却无人理睬，顾客会很愤怒。所以，服务人员即使很忙，也要迅速走到顾客桌旁招呼。

二是开口之前要过脑。招待顾客时一定要专心。对顾客说话时，要知道自己在说什么，并面带微笑。

三是讲话时要直视顾客。和顾客讲话时，只有接触他们的目光，才能让他们感觉到被关注。

四是为单个顾客提供读物。为了消除单个顾客的孤独感，在事先确定顾客有充裕时间的情况下，最好为他们提供书报等读物来消磨时光。

五是让结伙就餐的人感觉愉快。为结伙就餐的顾客服务时，要安排好上菜次序，使顾客轻松自在。

六是要培养观察力。服务人员要善于察言观色，及时了解顾客需求。最好的服务是在顾客开口之前就主动提供服务。

临别两分钟

一是为顾客结账时要手脚麻利。在顾客示意要结账时，服务人员应快速算好总价并双手递上账单，然后手脚麻利地收款和找零。

二是友好地为顾客打包剩菜。如果顾客要求打包剩菜，服务人员应认真对待，勤谨有礼。最好能为顾客添加一点菜叶、调料之类的小花样，给顾客一些惊喜。

三、处理顾客投诉的原则及程序

（一）处理顾客投诉的原则

（1）心态平和，就事论事。保持主动、关心、友善与乐于助人的态度。
（2）认真听取顾客的投诉，确认事情发生的真正原因。
（3）站在顾客的立场上，设身处地地为顾客着想。
（4）做细致地记录，感谢顾客所反映的问题。
（5）掌握问题的关键点，提出解决方案。
（6）执行解决方案。
（7）总结顾客的投诉，总结处理得失。

（二）处理顾客投诉的程序

1. 接受投诉

接受投诉时应做到以下五点：

（1）礼貌接待、耐心地倾听、不急于做任何辩解与反驳，站在客人的立场上理解对方。
（2）表示出对客人投诉的关心，使客人逐渐平静下来。
（3）弄清真相，查明投诉的真正原因（处理顾客投诉的基本原则就是查证）。
（4）向客人真诚地道歉，同情客人，正面回答客人的问题，不和客人争辩。
（5）不对客人作推卸式的解释。

2. 处理投诉

处理投诉时应注意以下四点：

（1）了解客人最初的需要和问题的所在。
（2）找出当事人进行查证。
（3）积极寻求办法，尽量满足客人要求。
（4）与客人协商解决办法，不能强迫客人接受。

3. 记录投诉

记录投诉后要做好以下四方面的工作：

（1）问题解决后，再次向客人道歉。

（2）将投诉的事实、时间、地点、处理投诉的结果进行记录。

（3）上报上级，以避免再次发生类似的问题。

（4）下次班前会议进行通报。

对于一般的顾客投诉在每周的例会上集中进行通报，重大的顾客投诉由总经理进行处理，均要求建立完整的档案。

4. 其他注意事项

（1）不能直接指出客人的错误。

（2）应委婉地向客人说明实际情况。

（3）要给客人适当的退步余地。

（4）切勿认为客人“多事”或有意“找茬”。无论客人投诉的动机如何，我们都应该认识到，从客观上讲，投诉是有利于改进工作的。从这种意义上说，投诉是酒店的最大财富。

（5）对于一些复杂的问题先不急于表态，弄清真相后，有礼、有理，在客人同意的基础上做出处理，一时不能处理的，也要让客人知道事情的进展情况。

5. 内部惩前毖后

因为工作失误造成客人投诉的应追究当事人的责任并让全体员工引以为戒；还可以把它作为案例供员工们学习。

第三节　餐厅服务中各种常见问题的处理方法

一、处理订餐服务中的问题

“订餐服务”是宾客事先向饭店提出要求，需要饭店在某时某地（即某个餐厅）给予提供食品、饮料及服务，而饭店在力所能及的情况下对宾客的要求予以承诺的一个服务项目。一旦饭店对宾客的要求予以承诺，宾客与饭店之间的这张订餐单便是宾客与饭店之间的一份合同，双方都有义务去履行这份合同，即饭店有权要求宾客预付定金，饭店有义务为宾客提供宾客所要求的就餐场所、食品、饮料和服务。当宾客没有履行合同，没有按合同所定的时间去就餐，饭店有权扣留宾客预付的定金作为对饭店餐位使用率损失的补偿。当饭店没有履行合同为宾客提供相应的就餐场所、食品、饮料和服务时，宾客有权向饭店提出赔偿。因此，“订餐服务”是一项既复杂又细心的工作，每个细小环节都不能出现差错。做好这项工作要求服务人员要有高度的责任心、较强的业务能力和较好的综合应变能力。另外，还要有较好的语言表达能力和推销技巧。

知识链接

餐厅服务特殊情况处理技巧

宾客订餐通常有面谈和电话预订两种。面谈是一种较为有效的方法，服务人员与宾客当面洽谈讨论所有的细节安排。在为宾客订餐时一定要问清客户名称；如果是宴请，要弄清宴请人与被宴请人的单位名称及他们的身份，一定要问清用餐的时间、标准和人数，若是多桌宴请，要问清人数桌数、主桌特别要求；宴会工作人员用餐标准及要求，要了解宾客的就餐目的、风俗习惯、生活忌讳、口味特点、具体要求和特殊需要。根据以上情况为宾客提供建议性菜单，还要知道宾客的付款方式及与宾客的联络方式。

电话预订更要求服务人员认真仔细地听清宾客的每一项要求并认真地做好记录。在电话预订时，服务人员要以礼貌的措词、柔和的声音、优美的语调来取信于宾客，让宾客乐意在这家饭店订餐。

订餐服务中常出现的问题是所订的菜单与当天能供应的菜有出入。这是由餐饮产品的不可储存性所决定的。餐饮产品必须当场生产、当场销售、当场消费，因此，产品的许多原料尤其是水产海鲜原料必须当天采购，但订餐与就餐又是先后两个不同时间，原料又受季节与市场货源因素的限制，因此常常会出现宾客要求供给的产品而当天采购不到原料的情况。遇到这种情况，饭店决不能擅自做主，给宾客换一道别的菜肴，而应及时与宾客联系，征求宾客意见协商解决，这就是要求在订餐服务中一定要知道与宾客的联络方式的原因。

订餐服务中还容易出现的问题是预订单位另有宾客来重复预订。一旦发生这种情况，饭店就会遭受损失。一是座位使用率的损失；二是产品原材料的损失。因此，要求服务人员在接受预订时一定要问清客人名称，如是宴请，要弄清宴请人与被宴请人的单位名称及身份，预订员或餐厅经理应及时汇总预订单。一旦发现有重复预订，应及时与宾客取得联系，避免给饭店造成损失和双方的不愉快。

最使宾客不满甚至投诉的是服务人员遗忘了宾客的预订。这类事件通常发生于电话预订。服务人员接完电话又去忙别的事情，别的事情忙完了就忘了宾客的预订，因而严重地影响了饭店的声誉，同时也使饭店失去经济利益。因此，服务人员在订餐服务中要求具有强烈的责任心。

二、处理就餐服务中的问题

在就餐服务过程中，最容易出现的问题是宾客对菜肴口味不满而提出退菜。因为菜肴的质量有好有坏，从某种角度上说，很难有个标准，同样一道菜肴，有的人说好吃，有的人说不好吃，这完全以适口者为准。因此，服务人员必须学点民俗风情方面的知识，掌握不同宾客的不同饮食习惯和口味要求，还要掌握就餐宾客的心理。不同的就餐目的有着不同的就餐需求。如以宴请为目的，应突出菜肴丰盛的特点；以品尝为目的，应突出风味菜点的特点；以改善生活为目的，应突出菜肴鲜香的特点；以团聚为目的，应突出菜肴整齐的特点；以约会为目的，应突出菜点香甜的特点；以便餐为目的，应突出菜肴实惠的特点。当宾客在进餐过程中提出退减菜点时，服务人员应马上与厨房联系，如厨房还未下料制作，可予以退菜。如已出菜上桌，就要弄清事由，具体对待：属质量问题，如原料变质、不卫生、质量低劣，应无条件给予退菜，并向宾客表示歉意；客人对价格不满，应耐心向宾客解释，若是服务人员多算金额应予以退款；宾客吃不了或来不及吃，服务人员应提供食品盒让其打包回家。

在就餐服务中宾客对上菜速度的快慢也会提出意见。这要求服务人员在上菜服务时要细心观察，了解就餐对象和就餐目的，掌握进餐情况，及时与厨房取得联系，较好地把握上菜速度，避免引起宾客的不满。

服务人员语言技巧的巧妙运用，也是避免或缓解矛盾的有效方法。餐厅即使为宾客提供美味佳肴，但因服务人员的措词不当和语调生硬，也会引起宾客的不满甚至投诉。比如餐厅生意较忙，而有些宾客吃完了仍坐在那儿休息，使得后来的宾客无座位而离去，给餐厅的经济带来损失。如果服务人员上前直截了当地对宾客说："你们吃好了就可以走了，别的宾客还要就餐呢。"这样就会使宾客极为不满，认为你在赶客，不但会使你所做的一切前功尽弃，可能还会因宾客的投诉受到处罚。如果服务人员换一种方式，通过婉言解释和周到的服务，会使宾客体谅餐厅和其他宾客的情况。对已吃完仍在休息的宾客，可先递上热毛巾，主动询问"吃得如何""多提意见"等；若宾客表示满意，服务人员可顺话提醒"请问哪位结账？"对酒、菜、饭快吃完，正在漫谈闲聊的宾客，则应主动送杯热茶，然后询问需不需要加菜、饭、酒等，若不需要，可提醒一句"是现在结账还是等一会儿？"总之，要根据具体情况、具体对象礼貌服务，让顾客理解，并主动餐毕，迅速离座。

案例分析

>>巧妙"索要"餐具

案例

三位客人到某餐厅就餐，他们衣着简朴，一看便知是散客旅游者。迎宾员上前主动问好，又协助这三位客人把携带的物品存放在衣帽间后，就引领他们在餐桌旁入座。他们看了菜单，要求马上点菜。服务人员走上前，认真记录了客人所点的菜肴，并重复了客人所点的菜肴，然后把菜单交给传菜员去厨房取菜。不一会就上菜了，客人们看上去似乎很饿，很快就用完了午餐，这时一位客人抬手叫服务人员结账。服务人员拿账单看过之后递给了客人，告诉客人付款的金额。客人付款时，服务人员发现刚才还放在餐桌上的菜单和客人们进餐使用的筷子和勺都不见了。这个餐厅是饭店的一所豪华高档餐厅，从装饰、花卉布置、餐桌用具到餐具都很讲究，比较贵重。例如筷子是镀银的，小勺也是很精致的。服务人员收过款后马上向餐厅经理做了汇报。在客人刚要离座时，餐厅经理和服务人员一同来到餐桌旁。经理首先对客人们来此进餐表示欢迎，接着问客人是否喜欢这里的餐具。客人们马上意识到他们的行为可能被服务人员发现了，便从西服口袋和裤兜里把筷子和勺拿了出来。经理看到客人们把餐具取了出来，又说："各位先生非常喜欢这里的餐具，实在是我们餐厅的荣幸，但我们这里对餐具的管理很严格，如有丢失会影响我们为其他宾客的服务。”经理对拿菜单的客人说：“菜单您喜欢，您就留下做个纪念吧！”接着经理话题一转，对几位客人的光临表示感谢，同时希望他们有机会再次光临。

分析

餐厅中用于服务的餐茶用具，其款式和做工一般都新颖别致。有些客人出于好奇或其他目的，如收藏，常擅自拿取。有些旅行的客人每到一地都喜欢拿一点小物品或餐具作为纪念。由于饭店餐厅是进餐的高雅场所，因此服务人员发现这种情况时，不能生硬地命令客人当场把收起来的餐厅物品交出来。这样做会把事情弄僵，有时会扰乱餐厅的正常秩序和高雅气氛。这位服务人员在解决这个问题时，就很注意方法，餐厅经理更是经验丰富。餐厅的服务人员或管理人员在动员宾客自觉拿出餐具时，决不能用挖苦、讽刺的语言，而要用商量、启发的口吻，用客人可以接受的语言，使客人感到饭店认为客人只是将这些餐具当作收藏品而已，不会使客人太难堪。在这个案例中，餐厅经理还可向客人提出一个具体的解决办法，即介绍他们去饭店的商品部门购买。当然还有其他的处理办法，如用收费的办法，即在保证餐厅正常运营的前提下，经上级领导的同意，客人拿取的小用品可按照规定的价格收费。

三、处理餐厅安全方面的问题

餐厅安全问题主要表现为以下三个方面。

1. 餐厅电器的安全问题

餐厅的每一位服务人员都要懂得餐厅电器安全使用方面的知识，如正确使用空调、吸尘器、电火锅、电饭煲、电水壶等。

2. 餐具、餐桌椅的安全问题

服务人员在摆台时要严格检查餐桌椅的安全问题，如餐桌席面是否有尖硬物暴露、餐椅榫头有无松动。在检查餐具卫生的同时，还应仔细检查餐具是否有裂缝和缺口，以免宾客使用破损餐具而割破嘴唇或手。

3. 宾客的拎包、钱包及其他物品的安全问题

餐厅是公共场所，进出来往的人多而杂，难免有不良分子出入，餐厅里偶尔会发生宾客的拎包和钱包及其他物品被人顺手牵羊的事情。发生这类事件，对宾客来说，是个损失，对餐厅来说，也确实尴尬，因为宾客多少会对餐厅抱怨，总认为是餐厅服务不到位才造成的损失。为避免这类事件的发生，服务人员从宾客一进入餐厅就要细心观察，如有的女士手上拿着漂亮的钱包，或肩上挂着漂亮的包，当她们入座后就应提醒她们放好这些物品；如有的宾客在就餐过程中热了，就脱下西装、外套、大衣挂在餐椅背上，服务人员应马上拿椅套帮客人套上，并拉上拉链。如饭店餐厅有更衣室，应提醒他们把衣服送到更衣室寄存。在整个就餐过程中，应经常提醒宾客保管好自己的物品。如有宾客遗忘物品，服务人员应马上收检并妥善保管，以防被不良分子顺手牵羊。如有认领者，要认真仔细地核对证件特征、数量，然后办理认领手续。无人认领时，要及时上交。

四、处理结账服务中的问题

在各种宾客投诉中，投诉服务人员结账服务拖拉的比例较高。这说明餐厅服务工作中对结账迅速这一环节还不够重视，同时也说明宾客对结账速度的要求很高。宾客在就餐过程中舍得花时间细嚼慢咽、边吃边聊，但一旦他们要求结账准备离席时，就不愿多等一分钟。服务人员应掌握宾客的这种心理，结账不但要准确，还要迅速。如为筵席宾客结账，当服务人员为宾客上完最后一道菜时，即应开始做结账准备工作，清点所用酒水、香烟、茶叶、作餐调品等，列出清单，待宾客就餐完毕即可马上结账，这就可以缩短结账时间，令宾客满意。

餐厅里客人跑账的情况也时有发生，尤其是散客，这就要求服务人员特别留意以下四种情况，以避免跑账、漏账：

（1）对单个就餐客人应多留意。

（2）对陌生就餐客人应多留意。

（3）对餐厅门口附近就餐客人应多留意。

（4）对快要餐毕的客人应多留意。

一旦发生客人未付账企图离开餐厅，服务人员应妥善处理，既使餐厅不蒙受经济损失，又能保住客人面子而不得罪客人。如服务人员赶紧上前拦住客人，对客人说："对不起，刚才我忘了给您结账了。"把客人想跑账的错承担下来，是"我忘记"而导致的；当客人付了账后还要说声"对不起，耽搁您时间了"。如果上前当众指责客人，使客人难堪，这样尽管客人补了钱，餐厅却失去了一个回头客，而且也许他还会因为难堪心生怨气而对餐厅进行反面的宣传。

五、餐厅服务中常见问题示例及处理方法

（1）遇到衣冠不整欠缺礼貌的客人到餐厅用餐时怎么办？

①以友好的态度对客人表示歉意。

②以婉转的语言劝导提醒客人。

③切忌与客人争论。

（2）遇到心情不佳的客人到餐厅用餐时怎么办？

①服务人员更要态度温柔、热情和蔼、耐心周到。

②注意语言精练，尽量满足客人，操作敏捷。

（3）伤残人士进餐厅吃饭，服务人员应怎么办？

①尽量为他们提供方便。

②不要感到奇怪和投以好奇的目光。

③灵活、适当地帮助他们，使其感到是帮助而不是同情。

（4）餐厅里已满座，只有留给旅行团的座位空着，客人硬要坐下，怎么办？

①礼貌地告诉客人此台是留给旅行团的。

②要尽力为客人找座位或请客人稍候。

（5）遇到有小孩的客人用餐怎么办？

①马上为小孩取一张干净的小孩椅。

②尽快把食物给他们。

③注意放好餐桌上的餐具及热水等。

④在可能的情况下，可搞一些小项目以满足小孩的新奇感，使他们快乐地进餐。

（6）客人要向服务人员敬酒怎么办？

①应婉言谢绝。

②主动为其服务避开客人注意力，不致使其难堪。

③借故为其他客人服务。

（7）餐厅即将休息，但客人要到餐厅用餐怎么办？

①更要热情接待，不能有任何不满情绪。

②主动带客人到距厨房较近的餐位，介绍简单、快速的菜式。

③客人未吃完，绝不能关灯、打扫或催促客人。

（8）发现客人损坏餐厅物品时怎么办？

①马上上前清理碎片。

②询问客人有无碰伤（如碰伤马上采取措施）。

③待客人用餐完毕后婉言向客人收取赔偿费。

（9）开餐时，两台客人同时需要服务怎么办？

①做到一招呼、二示意、三服务。

②经过他们桌子时说一声“马上就到这里来”或“请稍等一会儿”。

（10）发现未付账的客人已离开餐厅怎么办？

①马上追上前有礼貌地、小声地把情况说明，请客人付费。

②如遇到客人和朋友在一起，应请客人站到一边，再将情况说明。

（11）客人擅自拿取餐厅的器皿餐具，经指出又不承认时怎么办？

①马上向班长汇报，由班长礼貌地做出解释。

②设法使客人自觉交还，或者可以介绍他们到商店购买。

③如还不承认，应请示领导解决或按规定价格酌情收费。

（12）用餐过程中米饭供应不上时怎么办？

①向客人道歉，说明原因，请客人稍等。

②可征求客人意见是否可以其他主食代替。

（13）服务过程中，宾客要求与服务人员合影时应怎么办？

①婉言谢绝，因为随便与宾客合影会引起误会或不良影响。

②如确实推辞不过，应多请一个服务人员陪照。

（14）上菜时，台面上已摆满了菜，位置不够放怎么办？

①把台面上现有的碟移好位置，留出空位。

②如台面不能再有空位，应拿去剩下最少菜的碟，但要征求客人意见，切忌重叠

放置。

③将最少菜的碟在征求客人意见后分给客人。

（15）上拔丝类甜菜时怎么办？

①把台面上的餐具收去（除茶杯、水杯外）。

②上冷开水、木筷子。

③动作要特别迅速，以防糖变硬。

（16）错上有猪肉类的菜式给清真客人时怎么办？

①马上向领导汇报。

②由主管或班长上前向客人道歉。

③尽快给客人更换菜式，以取得谅解。

（17）开餐期间突然停电怎么办？

①保持镇静，设法稳定客人情绪，请客人不必惊慌。

②说服客人尽量不要离座。

③点燃蜡烛，及时电话通知工程部。

④密切注视客人动态，暂不让外人进入餐厅。

（18）开餐过程中客人之间发生争吵怎么办？

①服务人员应立刻上前制止。

②在可能的情况下给其中一方客人调换到距离较远的另一张台用餐，但要征得其本人同意。

③给他们热情周到的服务，主动送上香巾和茶水。

（19）客人自带酒水来用餐时怎么办？

①给客人摆好相应的酒杯。

②如是威士忌一类的酒应送上冰块。

③向客人讲清，要收取一定的服务费。

（20）在服务过程中，服务人员不小心弄脏客人衣服时怎么办？

①诚恳地向客人道歉。

②设法替客人清洁。

③可能的情况下，免费为客人把衣服洗干净。

（21）客人把吃剩的食品、酒水等留下要求服务人员代为保管时怎么办？

①向客人解释食品不能代存的原因。

②尽量说服客人把东西带走。

（22）客人之间互相搭台用餐，服务人员为客人点菜上菜时怎么办？

①听清客人点什么菜，熟记各位客人的特征。

②上菜时要核对菜单，报上菜名。

③客人点了同一品种菜式，要按客人点菜顺序上菜。

（23）客人点菜后因有急事不要怎么办？

①如未开始做，马上取消。

②如已做好，可迅速用食品盒盛好给客人。

③征得客人同意将食品保留待办事完毕后再用，但要先办好付款手续。

（24）客人急于去赶车、赶船怎么办？

①介绍客人吃些烹调简单、快捷的菜式。

②亲自到厨房安排先做或在菜单上盖上特殊印鉴。

③服务快捷、灵敏，尽量满足客人要求。

（25）服务人员上菜前应对菜如何把关？

①菜不熟不上。

②量不够不上。

③颜色不对不上。

④不符合卫生要求不上。

⑤温度不够不上。

课堂练习

10月4日，宴会部接待了一个五桌的寿宴，接待完毕后，客人顺利地买了单。次日，寿宴客人到餐厅投诉，说10月4日宴会上没有按照预订的菜单上鱼，并要讨个说法。经调查后，客人确实在预订时点了“清蒸鲈鱼”，但在营业部下单时，因点菜员粗心，开漏了分单，导致厨房无单无出品，引起客人投诉。

试分析如何处理此类投诉。

技能操作

分组模拟处理下列客人投诉：

1．客人喝完饮料以后才发现杯底有玻璃碎片并提出投诉。

2．客人投诉酒店所提供的香烟、饮料、酒水是假冒伪劣产品。

3．在餐厅就餐时，客人因个人物品丢失而向酒店索赔。

参考文献

[1] 许莲，高金芳．餐饮实务［M］．南京：南京大学出版社，2015.
[2] 王天佑．饭店经营管理［M］．3版．北京：北京交通大学出版社，2015.
[3] 翁莉，陈凡．餐饮服务实务［M］．大连：大连理工大学出版社，2015.
[4] 赵海咏．餐饮服务与管理［M］．成都：西南交通大学出版社，2015.
[5] 王珑．宴会设计［M］．上海：上海交通大学出版社，2014.
[6] 戴桂宝．现代餐饮管理［M］．北京：北京大学出版社，2012.
[7] 刘红专．酒水知识与酒吧管理［M］．上海：上海交通大学出版社，2012.
[8] 杨新乐．餐厅服务与管理［M］．北京：中国商业出版社，2012.